本丛书由中国多民族文化凝聚与国家认同协同创新中心、四川大学“985”工程资助出版

中国多民族文化凝聚与国家认同协同创新中心

中国多民族文化研究文库
学术前沿丛书

主编：徐新建

精神的维度

Dimensions of Spirit

杨煦生 ◎著

民族出版社

序：重建中国的多元共识

徐新建

古代中国是具有丰富内涵的政治、文化和族群共同体。近代以降，也就是自清廷解体后便经由不同路径转向了现代社会的多元建构。这过程的开始可以从辛亥之年亦即清末的宣统三年算起，到如今已过百年。

百年中国值得回顾反思的内容不少，其中最需推进的议题在于对多元中国的共识重建，通过直面多民族共同体的内部构成及其古今演变，重新认识传统中国由封建王朝向现代国家的转型；分析并评价在这样的转型中以往“一点四方”的华夷关系如何变成了包含“区域自治”的共存格局，以及“五族共和”与“多元一体”间的关联差异。然而，正如我此前指出过的那样，由于封建王朝时期残留的“中原中心”观、“大汉族主义”以及族群“孤立主义”等影响，尤其是十年“文化大革命”对新中国基本国策的严重破坏，致使政府和国民期待创建的“民族团结”目标严重受阻，有关中国的多元共识也未能达成。以文学为例，“现今流行的数千种中国文学史，大多还停留在过度突出中原汉民族的汉语文学叙述上，文学教育——无论学校还是社会，也无论书面印刷的精英文学还是民间流传的口头传统，抑或是现代出现的电子游戏和网络书写，均没有完整体现与多民族国家之总体文学面貌相符合的深度和效果”①。

如今的形势迫使我们把重建中国的多元共识提上议程，其主旨在于强调在现代观念的基础上，以多线并置的眼光看待古今中国的形成和演变，从而与过去流行的一元史观或单线进化论相区别。后者倾向于把古今中国的多重演变简化为“中心—边缘”式的历时循环，忽略和遮蔽了多元人群与文化间的重叠与交叉。以多元互动的视野改变这种认知，能使我们将由古至今的中国历程看作从石器时代的“满天星斗”以及依托生态分解而形成的“牧耕交映”，直至如今以政治平等为前提的“民族团结”等纵横类型。②

这样的重建关联史学，同时也离不开民族学、人类学、文学、语言学乃至经济学和政治学等学科的携手并进。2013年立项组建的“中国多民族文化凝聚与国家认同协同创新中心”组织编撰以“中国多民族文化研究文库”为题的学术丛书，即体现了多学科携手重建中国多元共识的宗旨和意义。丛书的作者由中心牵头单位——四川大学及协同单位——北京大学、中国社会科学院、中央民族大学、内蒙古大学、西北民族大学和西南民族大学的学者构成，选题包括对多民族中国的宏观论述、专题研讨和个案考察。与此同时，理解到多元与共识不相矛盾、相辅相成、一体两面，故而丛书的类型也不求一律，既有理论专著也有自选文集；在关于夷夏互动的看法上也各抒己见，鼓励争鸣。作为丛书主编，作此设计的目的在于倡导不同而和，因为说到底“多元”也当是多元的。这也应当是达成共识的前提条件。

2014年9月28—29日，在北京举行的中央民族工作会议对中国的多民族国情作了进一步肯定，明确指出多民族是中国的“一大特色”和国家发展的“有利因素”，强调中国多民族的关系是“一个大家庭

---

① 徐新建：《“不同而和”与共同发展》，载《中外文化与文论》（第二十三辑），22～25页，成都，巴蜀书社，2013。

② “满天星斗”的提法可参阅苏秉琦的论著《中国文明起源新探》，沈阳，辽宁人民出版社，2009。“牧耕交映”的论述可参阅徐新建：《牧耕交映：从文明的视野看夷夏》，载《思想战线》，2010（2）。

和家庭成员的关系”，全社会成员理解并处理好这一关系，避免大汉族主义和狭隘民族主义的危害，关涉到祖国统一、民族繁荣及国家的长治久安。[①] 在我看来，这样的表述已概括了中国多元共识的目标和内涵。期待“中国多民族文化研究文库”的出版能为此项共识的达成贡献微薄之力。

① 参见《人民日报》2014 年 9 月 30 日第 1 版：《中央民族工作会议暨国务院第六次全国民族团结进步表彰大会在北京举行》；央视网 2014 年 9 月 29 日新闻：《中央民族工作会议：增强文化认同 反对大汉族主义》。

目　录

第三篇 现当代精神史个案

第四篇 世界伦理的精神维度

第五篇 精神史的审美维度

Contents

III. Case Studies in Modern Spiritual History

IV. Spiritual Dimensions of the Global Ethic

V. Aesthetical Dimensions of the History of Spirit

导言：思想史还是精神史？

一

作为一种人文科学的学术分支，思想史研究在中国当代学术版图上的地位越来越显得举足轻重，以思想史自我界定的学术活动和学术成果正急速增长。① 然而，毋庸讳言，思想史概念和大量的现代学术术语一样，亦属来源驳杂的舶来品，并且还一般都隐含着一种假道于日本的转口贸易背景。然后多年来，流行于中国学术界的“思想史”概念，其学科自我定位为何，比如与相邻学科如哲学史等如何划界？其学术源头何在，比如究竟该是德语概念中的Geistesgeschichte、Ideengeschichte、Kulturgeschichte的对应词，还是英语中的Intellectual History、History of Ideas、History of Thought的对应术语？

所有这些问题，一概有些迷茫。一旦深究，人们不能发现，两个系列的种种术语，一定程度上都与汉语中的思想史无法简单对应。或者更严格地说，中国当代学术语境中的思想史概念，与这两个西方的观念系列都很难严格对应。

表面看来，汉语学界的思想史概念，与英语中相关概念似乎比较接近。然而，人们一旦近观细品，事情却也大大地麻烦。

① 在某次社会科学论坛上，为数不少的文学研究者慨叹，文学史研究已经让位于思想史。事情真的如此吗？从以往的学术史看，不乏这样的范例，比如海涅的《论浪漫派》，比如博兰兑斯的《19世纪文学思潮》，比如别林斯基在19世纪40年代对俄罗斯文学和思想界的那些煌煌的年度评论等，当然不是“文学史”三个字所能了得的。至于在今日英语国度，尤其像美国，以及偏爱英语文献的中国学界，“思想史”成了文学研究的新热点。这无疑是饶有意味的事情。

Intellectual History？就其题中应有之义而言，这是一种“智性史”。思想史似乎本不该是纯粹的“知性史”或者“智性史”，我们知道，这是一般哲学史的领地。知性问题的中心地位，历来是所谓的“逻各斯中心主义”的必然表征。在一般哲学史之外，是否还需要某种以知性问题为中心、专门用于探讨知识论问题的“思想史”，需要某种休谟的《人类知性论》和康德的《纯粹理性批判》这一类著作及其相关的努力，是否需要继续成为思想史的对象？这确实是个需要考量的问题。

History of Ideas？这种“观念史”的概念，与德语文献中的Ideengeschichte的确几乎相应，然而，Idee这一名相，从柏拉图式的“理式”到黑格尔式的“绝对观念”，其中所谓的客观观念论的传统作何处置？所谓“思想史”，该是绝对理念在人类心灵世界中的展现历程？那个思想着的“人”，在这一语境中的意义确实不那么重大。

History of Thought？这倒是与中文世界的“思想史”概念若合符节的一种表达方式。似乎只有很少的学者采用这种名相，比如美国汉学家史华慈（Benjamin Schwarz）。

史氏对这一概念的使用曾经作过颇为充分的自我表述：“我使用history of thought（思想史）这一词语，而不使用history of ideas（思想观念史）或者intellectual history（智性思想史），恰恰是因为thought这个词的语义没有明确的边界。这个词可以用来包括认知（cognition）和推理（reasoning），也可以包括自觉的意向（intentionality）、想象（imagination）、感伤（sentiment）、诧异（wonder）、困惑（puzzlement）以及无法简单地编入电脑程序的人类意识活动的其他很多方面。此外，这个词还有另外一种受欢迎的模糊性，它可以指思考的过程，也可以指诸如观念（ideas）、心态（mentalities）或惰性的态度（inert attitudes）这样已固定的思想‘产品（products）’。”①

二

关于“思想史”的思想图景原本如是复杂。那么这种在汉语学术界似乎

① ［美］史华慈著，何宇光译：《古代中国的思想世界》，引自萧延中编：《史华慈思想研究：课程教学辅助与参考资料》，中国人民大学当代中国研究中心/汉学研究中心，2008。译文中部分概念引者略有改动。

已经约定俗成的学术分支，应该如何为自身进行合法性定位？应该如何寻找新的精神关联？当然，“思想史”自始就是复数概念，今天必然更其多元。在经历了一点“后现代”学术语式冲击和洗礼的今日，任何人文科学分支的范式的复数性和多元性是早已具备精神性自身的和社会学的双重合法性的了。这不是我们关心的重点。我们所关心的，是从思想史相关观念的源头和谱系的思索中，重新审视这一学术领域与精神世界和生活世界的可能关联。

史华慈无疑直面了这一领域的高度复杂性，与那种多少有点自我精英化的 Intellectual History 自觉保持了距离，并且把视野从认知、观念、理性这一习见的“核心”角度大大地拓展到诸如意向、想象、心态、情感的广阔天地，并在此基础上富于洞见地提出他的“思想”概念。

可是，“思想（Thought）”这一边界不甚明确，因而提供了巨大的理解和阐述的模糊空间的名相，果真就能承载那么多的东西么？在史华慈的个人语用中，history of thought 这一名相，似乎囊括了人类理性、感性畛域的所有要素，覆盖了人类心理生活的全部版图，并且还保有了在技术时代万分难得的模糊性。然而，在当代汉语中，单单从“思想史”这三个大字，人们无论如何是很难读出这么多层面的意涵的。我们基本可以断定，上述引文中的“Thought”一词的广阔的可能意蕴，其中部分是史氏的强力阐释所赋予的。我们也许无需追究，这里是否存在一个过度阐释的问题。重要的问题只在于：“Thought”这一概念，果真是承载这些意蕴的最佳名相吗？

三

当西方学术于 19 世纪磅礴世界的时候，也正是欧洲范围内工业进程的完成和世界范围内殖民格局确定的时代；从精神学术上而言，这也正是“逻各斯中心主义”伴随着业已意识形态化的启蒙思想、社会达尔文主义观念得到高度合法化的时代。因此，思想史研究中那种容易与一般哲学史混同的知识论倾向，本来正是这段世界史的必然派生现象。

我们面临其实是多重方向的问题：如何在“逻各斯中心主义”理当式微的时代，让与一般哲学史混同的思想史从知识论的方向一步步剥离，以便重新建立与生活世界的关联？如何在“本质主义”和“绝对主义”似乎声名狼藉的时代，重新审视某种“民族的”“时代的”或者某种思想系统或线索的

“精神”（这某种意义上确乎是逆流而动的大胆妄为之举）？如何在人文领域也一如其他技术领域一样，在一切都被条分缕析地分割定位之后，不仅仅在所谓的跨学科的方法论意义上，而是在面对生活世界的意义上，重建有机联系的精神图景？所有这些宏大话语，遗憾地都与思想史观念密切相关。

四

我们暂且把眼光转向思想史观念的欧洲特别是德国源头。

在与此相关的三个关键词中，Kulturgeschichte 在当代学术发展中，这一方向早已与文化哲学、文化人类学等合流；在民国时期，文化史在中国语境还具备一些特别的中国特质，比如对传统典章制度的关注和梳理，在此这些都可以先悬搁不论。Ideengeschichte 我们上文在其与 History of Ideas 的关联处略已涉及，此处也暂不展开，我们先把视角投向 Geistesgeschichte——精神史。

我以为，能够对应并承载上文史华慈所罗列的那么广阔的领域的，怕不该是 Thought 这个名相，而应是“精神”这一概念。“精神史”正是对应我们的这个汗漫无边的思想史问题的一个可能出路。正由于 Geistesgeschichte 本是我们今天这个所谓的思想史领域的最早的疑似对应项，思想史是否应该首先重新回归精神史的立场，以期获得新的生机？这不也正是先贤所谓的“反者道之动”？

五

西方学界一般把苏格兰诗人巴克莱（John Barclay，1582—1621）、孟德斯鸠（Charles de Secondat，Baron de Montesquieu，1689—1755）、伏尔泰（Voltaire，1694—1778）等人作为精神史观念的前驱。而巴克莱发表于 1614 年的著作 *Icon Animorum* 一般被当作精神史观念的一个起点，在这部著作中，巴克莱提出了“探究每个时代的特有精神”（proprium spiritum…investigari）的思想任务。经由多位立场并不一致的德国启蒙思想家的阐释和张扬，精神史探索日渐自觉。蒂德曼（D. Tidemann）在 18 世纪末出版了《思辨哲学的精神（从泰勒斯到贝克莱）》，费勒波恩（G. G. Fuelleborn）则发表了著名的系统论述精神概念的论文《什么叫作描述一种哲学的精神？》。在德国观念论的天才哲学家谢林（F. W. J. von Schelling，1775—1854）把“自然科学”和“精神科学”划分为二的时代，明晰的精神史概念，首次为德国浪漫派诗人弗里德里希·施莱格尔（F. Schlegel，1772—1829）所使用，经由黑格尔的客观观念论的绝对主义体系，特别是经由狄尔泰（Wilhelm Dilthey，1833—1911）学派的体系化努力，精神史终于成为精神科学（Geisteswissenschaften）领域的一种人文精神活动。狄尔泰本人的《19 世纪精神史》（三卷，全集第 15—17 卷）、《德国精神史研究》（全集第三卷）、《文艺复兴和宗教改革以后的世界观和对人的分析》（全集第二卷）、《精神科学导论》（全集第一卷）等著作，成为这一领域奠定规范的经典之作。正是在狄尔泰学派的持续努力下，到 1923 年《德国文学科学和精神史季刊》（*Deutschen Vierteljahrsschrift für Literaturwissenschaft und Geistesgeschichte*）在学派传人之手中面世之日，精神史这一学术畛域，终于正式划定。

六

在思想史和精神史的观念纠葛上，我们必须重新回到这个玄虚飘忽的精神概念本身。

“精神”多么玄虚不定的名相，可也许正是这个概念，更适宜承载我们上文引述的史华慈的 Thought 所蕴涵的一切。我们知道，精神作为一个独立的哲学核心词是在德国古典哲学尤其在黑格尔哲学中大放光芒的，而精神概念的历史，本身便足够成为一部卷帙浩瀚的精神史。

在上文提到的费勒波恩发表于 1795 年的《什么叫作描述一种哲学的精神？》的著名论文中，精神（der Geist）意味着：

（1）与外在的物质形式相对的、一种对象的内在之物；

（2）一种对象的通过诸特殊部分扩张或被营构的普遍性或整体性之物；

（3）一种对象与偶然之物相对的内在的必然之物；

（4）首要、本质性、最重要之物；

（5）在所有异质之物的过滤之后持存下来的纯粹之物，或在附加因素之前便已存在之物；

（6）一种于自身内部或通过自身发生作用的充满生机之物；

(7) 一种能通过自身力量在自身之外激发生机之物。①

后现代的猎手们在此额手称庆：费勒波恩关于精神的七项关键性的特征中，前五项几乎集中了本质主义的所有特征和诉求。

是的，毫无疑义。

然而且慢，所有本质主义的指证在前五项诚然毫不困难，但是第六、第七两项中，却大有某些无法率意论断之物在焉。什么是所谓的充满生机之物？什么又是在自身之外激发生机之物？这其中尚有还需大费周章者在。

七

正是那点跟生机有关的东西，使我们必须回到源头。

从西方的希腊源头而言，万分遗憾，在这种语境中，我们的确不得不有些许“言必称希腊”，精神概念有两个基本来源：Pneuma 和 Nous。②

古希腊中的 Pneuma，一如希伯来文中的 ruach、阿拉伯语中的 ruh、拉丁语中的 spiritus，意指风、气、气息，进而在引申义上作为生命之精气和生命力。正在这一点上，正是在气息与生命的嗡动和律动的关联上，作为“精神”的 Pneuma 与灵魂发生了必然的关联——灵魂不就是那种灵动的、气态的实体吗？

灵动的气息无所不在，弥散充塞于广漠的空间，联结着所有生命、所有个体，甚至穿越了时间。正因此，一方面，在“两希”（希腊—希伯来）文明遭遇之际，圣灵观念借 Pneuma 而深入人心。另一方面，有了近代日耳曼文化中的时代精神（Zeitgeist）观念和民族精神（Volksgeist）观念顺理成章的滥觞。特别值得一提的是，在基督宗教神学的学术版图上，相对于上帝、圣子、圣灵三种位格而分别有了 Gotteslehre（上帝学）、Christologie（基督学）和 Pneumatologie（圣灵学）三种特殊的神学分支。从《约翰福音》发轫，“圣灵”这一

① 参阅约阿希姆·黎特（Joachim Ritter）主编：《哲学历史辞典》（*Historisches Woerterbuch der Philosophie*），Wissenschaftliche Buchgesellschaft，Darmstadt，1974，Band III，S. 208。

② 参阅约阿希姆·黎特（Joachim Ritter）主编：《哲学历史辞典》（*Historisches Woerterbuch der Philosophie*），Wissenschaftliche Buchgesellschaft，Darmstadt，1974，Band III，S. 154－157。

独特的第三位格，不但成为《新约》对于希伯来传统的伟大贡献，不但使“两希”文明的融合成为可能，也客观上为后代的启蒙学术提供了可能。

可是，如果仅有 Pneuma 这一维度，尚不足以完全成就思想意义上的精神。精神观念的真正成型，还大大依赖于 Nous（理性）这一维度，依赖于阿那塞哥拉、柏拉图、亚里士多德思想体系中 Nous 传统。

八

我们暂且把眼光倒转，回到中国传统。我们当然无意于重蹈晚清士大夫的故迹，一事当前，皆本能采用“西哲某氏之所论，本乃吾华某子之某言”之语式。然精神概念确实有极其丰沛的传统思想资源。

精神这一名相在传统中的最出名的段落，大概首推《庄子·天下篇》中那句“独与天地精神相往来”；大凡对子学有点根底的人，可能会首先想到《淮南子》中的专题篇什《精神训》；对曾潜心医道的人来说，则会提醒，传统医典的岐黄对白中和浩瀚的道经中，都是精神概念出现频率甚高的地方。

在这些汗漫的思想线索中，我们首先不能忘记与祭祀相关的宗教性层面，宋代经师在解《周礼》“以禋祀祀昊天上帝”[①] 时谓：

> ……王者祭天以柴燎牲，使气上达，语其精神则谓之禋，语其感极则谓之类，语其方兆则谓之郊。指事异名，其实一也。[②]

在此，从经学家的视野出发，精神显现为超越者的某种禀性、某种规定，它可以或者必须以“气”达致。因为精神之存，超越者是可以用特定的祭祀方式被引入对话场域，因而也与我们的此岸的生活世界发生关联。那个高声要制天命而用之的荀子，也在其《赋篇》中写下这样诗意的文字：

---

① 《周礼注疏》卷十八，文渊阁《四库全书》电子版，香港，迪志文化出版公司、香港中文大学出版社，1999。

② 《周礼订义》卷二十九，文渊阁《四库全书》电子版，香港，迪志文化出版公司、香港中文大学出版社，1999。

冬日作寒，夏日作暑，广大精神，请归之云。①

然而，这种似乎刚好可以与基督教神学展开对话的关节点，并不代表精神观念的中国古典传统中的主导倾向。我们宁可说，精神观念的主导流向，在传统中恰好是天人一体的“普适主义”，此处援用荷兰裔德国宗教学家、精神史家、汉学家 J. J. de Groot 在一百多年前创造的概念 Universismus。② 此概念比较难以精确传译，某些研究者将其译成“天人合一观”，等等，虽不致“误”，“达”则甚难。这里暂且译为普适主义。这其中，在身心关系、人天关系上，医—道一系和儒家一脉的导向又不尽相同：

黄帝问于岐伯曰：凡刺之法，先必本于神。血、脉、营、气、精神，此五脏之所藏也。至其淫泆离脏则精失、魂魄飞扬、意志恍乱、智虑去身者，何因而然乎？天之罪与？人之过乎？何谓德、气、生、精、神、魂、魄、心、意、志、思、智、虑？请问其故。

岐伯答曰：天之在我者德也，地之在我者气也。德流气薄而生者也。故生之来谓之精；两精相搏谓之神；随神往来者谓之魂；并精而出入者谓之魄；所以任物者谓之心；心有所忆谓之意；意之所存谓之志；因志而存变谓之思；因思而远慕谓之虑；因虑而处物谓之智。③

De Groot 真应该为这段岐黄对话欢呼雀跃，就作为普适主义世界观和生命观的集中而天才的表述而言，还有更出其右者么？在奠定了传统生命观的“岐黄对话”中，岐伯的这段表述，贯穿天—地、天—人、德—气、精—神、魂—魄、心—意、心—志、心—思、思—虑、思—智……这里，今日人们用

① 《荀子·卷十八·赋篇第二十六》，文渊阁《四库全书》电子版，香港，迪志文化出版公司、香港中文大学出版社，1999。

② J. J. M. de Groot，*Universismus*：*Die Grundlage der Religion und Ethik des Staatswesens und der Wissenschaften Chinas*，Berlin，1918.

③ 《灵枢经·卷二·本神第八》，文渊阁《四库全书》电子版，香港，迪志文化出版公司、香港中文大学出版社，1999。

知识系统的方式所整理的宇宙论的、本体论的、知识论的、伦理的、心理的所有因素，如此自然而然地融于一炉，宇宙和人类的生活世界，都不过是一个充满生机的伟大场域，其中正有德气—精神存焉！

黄帝在此非常坦诚，坦诚得甚至有点老实巴交。笔者认为，无论是医道岐黄之“黄”，还是黄老学之“黄”，黄帝乃巫文化之最大的象征符号。从经验层面出发，我们诚然从来都生活在一个“魂魄飞扬、意志恍乱、智虑去身”的浊乱之世中［所以 die Sorge（烦忧）成为海德格尔（1889—1976）轻而易举便深入人心的关键词］。所有与黄帝此处的有关“天之罪”或“人之过”的诘问类似的问题，从来都有无限的正当性。

然而，岐伯之言，倒转乾坤，转换视野：德—气、精—神充塞天地、鼓荡魂魄、砥砺心志、矍铄心智。在此，人们如果发生有关 Pneuma、有关圣灵甚至有关莱布尼茨（Gottfriend Wilhelm von Leibniz，1646—1716）式的神正论（Theodizee）的联想，不也极其自然而然？

转向儒家传统：

> 子思问于夫子曰：“物有形类，事有真伪，必审之奚由？”
>
> 子曰：“由乎心，心之精神是谓圣。推数究理不以疑，周其所察，圣人难诸。”①

在中国精神史上，孔子是中国古典理性化进程的最伟大的推动者。作为思想家和宗教家，孔子的最大贡献恐怕在于超越的内在化。这里所谓的“超越的内在化”，与静态的结构性的“内在超越”大异其趣。从中国精神史的角度，超越的内在化是一个发生于周孔之间的精神史进程，此进程决定了中国宗教性的模态学特性（Morphologischer Charakter）。从生存论的角度，超越的内在化则是人之为人、人之为灵性存在的一种永远共时性的存在品格。超越的内在化为“立义”（Sinngebung）提供了坚实的基础。于是孔子道出了精神史上至关重要的崇高命题——“心之精神是谓圣”。

---

① 《孔丛子·卷上·记问第五》，文渊阁《四库全书》电子版，香港，迪志文化出版公司、香港中文大学出版社，1999。

九

随着仲尼孔氏这一命题的确立，德—气、魂—魄、精—神与 Pneuma，心—志、心—智、心—思与 Nous，似乎都共同昭显着某种跨文化、超民族而重新属人的灵性事业的可能朕兆。

在此意义上，岐黄、周孔、老庄、黑格尔和尼采，都似乎可以拥有一个共同的灵性真理：精神总在永恒的回归之中。

在此意义上，是沿袭那种以逻各斯中心主义为底蕴的思想史，还是追随永远的回归中的精神踪迹而让学术事业成为一种属人的精神史，乃是一个今日无法回避的精神课题。

在此意义上，援用古希腊几个带有本源意义的名相，一种开放的精神史该同时面对：

Logos。“太初有道”，或者“太初有言”，在《圣经·约翰福音》的开篇，正是 Logos 成为沟通希腊希伯来思想的精神桥梁。在非逻各斯中心主义的意义上，在“道成肉身”的那种永远“道”着、“成”着的意义上，Logos 当然是精神史的永恒主题词。

Mythos。霍克海默的精神属于人类的童年的悲怆论调当然大有深意，纯粹的充满自然生机的精神的确首先属于人类童年。反过来，不正是这种神话式的诗意的把握世界的方式，使人类在技术时代的透明的白昼中，依然保有了残破的梦想能力么？

Pathos。逻各斯中心主义所主导的理性主义，往往无视冰山在海平面以下湛深浑茫处的庞大实体和这一实体的强大动能。

Ethos。与精神史的范式最为契合的对象，正该是 Ethos（精神气质、伦理精神等）所蕴涵的一切。从希腊传统的 Pneuma，从中国先秦传统的德—气，从风尚、风气、风韵到“文化精神”“民族精神”“时代精神”，精神史在黑格尔主义的客观观念论的阴影中走出而获得普遍有效诉求的关键，正非 Ethos 莫属。

十

回到庄子：昭昭生于冥冥，有伦生于无形，精神生于道。

道在、精神在、人在。唯此，有关精神史的学问才有必要在。

老　子

一

天地开辟，浩浩茫茫。

面对自然，面对宇宙壮丽的无穷景观，老子诗意地断定："有物昆成，先天地生。萧呵寥呵！独立而不改，可以为天地母。吾未知其名，字之曰道。"① 人在世界上遭遇万物，从而也遭遇了自己。人通过命名来把握万物，经由人类的命名行为，世界被纳入了语言和知性的网络，也因此渐渐降低其外在性、异己性，从而成为人可以面对、可以描述的对象，从而进入人的生活世界，成为精神生活的可能对象和资源。

命名行为从来富于随机性，在文明的发轫期尤其如此。

如果我们把汉字发展史作为这一问题的一个侧翼加以考察，从逻辑序列而言，似乎先有象形之创制，而后有指事、会意之滥觞，因之高度抽象性的名相也随之慢慢呈现。然而，这里并不存在绝对的时间序列。董仲舒云："古之圣人，謞而效天地，谓之号，鸣而施命，谓之名。名之为言鸣与命也，号之为言謞而效也，謞而效天地者为号，鸣而命者为名，名号异声而同本，皆鸣号而达天意者也。"② 命名问题上的由"謞"而"号"，正略近于文字上之象形；而由"鸣"而"命"，当类于指事、会意之属，更是这些指事会意之后的事情。在董仲舒这里，"而效天地"也好，"鸣而施命"也好，皆为达天

① 许抗生：《帛书老子注译与研究》中所附帛书《老子》校订本，269 页，杭州，浙江人民出版社，1985。本书称引《老子》，若无特殊注明，皆依据该版本。

② （汉）董仲舒：《春秋繁露·深察名号》，59 页，上海，上海古籍出版社，1989。

意者，名号之立，绝非逸致闲情，命名是圣人效天且达天之途。从本体论和生存论的角度，鸣而施命这一端，更是接近命名行为的本质。名者命也，鸣而命之。命名行为终究是人类整理世界的理性化历程的意义至为重大的一步。

老子把“道”作为宇宙的总机枢而设定。这一命名行为的意义是如此深远。道，以这个简单的音节为旗帜，标示了中国文化某些基本方面的风貌，集结于这一音节下的思想成果，渗透了并且依然渗透着中国人精神生活的某些层面。老子之后，中国思想史上一个影响深远的思想流派——道家和一个体系芜杂的本土宗教——道教都被归趋于道的旗帜下。在英文学术文献中，道家常以 Daoist School 的形式出现，而 Daoism 则往往指谓道教，但是这种区分常常是不甚清晰的。在德语文献中，把道家和道教以 Philosophischer Daoismus 和 Religiöser Daoismus（即哲学的道家和宗教的道家）加以分别。这是西文形式中较为明晰、最少歧义也最为接近精神史实情的区分方式。

在非严格学术意义的西文语境中，Daoism/Daoismus 往往被笼统地使用，或指道家，或指道教，或作为二者的通称。这无疑不完全符合中国精神史的实际情况。但这又确然导源于道的混沌性，导源于《老子》思想的混沌性——“道之物，唯恍唯惚。忽呵恍呵！中有象呵！恍呵忽呵！中有物呵！窈呵冥呵！其中有精呵！其精甚真，其中有信。自今及古，其名不去。其名不去，以象众父。”① 老子充满自信，他确信他的直觉已经契悟了宇宙最高的真实和生命最深的玄机。此道，既精且真，尚且有信，推今及古，其名不去。似乎一切都将颠扑不破。然而即使如此，道还是依旧陶然于一片混沌之中……

没于混沌者，又岂但道？

《老子》又何尝不没于一片混沌之中？《汉书·艺文志》所录的邻氏、徐氏、傅氏之家“经说”，早就没于空濛之中。1973 年马王堆帛书一出，人们才突然发现，这叫惯了千百年的《道德经》，原来竟是《德篇》在前而《道篇》在后！20 年后，1993 年郭店楚简的出土，又给老学提供了新的朦胧空间。至此，人们的期待值空前高涨，何时何日，地不爱宝，我们将又得到什么？

---

① 许抗生：《帛书老子注译与研究》，267 页，杭州，浙江人民出版社，1985。

二

道家又何尝不没于一片混沌之中？老庄庄老，孰先孰后？关于老庄孰先孰后的争论，并非“古史辨运动”所独专，比如德国著名汉学家鲍吾刚（Wolfgang Bauer）就推断，《老子》成书时间是在《庄子》“内篇”和“外杂篇”之间。[①] 梁启超掀起的笔墨官司至今犹在。我们倾向于胡适那似乎没有多少朴学后盾的论断：“《老子》书中论道，尚有‘吾不知其名，字之曰道，强为之名曰大’的话，是其书早出最强有力之证。这明明说他初得着这个伟大的见解，而没有相当的名字……”[②]

这恰是老子与《老子》意味之所在，以道为号召的思想线索和精神遗产意味之所在。这恰也是思想的原始性与原创性之所然。这种混沌性是文明发轫期亦即雅斯贝尔斯（Karl Jaspers）所谓的“轴心时代”的许多思想家与思想流派的共同际遇。于是，五千言导出了累世不竭的千万言——说不尽道不完的老子！解老训老累世累代，道家道教若即若离。

闻一多先生指出：“我常疑心这哲学或玄学的道家思想有一个前身，而这个前身很可能是某种富于神秘思想的宗教，更具体地说，一种巫教。”[③] 毫无疑义，道教其来有自——其基本精神向度确实来自先秦道家，而道家更其来有自——老子庄子的古典理性化成果必有某种幽远的渊薮。巫教时期的、古典理性化时期的和准体制宗教时期的三者互相承续，这该才是精神史这一脉的真正逻辑和流向。因此，在混沌的老子背后，自有更为混沌者在。

---

① ［德］鲍吾刚著，严蓓雯、韩雪临、吴祖德译：《中国人的幸福观》，32～33页，南京，江苏人民出版社，2004。

② 胡适：《与钱穆先生论老子问题书》，见罗根泽编著：《古史辨·四》，413页，上海，上海古籍书店，1982。

③ 闻一多：《闻一多全集》卷一，143页，上海，开明书店，1948。闻一多先生所谓的“巫教”，可能是一个更为准确的描述。20世纪三四十年代曾游历于中国的德国汉学家和宗教学家、图宾根大学汉学系的创建者艾士宏（Werner Eichhorn）在其出版于20世纪70年代的 *Die Religionen Chinas*（Kolhammer，Stuttgart，1973）一书中，便径直使用了 Wuismus 这个概念，这恰好是“巫教”一词的对应词。这一多少有点古怪的概念恰恰避免了学界一般用于至今一直盛行于北方游牧民族中的萨满文化或者萨满教来简单比附乃至等同中原先民的巫教。此处暂不详论。

不论老子的身世如何扑朔迷离，从《史记》人们还是大略可以认定：(1) 老子为南方之人；(2) 老子为周之史官。《汉书·艺文志》有九流皆出于王官之说，这的确大大可疑。① 不过，就较为切近的文化渊源而言，道家出于史官文化，并不诞谬。然而，儒、墨、法、兵、纵横、阴阳诸家，与史官文化又何尝没有渊源关系呢？重要的是史当然也其来有自——史出于巫，巫史常常并称，然而不管于时间意义上还是于逻辑意义上，巫文化都是史文化的渊薮。

一切都必须从巫文化说起。《说文》云：巫者，"祝也，女能事无形，以舞降神者"；"觋，能斋肃事神明也，在男曰觋，在女曰巫"；"祝，祭祖赞词者"。② 世界对于原始人类究竟意味着什么，这是现代人所难以完全契解的。太阳壮丽地升起，照临无边的海洋，太阳隐去，黑夜降临大地。流星划过，风暴骤起，雷声撼动苍穹，虹霓悄然掠过天际，又同样悄然地消失。生命与死亡，睡眠与梦幻……总之，外在的世界与内在的世界必是那样地使初民惶恐不宁。人不能容许世界以这样的异在性和不可理解性呈现，于是有了神话——这是原始人类的解释体系，通过迷茫纷纭的表象，世界被诗意地定位和编织起来，从而消除其观念上的异在性；于是有了巫术——这是原始人类的操作体系，通过神奇怪异的仪式，世界被人的行为所"干扰"而消除其实践的异在性。古代中国的巫文化，便属于这一历史进期。巫，约略地是这一时期身兼多职的人物——他们首先可能是部落或民族的领袖，章太炎《訄书·干蛊篇》谓："生民之初，必方士为政。"然而，方士出于巫而不等同于巫，同时又是文化的承荷者。他们负责解释世界，解释人生，沟通有形与无形、人与神、实存与意义……在这里，一切都是诗意的、泛灵的。

从巫到史，人类不知跋涉了多少万年。史无疑正是巫的延续和转型，并且，在中国上古史上，巫史确曾长期交错并存。"天道、鬼神、灾祥、卜筮、梦之备书于策者，史之职也。"③ 乍看起来，似乎巫史的文化功能几乎相同，事实上，新质的文化因素早就酿成。史者"从又持中"，清人江永周指出，

① 罗根泽编著：《古史辨·四》，1页，上海，上海古籍出版社，1982。

② （汉）许慎撰，（清）段玉裁注：《说文解字注》，201页，上海，上海古籍出版社，1981。

③ （清）汪中：《述学·左氏春秋释疑》，270页，北京，中华书局，1991。

凡官府文书谓之中，故掌文书者谓之史。王国维进而指出：“持书者谓之史，治人者谓之吏，职事者谓之事。此盖出于秦汉之际，而《诗》《书》之文尚不甚区别。”① 重要的正是这个“不甚区别”，这说明了先秦时代史的功能正涵盖了这三方面。史文化的特质也正在于此。原始时代之巫师的文化功能几乎是全方位的；而殷周时代情况则大大不同。据《礼记·曲礼》所载，天子所建的典司六典的六大天官，大史不过是其中之一，其余尚有大宰大宗，等等，其文化功能如何，今天已难确考。但无论如何，史之掌书记事、职事治人的文化功能，昭示了某些新的文化因子：政教分离（巫可能本身就是首领，而史却无论如何不过是辅弼）；古典理性化历程的发轫②；一种初级形态的理性——经验理性的出现。

道家正是在此基础上崛起的。《汉书·艺文志》所著录的道家著述凡三十七家，其中绝大部分于今荡然无存。《老子》于是成了传世最早的成熟的道家著作。它的出现，实是巫史文化的一次大综合。

三

从巫到史，即从诗意地泛灵论地建构世界到经验地把握历史，不管这一历程耗费了几多万年，它都是一种前哲学或前形而上学的描述阶段，都是理论理性未曾出现的阶段。而《老子》之出现，却是形上学的破晓——尽管这种形上学从理论形态上并不完全是古希腊，特别是亚里士多德意义上的那种。当人作为人面对世界之日始，无限与虚无的问题便深深地困扰着他。现象界的幻化万端、壮丽纷繁，世界何由然何以然并将何所然的困惑，导发了因果锁链的回溯。然而因果系列却是无限的。人必须中止这种无限，以求得始因。于是乎有了创世神话，有了始母始祖，有了天地开辟、人类原始的种种诗意体系——“遂古之初，谁传道之？上下未形，何由考之？”“九天之际，安放

① 王国维：《观堂集林》卷六，《释史》，270页，北京，中华书局，1959。

② 理性化（Rationalisierung，或可译为合理化）为马克斯·韦伯（Max Weber）所使用的、用以描述现代社会诞生历程的概念。这一概念基本都在现代性语境中被使用。本书认为，在（近）现代的狭义语境之外，理性化概念可以有一个广义的语境。第一，从精神史角度而不仅仅是社会学角度，大略上我们可以把雅斯贝尔斯所谓的轴心时代作为古典理性化阶段；第二，理性化过程其实与精神史相始终。此暂不详论。

安属？”“日月安属，列星安陈？”“夜光何德，死而又育？”① 生命之神秘，生何所来，死何所往？白日之我与夜梦之我是否同一？死亡是另一世界的大门还是虚无的渊薮？于是有了灵魂永存、死而复生一类的应急之方——“何所不死，长人何守？”“黑水玄趾，三危安在？延年不死，寿何所止？”“天命何侧，何罚何佑？”② 史文化的发达，文明的早熟性无疑严重地抑制了人的终极关怀和形上冲动，抑制了对无限与虚无的惶恐与诘问。孔子就是这样一个典型，史文化所导致的早熟性在他身上的表现便是对无限与虚无的慎重规避、三缄其口：敬天地、远鬼神、罕言性与天道、不语怪力乱神。对于无限与虚无，他最睿智的喟叹就是“逝者如斯”“天何言哉”，这种态度使他成为六合之外存而不论的实践家。终日驰车走，不见所问津。尽管他偶尔也呼天究命，但这毕竟未构成他的理论视野。最能体现孔子精神的大概是他的贤弟子颜渊的一席话语——“夫子之道至大，故天下莫能容。虽然，夫子推而行之。不容何病？不容然后见君子！”③ 唯是，孔子欣然而笑……

老子却不然。《老子》也许是传世的第一本私人著述。它既不再是神话时期即巫文化时期的口传的诗意的集体表象，也不同于一般史文化时期的代表经验理性的纪言体作品，而是具备个体生命意识和形上冲动的独立著作。它寻天地之根、诘万物之母、究人生之谜。道可道，非常道；名可名，非常名。然而其所以必有五千言，正因为常道之必道，常名之必名！所以，不可道者字之曰道，未知名者强之为名。理论理性与实践理性、思之行的常道通则岂有异哉——知其不可为而为之而已。

这种刚刚破晓的形上学无疑是雄心勃勃的。它要为万物命名，澄清浑茫的世界；它要设定大一，贯穿迷漫的宇宙；它要遍述往圣，为帝王南面之师；它要参透死生，示天长地久之道……用今天职业化的哲学语言来说，这里包含了原始的宇宙论、本体论、生存论，乃至于用于“治生”的深根固柢、长生久视的养生术，尚有用于“治世”的法术、兵家诡计的策略学……

混沌的老子混沌的道！

---

① （宋）洪兴祖撰：《楚辞补注·天问》，87页，北京，中华书局，1983。

② （宋）洪兴祖撰：《楚辞补注·天问》，116页，北京，中华书局，1983。

③ （汉）司马迁著，（南朝宋）裴骃集解，（唐）司马贞索隐，（唐）张守节正义：《史记·孔子世家》，1932页，北京，中华书局，1959。

四

正是巫史文化的交叠，神话、巫术、历史的初步理性化和形上化，使《老子》富于无限的多义性、多次解释建构的可能性。正是这种高度综合的混沌性格，使老子思想成为最合适的精神史对象。区区五千言的历史本文在中国思想史上不断重构与再生。一得之解、一家之注，便可能导发一个思想或一种时代潮流。然而，不管《老子》是如何的混沌，老学的走向还是清晰的：经由庄子的抉发，老学中的本体论、生存论因素上升为某些哲学人类学的自由哲学，这一线索，经玄学而与般若学合流，渗透于大乘佛学各宗之中，最后导发了禅宗的发生，使大乘佛学登上其历史峰巅亦获其逻辑终结。老学中的史官文化成分，即承自古帝王统治经验的策略学思想，与兵家、法家、纵横家思想合流，从而导向稷下与汉代的黄老学，这一线索，后世更与儒学之末流合一，成就了“如棉裹铁”“笔笔中锋”的独具中国特色的南面术。老学中保有的与巫文化的关联，则与神仙、方伎、术数、医方、房中诸家合流，我们也许可以大略认为，巫的主要转化形态有二：一为史，这是古典理性化历程对原始巫教的扬弃；一为方士，这是巫教经由理性化过程而更多保存了原始遗存的方面。神仙、方伎诸家，实为与史文化相辅的方士文化。直接成了东汉以后道教的精神旗帜。老子也于是乎荣登太虚胜境，位居道德天尊，浮游六虚，出入幽冥，享尽万方香火。

庄子 1

一

从精神史的角度，“庄学”无疑是“老学”从本体论和生存论方面最精微最华彩的延续。一旦我们按照当今学界的通行标准非得把庄子断言为某种哲学家的话，那么，庄子大概首先是一位精神哲学家。只有在精神的混元特性中，庄子的思想似乎才可以被人们所追踪。

面对庄周式的混茫，用语言来述说庄子，这本身恰是彻底地违背了庄子精神：“夫六经，先王之陈迹也，岂其所以迹哉！……夫迹，履之所出，而迹岂履哉！”[①]（《庄子·天运》）世界就是充满了以迹求履的徒劳。以后人之履覆前人之迹，而奢求某种直达本文（或原意）的原始同一性，这无疑是认识论的幻想。然而，某种理解的努力若不是以寻求这种绝对的原始同一性为鹄的而是径以索求一道进入存在的途径为目标时，这一努力则又转化成某种本体论的企求。“诚如巴门尼德之所言，理解并不是一种属于一个已被设定的人的天赋，理解毋宁说是人作为一种在者、一种本质等进入历史，（在文学意义上）进入存在的一个过程。”[②] 得鱼忘筌、得兔忘蹄、得意忘言的逻辑前提，不正是借筌得鱼、假蹄获兔、仗言达意么？当然，这里其实还该有一个略略超出庄子意旨的任务，那就是“以意逆志”——我们颇难相信先哲们只是出于纯粹的“知识旨趣”便撒豆成兵般地弄出漫天言说：“意”之所存，必有

---

① 本书所用《庄子》版本为陈鼓应《庄子今注今译》，北京，中华书局，1983。行文中如果无需特别讨论，只点出篇目。

② M. Heidegger, *An Introduction To Metaphysics*, Yale Univ. Press, 1974, p. 141.

“志”之所隐焉！

面对庄子，终究不过意味着：与庄子一道同行，进入存在——在庄周式的混茫中与庄周一道进入存在。由此我们与其寄意于庄周其人究竟说过什么，毋宁更当寄意于关于《庄子》我们该说些什么。对于断言了“言之不能论”“意之不能致”的“不期精粗之物”，而又动用了如此之多的茫无端涯且悠谬不伦、实梯滑稽又美轮美奂的诗意语言加以显示；对于断言了语言的此岸性而后依然玄言满口，断定了忘言之难能且又绝叫“安得忘言之人而与之言哉”的庄子本人，我们只能以同等原则相待——周且无怨！

二

高悬于语言之彼岸的庄子哲学的不可言说之物究竟是什么？我们看来，就是人的自由。所有关注人的存在的伟大思想家、教宗、诗人所有言说都隐匿着这么一句简单不过的话——“我是谁?”隐匿于铺天盖地的寓言、重言、卮言背后的庄子哲学的内核，无疑正直接指涉这一永恒主题。正因此，庄子哲学当然也可以被人目为一种无法以语言批判来切入、厘定、究诘的关于人的存在的诗意的形而上学。面对庄子，任何哲学牛虻——分析哲学家都必难证正果。

作为自由哲学，其出发点便只能是人类存在的有限规定性，即人在世界与自己面前的受动的奴隶状态。庄子哲学中时时交织的正是对个体存在的永恒关切和对社会存在的现实批判、对自然的义无反顾的指归和对文明的毫不留情的轰击。一方面是“吾命有所制”（《秋水》），是“苶然疲役而不知其所归”，是“人之生也固若是芒乎”（《齐物论》）。一方面“……而且说明邪？是淫于色也；说聪邪？是淫于声也；说仁邪？是乱于德也；说义邪？是悖于理也；说礼邪？是相于技也；说乐邪？是相于淫也；说圣邪？是相于艺也；说知邪？是相于疵也。天下将安其性命之情，之八者，存可也，亡可也；天下将不安其性命之情，之八者，乃始脔卷伧囊而乱天下也”（《在宥》）；“千世之后，其必有人与人相食者也”（《庚桑楚》）。

三

庄子湛然而又惘然地直面存在的忧生忧世的深沉喟叹和咨嗟，慨然并且愤然地粪土圣人仁义的卓绝的谴责和抗议，在中国思想史上未有为其先者，未有出其右者。这在研究庄学的各种论著中已得到充分的阐述，此处仅对庄学的某些关键概念加以建构，从精神史角度抉发作为自由哲学的庄学的心理主义特质，以期将庄子从诗意的氛围中作一次解放。

四

“道”是庄子哲学的鬼门关。

道是什么？可疑得很。道，“覆载天地”“彫刻众形”“神鬼神帝”“生天生地”，那么道莫非是人格化的上帝？道无所不在，在蝼蚁、在瓦甓，乃至于在屎溺（《知北游》），并且，“天地者形之大者也，阴阳者气之大者也，道者为公”（《则阳》）。那么，道又莫非是隐匿于万物之后又蕴涵于万物之中的终极的理想的普遍实体？一切都可疑得很，若谓道是上帝，是覆载万物、磅礴天地的造物主，又“物物者非物”（《在宥》），“形形之不形”（《知北游》），并且，道虽“有情有信”，却又“无为无形”。于此，造物主非物尚可，然则无为无形则难矣！基督教的上帝不就需要“道成肉身”么，至于上帝无为，则更其不可能，“上帝说要有光，于是有了光”，一个未曾“要”什么，不想“要”什么的无意欲的上帝逻辑上便不可能，上帝之为上帝，正因为他“要”。故而，道乃非人格化的造物主（庄子的“天”的观念亦然，详下）。道是实体么？既然连蝼蚁屎溺也是道的寓身之处、现身之所，则道的存在的普遍性自不待言。然而，“大道不称”“道昭而不道”（《齐物论》），“道不可闻，闻而非也；道不可见，见而非也；道不可言，言而非也”“道不当名”（《知北游》）。接近这一“实体”的途径也当然苛刻：“无思无虑始知道，无处无服始安道，无从无道始得道”（《知北游》），“实体”本身便成了掌上之月，任何“有为”的把持者除了黑暗别无所获。那么，道，这个导引着我们在语言的原野上蹒跚不止的神秘幻影，能是实体性的吗？每一个究诘道的人，是否注定要变成在大地上追逐月亮的孩子？

既然我们也唯有因指见月，那么也就只有暂时任凭语言如是说，道，是无限可能性本身，这一可以令“天不得不高，地不得不广，日月不得不行，万物不得不易”（《知北游》）之物，可以存在于一切，可以是一切，然而却不可能是任何一物——任何语言之规定必然将其否定之物只能是无限可能性本身。

五

那么什么又是庄子意义上的无限可能性，什么又是庄子意义上的“无”？

“无”同样是道家哲学的堡垒。《老子》曰：“天下之物生于有，有生于无”，这是老子的宇宙发生学。《庄子》中，人们也能见到“泰初有无”（《天地》），“昭昭生于冥冥，有伦生于无形”（《知北游》），这都令人翘首等待庄子式的自然本体论和宇宙发生学，然而每每在这种时候，《庄子》便语焉不详、惜墨如金了。

在认识论层次上，当我们究诘“无”的问题时，便必然濒于自我愚弄的悖论，当我们索问“无是什么”时，逻辑上便无非肯定了，有一无以名之恰又能姑且以“无”名之的需要究诘之物。认识论在此悲剧性地惩治了自身。对象的确立等于对象的丧失并且丧失于对象之中，于是我们只有茫然且又徒然地抱怨那“无”的吞噬一切的大口。于此，“无”变成了更加确然的有了。正如我们从宇宙发生学的角度追问“无”，无为何物？一无所有的虚空么？那么不正是断定了有一无物可有，有一无具备广延性之物横陈其中的处所么？或者不正是断定了某种非广延性之质么？认识论的悲剧注定了人开始“无”之究诘之日便是备受“无”之戏弄之时。

然而且慢，以弃知绝圣为怀的庄子会需要宇宙论与认识论么？我们只好从认识论的悬崖上止步，转而他顾。

《庄子》书中，“无”作为名词使用，不过寥寥数处。为“泰初有无”（《天地》），“睹有者，昔之君子；睹无者，天地之友”（《在宥》），等等，都似属不关庄学宏旨之处。而无作为一个否定性的谓项（或为禁戒副词，或为否定副词，等于“毋”）出现，则比比皆是。如内篇中的“无为名尸，无为谋府，无为事任，无为知主”（《应帝王》）和“至人无己，神人无功，圣人无为”（《逍遥游》）等处，而于外杂篇，则夥矣！无思无虑、无从无道、无处无服，等等，而用得最多的，则是“无为”。这里，我们可以指出，庄子之“无”，与老子之“无”大相径庭。“无”于此往往不是名词性的 Nichts（这更多地用于宇宙论和本体论），而是一个否定性的谓项“nicht”。在其后面，总是联结着庄子认为应该排除、舍弃、拒绝、消解的某物，从而形成了一个“无～”法式（与这法式相类的有“非～”“不～”，等等，但未及

“无～”法式用得普遍）。在此，我们终于明了，“无～”之“无”，作为一个否定性的“毋”，作为“nicht”是一个用于消解个体存在与社会存在的有限规定性，并用以指向“道”的无限可能性的积极的消解性和决绝的否定性。此一“无”，恰是大于一切有之大有，此一“无”，在庄子的自由哲学中占有至关重要的地位。

“无～”法式所消解的对象主要有几个方面：有指向个体存在的总体规定的，如“无己”“无为”（“丧我”同此）；有指向社会存在的表层理性规定性（伦理方向的各种伪价值），如“无名”“无功”；有指向社会存在的深层理性规定性（语言、逻辑，等等），如“无思”“无虑”“无言”“无知”，等等。最有意味的是，这一积极否定性的自我否定——“无为”，是庄学中指向道的关键所在，也是庄学理论悲剧的集结点。

六

“无为”本是老学问题，无为问题在老学中的策略学意义与宇宙论意义已被研究者反复申论，此不具论。庄子中的“无为”则似不那么简单：

> 天不赐，故岁成……道不私，故无名，无名故无为，无为故无不为。（《则阳》）

> 至言去言，至为去为。（《知北游》）

> 天地有大美而不言，四时有明法而不议，万物有成理而不说。圣人者，原天地之美而达万物之理，是故圣人无为。大圣不作，又观于天地之谓也。（《知北游》）

造化是以无目的无意愿无谋划而又无限可能的方式展开的，这里恰有一个重要环节不应遗忘，即在无限可能性中展开出来的自然界恰恰同时又是某种不过如此的已然的确然的现实性。由此，我们所面对的世界图景呈现为如是的两面观：一方面是无限可能性的运作之所然，一方面又是确然的现实性的呈示之所在。维特根斯坦云："神秘的不是世界是怎样的，而是它是这样的。"① 此语或也真是令人汗发于背的禅宗公案。神秘的不是无限的可能性本身，而是这无限可能性在其勃然而又寂然的运作之中，恰恰不期然而然地"进入""选择"了此一可能而使其成为确凿的可资实证的无可商榷的已然状态。正是这种无谋划无意愿的自然运作，恰恰显示为这种迷时平淡得不过尔尔而悟时则令人诧异莫名的无限丰富性。（当然，这种丰富性早已遗憾地为人类狭隘的功利的习以为常的常识眼光窒息殆尽！）无为与无不为的似乎超因果的过渡正是以"怎样的"与"这样的"的神秘联结为基础。无限的可能性时时指向"怎样"之疑，而确然的现实性又时时导引着"这样"之悟（就其最笼统的心理前提而言，"世界是怎样的"之究诘导致了科学，而"世界是这样的"之茫然导引了宗教，上帝正是为了应对"这样"之谜而被他的选民们创造出来的）。庄子的"六合之外，圣人存而不论；六合之内，圣人论而不议"（《齐物论》）的"悬搁"态度所导引的自由哲学，其超越途径不指向理性（科学）也不指向信仰（宗教）而是指向纯粹感性。正是在这种意义上，李泽厚指出，庄子哲学是美学。②

那么，要体"无不为"之无限可能之道便必须从不过尔尔的"无为"的现实图景入手了。要体悟天地之大美、四时之明法、万物之成理，便必须既无为且不作，还须观于天地——静观此确然的现实图景于是乎成了遭遇无限可能之道的不二法门。这一层次上的"无为"问题不但与老学无关，而且已是庄学从自然本体论向人的本体论过渡之处了。然而，这一层次所解决的仅是体悟无不为的"不私"之道所应取的途径和方向——仅是"体道"之途而尚非"得道"之方。下一层次则纯然是关涉于人的本体论了：

> 彻志之勃，解心之谬，去德之累，达道之塞。贵富显严名利六者，勃志也；容动色理气意六者，谬心也；恶欲喜怒哀乐六者，累德也；去就取与知能六者，塞道也；此四六者不盪胸中则正，正则静，静则明，明则虚，虚则无为而无不为也。（《庚桑楚》）

① ［奥］维特根斯坦著，郭英译：《逻辑哲学论》，96页，北京，商务印书馆，1985。

② 参见李泽厚：《中国古代思想史论》，北京，人民出版社，1985。

除了在观照自然中体道，庄子更为关心的是在现实选择中得道。“无为”在内篇中出现是以“无为～～”的具体方式出现的，而到了外杂篇，则慢慢变成了对普遍性的行动、选择乃至于意志的拒绝和否定（虽然字面上混同于老子，可是早已没有策略意义了）。以上引文恰好示出这样的行程。这“四六者”包罗甚广，一应俱全，但关键处却在于对“去就取与”的拒绝。“无～”法式在此发生了根本性的转折，在对“去就取与”加以拒绝以前，“无～”法式的其他形式所否定的是个体存在到社会存在的各种感性理性的规定性，“无”作为一个能动的否定性不断从各方面多层次去消解有限的规定，以此来为“真人”“至人”“神人”在尘世中的崛起开辟道路。被否定之物或是容动声色、喜怒哀乐等个体性的感性负累，或是功名利禄、富贵显严等社会性的伪价值，还有思虑知能等深层的理性因素。这种拒绝“剥葱”式的层层剥落、打破人之所执所待之物，以期从“丧己于物”（《缮性》）、“以物易其性”（《骈拇》）的“物于物”的奴隶状态中解放出来。在此，庄子哲学原来并不自始便那般滑头混世，并不自始便死汉一条寂然不动和曳尾涂中。“无～”法式毋宁是一种有为的哲学。此一“无～”之无，本质上毋宁是为抗拒在现实轨道上依惯性无休止地运转而来的逼离轨道的有为的一跃。若果真要“呼牛则牛、呼马则马”，又何苦那般激切地毁仁义、诋先王、讥圣贤、嘲儒墨来？

然而这一剥葱式的舍弃却注定终究无法绝对地泯融一切的有限规定性，无法以一跃进入豁然开朗、长天一碧之境。

因由安在？

此一发出“无～”之律令的我的行为意向才是一个终极的规定性！这一发出“无～”之律令的作为意志主体的我恰恰最有所为——此无即“为”即根本之“为”——普泛的行为意向。正如拒绝生活之意志必然极大地强于把持生活之意志一样，此“无”乃是大于一切有之大有。

因此，既要观于天地且又要与天地并生、与万物为一、与造化同流、与日月同辉，切入并融入大道——无限的无所作为又无所不为的可能性本身，则此无亦即此一大有必去，并且无可商榷！

于是这个义无反顾地施行着去就喜恶的选择与斥拒功能的消解性的“无”，便戏剧性地指向了自身（《知北游》等处有语焉不详的“无无”和

“安化安不化”，等等。但终究不及“无为”来得了然确然）。并且，这是达道之塞的至高处。“无～”法式的有为之无终于沦为自身的对象，即由消解外在规定性走向消解内在意向性。此一普泛性的行动意向和行动，于是便成了有为的“无～”之无的牺牲品，这正是“无～”式普遍运作的结果。庄子哲学的悲剧也正在于此。庄子不过是多走了一步——自以为彻底的一步而已。

七

在此，我们对道、无、无为及它们之间的关系给出断语还为时尚早。我们还必须转而他顾，即还须披露庄子哲学中“天”“人”“吾”“我”四者的关系。这是庄子自由哲学的结构基础。庄子云：

> 河伯曰：何谓天？何谓人？
>
> 北海若曰：牛马四足，是谓天；落马首，穿牛鼻，是谓人。（《秋水》）

> 无为为之之谓天。（《天地》）

> 今者吾丧我。（《齐物论》）

和“道”一样，“天”与“吾”作为庄子自由哲学所指向的理想的价值境界，都首先有某种不可分析性。它们似乎都是一个圆满具足的“0”。然而，道作为诉诸领悟体验的无限可能性，又是通过“天”而展开于万物，通过“吾”而达于个体存在的。在此，“天”“吾”与“道”虽似有某种等值性，达于吾即参于天即偕于道。然而我们还是不得不在语言之途上跋涉。

庄子之“天”，与先秦其他各家的意义又甚为不同。与“道”一样，庄子之“天”既无作为宇宙真宰的皇天上帝的人格化的“天帝”之义，亦无作为宿命式的必然律的“天命”之义。天作为无为之物，于此无疑可以等值于作为无限可能性的“道”，而作为未被人类的目的性意向力量制驭、改造过的“四足马牛”之天，则可呈现为自然、天性等义。因此，庄子之“天”指的是与“人”（社会的、人为的、文明的力量或状态）相对的自然的本然状态和生命的本真状态。

作为价值境界层与天相等值之“吾”，庄子并未多方界定。前人曾指出，就己而言则曰“吾”，因人而言则曰“我”①；《老子》曰：“吾所以有大患，在我有身。及我无身，吾有何患?”吾我差别判然，然而又怎样界定其关系呢？如果不得已引入一个参照系，则吾有时是与 me 相对的 I，有时却是与 I 相对的 myself，更多的时候，则应是一个纯然的 ego，换言之，“吾”于此可以视为未被他物规定的个体存在的无待乎外的纯粹主体性；而“我”则是与此相对的已与外在规定性遭遇并且已沦为对象的现实的主体命运。在极其笼统的意义上或可认为：古希腊文化所处理的首先是“我”与“它”，即作为社会动物的人类与事实世界、与自然本体的关系；而古希伯来文化所处理的首先是“我”与“你”，即人与自身本质的超越的集结体——上帝的关系；而古老的东方道家文化所处理的首先是吾与我的关系，即人的理想的纯粹主体性与文明史中人的现实命运的关系。正是这一点显示了庄子自由哲学的心理主义特质。

至此，作为无限可能性之道，终于获得一个牢固的结构基础，这磅礴万物的非人格的生生伟力，这人生的至高境界，原来必须通过一个理想的主体——“天”“吾”来展开，传统的体用观于此茫如坠雾——究竟“天”“吾”是“道”体之为用呢？抑或反之，道不过是“天”“吾”这两个理想本体之用。知性范畴于此必是蹩脚的。事实上这种区分已无必要。正是通过天人吾我四方关系，个体存在与社会存在、工具主义与心理主义、有限的文明史与无限的自然史的矛盾被设定下来。天与人，吾与我，生命的本然状态与存在的现实命运都被诗意地推置于对峙之峰巅之上：

> 天下有常然。(《大宗师》)

> 彼民有常性，织而衣，耕而食，是谓同德；一而不党，命曰天放。故至德之世，其行填填，其视颠颠。当是时也，山无蹊隧，泽

① 参见陈鼓应：《庄子今注今译》，35 页，北京，中华书局，1983。王力指出，上古时代，吾我在语法上有别，“吾”不用于动词后面作宾语。参见王力：《同源字典》，135 页，北京，商务印书馆，1982。

无舟梁；万物群生，连属其乡；禽兽成群，草木遂长。(《马蹄》)

同乎无知，其德不离；同乎无欲，是谓素朴；素朴而民性得矣。及至圣人，蹩躠为仁，踶跂为义，而天下始疑矣；澶漫为乐，摘辟为礼，而天下始分矣……夫残朴以为器，工匠之罪也；毁道德以为仁义，圣人之过也！(《马蹄》)

彼至正者，不失其性命之情。故合者不为骈，而枝者不为跂者：长者不为有余，短者不为不足，是故凫胫虽短，续之则忧；鹤胫虽长，断之则悲。故性长非所断，性短非所续，无所去忧也。意仁义其非人情乎！彼仁人何其多忧也？(《骈拇》)

举贤则民相轧，任知则民相盗……吾语汝，大乱之本，必生于尧舜之间，其存乎千世之后。千世之后，其必有人与人相食者也！(《庚桑楚》)

可悲的人类！晦暗的世界！然而可尚有补救之方存焉？

不以心损道，不以人助天，是谓之真人。(《大宗师》)

天与人不相胜，是之谓真人。(《大宗师》)

无以人灭天，无以故灭命，无以得殉名！(《秋水》)

不开人之天，而开天之天。开天者德生，开人者贼生。(《达生》)

忘己之人，是之谓入于天。(《天地》)

从人天，从我吾，是庄子哲学的绝对指向，庄子激切的反文明态度，已绝不费解。

以道的无限可能性为绝对境界，以“无～”法式作为积极的否定性和消解性，以天人吾我四方关系作为结构基础，庄子自由哲学的基本构架至此完成了它的建构。现在我们似乎必须径直对庄子说点什么了！

八

既然我们已经将庄子哲学判定为一种关于人的存在的诗意的形而上学，那么于此便必须究诘：在庄子哲学中，什么是自由，何者与自由有所关涉，而何者与自由等量齐观？

毫无疑问，自由与庄子哲学中的“道”与“无”有所关涉。这些高踞于语言彼岸的神秘幻影，便是自由么？我们又不得不用语言来肢解世界。

“无”在庄子哲学中可以有四层含义：

“无Ⅰ”。乃是从老子哲学中所承续下来的一个宇宙动力学始点：“泰初有无”（《天地》）——一个自然本体论上的 Nichts。

“无Ⅱ”。则是一种针对伪价值的消解性与否定性的诉求（上文所论“无为～～”的“无～”法式——用海德格尔式的语言加以理解，这是一个动词化的 das Nichtende）。

“无Ⅲ”。从维系具体对象的消解性与否定性走向自我否决而导出的泛对象泛条件的绝对否定性自身。即“无为”与“无无”意义上之无——这既是一种形而上的绝对禁令，也是一种最终指向自身的本体化之物。在此意义上，多少颇类于海德格尔式的 das nichtende Nichts。

“无Ⅳ”。“无Ⅰ”“无Ⅱ”的运作，终于昭示了：人无路可走——人被自己逼入存在的临界状态，人在历史和文明中无法为自身存在建立终极价值，人在存在的崖端上发现了自己濒临于意义与价值的虚空——一种人的本体论意义上的 Nichts。一个根本性的转折因此而发生——“睹无者，天地之友”（《在宥》），无在崭新的意义上重与自然本体论意义上的 Nichts 迭合。处于存在的崖端上的人终于被指向存在的绝对境界——道。

无，这所向披靡的消解性，这涵盖一切的神秘之物终于开启出：（1）作为不期然而然的自然存在的运作方式的和；（2）作为无所为而无不为的人的存在的绝对境界的无限可能性——道。

从原始语义看，道即路。《说文》："道，所行道也。"《尔雅》："一达谓之道。"在其词义衍化过程中，或动化而为导、为蹈："道千乘之国"（《论语》），"君子道其常"（《荀子》）；或价值化，如"君子乐于其道"（《乐记》），"道者，古今之正权也"（《荀子》）；或本体化，"有物混成，先天地生……吾不知其名，字之曰道"（《老子》），"形而上者谓之道"（《易传·系辞》），等等。另外，道还意味着言说："所可道也，言之丑也"（《诗鄘·墙有茨》），"道可道，非常道"（《老子》）。而庄子呢？庄子倒似乎比较信守其原始语义："道者，万物之所由也"（《渔父》）。

道即路，联结我们当下之所在，所居所处之所与整个广袤的世界的中介物，联结着无限可能之世界的无限可能之途。道作为绝对中介，毫不留情地昭示了——人，无路可走；又同样毫不留情地把无路可走的人设定为永恒的寻求者和漂泊者。因之，道之所在，使广漠难及的世界的任何一部分都潜在地成为我的目的地，世界时时都向我踊跃、倾斜，在静默而雄浑的旋转中向我涌来，处于当下之存在的我也因为道之存在而被潜在地设定为指向并领有无限世界、无限可能的存在物。道作为路，作为中介物，联结着我与世界、当下与未来。既是通向世界之途，又是返归家园之径。道以无限目的召唤我而使我没入漠漠之野从而又在跋涉中时时怅惘地回顾家园，道是导引着人离家去找家的神秘之物。道使人的存在的丰富性和世界的丰富性得以联结，并以无所为的方式将这一切丰富性浑穆地呈示展开，从而在一种永恒的现在中使生活被赋予意义。道在意义的虚空中拯救人与人生。

道作为一个不可或缺的中介物成为存在者把持存在的程度的普遍标尺。在传统的语言库存中，谓仙人得道，谓暴君失道，通达谓青云得路，困窘谓英雄失路……

回车驾言迈，
悠悠涉长道。
四顾何茫茫，
东风摇百草。
——《古诗十九首》

北临太行道，
失路将如何。
——阮籍《咏怀诗》

……时率意独驾，不由径路，车道所穷，辄痛哭而归……
——《晋书·阮籍传》

大道如青天，
我独不得出。
——李白《行路难》

一部中国文学史，“欲渡黄河冰塞川，将登太行雪满山”，“行路难、行路难”的咨嗟咏诵不绝于耳。“前不见古人，后不见来者”，天地悠悠、四野茫茫的“失路之恸”，是那些直面过自身存在的存在者的永恒心声，这其中不也正激啸着对人类存在的某种自觉不自觉的终极关怀吗？

“行于万物者道也”（《天地》），庄子之道也并不仅仅取“道”作为路的原始语义，而是把道从自然的存在方式和运作方式中抽象出来从而使之与路的无限可能性的转义相迭合。因之令其成为存在的绝对境界，然而，不管是潜伏于路的象征意义之下，还是展开于自然运作方式之中，无限可能性本身，并非人的自由。一达谓之道，然而道并非达。庄子处处主张人应在与天地参，在自然中领悟、体会并彻底地皈依这无限可能的大道：

南伯子葵曰：“子独恶乎闻之？”

曰：“闻诸副墨之子，副墨之子闻诸洛诵之孙。洛诵之孙闻之瞻明，瞻明闻之聂许，聂许闻之需役，需役闻之于讴，于讴闻之玄冥，玄冥闻之参寥，参寥闻之疑始。”（《大宗师》）

对于庄子，人趋向大道不仅要通过体验化途径——心理层次上的意识的无意识化与无意识的意识化，通过“心斋”“坐忘”而达于“撄宁”之境，打破社会伦理中各种伪价值对人的生命意识的压抑从而解放生命之流——

“与物有宜而莫知其极”；还在于通过相对化途径——在逻辑层次上超越认识论与价值观上的各种有限对峙而达于“天地一马，万物一指”之境，入于“寥天一”。更在于一步步弃舍文字、语言而最后与原始的混沌（玄冥、参寥、疑始）合而为一。故而，即便“无Ⅱ”这种锲而不舍地指向大道的否定性与消解性，也最终因其与自然的无目的性相背的意向性而在逻辑上遭到自我否定。所以，若以道为自由，则必须把人的行为意向彻底地荡涤殆尽。而以无意向性为前提的人的自由又是如何可能的呢？

我们若把庄学作萨特式的完成和萨特式的批判，庄学中之真正的自由，既不可能是作为自然运作方式的无意向性之道（无Ⅳ），也不可能是自我消解的“无为”和“无无”（无Ⅲ），而仅可能是作为否定性、消解性的此一“无”（无Ⅱ）。一个把握了此“无”去直面人生的人，恰恰现实地把握了自由，现实地贯彻了自由。从人的本体论的角度，自由永远只能是对存在（首先是个体的本己的存在）的有限规定性的无条件的超越，而庄子之“无Ⅱ”所导引的否定和舍弃，同时也就是积极有为的选择和肯定，此一“无”恰有可能指向人的本体论的自由。然而，庄子把持此“无”之后又轻易地将其否定了。从而将自然本体论意义上的无目的而合目的、无所为而无不为的无限可能性作为人的存在的终极境界，并且以这一自然本体论意义上的只能诉诸主体体验的自由置换了人的本体论意义上应可诉诸客观实证的自由！此“无”太沉重了！

九

然而，庄子哲学作为诗意的人学形而上学富于启迪意义的恰恰是它所留下的永恒谜语——以无意向性为前提的人的自由究竟是如何可能的？亦即不期然而然的自然运作方式与无所为而无不为的人的存在最高境界在道的无限可能性之下之统一是如何可能的？自由与自然的对立，在庄学中完全被消融而等值，人类意向性的投射力量被剥离殆尽从而没入自然的涌现、展开、运作、舒扬之中。

庄子哲学显示过很多二元形态的东西：天与人、吾与我、海若与河伯、海运万里之遥的鲲鹏和盘旋于榆枋之间的斥鴳……然而，道通为一，庄子哲学的指向却又恰恰是一元的。“无”从“无Ⅰ”到“无Ⅳ”的运演，道从自然运作方式到存在最高境界的过渡，形而下的现实批判（工具、伦理、语言诸批判即文明批判）到形而上的终极关怀，所有这一切在庄学中虽然时时交织，但都无法改变庄子哲学的一元指向——以体验为核心的心理本体论。

道与无，都是在这一意义上被本体化的。

无开启了道。

道假无而涌起、展开、舒扬。

道磅礴于万有而为“天”，凝降于个体而为“吾”。

此外，那异于以理性乐观主义为理论前提的费希特式的设定非我的自我，那异于以狄奥尼索斯精神为价值底蕴的尼采式的超人，庄子笔下那悠然而至又悠然而往，天马行空又清风明月，乘云气、御飞龙、游乎四海之外又居于六合之中，大泽焚而不能热，河汉冱而不能寒，疾雷破山而不能伤，飘风振海而不能惊，独与天地精神相往来的神人、至人、真人，究竟是什么？这些真人、神人、至人，作为庄子心仪的理想人格，或可谓是在静态地观照与体验中把握无限可能性而达到内在洞彻的心态的对象化摹写和达到内在解放的情志的亢扬，亦可谓是“道成肉身”了的无限可能性。

十

因此引出了一个问题——东方心理主义。

本文所谓心理主义，与逻辑学意义上的，与胡塞尔所痛心疾首、耿耿于怀的心理主义毫不相干。我们仅在两种意义上使用这一概念：在哲学人类学意义上，指在对人的存在的终极关怀导引下的以体验为核心的心理本体论；在文化哲学意义上，指对物质性的理性手段（物质生产工具）和对精神性的理性手段（伦理、语言、逻辑，等等）持消极、悲观乃至否定态度，并将自由诉诸个体的内在的心理体验的自由观。

不但庄学及步庄学后尘的玄学，而且以中观般若学为理论峰巅的大乘佛学以及作为大乘佛学与中国文化的精神产儿的禅宗，都相当程度地满足了上面给出的条件；即使是性质、风貌、对象都相去甚远的儒家学派，也在一定程度上对应上述条件。故而，于“心理主义”前面冠以“东方”。

十一

也许是由于中国文明的早熟性，也许是由于庄子过于敏锐的诗意直觉，庄子在文明的发轫期便思考了文明的宿命。于是，一种形而上的家园感与乡愁意识便弥漫开来，悠永地激荡着。

旧国旧都，望之畅然。(《则阳》)

今已为物，欲复归根，不亦难乎！(《知北游》)

当人欣然怡然地向世界突进时，偶一回首，失其所归了。当人毅然决然地成其所愿时，偶一回首，忘其所是了。但人总必须走向世界、突入世界；人总必须行其所愿、成其所愿。可是人更必须有家可归，必须是其所是。这就是从庄子哲学中导发出来的无限的自然史与有限的文明史的二律背反，即吾与我、天与人、感性与理性、工具与心理、实证与体验的永恒悖论。

正是在这些悖论的壁立相峙的峰巅之间，萌发了庄子及庄子式的乡愁家思。老子要复归于婴儿，佛陀弟子要证立足境，基督教徒要复乐园，贾宝玉要回到大荒之中的青埂峰下。德国浪漫派诗人要寻找“蓝色的花朵”，年轻的尼采要奔向永恒的故乡，而老海德格尔则固执地揭露着人的无家可归。“一切运转起来了。这恰恰是令人不得安宁的事，运转起来并且这个运转起来总是进一步推动一个进一步的运转起来，而技术越来越把人从地球上脱离开来并且连根拔起。”“然而一切本质的和伟大的都只有从人有个家并且在一个传统中生了根中产生出来。”① 这就是人的现实命运。

在哲学人类学意义上，人必须有家可归这种平朴得不过尔尔的话，也不过说明了，人必须是其所是（这才有了形而上学和本体论之类）。“那种你是和我是的方式，那种我们在大地上的方式，就是居住。成为一个人就是作为一个无常者居于大地上。”② 所有伟大思想家、伟大诗人所想的，都是一件事。

---

①［德］海德格尔著，孙周兴选编：《海德格尔选集》（下卷），1313页，上海，三联书店，1996。

② M. Heidegger, *Poetry*, *Language*, *Thought*, Harper & Row, 1976, p. 147.

十二

庄子曾梦蝴蝶，梦想着与天地并生、与万物为一。然而庄子绝未梦想过他的“蝴蝶梦”竟成了“哲学”，而他竟成了“哲学家”。庄子不过浩叹：

天之苍苍，其正色邪？

庄子 2

一

一种纯粹的精神逻辑往往都有其社会学意义上的伦理效应，故而，我们还须转换视角，在与庄子一道面对存在的同时，侧观庄子的实践品格，亦即与传统士风，继而与所谓的“国民性”的然然否否的关联。

二

青年时期的鲁迅所探讨的有这样三个问题：（1）什么才是理想的人性？（2）中国国民性中最缺乏的是什么？（3）它的病根何在？① 萦绕了鲁迅一生的“国民性”之思至今依然萦绕着我们。在后现代语式深入人心之今日，“国民性”这一“五四”问题，已有了极大的“本质主义”嫌疑。如果我们把有关本质主义的疑窦暂且搁置，从精神史的角度，民族性格（Mentalität）却并不是一个伪问题。

如果历史果真被雅斯贝尔斯不幸言中，我们今天不过生活在“轴心时代”的绵绵余晖之中，那么，大有本质主义嫌疑的“国民性”之思便必须毫不犹豫地指向这个轴心——孔老庄墨的时代，这个奠定规则、陶铸精神范型的时代。本章的讨论基于这样一个假设：若谓先秦儒家更多地奠定了传统文化的伦理内容，则道家文化便更多地提供了某种心理形式，这也许是文化内容与文化形式之间的矛盾的某种表现。“五四”以来，关于儒家理论对传统文化尤其是对民族性格的决定性影响的讨论多矣！本章只期侧重于另一角度，

① 许寿裳：《亡友鲁迅印象记》，19 页，北京，人民文学出版社，1977。

即庄子哲学与民族性格的关系作些阐扬。

三

从精神史的角度，特别在实践品格的视角，庄子何人？《庄子》何物？

“吾命有所制也！”（《秋水》）语虽出于文中的孔子之口，但众所周知，于《庄子》书中，孔子常是憨态可掬的庄学宣道者。所有关心人的本体存在的思想家所究问的首先都是人类存在有限性的本质及自由的可能性。庄周、释迦、耶稣、慧能，概莫能外。在这种意义上，庄子哲学是自由哲学，是一种无法用语言批判来切入、厘定、究诘的诗意的形而上学。个体存在的有限规定性是庄子自由哲学的逻辑起点：

> 一受其成形，不亡以待尽。与物相刃相靡，其行尽如驰而莫之能止。不亦悲乎！终身役役而不见其成功，苶然疲役而不知其所归，可不哀邪！人谓之不死，奚益！其形化，其心与之然，可不谓大哀乎？人之生也，固若是芒乎？（《齐物论》）

人一旦投入存在，便是投入混沌动荡的漩涡，于是乎形为物役，心为身劳。“其寐也魂交，其觉也形开，与接为构，日以心斗”（《齐物论》）。所有种种，“日夜相代乎前，而莫知其所萌”（《齐物论》）。于是当然也就莫知其所终。投入存在即投入规定，亦即为否定性所规定。“在定在里，规定性与存在是一回事。”① 人类于是只有役役其生了。

个体存在的血肉之躯是如此的“区区”，如此的可怜可叹；那么，由无数个如此可怜的个体构成的共同世界的情形，也就自不待言了：

> 昔者黄帝始以仁义撄人之心……于是乎喜怒相疑，愚知相欺，善否相非，诞信相讥，而天下衰矣；大德不同，而性命烂漫矣；天下好知，而百姓求竭矣。（《在宥》）

---

① ［德］黑格尔著，贺麟译：《小逻辑》，204 页，北京，商务印书馆，1980。

举贤则民相轧，任知则民相盗……吾语女，大乱之本，必生于尧舜之间，其末存乎千世之后。千世之后，其必有人与人相食者也！（《庚桑楚》）

萨特的“他人就是地狱”的绝叫，参之于庄子，并无什么太为精绝与悲愤之处。口腹之欲，声色之累，诚是个体存在的有限规定，而工具，这维持社会的庞大机体的人类物态化的理性手段，在庄子看来，只能破坏存在的原始纯洁性：有机事必有机心，有机心则纯白不备，并非不知，而是羞而不为（《天地》）。而仁义、礼乐到语言、逻辑这所有维持社会存在的精神性的理性手段，更是对人类原始和谐的玷污。于是乎，圣人不死，大盗不止，仁义不泯，百姓不宁……凡是构成共同世界的“行为句法”的一切理性手段，在庄子看来，都是对人类存在（不管是个体的还是社会的）的威胁。看来，真若王国维之所言，是“终古众生无度日”了。

庄子恰也正是在这种状若泥涂的现实存在中，提出他的自由理想和超越途径的。这便是以“大泽焚而不能热，河汉冱而不能寒，疾雷破山而不能伤，飘风振海而不能惊”，“乘云气、骑日月，而游乎四海之外”，与造化并生、与万物为一，与天地精神相往来的“真人”“神人”“至人”的人格化拟态面貌出现的体昧、领悟、把握作为无限可能性的“道”时的自由心境和心斋、坐忘、丧耦、无待的超越途径。

四

庄子哲学作为以个体的本体存在为出发点的自由哲学实质即为哲学人类学，然而就其同时关涉社会的本体存在而言，又可谓是一种一般的文化哲学。不过后者是通过前者显现出来的。个体存在的感性与理性的矛盾与社会存在中的无限的自然史与有限的文明史的矛盾时时交织，不过前者是内篇的精髓之所在，而后者则是外杂篇的主要题旨。如果我们从文化哲学的角度把自由暂时定义为文明与自然这对二律背反性质的矛盾之间的双向张力，庄子哲学的绝对指向几乎都是由文明到自然这一维度，或者说，总是指向在文明中如何保持存在的本真状态这一维度。

在极笼统的意义上说，就自由问题而言，由古希腊的二元分立（毕达哥拉斯学派的十对矛盾、巴门尼德的存在与非存在的对待，等等）的世界图景到文艺复兴的科学实证精神到德国古典哲学所宣扬的主体能动性一线以贯之，所侧重的是“外向超越”，这里的超越概念作为动词或者动名词使用，并非神学或者宗教哲学意义上的 Transzendenz，而是 das Transzendieren。所以此处所论的外向超越，基本不是关乎宗教学上对闪米特先知宗教的上帝观的描述，而首先是哲学人类学和文化哲学意义上的使用。对现象界的必然轨迹，对自然、社会的因果系列的断言、寻觅、认识和有效制驭，而庄子思想恰相反之。庄子所感受的受动性即个人在社会生活中把握自身存在时所领略、所体验到的直接的、个体的受动性；其次才附带地涉及了人类在社会历史面前的受动性。庄子真正关心的并非人作为至高无上的族类在自然面前的受动性，而是人作为现实存在在文明、在历史面前的受动性。庄子的忧生之嗟，即对人的感性受动性——肌体之累、声色之乐到生之倏忽惨淡、死之无可规避等的批判，是个体存在之思，这在今天应无异议；然庄子的毁知绝圣、嘲墨讥儒、抨仁击礼等，是否仅为社会政治批判？在我们看来，这其中也自觉不自觉地包含着对人的本体存在之思，“现代化”地说，这也是哲学人类学之思。它关涉了作为共同世界的“行为句法”的理性规定性——从仁义礼乐即道德伦常等表层因素，到言辩聪明即语言、逻辑、认知能力等深层的理性因素。尽管庄子是以激切的批判语言来宣示这些的，但我们唯有洞穿那诗意的胞衣。

进而言之，在同样笼统的意义上，“两希”文明（希腊、希伯来）共同陶铸的“外向超越”更多地带来了工具主义本文所谓的工具主义与心理主义仅在精神史和文化哲学的意义上使用，与逻辑学意义上的工具主义、心理主义毫不相关。我们的所谓工具主义特指对物质性的理性手段（物质生产工具）和精神性的理性手段（如伦理、语言、逻辑等）抱积极、乐观、肯定态度的自由观；本书所谓的心理主义则反之，指对以上两种理性手段抱消极、悲观、否定态度，并将自由诉诸个体的、内在的心理体验的自由观。与对文明的乐观主义巴门尼德式的一方面是存在与非存在的绝对分立，一方面又是思维与存在的同一的坚定信念，亚里士多德对于作为普遍知识的技术的推崇，都为理性乐观主义的历史观与文明观及人类中心主义奠定了最深的根基。随着语言、思维与存在的同一性、宇宙观上的人类中心主义的坚定信念历史地展开，整个世界确实也作为“为我之物”历史地向人类展开。

而庄子所寻求的“内向超越”却走着迥异的路子。言能达意么？人能驭物么？即使物质工具使人事半功倍，也终究摆脱不了“有机事必有机心，有机心则纯白不备”的命运。故此，庄子的自由哲学所指向的是心理主义与对文明的悲观主义（这两者都应说是“理性的”，只不过对理性自身的态度判然有别而已）。因之，西方的自由意识更多的是彼岸感——指向自然、社会和人身的未来可能的理想状态；而庄子的自由意识更多的是家园感——指向人所自来的自然的原始状态与生命的本真状态。当然，以工具主义为前提的彼岸意识是或可在历史实践中相对地贯彻于此岸世界的；而庄子式的自由意识所指向的家园却又因为否弃历史实践而反之遁为不可企及的彼岸。

五

换言之，庄子的家园感，同时又是一种“寻根意识”。

“今已为物，欲复归根，不亦难乎？”（《知北游》）在人为物役、心为身劳的现实之中为人寻找存在之根，寻找一种理想的“旧国旧都”（《则阳》），可谓是庄子哲学的初衷。“‘我们回家吧！’在任何一种语言中这都是一句神圣的话。”① 寻根问题事实上与“根”的历史一样久远。寻根意识可以发生在远离故土的漂泊者、役于异族的亡国奴、久经离异的乱世之人之中；也可以是一种泛条件的撩人的惆怅感。大概精神分析学派会来得最为彻底，这种指向“根”的惘然，对于他们来说，不但是指向母亲的怀抱，而且是指向母体的胞衣！所有这些都无关宏旨。问题在于，庄子式的寻根意识，是发生在作为文化发轫期的“轴心时代”，即发生在“根”远未扎牢之际！

庄子哲学的“旧国旧都”的家园意识、寻根意识，迥异于儒家对“三代之治”的缅怀。孔老夫子也“寻根”，不过他所指向的是“吾从周”和“复礼”，将理想化的远古盛世隆年作为社会的现实政治所必须仿之效之的陈年古范；而庄子的“寻根”指向却是“能婴儿”和“天放”，将理想化的生命与社会的本然状态作为人的现实存在必须趋之赴之的昔日善本。庄子之寻根，根本就不是为社会历史的未来发展寻找某种闪烁着时间釉彩因而其价值也自然无可商榷的远古模式，庄子不过是为人的现实存在寻根。换言之，在已经

① ［德］利普斯著，汪宁生译：《事物的起源》，1 页，兰州，敦煌文艺出版社，2000。

充分理性化的现实情境之中为人寻找感性之根。庄子所寻即为此“根”。庄子是生命之树的寻根者!

正是这种“寻根”的诗意胞衣下的感性之思，导引着我们必须正视哲学人类学课题（事实上，“乡愁意识”一直弥漫了德国浪漫派以来的西方哲学界与艺术界。从浪漫诗人们“蓝色的花朵”的理想到海德格尔所强调的“无家可归”的现实，从卢梭到法兰克福学派，等等。这也就导出了西方哲学存在不存在主题转向，叔本华以后的西方哲学界、塞尚以后的西方艺术界究竟在什么程度上和什么范围内向东方瞩目等一系列问题。这都是导引着哲学人类学之思的重要问题）。

六

庄子诗意的形而上的自由哲学，是以天人、吾我四方关系作为其结构基础的。由人天，由我吾，几乎是庄子哲学的绝对指向。

> 今者吾丧我。(《齐物论》)

> 河伯曰：何谓天？何谓人？
>
> 北海若曰：牛马四足，是谓天；落马首，穿牛鼻，是谓人。(《秋水》)

和“道”一样，“天”“吾”在庄子哲学中作为理想的价值境界，都有某种不可分析性，它们自身首先便是一个圆满具足的“0”。然而，“道”作为可以领悟、体验的无限可能性自身，又是通过“天”展示于万有，通过“人”达于个体存在的。在此，“道”“天”“吾”虽有某种等值性（达于吾即参于天即入于道)，却又因其可以诉诸体验所以便也具备可分析性。庄子之“天”与先秦哲学常有的“天帝”“天命”二义不同，作为“四足牛马”之“天”，指的是与“人”（人为的、社会的、文明的）相对的自然的本真状态与生命的本真状态；而“吾”则是与“我”（肌体、声色——个体存在的感性规定，仁义、礼乐、聪明——伦理、知性等理性规定）相对的人的存在的本真状态。在此，“天”的外延显然大于“吾”。

在人“物于物”的现实遭际之中①，庄子发出了他的“绝对律令”——“无以人灭天，无以故灭命！”（《秋水》）

天与人、吾与我、工具与心理、无限的自然史与有限的文明史，所有这些人类存在所必然遭遇的矛盾，都在庄子哲学于朦胧的诗意氛围中被推置于壁立相峙的峰巅之上！那么超越的索桥栈道安在？怎样打开通向生命根柢的大门？

七

具体说来，庄子自由哲学的超越途径便是：（1）体验化途径（心理上）；（2）相对化途径（逻辑上）。亦即现实超越的心理化、体验化和实证问题的相对化、价值化。套用精神分析学的话来说，便是无意识的意识化和强意识的无意识化。前者通过“心斋”“坐忘”，后者则通过“丧偶”“无待”。

八

先看体验化途径：

> 吾犹告而守之，三日而后能外天下，已外天下矣，吾又守之，七日而后能外物；已外物矣，吾又守之，九日而后能外生；已外生矣，而后能朝彻；朝彻，而后能见独；见独，而后能无古今；无古今，而后能入于不死不生。杀生者不死，生生者不生。其为物，无不将也，无不迎也；无不毁也，无不成也。其名为撄宁。（《大宗师》）

> 颜回曰：“回益矣。”仲尼曰：“何谓也？”曰：“回忘礼乐矣。”曰：“可矣，犹未也。”他日复见，曰：“回益矣。”曰：“何谓也？”曰：“回坐忘矣。”仲尼蹴然曰：“何谓坐忘？”颜回曰：“堕肌体，黜聪明，离形去知，同于大通，是谓坐忘。”（《大宗师》）

---

①　关于庄子反异化思想及相关观点，参见李泽厚：《中国古代思想史论》，北京，人民出版社，1985；李泽厚、刘纲纪主编：《中国美学史》卷一，北京，中国社会科学出版社，1984。

……故圣人休焉，休则平易矣，平易则恬淡矣。平易恬淡，则忧患不能入，邪气不能袭，故其德全而神不亏。(《缮性》)

虚无恬淡，乃合天德。(《缮性》)

庄子所剖示的人的奴隶状态（“有待”）是极其多元的。简而言之，可分成两个方面三个层次：一是个体存在的感性规定性——肌体之累、声色之乐到死生大关；二是社会存在的理性规定性——从仁义礼乐等伦理道德之拘到“成心”等语言、逻辑之羁……所有种种，物我、人我之对待，都是通过吾我之对立才最终现实地实现出来。这正是庄子哲学的一个精湛之处。人进入存在就似进入樊笼，一切都落入了二元状态。连神之所寓、形之所存的最本己的血肉之躯都不过是一个本真状态的生命——“吾”和后天的社会的理性存在物——“我”的对立的复合体。遑论他哉！于是乎，无往而非矛盾，无往而非拘羁，无往而非奴隶状态：物我、人我、有无、是非、善恶、毁誉、得失、祸福、予夺，诸如此类乃至于死生，这便是人在“存在这幕壮观的戏剧”（玻尔语）中，在世界这片漠漠的原野上所能面对的最后关隘了，所有这一切都壁立相峙，于是庄周只有喟叹：“夫大块载我以形，劳我以生，佚我以老，息我以死……”（《大宗师》）既然一切反抗和挣扎都最后要被大化之流行所泯灭，那么又何苦“数数然”呢？所以，在个体范围内，唯一可能的便是把问题诉诸体验与内省，即将意识（虚假幻相，即各种各样早已约定俗成地沉降在社会心理中的伪价值）无意识化（即毫不犹豫地打破、弃舍）。庄子之意识无意识化，正是针对儒家的“强意识化”而来。儒家以仁释礼正是把一切外在规范内在化，从而形成强烈的社会性醒觉，从而缚人于礼。宋明理学正是这典型的发挥。这一过程又包含着可以用同样句式表述的逆过程，即无意识的意识化，即把已为各种虚假幻相、成心偏见所拘囿抑制从而早就没入无意识的黑暗地带的生命意识重行解放出来。让个体存在与物为春，与道为一，与天地并生，让生命在心理解放的阳光下舒展开来。“与物有宜而莫知其极”，于是，存在的大门打开了，入于“寥天一”。

这便是“心斋”“刳心”“坐忘”而达于“丧我”“见独”“无待”从而归于“撄宁”的心理超越的逻辑。“至人之息以踵”，通过心理暗示和导引术，把个体引入返光自照的纯粹内省状态，通过对个体感性存在的运作过程的直接感受和体验解除外在抑制，使役人的外在世界的坚实的规定性丧失力量，又使人内在的感性规定性得到消解……于是，身如槁木、心如死灰，荅然似丧其耦……

九

再看相对化途径：

> 彼是莫得其偶，谓之道枢。(《齐物论》)

道是一，是大通，是无待，是寥天一，也就是说，是自根自本、神鬼神帝的绝对，而这“绝对”的“一”，实质上恰是“无”——无边的虚无。只有无才能具备开放的无限可能性——庄子所追求的与天地同流、与万物同化、返回生命之根、偕道而行的存在状态，寻求的正是这种开放的无限可能性，而这种可能性唯有在“无”中才得以流行贯注、磅礴张扬。庄子式的遗世独立、酣然自足，究其心理根源，正是在于对于“无”的吞没一切的大口的清醒把握从而反之将无绝对化。因此，明乎道，正是同于一，也便是溺于无。这三者是等值的。

然而这一切都当即地面临着沉甸甸、赤裸裸、密匝匝的无限的具体的“有”——有限的对待的二元分立的世界。无论如何地隐几坐忘，这个二元对待的世界终究还是会无可商榷地横亘在“真人”之前的。心理上的体验、暗示途径于是被认识上逻辑上的相对化、价值化途径所取代。如果说，心斋坐忘的体验化法则更适于消解个体存在的感性规定性（肌体、声色）及社会存在的理性规定性的表层因素（仁义、礼乐等伦理因素），那么，相对化法则则针对了社会存在的理性规定性的深层因素——语言逻辑层次上的是非、名实、言意，等等。这里是意识的无意识化的进一步深入，即把矛头从指向一般的感性负累和政治伦理等外在规定转而指向文明的负累——语言、逻辑、社会生活的理性网络和个体存在的深层结构。

> 北海若曰：以道观之，物无贵贱；以物观之，自贵而相贱；以

俗观之，贵贱不在己；以差观之，因其所大而大之，则万物莫不大，因其所小而小之，则万物莫不小。知天地之为稊米也，知毫末之为丘山也，则差数睹也；以功观之，因其所有而有之，则万物莫不有，因其所无而无之，则万物莫不无……因其所然而然之，则万物莫不然；因其所非而非之，则万物莫不非；知尧桀之自然而相非，则趣操睹矣！（《秋水》）

以道观之，何贵何贱？……万物一齐，孰短孰长？（《秋水》）

夫物，量无穷，时无止，分无常，终始无故。（《秋水》）

物无非彼，物无非是……彼出于是，是亦因彼……因是因非，因非因是。是以圣人不由，而照之于天……（《齐物论》）

彼亦一是非，此亦一是非……是亦一无穷，非亦一无穷，故曰莫若以明。（《齐物论》）

诚然，一切存在就其存在着而言，都同样具备必然性和现实性。黑格尔大概正是在这种意义上宣告一切存在的都是合理的。在此，存在物的存在作为确然的事实，在“这幕壮观的戏剧”中，每个角色都有确然的同等地位。故此，不以狭隘的实用功利眼光和人类自我中心主义的观念来观照世界，而代之以更加悠永寥廓的宇宙意识，则庄子“与物为春”的理想，在高度异化的文明世界中，必然获得越来越强烈的共鸣。

在人与自然的关系上，庄子不能不说是具备了诗人—预言家的直觉性的洞察力。这里更需要指出的倒是庄子式的超越途径，为了绝对而将相对绝对化，为了超越而将事实价值化，为了解放虚假意识所掩蔽的生命意识而又将已经获得的意识无意识化。亚里士多德式的形式逻辑的同一律、矛盾律、排中律，等等，这些思维为了达到自身的理性的自我同一的纯洁性而必须具备的形式因素是庄子所不屑甚至是深恶痛绝的。“其一也一，其不一也一。其一也与天为徒，其不一也与人为徒”（《大宗师》）。对于庄子在作为无限可能性之“道”面前，在作为无为而无不为的未被人类力量所扭曲沾染的本真状态的自然之“天”面前，一切差异、分别、是非、然否是没有多大的意义的，彼此之分，物我之辨，都没有绝对的价值。其实，“离坚白”诚然是公孙龙之业，而“合异同”则应是庄子之事。至于“然不然”“可不可”等超于形式逻辑之上的东西，在逻辑学上是公孙龙之事，而在自由哲学则是庄子之业了。为了使人类从虚幻的伪价值（仁义、礼乐、贵贱、得失、荣辱、毁誉、是非，等等）的迷梦中苏醒过来，庄子使用了惊世骇俗的相对化法则即把相对性绝对化。“以道观之，物无贵贱。”“彼亦一是非，此亦一是非。”要把握本真，洞悉存在，唯有“照之于天”“莫若以明”。一切社会的、文明的、先王往圣的种种律则，在庄子这里，都是粪土秕糠，不值一顾……

逻辑有其自身普遍运演的惯性。这种用于在价值观上打破幻相、惊醒迷梦的辩证思致，顺乎其然地转移到实证领域来了，于是，“因其所大而大之则万物莫不大”，“因其所小而小之则万物无不小”，不但小大之辨，就是连有无、死生这些所有在相对的尺度之内，可以诉诸实证的一切，都卷入了同一逻辑的漩涡——于是，不仅仅物无贵贱、彼是相因、东西不可相无，而且是万物一齐、死生一条了——“明乎坦涂，故生而不说，死而不祸，知终始之不可故也！”（《秋水》）从轰毁价值樊篱到泯融实证领域，这是庄子自由哲学至为关键的一步！由此，直面人生的清醒的现实意识和历史意识，终于又在妙语连珠的玄绝思致中化为实为无可奈何而又貌似何等洒脱的莞尔一笑！为了在虚假幻相的浓重阴影下把人的本体存在的生命根基提到意识水平之上从而同于大通、入于妙道的庄子哲学，又如此轻巧地把一切现实意识投入混茫的黑洞！

十

我认为，正是庄子自由哲学的独特的超越途径，对传统文化中心理形式的形成有着决定性的影响，因之在民族性格的塑造方面直接地起了关键性的作用。

首先，体验化法则，从“观于天地”到“心斋”“坐忘”，从“照之于天”到“莫若以明”，都为中国的审美精神奠定了根基。超功利、摒价值、“虚无恬淡、合于天德”，等等，与审美上的无目的性、超功利性、普遍性等有关；而“天地一指”“万物一马”的相对化法则，既过早地摒弃了二元分立的世界图景也预先地断绝了二值逻辑之根，从而使认识方式停留在象征拟化阶段，在心理超越中、在价值满足中丧失了人对自然的实证征服。

爱因斯坦曾指出：“西方科学的发展是以两个伟大的成就为基础，那就是：希腊哲学家发明形式逻辑体系（在欧几里得几何学中），以及（在文艺复兴时期）发现通过系统的实验可能找出因果关系。”① 巴门尼德在追究本体时，态度何其斩绝：“必须是要就绝对存在，要就根本不存在。没有什么力量能使人深信可以说‘非有’可以在它旁边产生某种有……关于这一点，可以决定的是：或者它存在，或者它不存在。所以，必须应该放弃那不可思议、不可言说的途径，因为这不是真的途径。”② 亚里士多德对于排中律、矛盾律的强调，“二值”指向，也如此坚定：“同样属性在同一情况下不能同时属于又不属于同一主题……这就是一切原理中最确实的原理。”③ 正是所有这些，奠定了西方科学实证精神的远古根基。从赫拉克利特到黑格尔一线，逻辑态度与老庄倒有对应之处。不过此不具论，也正是这种二值态度在价值领域的推演，导致了坚定的抉择，这成了悲剧精神的重要底蕴（试想埃斯库罗斯笔下的普罗米修斯和索福克勒斯笔下的俄狄浦斯）。所以可以如是说：正是二元分立的世界图景和二值对待的逻辑体系决定了西方自由观的超越指向的外向性，决定了超越方式的行动性和超越结果的实证性。

而庄子恰恰反之！实证问题价值化，价值问题最后又终于虚无化（这每一步都是相对化的普遍推演而来）。从天人、吾我四方关系的推演分别之中，庄子该说确凿地有过二元的世界图景，只是他的取向却又恰是一元的。价值取向既为一元，逻辑体系也为多值，因之，超越方式便只能是内在的和心理的，最终指向非实证的体验，也同时导致了喜剧精神。这种无条件的心理超越，只能指向以喜剧态度直面人生。

---

① ［美］爱因斯坦著，范岱年编译：《爱因斯坦文集》卷一，573页，北京，商务印书馆，1977。

② 转引自［法］罗斑著，陈修斋译：《希腊思想和科学精神的起源》，112页，桂林，广西师范大学出版社，2003。

③ ［古希腊］亚里士多德著，吴寿彭译：《形而上学》，62页，北京，商务印书馆，1959。

十一

我们先从庄子的生死观入手：

“方今之世，仅免刑焉！”（《人间世》）生于那样的“福轻于羽”“祸重于地”的惨淡之世，于庄子，忧生之嗟当然便既缭然于心更缭然于口中。不过我们且转而他顾。

死生事大。孔子曰：未知生，焉知死？死生确是人类作为有限的“定在”在存在这幕大戏中所能遭遇的最大问题。在孔子看来，未能尽其生岂能知其生，更焉能知其死且奢谈其死？奢谈死生对于理性主义者说来似乎意味着对生命的不敬不忠，因之也就似乎大可不必。而有人恰恰相反，比如海德格尔：“死是亲在最本己的可能性。为此可能性而在就为亲在开展出它的最本己的能在。在此能在中，一切都为的是亲在的在了。”① “只有先行到死中去才能排除任何偶然的与‘暂时的’可能性。只有自由地为死而在才给亲在以绝对目标并将存在推入其有限性中。”② 在此，问题倒转过来，死亡作为有限的存在者的终极界点恰成了存在的最坚实的参照觇标——一道划出存在的大地的地平线。因此，对死亡的先行体验和直面死亡便成了把握存在的先决条件。于此，我们便应反而谆谆然谓孔老夫子，未知死，又焉知生呢？

儒家泰斗既罕言死生，且又不语怪力乱神，这一切便只能遗留给庄子。庄子书中，谈生说死，时可得见：

> 庄子将死，弟子欲厚葬之。庄子曰：“吾以天地为棺椁，以日月为连璧，星辰为珠玑，万物为赍送。吾葬具岂不备邪？何以加此？”
>
> 弟子曰：“吾恐乌鸢之食夫子也。”
>
> 庄子曰：“在上为乌鸢食，在下为蝼蚁食，夺彼与此，何其偏也！”（《列御寇》）

---

① ［德］海德格尔：《存在与时间》，见中国科学院哲学研究所西方哲学史所编：《存在主义哲学》，67页，北京，商务印书馆，1963。

② ［德］海德格尔：《存在与时间》，见中国科学院哲学研究所西方哲学史所编：《存在主义哲学》，69页，北京，商务印书馆，1963。

庄子也绝非海德格尔。他领悟死亡，时时向这道人们终究要跨越的地平线投去漫不经心的一瞥。然而他恰恰既不号召人们遁离这道地平线也不呼吁人们抗击这道地平线。庄子不过指出：我们脚下的大地与这道地平线毫无差别，仅此而已。孔子出于理性主义的雍容的明智，告诫人们将死生大事加以“悬搁”——存而不论。海德格尔则毫不犹豫地警示人们必须通过死亡之悟来激发生之激情。庄子呢？庄子却以令人瞠目的洒脱致力于抹去这道地平线。“庄子妻死，惠子吊之，庄子则方箕踞鼓盆而歌”（《至乐》）。何则？死生者一气之化耳！生者本由气而形，死者便也无非是由形而气而已。死生之事，无非四时之推移，无非一气之聚散。“生者，假借也；假之而生生者，尘垢也。死生为昼夜。且吾与子观化而化及我，我又何恶焉！”（《至乐》）

于是乎：

> 浸假而化予之左臂以为鸡，予因以求时夜；浸假而化予之右臂以为弹，予因以求鸮炙；浸假而化予之尻以为轮，以神为马，予因以乘之，岂更驾哉！且夫得者，时也，失者，顺也；安时而处顺，哀乐不能入也。（《大宗师》）

于是乎：

> 今一以天地为大炉，以造化为大冶，恶乎往而不可哉！（《大宗师》）

既然“以天下为沉浊”（《天下》），则何必与之庄语？既然万物皆一、死生一条，则何苦数数然以终其生？于是呼吾牛也则牛，呼吾马也则马，一切无大所谓，何必拘守，何必执着，何必操持？

人的使命既不在抗击规定性，也不在逃避规定性，而在于否定规定性、消解规定性，使世界在主体精神面前达到“天地一指”“万物一马”的绝对混沌之境，以天地为春秋，以死生为昼夜，以祸福荣辱为阴晴明晦！在这个混茫的宇宙之中，一切都是浑然而又湛然的齐一——这就是庄子所要指明的，面对着无可商榷地徐徐漫来的死亡之绝对地平线，既无须毅然慨然地义无反顾，也无须惶然凄然地背过身去——地平线既然无所不在、无可规避，那么地平线就与存在的大地毫无差别，或曰：地平线就是存在的大地！

一部《庄子》，广厦万间！两千年来，多少嫉俗愤世之人、穷愁潦倒之士，多少领悟了存在而又未能现实地把握存在的人，息肩于此，栖留于此！有了部《庄子》，多少代中国人省却了几多麻烦，除了那些本文不想加以评论的忠臣孝子、义夫节妇外，绝大多数的中国人（尤其是在朝之“仕”与在野之“士”）并不受哈姆雷特式的“to be or not to be（生存还是毁灭）”的问题困扰。虽然死生事大，然而又死生一条，主体无需处于临界状态去作生死之抉择。中国是一个所谓文人极多而文人中的自杀者和自杀事件又极少的国度，例外者，从屈原到李贽到王国维，即使加上谭嗣同这多少可属“变相自杀”之列者，是如此之寥寥（儒家在这方面的重大作用当然也自不待言，本文不拟详论——但不妨想想在生死问题上，厄于陈蔡、八面困窘的孔丘与苏格拉底的差别）。正因为有了部《庄子》，我们于是有的是得意时“仰天大笑出门去”的狂放，失意时“明朝散发弄扁舟”的佻达；穷愁时当然有“乘桴浮于海”之思，显达时也不泯“小舟从此逝”之念……

十二

我们再具体将“喜剧精神”展开：

对于“以生为附赘悬疣，以死为决疣溃痈”的人，的确，“又恶死生先后之所在?”（《大宗师》）对于充分地先行到死亡之悟中，对死生大关已用“相对化法则”加以渗透的存在者说来，还有什么价值什么意义可以令人惶惑、烦恼、恐惧的呢？仿若“我思故我在”，我论死谈死之时我必生，那么，问题便在于如何看待此生、如何现实地贯彻此生了！

“以天下为沉浊，不可与庄语”（《天下》），“吾将曳尾于涂中”（《秋水》）。这便是庄子把握此生的态度。我们称之为“喜剧精神”，用以与古希腊的西西弗斯精神、俄狄浦斯精神等“悲剧精神”相对应。我们这里之所谓“喜剧精神”，并非美学范畴（我们只在“实践理性”的意义上加以讨论），但却略近于德国浪漫派（施莱格尔兄弟等）所强调，黑格尔所曾加以评述的

“滑稽”[①]（Ironie，而并非与崇高和壮美相对应的那种滑稽），即指的是以艺术家的心态对现实世界的感性表象加以自由耍弄的精神。弗·施莱格尔如是说：“人们在大地的创作物中间是什么，艺术家对于人们就是什么。”[②] 这可说是“滑稽说”的内在蕴奥。当然，“滑稽说”的理论前提是费希特的设定“非我”的“绝对自我”，尽管这一“自我”的非人称性今天已无须赘言（海涅《论德国宗教和哲学的历史》中已有过精彩论述），然而这种“自我”毕竟是以理想化的主体能动性为前提的。这一点与庄子哲学根本不同。庄子的“真人”理想，更多的是体味作为无限可能性的“道”时自由心境的拟化形态，这种“真人”并无“自我”的意志色彩。

然而就其对现实世界的感性表象加以自由玩弄，并由此使主体在与之壁立相峙的客观世界面前获得观念上（也仅仅是观念上）的无限的自我超升而言，它们又是共通的。

“按照‘滑稽说’，艺术家就是自由地建立一切又自由地消灭一切的‘我’，对于这个‘我’没有什么意识内容是绝对的和自为自在的，而只显现为由我自己再创造并且由我自己消灭的显现（外形）。”[③] 既然艺术家作为绝对自我，可以令整个世界任何有限存在物的内在规定性在这种滑稽耍弄中丧失意义、自如地受到超越，艺术家于是也就获得了无限的“形式的自由”。对于庄子，既然天下沉浊，并且“以道观之”“万物齐一”，一切有限规定性都可以通过“体验化法则”与“相对化法则”进入混沌齐一之境，于是主体也便获得了自由地设定世界的权威和自由地接受设定的权威！

这就是从庄子哲学中导出的“喜剧精神”的两个指向：一方面，是“不可与庄语”——在丧失了现实尊严的世界面前用也许不那么尊严的方式来把握世界乃至惩治世界；另一方面则是曳尾涂中、呼牛则牛、呼马则马，“知其不可奈何而安之若命”（《人间世》）——在丧失了尊严的现实面前，主体尊严不再具备至上价值。由于这一切都展开于观念之中，因此，也就不免落入永恒的遗憾——一种仅能实现于主体心理层次的鸵鸟式的形式的自由！

---

① ［德］黑格尔著，朱光潜译：《美学》卷一，79页译注，北京，商务印书馆，1979。

② ［德］施莱格尔：《断片》，见古典文艺理论译丛编辑委员会编：《古典文艺理论译丛·二》，51页，北京，人民文学出版社，1961。

③ ［德］黑格尔著，朱光潜译：《美学》卷一，78页，北京，商务印书馆，1979。

先看第一方面。庄学这一方面对于民族性格的塑造主要表现于对中国知识分子实践态度的影响。从“竹林七贤”到“扬州八怪”，从写《鹦鹉赋》、裸衣骂曹的祢衡到写《狂鼓史渔阳三弄》的徐渭，从以“奉旨填词柳三变”自嘲的落魄文人柳永到以“普天下郎君领袖，盖世界浪子班头”自诩的勾栏寒士关汉卿……与屈原、杜甫、白居易这一流“哀民生之多艰，恐皇舆之败绩”“唯歌生民病”“致君尧舜上”的作为君与民的中介、时时以高贵的人道的同情者面目出现的知识分子判然有别，多少代失意落魄的文人以“狂情怪胆”“浪子作风”自相标榜，在不无一点自我耍弄的境遇之中耍弄世界……“王孝伯言，名士不必须奇才，但使常得无事，痛饮酒、熟读《离骚》，便可称名士。”① 事实上，真正构成“名士作风”的另一个关键条件是“胸中柴荆三斗许”② 的“轻诋”作风。若没有这种傲倪一切、排调万物、七分激绝三分无赖的滑稽作风，便失去那维系拥有朦胧跃动的存在醒觉的主体和动乱喧嚣，失去价值依据的现实世界这两极的无限中介。儒家的文质彬彬、中庸蕴藉的人格风范，常为中国历史上那些有个体存在的醒觉的文人所弃若敝屣。

籍曰：“礼岂为我辈设也?”（《世说新语·任诞》）

汝君子之处寰区之内，亦何异夫虱之处裈中乎?（阮籍《大人先生传》）

刘伶恒纵酒放达，或脱衣裸形于屋中，人或讥之。伶曰：“我以天地为栋宇，屋室为裈衣，诸君为何入我裈中?”（《世说新语·任诞》）

就是“直性狭中、多所不堪”的嵇康，也会大谈一番“筋驽肉缓，头面常一月十五日不洗；不大闷痒，不能沐也。每常小便而忍不起，令胞中略转，

---

① （南朝）刘义庆：《世说新语·任诞》，363页，上海，上海古籍出版社，2008。
② （南朝）刘义庆：《世说新语·任诞》，396页，上海，上海古籍出版社，2008。

忍起耳……”[①] 有关这种“轻诋”“任诞”作风的文字，于人物品藻方面的文字中俯拾可得，而诗文戏曲中，则更不胜枚举。这里只需举出几出完整形态的戏曲作品中的喜剧——关汉卿的《望江亭》和《救风尘》，还有徐渭的《四声猿》及《歌代啸》（特别是后者，在文学史上一直未得到应有的注意和强调，这是不恰当的）。当然，这些文学形态的喜剧，是在轻松的闹剧氛围中来暴露世界的荒谬、悖理和价值根基的崩溃的，以歌代啸，歌以代啸：

> 没处泄愤的是冬瓜走去拿瓠子出气，
> 有心嫁祸的是丈母牙疼灸女婿脚跟，
> 眼迷曲直的是张秃帽子教李秃去戴，
> 胸横人我的是州官放火禁百姓点灯。
> ——《歌代啸·楔子》[②]

作者们也正是在这种纯文学形态中才真正达到对现实世界的感性表象的自由耍弄、审判和裁决（具体分析唯有从略）。

如上论及的“喜剧精神”不管是展开于“任诞”“轻诋”的观念性的强烈否定之中，还是呈示于突梯滑稽的形象性的闹剧氛围之内，这都是发生于封建时代的精神文化的持有者身上，发生于尽管无法现实地把握自身存在然而已经具备了存在的醒觉的“精神贵族”之中，在这所有玩世不恭、桀骜不驯、虚无荒诞的情绪背后，时时充溢着尽管无可奈何可也毕竟是高度自信地君临一切的主体精神……喜剧精神在这里是指向外部世界的。然而，这远远不足以揭示庄子对于民族性格的影响之广之深之烈。

问题有其另外的一面。具备存在醒觉的人尽可以在“万物一齐”的境界上将世界的表象自由设定，可是对于更多并不具备这种醒觉的人们，世界却依然是如此的万象森罗，指向外在世界的喜剧精神终于头破血流地悲剧性地指向自身，完成这最后的耍弄——“自由地”接受任何设定。其典型形态，只需略举阿Q之“行状”便已足矣！

---

① （三国）嵇康著，殷翔、郭全芝注：《嵇康集注·与山巨源绝交书》，131页，合肥，黄山书社，1986。

② （明）徐渭：《徐渭集》，第四册，1233页，北京，中华书局，1983。

他以为人生天地之间，大约本来有时也未免要杀头的……

他以为人生天地之间，大约本来有时要抓进抓出，有时要在纸上画圆圈的，唯有圈而不圆，却是他“行状”上的一个污点。但不多时也就释然了，他想：孙子才画得很圆的圆圈呢。于是他睡着了。（鲁迅《阿Q正传》）

是的，于是他睡着了！从庄子式的呼牛则牛、呼马则马到阿Q式的自轻自贱、自解自嘲，阿Q式的释然和阿Q式的达观，不也正潜伏着一道不难发现的脉络吗？

十三

当然，不要过分地冤枉了庄子，他毕竟不过提供了某种心理模式。但如果将孔子式的“食无求饱、居无求安”“贫而乐”“贤哉回也”等具体的伦理训诫置入、融注于庄子式的“至乐无乐、至誉无誉”（《至乐》）的普泛的心理格局之中，两者不正共同地构成了“饿死事小，失节事大”古代谚语的原始胚芽吗？正是庄学中提供的体验化法则、相对化法则为中心的心理格局，为儒家的种种伦理训诫准备了潜在的基础，二者共同地使实证问题价值化之后，儒家之途是通过道德醒觉的“强意识化”（“道之以德，齐之以礼”“吾日三省吾身”“志于道、据于德、依于仁”，等等），从而使价值绝对化，也从而在没有“宗教原罪感”的中国心灵中植下“道德准原罪感”之根（就是阿Q，也不免为“无后”问题所困扰）；道家之途则是将价值问题虚无化（见前文），以喜剧精神既指向外部世界又指向内部世界，以解决物我之待、是非之偶尔最后遁入廓然无碍的鸵鸟式的自由之中！

是以“于是他睡着了”……

十四

为了奔赴来日，我们漫溯往昔。于是我们遭遇了庄子。儒家文化历来被当作中国传统文化的主干，先贤古训于今依然载沉载浮于我们的心理内容之中……然而，如果没有道家提供的某种普遍推演的心理格局（当然，这只是条件之一），儒家古训能够这样广被万世万民吗？尤其在作为文化负荷者的中国古代知识分子（不管是在朝之“仕”，还是在野之“士”）之中，庄子所起的作用更其不可低估。友人曾谓：“没有部《庄子》，中国知识分子将怎么办?”我则想：设若没有部《庄子》，中国知识分子会怎么样？然而历史由不得任何的假设。我们也唯有正视这“往日”。

这“往日”，也就是说，这传统，究竟是什么？是潜在的可能性的渊薮，还是确然的现实性的墓场？是前者，但也是后者。正因为在“现在”的疆场上，触目皆是往日的墓碑，我们才有必要对那些斑驳奥晦的碑文絮絮叨叨。反之，未来在前方的地平线上庄严升起，携着真正开放的无限可能性向我们涌来，与我们遭遇于我们当下所在的“现在”，瞬即没入我们背后那“过去”的无限虚空……

这就是人的现实存在的两面观：我们一方面于现在的疆域中清点往日的墓碑，另一方面于现在的疆场上迎接未来的铁流，现实地加以把握，并坚定地将其抛入过去的虚空——这就是我们所生所息的现在，而某种悲剧精神正应在这片疆场上奠基。

古希腊神话中，西西弗斯遭受天谴，每日推巨石上山，而每当巨石在夕阳下抵临山巅之际，旋又滚下……西西弗斯于是从事于这一永恒的劳作……

形象有其神圣的象征性和宽泛性。对于我们，即使那石头是滚下山的，我们的使命也仅仅在把它推上去——这就是人的命运。

道教 1

一

道教作为本土宗教，有其芜杂繁复的前史。故而，对于道教精神的研究，必须从广阔空濛的背景上展开。

在动物学家和动物心理学家给出铁证之前，人类大概可以暂且被认定为唯一被生命所困扰的族类。生命意识，具体地说，关于生命的忧患意识几乎是人类精神的专利。只有人清醒地面对虚无的深渊甚至于清醒地走向这一深渊；只有人不但清晰地体验生命，并因之全力以赴地把持生命甚至义无反顾地割断生命。这早已成为古往今来的种种人类中心主义的一种永恒主题。人们一代又一代地喃喃追问：我们何所来？何所是？且将何所往？

然而潜藏于这种惘然背后的题旨是大异其趣的！这种惘然与焦虑，起码有这样的一些类型：对于原始人类来说，这也许是关于肉身生命“中止”（一次性的死亡对于原始人类来说似乎是难以忍受和承担的）之后灵魂是否有家可归的问题；对于“文明”人类，这则可能是关于生命在社会历史的具体宿命之中已不复本真的焦虑。当然从历史上看，这些因素常常是互为表里甚或浑然一体的。

二

我们还是从老子说起。

“吾之有患，为吾有身。及吾无身，吾有何患？”这是帛书本的语言，而在通行本中则是：“吾之有大患，在我有身。及我无身，吾有何患？”——吾、我之别判然，更近于庄学，更有哲学人类学意味，因之也更可能是后出之观念。[①]

从这里开始，生命之忧患再不是一种集体表象，不是初民对于族类生存与延续的焦灼，更不是关于灵魂归宿的关切。在这里，生命意识首次与灵魂不死观念划界。

"氐羌之民，其虏也，不忧其系累，而忧其死不焚也。"[②] 广大的西域地区流行过这种灵魂信仰。死而不焚，灵魂便无法上举轻飏而"登遐"，无法栖集于昆仑之巅，也就是无法返归理想的家园。除了西域地区，招魂作为一种礼仪也广泛地流行于中原和楚地。这即是《礼记》中所谓"尽爱之道"的"复"。[③] 孔颖达《疏》曰："招魂者是六国以来之言，故《楚辞》有《招魂》之篇。《礼》则云复，冀精气反复于身形。"尽管孔氏这里使用了精气返身形这种较为后起的观念来解释招魂，但我们由此可见，在周代文化中，这种"复"是广泛的礼仪。从《楚辞》中，我们依稀尚可听到古人激扬蹈厉、无比热切的召唤：

"魂魄归来！无远遥只。魂乎归来！无东无西，无南无北只。"[④] 东有大海，溺水浟浟；西有流沙，漭漭洋洋；南有炎火千里，北有寒山千仞！"魂魄归来！闲以静只。自恣荆楚，安以定只。逞志究欲，心意安只。穷身永乐，年寿延只。魂乎归来！乐不可言只！"[⑤]

三

老子之忧患与这一切都异其趣，既不指向对人类充满威胁的自然力，也不指向一无例外地淹没一切生灵的时间，更不指向悠悠渺渺、归天赴地的三魂七魄。于此，焦灼是关于本己的，并且直接便指向血肉之躯。一个富于人称性的个体出现了（据《说文》，我字从戈，取戈自持之义。这也许来源于原始部族中每一个人不言而喻的战士身份，但是，它的构造也许自始便意味

① 朱谦之：《老子校释·第十三章》，49页，北京，中华书局，1984。

② （战国）吕不韦：《吕氏春秋·义赏》，107页，上海，上海古籍出版社，1989。

③ 李学勤主编：《十三经注疏·礼记·檀弓下》，264页，北京，北京大学出版社，1999。

④ （宋）洪兴祖：《楚辞补注·大招》，217页，北京，中华书局，1983。

⑤ （宋）洪兴祖：《楚辞补注·大招》，218～219页，北京，中华书局，1983。

着，生命的脆弱和有限，个体的生命是需要保卫的）。在老子这里，对个体感性生命的觉醒恰与对世界的形上追索同步，更其意味深远。既然生之有患，患之在身，那么对治的方式也就提了出来——这当然也从躯体开始，故有“长生久视”“深根固柢”“归根复命”……

大概与老子同时或比老子更早，神仙家们的生命对治工程便已经出现了，这就是王乔、赤松、容成、彭祖、安期、羡门之属。[①] 还有论者将养生、气功活动上溯至远古的“阴康氏”“葛天氏”之舞乃至于仰韶文化。生命的对治对于神仙家而言，是一个具体的形下问题（其具体对治之方，早已湮没不详，今人只能依据马王堆帛书一类材料略窥鳞爪）。这与老子作为形上追索的觉醒相表里，共同构成了汉季之后道教的先兆。

老子在道教前史上的意义，正在于从逻辑上：（1）超载了原始的灵魂信仰而将生命问题指向肉身；（2）与神仙家互为表里而将这一问题形上化。由于老学的这一特性，我们可以看到，生命问题在道教前史向道教史的转化，经历了并列的两个系统，这就是庄子线索和杨朱线索。

四

忧生之嗟响彻了《庄子》!《老子》中略露端倪的生之质问在这里全面地展开。生于命轻于羽、祸重于地的乱世，庄子之喟叹，已不复雍容。于老子，是“患之在身”，而于庄子，则直是“命有所制”[②] ——个体生命与外在世界陷于二元对待之中，人无往而不罹罗网。与物相刃相靡，终身役役而不知其所归——“人之生也，固若是芒乎？”[③] 庄子的诘问痛楚万分。

随着这种诘问，庄子展开了他的“价值类型学”，这里有“刻意尚行，离世异俗，高论怨诽”的非世之士；有“仁义忠信，恭俭推让”的平世之士；有“就薮泽，处闲旷”，徜徉江海的避世之人；有“吹响呼吸，吐故纳新，熊经鸟申”的导引之士。[④] ……不惜枯槁沉渊致毁其形的非世之士，当然非庄子所心仪；奔走天下而忘其形的平世之士，亦非庄子之所取；至于熊

① 蒙文通：《川大史学·蒙文通卷》，340 页，成都，四川大学出版社，2006。

② 陈鼓应：《庄子今注今译·秋水》，433 页，北京，中华书局，1983。

③ 陈鼓应：《庄子今注今译·齐物论》，46 页，北京，中华书局，1983。

④ 陈鼓应：《庄子今注今译·刻意》，393 页，北京，中华书局，1983。

经鸟伸以养其形的导引之士，依然并非庄子之所归。尽管一部《庄子》，缘督以为经，保身、全真、养亲、尽年、处于材不材之间、树于无何有之乡，更有姑射神人，吹风吸露，傲倪六合，接着便是逍遥而复逍遥、悠然而复悠然，逍遥得令人心寒、悠然得令人齿冷——这大概是《庄子》一般给人留下的印象。这也诚然是庄子思想的一种面貌，却绝非庄子思想的全部真实。庄子哲学于本章只作为道教前史处理，故庄子思想的基本问题请参前文。

庄子全面地展开了“人生批判”，肉身之易坏、死生之无常是这种批判的题旨，命如朝菌、夕委泥涂诚然堪忧，而人生更不堪忍受的却是与物相刃、丧己于物。社会、历史、文明无非牢狱，伦理、逻辑、语言无非桎梏。沉重的只是在如此无常之生中，尚有更其深重的痛苦存焉！于是，庄子成了一个独特的生命论者。他诅咒此生、诅咒环绕着此生之浊世！以生为悬疣附赘，以死为决疣溃痈。在一个失去价值依据的世界中存在，是故“不死奚益”；把持一种并不本真的生命也是毫无意义的，是故“死生一条”。死亡是一个伟大的参照系，只有死亡的黑暗足以展示生命之壮丽，而死亡之神圣的平静与纯粹，又显示了此生之渺小和微茫，是故“鼓盆而歌”。

庄子达到了一种生命的形上学，这就是他的真人理想。从上古文化的渊源看，庄子确与神话、与南方原始的巫文化更有关系。闻一多先生指出，庄子所谓“神人”“真人”之类，在他自己是真心相信确有其“人”的。① 并且这种观念来源于灵魂不死、精神飞升旅行不息一类原始信仰。我认为，与其说灵魂不死的观念可能影响了庄子，并可能成为他的无限可能的真人形象的神话依据，不如说这类原始信仰被庄子创造性地转化为一种诗意的意象，这一诗意意象承载了与无限可能性合一的理想，或是状摹了人与无限可能性合一时的心理亢扬：

> 纯素之道，唯神是守；守而勿失，与神为一；一之精通，合于天伦……故素也者，谓其无所与杂也；纯也者，谓其不亏其神也。能体纯素，谓之真人。②

① 闻一多：《闻一多全集》卷一，145 页，北京，三联书店，1982。

② 陈鼓应：《庄子今注今译 · 刻意》，399 页，北京，中华书局，1983。

在我看来，这正是庄子“真人”之真正意蕴。一而无杂曰素，浑然不亏曰纯。纯素也者，本真也；真人者，把握本真之道即把握生命的本真性者也！庄子所寻觅者，乃是形而上的存在本真性！这就是从我归吾，抑人从天——“不以心损道，不以人助天。是之谓真人”。“其一也一，其不一也一。其一与天为徒，其不一与人为徒。天与人不相胜，是之谓真人。”① 在人的文明的、历史的现实命运中把握生命的本真性，“纯粹而不杂，静一而不变，惔而无为，动而天行”②。自然的无目的无意愿而无限可能的运作，永远是人的存在的范导模式。故从道即合天即归吾即成其为真人至人神人。这一切都在生命的形上学意义上得到通约。荀子曾指摘庄子“蔽于天而不知人”③，抑或我们应该说庄子之蔽，首先在其太过于知“人”——人为的、历史的、文明的根本之弊，从而疾呼复归于天，疾呼复归于自然之本真性，为生命开辟本真性。也正因此，荀子道出了部分事实，庄子思想缺乏实践品格，“观于天地”的审美主义大概并不首先是人与世界的最佳关系模式。不管如何，庄子毕竟提出了重大的哲学人类学理想：人既为人，就必须是真人——本真之人。

五

与庄子力图从形上角度解决人生问题不同，另一条线索也并行着，这就是杨朱线索。杨朱何许人也？千古茫然。蔡元培先生甚至认为杨朱即庄周。④ 此说当然难以成立。“阳生贵己”⑤，“全性保真，不以物累形，杨子之所立也”⑥，杨朱之理论指向确有同于庄子之处。然而，以生为附赘悬疣之庄周，岂惮于一毛之拔也！关于杨朱的真实名分履历等的考辨，非本文要旨。⑦ 我们这里是确认曾有杨朱其人，并且将其作为一种思想线索的代表的，尽管其生其事无论如何是需要细考详察的。

---

① 陈鼓应：《庄子今注今译·大宗师》，169页，北京，中华书局，1983。

② 陈鼓应：《庄子今注今译·刻意》，399页，北京，中华书局，1983。

③ （清）王先谦：《荀子集解·解蔽》，393页，北京，中华书局，1988。

④ 罗根泽编著：《古史辨·四》，539～540页，上海，上海古籍出版社，1982。

⑤ （战国）吕不韦：《吕氏春秋·不二》，150页，上海，上海古籍出版社，1989。

⑥ 刘文典：《淮南鸿烈集解·氾论训》，436页，北京，中华书局，1989。

⑦ 罗根泽编著：《古史辨·四》，493～494页、539～540页，上海，上海古籍出版社，1982。

“杨子取为我，拔一毛而利天下，不为也。墨子兼爱，摩顶放踵利天下，为之。”① 杨墨之对举，显示了两种价值类型——兼爱与贵己之歧立。天下“逃墨必归于杨，逃杨必归于儒”② “杨朱无书”③。然而尽管如此，他于价值类型学的意义，依然无可辩驳地实现出来。与奔走天下的儒者、摩顶放踵的墨者、遗世独立的庄者迥异，杨者所标举的是彻底的精神价值虚无主义。

这种精神价值虚无主义之代表，还有荀子所非的“纵情性，安恣睢”，“使天下混然不知是非治乱之所存”的它嚣、魏牟者流④，其最为丰满的表述，却是在《列子》⑤ 书中：

> 万物所异者生也，所同者死也。生则有贤愚、贵贱，是所异也；死则有臭腐、消灭，是所同也……然而万物齐生齐死，齐贤齐愚，齐贵齐贱。十年亦死，百年亦死。仁圣亦死，凶愚亦死。生则尧舜，死则腐骨；生则桀纣，死则腐骨。腐骨一矣，孰知其异？且趣当生，奚遑死后？⑥

呈示在这里的是绝对的精神价值虚无主义。这一虚无主义既要求放弃对各种精神价值的追求，名无实，实无名，名者伪而已矣！更要求放弃一切终极关怀——且趣当生，奚遑死后！死亡是最为庞大的玄同，在这绝对的黑暗面前，一切差别荡然无存，毫无意义。于是唯有抓住当下之在。

这当下之在于《列子》已绝不是通过那数数然惶惶然的本己的存在忧患来昭示，而是通过陶陶然灿灿然的感觉（绝对的感觉！）来呈现！由是，待生之道，“肆之而已，勿壅勿阏”。“恣耳之所欲听，恣目之所欲视，恣鼻之所欲向，恣口之所欲言，恣体之所欲安，恣意之所欲行。”⑦ “一日、一月、

---

① （清）焦循：《孟子正义·尽心上》，915～916页，北京，中华书局，1987。

② （清）焦循：《孟子正义·尽心上》，997页，北京，中华书局，1987。

③ 鲁迅：《鲁迅全集》卷三，556页，北京，人民文学出版社，2005。

④ 王先谦：《荀子集解·非十二子》，91页，北京，中华书局，1988。

⑤ 本书从《列子》伪书说。然又近柳宗元说，主《杨朱》《力命》为杨朱一宗的思想材料。参见杨伯峻：《列子集释》，附录三，287～384页，北京，中华书局，1979。

⑥ 杨伯峻：《列子集释·杨朱》，221页，北京，中华书局，1979。

⑦ 杨伯峻：《列子集释·杨朱》，222页，北京，中华书局，1979。

一年、十年，吾所谓养……戚戚然以至久生，百年、千年、万年，非无所谓养。”从心而动，从性而游。“既生，则废而任之，究其所欲，以俟于死。将死，则废而任之，究其所之，以放于尽。”①

杨朱线索表现了独特的精神指向。粗看起来，精神价值虚无主义来源于某种价值相对主义。然于庄子，价值的相对化，本旨在于扫清、泯灭一切伪价值和流行价值，以建立人生绝对境界，它以自然的无目的、无意欲而无所不然、无所不成、无限可能性为价值根基。人们所谓的庄子的“相对主义”，恰恰以一个无可商榷的绝对律令为前提——无以人灭天、无以故灭命！这正是庄子思想的重要隐奥之所在。只是杨朱线索才真正地表现出精神价值虚无主义的指向来——生为尧舜，死为腐骨！生为桀纣，死为腐骨！一堆臭腐的白骨即是生命的终极实在！只是这种思想才真正地抵抗、反叛一切终极关怀，毫不犹豫地将其转向给予感性之“在”，甚至是感性之“在”的当下感觉以至高的礼赞，这种思想指向真正地成为道教生命哲学的不言而喻的心理前提——试想一下，不遗余力地攻击“万年之养”的《列子》何以戏剧性地竟成了梦想“万岁万岁万万岁”的道教徒的《冲虚至德真经》，这种心理同一性就无须论证了。世人每云“列子贵虚”，列御寇之学今难确考。然而在此必须特别强调的则是，内丹学中通向大道之“虚”，实乃老、庄之学而非《列子》之学。

六

正是道教思想家冷静地将这种仅仅观念层次上的彻骨的惨淡与虚无转化为实证问题。“求长生者，正惜今日之所欲耳！”② 东汉魏晋以降，庄子式的生命形上学，悄然地隐匿了，潜入了玄学、般若学的精妙玄机之中，而道教生命哲学的前史也结束了，道教思想家们在这种心理背景中登场了。

《老子想尔注》毫不犹豫地对《老子》进行了不无创造性的改篡：“公乃王，王乃天”于此成了“公能生，生能天”；“道大、天大、地大、王大”的域中四大也变成了“道大、天大、地大、生大”。③ “王”于此俱一变为

① 杨伯峻：《列子集释·杨朱》，230 页，北京，中华书局，1979。
② 王明：《抱朴子内篇校释·对俗》，53 页，北京，中华书局，1980。
③ 饶宗颐：《老子想尔注校笺》，21 页，上海，上海古籍出版社，1991。

“生”，那种出自史官文化，为圣王而造作的君人南面色彩，于此俱被改刷，径直地指向了生：人的生命，人的生命在物理时间中的延续。老学于是别具面貌。

道教阵营中，奋起而从其自身角度澄清老学，进行“划界”者，不乏其人。

唐人陆希声如是说：

> 杨朱宗老氏之体，失于不及，以至于贵身贱物；庄周术老氏之用，失于太过，故务欲绝圣弃智；申、韩失老氏之名，而弊于苛缴刻急；王、何失老氏之道，而流于虚无放诞。此六子者，皆老氏之罪人也！①

早期的一些道教思想家似乎以为只有从神仙学的角度来理解老学阐扬老学方为达道。这个问题甚为复杂。内丹学兴起之后，庄学事实上又发生了重要作用。“炼虚合道”之说，实质乃是庄学在内丹学中之流衍。② 他们反感的首先是庄生的本真之学。对于庄子，存在境界的本真化毫无疑义地高于生命历程的物理延续。

古代神仙家抵抗死亡的热血，在道教思想家和普通道教徒的身上，又一次炽烈地燃烧起来。先秦神仙家的理想，流布于各种典籍之中：“神仙之事，晚周已盛。”③ 先秦确实早有“仙踪”可寻，只不过仙学在先秦时期从未从价值学上进行自我确证。在《吕氏春秋》这部所谓的杂家著作中，保存了一些略颃颉又相成的东西：“道之真，以持身，其绪余，以为国家，其土苴，以治天下。由此观之，帝王之功，圣人之余事也，非所以完身养生之道也。”④ 然则此完身养生之道安在？

《吕览》之途径大略有二：首先是庄生式地反对以身徇物，全生为上，

---

① 《道德经传序》，见《云笈七签》卷一，5页，济南，齐鲁书社，1988。

② 关于内丹学的基本问题，参见胡孚琛：《中国道教史上的内丹学》，载《世界宗教研究》，1989（2）。

③ 蒙文通：《道教史琐谈》，见《蒙文通文集》卷一，316页，成都，巴蜀书社，1987。

④ （战国）吕不韦：《吕氏春秋·贵生》，19页，上海，上海古籍出版社，1989。

亏生次之，死次之，迫生为下，迫生不若死！然而全生又不仅仅是一种诗意的理想而已："啬其大宝，用其新，弃其陈，腠理遂通，精气日新，邪气尽去，及其天年，此之谓真人。"① 虽然生贵于天下，却并不《列子》式地主张辉煌地"感性"一下然后辉煌地拉倒。"啬其大宝"之说，继先秦房中家，进一步将生命对治直接诉诸形质之途。恰是这种二重性，预示了道教中仙学与老学的合流。老学对生之有患的理性把握，仙学对死亡的狂热抵抗，终应有一种结合的基础。《吕览》近庄而别于庄，类杨而异于杨，正倒是为道教提供了一个较为切近的根基。

七

对于道教思想家而言，首要的问题在于如何将生的问题上升为一种带有本体意味的原则，也就是说，大概最少本体论色彩的道教思想如何先期完成其必不可少的准本体论论证，以便彻底地摆脱本体论！

"道者，生之别体。"《想尔注》的根本关窍正在于此——将生命直接本体化，这无疑是独断而粗陋的。陶弘景则企图充分地救治：

> 道者混然，是生元炁。元炁成，然后有太极，太极则天地之父母，道之奥也。故道有大归，是为素真。故非道无以成真，非真无以成道。道不成，其素安可见乎？是以为大归也！见而谓之妙，成而谓之道，用而谓之性。性与道之体，体好至道，道使之然也！②

道首先是一个宇宙论上的发生学起点，它是宇宙的原始创生状态。于此，一种普泛的生命力（元炁）生成了。这种普泛的生命力成就了最高的本体（太极）。道而炁而太极，道亦炁亦太极。是以有大归、有素真，是以有性、有体。道作为至高的创生者，作为最高的宇宙原则如何涵孕乾坤、化育万物之类的语言在道经中比比皆是，不必惊讶。这里的关键仅仅在于，道即炁即生命力。这种带本体意味的论证，事实上根本不关心任何意义上的宇宙论，

① （战国）吕不韦：《吕氏春秋·先己》，27页，上海，上海古籍出版社，1989。

② （南朝梁）陶弘景撰：《真诰·甄命授第一》，57页，北京，中华书局，1985。

其真正的指归不过在于“体好至道，道使之然”。重生即爱炁即好道，并且这一切不过是道之绝对命令的运作。重生、爱生、养生，是有本体论和宇宙论保证的！“从道受生谓之命，自———禀形谓之性”，“所以通生谓之道！”[①]因为“道不可见，因生以明之，生不可常，用道以守之。若生亡则道废，道废则生亡，生道合一，则长生不死，羽化神仙”[②]。

真相终于大白于世！生道合一者，根本点原不在道而在于生，通生之谓道！“道者气也，保气则得道，得道则长存。神者精也，保精则神明，神明则长生。”[③] 生——人的躯体生命在世界上的物理延续，终于成了至高无上的原则。

真相终于大白于世！在貌似的本体论、宇宙论推演之下，所进行的原不过是关于奉生、养生、长生的价值论证。道者，真不过是“生之别体”！“生者，其本也。”[④] 道，作为宇宙的总枢机（老）、作为无限的可能性（庄）的所有形上色彩，终于被生命在物理时间中的无限延续的炽热企慕所湮没。

八

于是，道教的生命思想史全面展开，这就是从“金丹”到“圣胎”的历史。

仙者何物？《释名·释长幼》云：“老而不死曰仙。”《说文》云：“长生仙去。”仙是一个晚起的概念。据有人统计，《十三经》未之见。[⑤]《诗经》有“屡舞仙仙”，然其义无论如何也没有什么时间色彩。《庄子》始有“千岁厌世，而去上仙”，这大概是后世道教徒所企慕的那种长生不死的独特人生境界的意义的较为明确的表现。

对于道教徒而言，由于支撑生命的不过是某些普泛的生命力（精、气、神），所以他们的人生课题当然便是操作、实践问题了。一切都可积学而得、

---

① 《太上老君内观经》，见《云笈七签》卷十七，103页，济南，齐鲁书社，1988。

② 《太上老君内观经》，见《云笈七签》卷十七，103页，济南，齐鲁书社，1988。

③ 《养性延命录·服气疗病篇第四》引《服气经》，见《云笈七签》卷三十二，187页，济南，齐鲁书社，1988。

④ 王明编：《太平经合校》卷三十六，53页，北京，中华书局，1960。

⑤ 周绍贤：《道家与神仙》，5页，台北，台湾中华书局，1982。

积炼而成。积炼成圣，便号“种民”。[①] “夫圣人不必仙，仙人不必圣。……至于仙者，唯须笃志至信，勤而不怠，能恬能静，便可得之，不待多才也。”[②] 仙可学而致，于是品第等级也应之而出：天仙、地仙犹嫌不足，于是更有人仙、鬼仙、尸解仙……[③]放眼望去，仙影幢幢！

通往仙人仙境之道路当然还是无限多元又无限多歧的！“知玄素之术者，则曰唯房中之术，可以度世矣；明吐纳之道者，则曰唯行气可以延年矣；知屈伸之法者，则曰唯导引可以难老矣；知草木之方者，则曰唯药饵可以无穷矣。”[④] 实践化、操作化之途一日开通，当然诸说蜂起。从远古的巫觋到后世之炼师，从民间之俗文化圈到士大夫的“雅”文化层，生命之对治确然是众术多端。然就仙学而言约略可分外源、内源二途。

九

外源一途始自先秦之服食，而大盛于汉季之后的外丹黄白之道。从《山海经》到迂怪的燕齐方士传说，从《史记·封禅书》到《抱朴子》再到后来的《药石尔雅》，种种传说与信念被存录下来。西山有木甘且寿，东海有枣大如瓜。嫦娥窃药而奔月，徐市入海而渺然……持这种信念的人始而坚信某些吸日月之精、得天地之气的特异的自然物（如万岁灵芝、千年蝙蝠之类）可致人仙寿。然而异物难寻，寻药于是变成炼药，金石与草木并举。这依然是将某些最富于时间象征性和暗示性的物质列为上品：丹砂、黄金、白银、诸芝、五玉、云母、明珠，乃至石英石脑、茯苓地黄，等等，举凡坚硬、柔韧、不易朽败虚烂引起毕天不朽之联想者，不论动物、植物、矿物，都无不罗于道教徒之视野。丹鼎火明，紫烟缭绕，烟火明灭之间，以千年计的时光就这样流逝了！人们相信，一饵入喉，便可泥胎脱尽；一丹下肚，立地奋翮飞升……“武帝爱神仙，烧金得紫烟。厩中皆肉马，不解上青天”[⑤]，一丹下

① 王明编：《太平经合校》，1页，北京，中华书局，1960。

② 王明：《抱朴子内篇校释·辨问》，203页，北京，中华书局，1980。

③ 王明：《抱朴子内篇校释·论仙》，18页，北京，中华书局，1980。又《钟吕传道集》。

④ 王明：《抱朴子内篇校释·微旨》，113页，北京，中华书局，1980。

⑤ （唐）李贺：《李贺诗歌集注》，110页，上海，上海古籍出版社，1977。

肚，究竟成了羽化之神仙还是暴毙的冤鬼——真只有天知道！秦皇汉武以来，王侯卿相、显贵豪族、雅士骚人、炼师术士，一代又一代地前仆后继，在紫烟之中翘首仙方，一代代地期待着龙车鹤辇的来临……据史籍所载，单就唐代皇帝而言，太宗、宪宗、穆宗、敬宗、武宗、宣宗俱丧于长生药。武则天同有仙癖，不知何故幸免。

内源一途可溯之先秦之服气、行气，而兴于唐以后之内丹学。存思守一、内观守静一类的道术大略也归于此流。厩中肥马，毕竟不解蹑虚经天之术，仙人于是内化为圣胎，这就是内丹之学的逻辑因由。“道之形象，真一难图。变而分布，各自独居。类如鸡子，白黑相符。纵横一寸，以为始初。四肢五脏，筋骨乃具。弥历十月，脱出其胞。骨弱可卷，肉滑若饴。”① 内丹学不再奢望假外药外力于一夕之中一举顿入仙籍。他们更接近于先秦道家的精神传统，不过他们与先秦道家的根本不同之处在于：他们并不寻求一种心理主义的自由途径，即通过闭门塞兑、心斋坐忘之途重建某种纯而又纯的本真之我——“吾”“天”，达于吾通于天则入于一。对于他们来说，这个从哲学人类学角度至关重要的“吾”却是无关轻重的。“琴心三叠舞胎仙”②，此仙已不是在紫烟中奋翮蹈虚的“羽人”，而是一个卷之于密的“圣胎”！存思、守一、内观、守静、胎息等道术在内丹学的基础上全被统一。生命的指归早就因精气神这些普泛的生命力之析出而确定——将先天元精、元炁、元神直接化为生命持存的伟力。“……故此神气精者，与天地同其根，与万物同其体，得之则生，失之则死。”③ 至此，标示道教精神意蕴的主要生命观念全部出台。反躬内求的大道又被辟出：

> 自家身里有夫妻，说向时人须笑杀。
>
> ……
>
> 男儿端的会怀胎，子母同形活泼泼。

---

① （后蜀）彭晓：《周易参同契通真义·卷下·审用成物章第九十》，文渊阁《四库全书》电子版，香港，迪志文化出版公司、香港中文大学出版社，1999。

② 《云笈七签》（上卷），53页，济南，齐鲁书社，1988。

③ （宋）张伯端著，王沐浅解：《悟真篇浅解·金丹四百字序》，202页，北京，中华书局，1990。

快活快活真快活，虚空粉碎秋毫末。
轮回生死几千回，这回大死方今活。
……
一个闲人天地间，大笑一声天地阔。①

这无疑是一个内丹炼师在修炼中获得类似禅僧开悟一般的“高峰体验”之后的诗化记录。所谓“淫淫若春泽，液液像解冰”；所谓“先天炁，后天炁，得之者，常似醉”；所谓“方寸壶中倾不尽，自家无日不春风”②……“一时凝结圣胎红”，“这回大死今方活”！内丹学为道教生命观念史作了一个圆满的逻辑具结。

十

从老子之“婴儿”，庄子之“真人”到道教之“种民”“金丹”“圣胎”“子珠”……这就是从道家到道教的生命哲学的大致历程。笔者尝谓，在极其笼统的意义上，如果说，希伯来文化所处理的首先是我与你——人与至高无上的价值实体的永恒关系，希腊文化所处理的首先是我与它——人与事实世界、与自然本体的关系的话，则先秦道家文化所处理的首先便是吾与我——主体的现实命运与理想的纯粹本真性之间的关系。道家思想家如庄子所寻求的是体道，即在人的历史的、文明的、伦理的诸现实规定中重建本真之本体。吾、真人即为这种本真理想的标志。在这里，道家思想具备了某种超越性。

道教之兴，这一切却大大地改观了！与其他思想体系相比较，道教的生命哲学是特异的：彷徨于尘垢之外，逍遥于无为之业的真人、至人、神人转化成了吸风饮露、羽化长生的仙人，那并不具备实体意义，充满心理主义色彩的婴儿与真吾，也终于变成了圣胎与子珠。道家思想中的形上冲动，在道教精神中都有了形下的指归：“金丹之秘，在于一性一命而已。性者，天也，常潜于顶；

① （宋）白玉蟾：《白玉蟾全集·快活歌》，617页，台北，自由出版社，1983。

② （后蜀）彭晓：《周易参同契通真义·卷下·审用成物章第九十》，文渊阁《四库全书》电子版，香港，迪志文化出版公司、香港中文大学出版社，1999。

命者，地也，常潜于脐；顶者，性根也；脐者，命蒂也；一根一蒂，天地之元也。”① 何等精妙的逻辑运演：天与地即性与命即顶与脐即百会与黄庭！对于道教思想家与道教徒来说，灵魂之归宿、原罪、轮回、生命的精神性超越、文明的症结、历史的走向等都无关宏旨，无足轻重！从什么方面出发，他们都可以将问题转为人的生命在物理时间中的延亘——道教道教，拜生之教！对于道教中人，亘古如斯的宇宙只雷鸣般地轰响着一个声音：

我命在我不在天！

① （宋）丘处机著，赵卫东辑校：《丘处机集·大丹直指·弃壳升仙超凡入圣诀义》，131~132页，济南，齐鲁书社，2005。

道教 2

一

既然道教首先并非生命的“形上学”，而更是“形下学”或“形器学”，那么，“仙学”的重点自然便在“仙术”——围绕生命的物理延续而展开的种种操作体系。这一方面，自然是人类学、科技史、医学史的重大题旨，也是道教有待阐扬的世界价值、现代价值之所在。这是一个需要很多学科、很多假说、很多实验才料理得清的问题。这里我们只能在一般文化学或哲学人类学的立场上对道教的“术”“逆”“一”三大观念作一些阐释，就道教的文化精神提出一些问题。

二

关于“术”。

“道教之术，杂而多端”①，道教之为“教”，正是由于这些道术法术的支撑。为道教中人目为小法小术而加以指摘者就有斋休戒粮，有采气嗽咽，有离妻断味，有禅定不语，有存想持净，有息心绝累，有开顶缩龟，有导引吐纳，有布施供养，有识性受持，更有采日月之华、天地之气。葛洪曰：“所为术者，内修形神，使延年愈疾，外攘邪恶，使祸害不干。”② 约其大略，道术也确不出修内与攘外、养正与却邪之二途。这也透示出道术与巫术、方术远近二源的关系。巫术方术道术，是“术”在中国文化中的大略过程。

---

① （宋末元初）马端临：《文献通考》（下卷），1729 页，北京，中华书局，1986。

② 王明：《抱朴子内篇校释·微旨》，113 页，北京，中华书局，1980。

巫术是原始人类用以消弭外在世界之实践异在性的操作系统。它建立在这样一种原始信仰之上，即通过某种特定的形式系统（包括语言——祈祷、唱赞、禁咒，等等，及动作——舞蹈、操列、步履，等等，巫以舞事无形，侧重于动作；祝主唱赞，侧重于语言。当然，这都是非常相对的），人的意志可以作用、干扰、支配自然的意志与神灵之意志，使之服从于某种人类目的。与神话一样，巫术也是泛灵论的，它坚信自然界不但与人类一样充满情感意志、企求欲望；它还坚信人之意志与自然之意志可假某种仪式或“频率”而互谐共振。于是，人们恒舞于宫、酣歌于室，家家作享，户户弄神。于是，人参于天，天事于人，人心天心互感，人籁天籁同流……逃向世界——道与禅思想的精神史探索

与神话相比，巫术并不满足于只对世界给出诗意的逻辑，使之从心理上可以接纳便简单了结，而是诉诸繁复的仪式。与成熟的宗教相比，巫术并不寻求一种终极的精神价值，它并不准备从精神上皈依无限，而是直接诉诸有限的实用。

中国上古史上，继巫史而起的是燕齐秦汉的方术。方术是巫术向道术的转化中介。正如方士是巫师向道教炼师的转化中介一样，巫文化衍生了史官文化和方士文化。随着社会历史领域经验理性的觉醒和儒家文化的日益显赫，史官文化的功能不断地倾向于人伦政治，而对自然的观察、对生命的对治等文化职能便日益为方士之所专。方士文化将巫文化转化为一种观察、归纳、试验的思想行为方式，并且夹杂着大量卜占预言、人体潜能激发甚至江湖幻术的经验理性。由巫文化而史官文化而有儒、道、法、兵；从巫文化而方士文化而有医、卜、星、相、天文、历法、堪舆、服食、烧炼……中国文化史上的“准科学”“元科学”与技艺性、技术性的因素，便在此走向了道教。

正由于道教之术本来就有着如此混沌驳杂的原始根基，从巫术到方术，从前科技到准科技，从小心翼翼的观察试验到大言炎炎的谈天屠龙……故而，任何形态学的分类模式在此都将束手无策、捉襟见肘、窘态百出！然而不管其如何之繁杂，都不过或根植于巫文化的“神术”“鬼术”，或脱胎于方士文化之“仙术”。源于前者，悦神镇鬼、祈福禳灾、禁制邪恶、杜防外患者是也，用以抵抗浑茫中的种种冥力，这是形成于原始人类与无形世界之战中的东西，举凡祈禳、斋醮、禁忌、符咒（更有照妖镜、斩妖剑之类）皆在此

属；源于后者，归根复命、深根固柢、啬精保气、炼神还虚者是也，用以抵抗能量的耗散，举凡草木金石、黄白玄素、存思守一、内观守静、行气服气、胎息闭气、辟谷餐霞……皆在此属。在这其中，是有大量的人类学问题需要抉发申扬的，本文于此暂从略。

这里我们只是先就道术引起的两个相关问题略加讨论，即术与学、术与语言。

三

我们先看术与学。

李约瑟（Joseph Needham）在《中国之科学与文明》中指出：

> 东亚的化学、矿物学、植物学、动物学和药物学，都渊源于道家。他们与希腊苏格拉底以前和伊壁鸠鲁派的科学哲学家有着不少相近之处。可惜道家对实验的方法，既未加以明确的说明，对自然的观察，也未建立一套严密的系统。由于道家感于自然变化的不可捉摸，便处处依赖于经验主义，加上缺乏像亚里士多德对事物加以严格分类的勇气，所以当同时代的墨家和名家皆争相建立一套科学逻辑之时，道家却不朝这个方面努力。他们甚至认为没有建立一套技术名词之必要。①

这里的“道家”概念当然是包括道教的。

李约瑟于此提出的问题是严峻的，是每一个从事中国思想史、文化史研究的人所无法回避的。为什么从巫觋、方术而道术，从巫觋、方士而炼师，广泛的采集、厘定、尝试、烧炼活动，以千年计地进行之后，中国科技文明的最大特色依然是“术”而不是“学”？这里有星占之术、卜筮之术、堪舆之术、祝由之术、烧炼之术、房中之术、营卫之术、武术拳术……这也就是说，从巫师、方士至道士，从大量的观察、实验、尝试活动中所形成的经验，

① ［英］李约瑟著，陈立夫译：《中国之科学与文明》卷二，250页，台北，台湾商务印书馆，1980。

为何不是以系统的分类方式、精严的逻辑系统、明晰的概念体系固定下来并普遍地流布，并且可以在同样的条件之后随时复现的？在这众术之中，处处表现了语言的模糊性、逻辑的随意性、操作的个人性和不可重复性。这就是李约瑟氏所谓的道家的“经验主义”特色，李氏将其归之于道家对世界不可捉摸的把握之所然。这当然首先是一个科学史问题，但是思想史也无法回避。

经验主义、对自然之迁化不居的深刻体验等都无疑切近了问题。但我们还需进一步诘问的只是——是什么导致了这种经验主义？

我们还是沿着这样的方向去假设和追寻。巫文化在社会历史领域导发了经验而实用的历史理性——史官文化，在自然方面，它导发了经验而实用的技艺理性——方士文化。这两种新质的文化因子，都共同地中止、堵塞了巫文化向某种（类似于基督教的）超越的一神教的转化，中止了对绝对超越的价值的追寻。比说上古时期的“帝”的观念如何转化为“一”的观念。[①] 我们可以如是假设，一种超越的宗教与一种追求普遍性的科学世界观在精神深处是同一的。某种超越性的宗教因为这种经验理性（史文化与方士文化）的堵塞而中止，这也就必然地限制了追求普遍性的科学世界观的产生。道教徒修炼体证的个体性，使他们并不关心诸如“世界末日”一类的东西，经过曲折的中介环节的转换与折射，这种终极关怀的日益匮乏，正是使“术”难于转化成“学”，个体对生命的对治，难以上升为具备普遍可传达性的普遍知识体系的缘由。

四

再看看“术”与“语言”。

道教经典尤其是各种丹书的一大特点，就是隐语漫天：黄婆姹女、红铅黄芽、如鸡抱卵、如龙养珠、龙虎交媾、龟蛇交合、乌肝兔髓、黄金紫霞……“黄婆姹女，皆强名也。黄婆者，坤土也，即戊己之土也，又言意也。姹女，兑金也。兑为少女，金隐水中，凡作丹，必托黄婆为媒，通姹女之情。”[②] 这种情况，比比皆然。如炉鼎，在外丹学中，确然指的形质之鼎器；

① 参见周勋初：《东皇太一考》，见周勋初：《九歌新考》，41 页，上海，上海古籍出版社，1986。

② （元）王玠注：《崔公入药镜注解》，见守一子编纂：《道藏精华录》，杭州，浙江古籍出版社，1989。

而于内丹学中，则可能指人的血肉之躯，或特指丹田，在泥水交接一系，则有可能指“法侣”——合修之女子，甚至径直便只是指法侣的性器官而已！

道教养生修炼（尤其是内丹学兴起以后）是一种极富于个体内证性的实践，个体经验具有不可代替性、不可遍约性，并且还有不可轻易逾越的次第性。这种修炼体验本身的确极难以诉诸普遍清晰的语言。于是一个著名的矛盾便产生了：

悟道之人，不传则“闭天道”——作为一种特定文化的破译者也确不是一种轻松的事情，养生之法术无论具备何等强烈的个人色彩，但它毕竟隶属于某种总体性的意义背景。尽管这种体验确然无法以精确的技术语言、明晰的形式逻辑运载，但它还是需要传达的。然则滥传却又“泄天机”——道术之修炼的确有某种激发人体潜能、使修炼者获得某些以常识眼光所难以接纳的、契解的能力的可能性，唯其如此，其次第性更加重要，否则养生术不啻便是“送死术”，蓬莱缥缈而黄泉路近！更何况道教道术的流别宗派本身就不胜繁复，每一体系有其独特的师承关系和生理—心理定势。

于是，一种笔者称之为“有限语境”的文化现象在丹经、口诀中形成了。口诀隐语，并非纯粹的私人语言，它既是个体修炼经验的记录，便事实上期待于流传曼衍。其文化指向当然是互主体的（Intersubjektiv）；然而，它又确是下车伊始便不期望普遍传达，并且同样确然的也是无法普遍传达的。关键只在于如何进入这一语境，道教丹师们期待于“缘分”——某种天然的命定的便具备条件进入这一独特语境并破解其意蕴的人的存在。透过“缘分”说的神秘偶然色彩，这一现象昭示了某种富于意义的语言哲学问题和解释学问题。这种“有限语境”显示了，在闪烁迷离似乎无限多义的“能指”背后，确有某些确定不移而又不断再生的“所指”存在。这一点对于深受技术文化（尤其是标准化、数量化的技术语言）威胁的现代人，应充满启迪——如何既传达意蕴又保持诗意？如何通过语言进入存在又不受语言的奴役？如何保持存在之诗意又不至于迷失在浑茫之中？——这正是道教丹书对我们的索问。这一问题在禅宗文化中也有充分表现。禅宗公案即为著例。公案甚至超出了语言而诉诸动作。拳来掌往、诘辩如流中，这种“有限语境”也时时出现。进入语境者，以心传心；作壁上观者，则茫若坠雾。这都有待申论。

五

关于"逆"。

在道教众术之中，另一富于意义的问题是逆的指向——逆则成仙顺则人！

"顺天者昌，逆天者亡。"① "顺天地者，其治长久。"② "圣人法天顺情，不拘于俗，不诱于人，以天为父，以地为母，阴阳为纲，四时为纪。……万物失之者死，法之者生。"③ 从道家到道教，顺天地、法自然、应四时、调五行、合阴阳，从来都是至高的人生法则。对不期然而然、无目的而合目的的自然之皈依，从来是一种文化学的绝对命令。

另一方面，中国文化中，逆、返、复、归等观念又由来已久。这个问题的意义被社会历史领域的法先王、法后王之争所遮蔽而坠于不明之境。自社会达尔文主义滥觞于中国以来，在进步信仰、未来信仰和必然性信仰的热炙之下，人们更往往豪迈地痛斥"开历史倒车"之徒。于是这个极其重要的文化问题便被蛮横地搁置起来。

众所周知，在社会历史领域，孔子有"从周"之说，老子有"小国寡民"之论，庄子更为彻底，他心中的至德之世，是与禽兽居、与万物并、居不知所为、行不知所之——纯然的原始景观！

事实上，问题的由来及意义要更深远得多。这一问题，于本文看来，绝不仅仅是社会历史观念的问题，而是一个深深植根于有机宇宙观的哲学人类学问题。《易》曰："无往不复。"仰观天象的先民们很早就发现宇宙运动的周期性，于是他们开始意识到天地万象运作的非直线性。这一伟大的发现必然地波及了其他的精神领域。于是我们发现另一更有意味的现象——今已逸亡的《归藏易》，以坤卦开头——归藏者，万物莫不归藏其中。在文明的发轫期，当人类刚刚跌跌撞撞奔向前方时，忧患的作《易》者，已经敏感地提出了问题——万物必须有所归藏。这也就是说，人必须有所归，万物必有所藏。人和万物都必须有家园。《归藏》始于坤卦，坤指谓阴、母性、大地、黑夜……这里一个重要的征兆，呈现了——人，世界历史文化的指向是否仅

---

① 马王堆汉墓帛书整理小组：《经法·十大经》，65 页，北京，文物出版社，1976。

② 王明编：《太平经合校》，11 页，北京，中华书局，1960。

③ 刘文典：《淮南鸿烈集解·精神训》，219 页，北京，中华书局，1989。

仅是一个方向的？我们将何处去？

正是在这个立场上，老子混沌的思想方可澄清：为什么要复归于朴、复归于婴儿、复归于无极？为什么要归根复命、致虚极守静笃？——“万物并作，吾以观其复也。夫物芸芸，各复归其根。”“玄德深矣、远矣，与物反矣，然后乃至大顺。”这是老子思想的另一重大秘密——以反求顺，中止人类生活中的种种惯性，求得大顺！于是他指向“玄牝之门”“像帝之先”“天地之根”……庄子继老子而起，大大地强化了老子思想，提出了抗拒文明厄运的心理主义途径，反、复等观念更多地衍入心理层次。心斋坐忘、朝彻、见独……

约而言之，从《归藏》到老庄，文明的逆向性问题已被指谓暗示：“反者，道之动也。”生命应有归宿。人一出家门便成浪子，一有其所成便失其所是，有机事则有机心，有仁义之倡便有大盗之兴……这一点不管是反异化还是径直地便“反文化”，不管其自觉程度如何，其意味都是深远的。

“道有大归，是为素真。”① 归、复、逆、反的观念，随着道教之兴，大大地发展，并由之导向啬、宝、爱、惜。“乐道者，寻其根。”②

“劝君究取生身处，返本还源是药王。”道教徒并不关心社会历史问题，也不着意于形而上学，对于他们来说，重要的只是本己的生命。“家园景物丽，风雨正春深。耕锄不费力，大地皆黄金。”③ 道教徒也寻其家园，只不过这一家园已是“身中真土”矣！于是，逆的问题，便直接指向自家性命之源。从而便有龙虎交媾、五行颠倒、辘轳倒转、黄河倒流……

道教思想家、养炼家寻其根、源、大归，也就是寻找生命最基本的能量形式，人最深湛的生命力之源，这就是精、气、神：“天地开辟贵本根，乃气之元也。欲致太平，念本根也。”④ “道以精为宝，施之则生人，留之则生身。生身则求度在仙位，生人则功遂而身退。”⑤ “道者气也，保气则得道，得道

---

① （南朝梁）陶弘景撰：《真诰·甄命受第一》，57页，北京，中华书局，1985。

② （后蜀）彭晓：《周易参同契通真义·卷下·审用成物章第九十》，文渊阁《四库全书》电子版，香港，迪志文化出版公司、香港中文大学出版社，1999。

③ （宋）张伯端著，王沐浅解：《悟真篇浅解·金丹四百字》，213页，北京，中华书局，1990。

④ 王明编：《太平经合校》，12页，北京，中华书局，1960。

⑤ 《云笈七签》卷三十二，184页，济南，齐鲁书社，1988。

则长存；神者精也，保精则神明，神明则长生。”① 于是逆、反、归、复一变而为啬、惜、保、爱。

《老子》云：“治人事天，莫若啬。”《吕氏春秋》谓：“啬其大宝”，已是房中家语。汉季之后此类观念，比比皆是：“养生大要，一曰啬神，二曰爱气。”② 推而广之，扩而大之，岂止精气神这些基本能量形式需控制护持，一切能引起人的能量耗散的生命现象，俱在禁止之列：

> 少思、少念、少欲、少语、少笑、少愁、少乐、少怒、少好、少恶，此十二少，养生之都契也！③

何以故？人生在世，“如膏之用，小炷与大耳！”原来如此。对于某些养炼家（因为另有主张流水不腐者在），生命的能量值是给定的，如膏如烛，只是看你愿意青烟滚滚还是愿意微光如豆了。因此，走上“学生”之道，就必须如此节俭地禁制生命之流！

正是在这个意义上，养炼家以独特的方式逆自然、抗自然以顺自然。这种观念当然来源于其生命哲学之深处。在其具体修炼上，便是千方百计地抗拒能量耗散的直线性。与道家思想家抵抗历史的直线性相类，他们抵抗的是生命的直线性，精可生人，为保元精故，调转方向求其“生己”，于是有“还精补脑”之术；神可镇形，为保元神故，平其心、淡其志、寡其欲、薄其情——尽量地回避价值判断与价值选择，戒广志远愿而效龟鹤松柏。既然天若有情天亦老，则人必无情方合天！这一切对于中国人伦理生活的影响，当然是自明的。

不管如何，道教思想家们的逆修理论，毕竟提出了极富胆略和科学意义的问题，这就是如何抗拒生命能量耗散的直线性，他们的理论探索及修炼实践，对于今天生命科学的意义，也当然是自明的。

---

① 《云笈七签》卷三十二，183 页，济南，齐鲁书社，1988。

② 《云笈七签》卷三十二，185 页，济南，齐鲁书社，1988。

③ （唐）孙思邈：《摄养枕中方》，见《云笈七签》卷三十三，189 页，济南，齐鲁书社，1988。

六

关于“一”。

“一”这个自然数列的天然的绝对起点，本应是最高最彻底而又最简单的规定性。可是在精神史上，它却有芜杂的历史规定。

于《老子》，道生一，一生二，二生三，三生万物。道与一，似二而实一。因为“天得一以清，地得一以宁，神得一以灵，谷得一以盈，侯王得一以为天下正”。“一”无疑是最高的可能性，恰可与道互训互解，互相“强为之名”。因此，《关尹子》的论断倒是正确的：“圣人以知心一物一道一，三者又合为一。”① 对于道家文化来说，一既是宇宙发生学的始点，又是价值论的依据，还当然是养生学的命令——“载营魄抱一，能毋离乎？”②

《庄子》虽也有“主之以太一”③ 之语，但在这里极少宇宙论意义。天地一指、万物一马；其一也一，其不一也一；万物一齐，死生一条等，都不过是为了超越、弥合伦理、逻辑、语言这些有限的理性手段对于世界对于人生的肢解，都不过是为了在有限的人生中超越有限的对待而指向存在的至高统一境界。同一和浑一乃庄学中一之主旨——如何进入意义与实存的浑融之境——“寥天一”？

七

在道教思想之中，“一”更是意义纷披，或为道之称、气之始、命之府，或径直便指称人体部位或功能，头之一者顶，脉之一者气。④ 或者干脆形象地呈示为准人格而非人格的奇特神灵：一在北极大渊之中，前有明堂，后有绛宫；“一有姓字服色，男长九分，女长六分，或在脐下二寸四分下丹田中，或在心下绛宫金阙中丹田也……”⑤ 总之，忽而宇宙论，忽而养生学；忽而存思之对象，忽而内丹之极境；忽而大渊之神灵，忽而内视之幻象。执一之

---

① （周）尹喜撰：《关尹子·一宇》，10页，上海，上海古籍出版社，1990。

② 陈鼓应：《老子今注今译·第三十一章》，167页，北京，中华书局，2003。

③ 陈鼓应：《庄子今注今译·天下》，880页，北京，中华书局，1983。

④ 王明编：《太平经合校》，13页，北京，中华书局，1960。

⑤ 王明：《抱朴子内篇校释·地真》，323页，北京，中华书局，1980。

念方生，万殊之相已呈……

自初民裸露于骄阳之下，愕然于现象界杂沓繁艳的洪流之日始，一种“完形冲动”便萌发了——他要赋予世界以统一性。正如卡西尔(E. Cassirer)指出：“在全部人类活动和人类文明形式中，我们发现有一种‘多样性中的统一性’。艺术给予我们一种直观的统一性；科学给予我们一种思想的统一性；宗教和神话给予我们一种情感的统一性。艺术向我们敞开一个‘生活形式’的宇宙；科学向我们展示一个规律和原则的宇宙；宗教和神话则开始关注生活的普遍性和根本的同一性。”① 寻找设定同一性与统一性的确是人类精神的顽强指向，古希腊思想家将世界或统一于水（如泰勒斯），或统一于火(赫拉克利特)，或径直地形而上地统一于一（如毕达哥拉斯），或具体而形下地统一于原子（德谟克利特）；古印度思想家则将万有统一于大梵……而古代中国的道教思想家，也毫不例外地寻觅、建构着这个同一性与统一性。他们透过丹房的紫烟凝视宇宙和人生。迷茫之中，他们断定了这终极之一，便是气；“夫自然本一，大道本一，元气本一。一者，真正至元纯阳一气，与太无合体，与大道同心……”② 气当然并非道教思想家之独特发现。《易·说卦》云：“山泽通气”，《连山易》像山之出云，连连不绝。这大概便是对气之远古契悟。老子有“绵绵若存”之语，庄子更直接点破：通天下一气耳！然而在老庄阶段，最高的统一性实乃作为无限可能性之道，这正是由于其生命哲学的形上指向而然。气作为最高最普遍的统一原则，事实是道教思想家们的事。这源于其生命对治的形下指向。“人与物类，皆禀一元之气而得生成。生、成、长、养，最尊最贵者，莫过人之气也！”③ 自然、道、人生本一，一于何物，一于气也！气被作为一种普泛的生命力之后，它才承担起贯穿宇宙人生、统驭形上形下的职能，才被设定为解释、把握一切生命现象的最终理论范式。“人生皆含怀天气具乃出”④，因此，得一则得气，御一则御

---

① ［德］卡西尔著，范进等译：《国家的神话》，42 页，北京，华夏出版社，2003。

② （宋）张君房：《元气论》，见《云笈七签》卷五十六，306 页，济南，齐鲁书社，1988。

③ （宋）张君房：《元气论》，见《云笈七签》卷五十六，307 页，济南，齐鲁书社，1988。

④ 王明编：《太平经合校》，36 页，北京，中华书局，1960。

气，持一则养气。“头圆，天也；足方，地也；四支，四时也；五藏，五行也……”[①]气成了一个最为普遍的“通约项”，由是：“多头疾者，天气不悦也。多足疾者，地气不悦也。多五内疾者，是五行气战也。”[②]……扩而大之，推而广之，狷介者谓心气高傲，抑郁者谓肝气不舒，易怒者曰脾气暴躁，怯弱者曰肾气不足。……炒菜要有“镬气”，吃饭要有“饭气”。更有天气、地气、节气，不一而足。正由于宇宙人生被一气所贯注，“观天之道，执天之行”[③]，才至矣尽矣！

内丹学之兴，气的问题更为深化。“精神魂魄意，相与混融，化为一气”[④]，这里的关键已不仅仅是与天地同根、与万物一体的问题，即不仅仅是寻找人与自然在理论上的“通约项”，而且更是诉诸通约的实践：所谓炼精化气、炼气化神、炼神还虚者，正是从实践上解决生命能量形式的转换与升华，并最终在实践上深化庄学，炼虚合道，在形下的养炼中，又一次地指向形而上学课题——人向磅礴于万物的无限可能性的复归！

是之谓——通于一而万事毕。

① 王明编：《太平经合校》，36页，北京，中华书局，1960。

② 王明编：《太平经合校》，23页，北京，中华书局，1960。

③ （太古）黄帝撰：《阴符经》，2页，上海，上海古籍出版社，1990。

④ （宋）张伯端著，王沐浅解：《悟真篇浅解·金丹四百字序》，203页，北京，中华书局，1990。

禅 1

一

本文将对禅的精神进行哲学人类学的探索，并探究其心理主义的自由哲学。

本文所谓的心理主义，与逻辑学、认识论意义上的心理主义（比如胡塞尔现象学所否弃的对象）毫不相干：本文仅仅在哲学人类学意义上使用这一概念，即指对物质性的理性手段——如物质生产工具及精神性的理性化手段——如伦理、语文、逻辑等持消极乃至否定态度，并将自由诉诸个体的心理体验的自由观。在中国古代思想史上，这种哲学人类学意义的心理主义的自由观在道家哲学（主要如庄子）中经大乘佛学中的般若学、中观学，绵绵而下，踪迹宛然，最后终于在作为大乘佛学的峰巅和终结的禅宗（尤指南宗）佛学中完成其终结和超越（这其中，庄子式的心理主义是对工具、伦理、语言、逻辑的全面怀疑与否弃，禅宗则基本上忽略了工具批判这一维）。本文将通过对禅学的某些主要观念的究诘，抉择其哲学人类学的意义。

和西方的某些思想体系不同，庄、禅式的东方心理主义的自由哲学并不以寻找某种认识的可能性为其出发点，并不注重考察感官和由其接纳、建构起来的世界的可靠性和实在性，并不是通过世界在认识中被主体所建构从而使主体也因之进入世界。庄禅式的心理主义的自由哲学是以寻找存在尤其是人的个体存在的可能性为其出发点，即以生命及生命呈示于其中的整个广阔的现象界的意义为其出发点，由此发轫的庄学、禅学通过对人的存在的个体的感性规定性和社会的、历史的、文明的理性规定性的层层消解和步步扬弃，不断地指向纯粹的主体性——吾、天、真人、真君、真宰（庄）；本来面目、本来人、自性（禅）。而最后，这一纯粹主体性又自我消解于世界之中，从而使此在趋于本真。

摒去庄学这一参照系，换言之，禅的心理主义的自由哲学通过逃避世界、消解世界来寻求纯粹的主体性，而又在逃向世界、重新认同世界的过程中消解纯粹主体性而趋向本真的存在。正是在这一过程中，导出了我们所谓的世界的“如是性”（即关于自然的合目的性和生活的合目的性）的观念，因之也使禅与作为感性学的美学有了这样那样的维系。禅自身的历史性悲剧也由此奠基。

二

对人的存在及其意义的究诘无疑是一切人本哲学及有浓烈人本倾向的宗教体系的心理基点和逻辑前提。对人之所在、人之所是、人所借以栖居的广阔的世界的意义的代代究诘，构成了人类思想史上一份真正富于诗意光辉的财富。人之所是的问题与人之所在的历史相始终。

禅宗思想无疑隶属于这一传统。人之所在与人之所是即人的存在及其意义的本位是道、佛思想的共同出发点。

这种人的存在本位的倾向，在《箭喻经》中得到最为淋漓的表述，当鬘童子被“世有常，世无有常；世有底，世无底；命即是身，命异身异；如来终，如来不终”等“形而上学”问题所困扰折磨时，佛陀对他的解答是：

> 犹如有人身被毒箭，因毒箭故，受极重苦。彼见亲族怜念愍伤，为求利义饶益安隐，便求箭医。然彼人者，方作是念，未可拔箭，我应先知彼人如是姓如是名如是生，为长短粗细，为黑白不黑不白，为刹利族梵志居士工师族，为东方南方西方北方耶！未可拔箭，我应先知彼弓为柘为桑为槻为角耶！未可拔箭，我应先知弓扎彼为是牛筋为獐鹿筋为是丝耶！未可拔箭，我应先知弓色为黑为白为赤为黄耶！未可拔箭，我应先知弓弦为筋为丝为纻为麻耶！未可拔箭，我应先知箭杆为木为竹耶！……未可拔箭，我应先知箭羽为飘鸽毛为雕鹫毛为鹍鸡毛为鹤毛耶！未可拔箭，我应先知箭镝为錍为矛为铍刀耶！未可拔箭，我应先知箭镝师如是姓如是名如是生……彼人

竟不得知，于其中间而命终也！若有愚痴人作如是念，若世尊不为我一向说世有常者，我不从世尊学梵行。彼愚痴人竟不得知，于其中间而命终也！①

佛陀《箭喻经》几乎把人的存在及其意义的本位张扬得无以复加——关键只是拔去深深没入人身的毒箭，而其他如世有无常、如来终不终等自然本体和价值本体的永恒问题，都无关紧要！重要的只是人当下的此在的受动性。直面当下的痛苦，并给予事实世界一个否定性的价值判断，“四谛”以苦为先，“十二因缘”以“无明”为极。人无往而不浴于苦海劫波，无往而不罹于无明黑网——这一切无疑是原始佛教的基点，无疑是“声闻乘”的信条，但事实上也为后来的“菩萨乘”、为包括禅宗在内的大乘佛学各宗作为一个自明的前提而默认。一切救渡慈航，由此出发。

三

苦海安渡？群生安济？基于这一个与毒箭没身一样迫切的事实世界观，导出了佛学的“八正道”（正见、正思维、正语、正业、正命、正精进、正念、正定），“六波罗密”（或曰“六度”：布施、持戒、忍辱、精进、禅定、智慧）和“三学”（戒、定、慧）。所有这些都是佛教宗教修行实践的超越原则，而其中戒、定、慧“三学”最为简明，不妨视为一个总则——由戒生定、由定发慧，慧日临空、劫波褪尽时，便于生死岸头得大自在。

遍观“八正”“六度”“三学”，这些超越原则蕴涵着一个重要的共同倾向——在个体范围内、在心理层次上解决存在问题。这里，当然没有西方式的将问题诉诸文明与历史、通过技术理性造福社会等观念，甚至连荀子式的“制天而用”的思想也断难一见（如果说，庄子是反历史反文明的，则禅便是超历史超文明的）。此在的规定性的痛楚起码首先是一个个体体验无法通约的问题。所以，超越便必然首先是个体的与心理的。被誉为般若系经典精华的《金刚经》的缘起便是“应云何住？云何降伏其心”②。广布华土的《维

① 《中阿含经·卷六十》，见《大正新修大藏经·卷一》，804～805页，东京，大藏出版株式会社，1928。

② 《金刚经·善现启请分第三》，佛经流通处刻本。

摩经》亦曰："云何调伏其心？"①

四

调心觅住，以求自在。这一自在，曰涅槃可，曰菩提可，曰真如圆觉亦无不可。在这种种对解脱的理想境界的指归中，导出了我们所谓的纯粹主体性的问题。

以世界为苦海者，皆因存在与意义即所在与所是的殊途。存在与意义、所在与所是的这种分裂落到作为此在的人身上，便是主体的二元性即纯粹主体性与主体的现实命运的二元壁立。在老子，"吾所以有大患，为我有身"②。帛书本则尚无吾我之辨，吾我实二，于是庄子更直接从人的本体论的角度提出了"吾丧我"③ 的人本理想。怎样从主体在文明和历史中的现实命运归趋于纯粹的主体性，是道家文化的重大主题。在佛教思想中，道一问题更为突出。我或曰主体的二元化，原始佛教便已开始，"二我""二身"之辨由来已久。小乘佛教以佛陀的王宫所生之身为生身，而以其戒定慧的功德为法身；大乘佛学则以随机现生的应化身为生身，而以理智冥合之身为法身。这里，以对中国大乘佛学有重要影响的《维摩诘所说经》为例，维摩居士以罹疾之身作为素材广说方便法门：

> 诸仁者，如此身，明智者所不怙。是身如聚沫，不可撮摩；是身如泡，不得久立；是身如焰，从渴爱生；是身如芭蕉，中无有坚；是身如幻，从颠倒起；是身如梦，为虚妄见；是身如影，从业缘现；是身如响，属诸因缘；是身如浮云，须臾变灭；是身如电，念念不住；是身无主，为如地；是身无我，为如火；是身无寿，为如风；是身无人，为如水；是身不实，四大为家；是身为空，离我我所；是身无知，如草木瓦砾；是身无作，风力所转；……是身为灾，百一病恼；是身如丘井，为老所逼；是身无定，为要当死；是身如毒蛇，如怨贼、如空聚，阴界诸入所合成。诸仁者，此可患厌，当乐

---

① 《维摩诘所说经·卷四》，佛经流通处刻本。

② 朱谦之：《老子校释·第十三章》，49 页，北京，中华书局，1984。

③ 陈鼓应：《庄子今注今译·齐物论》，33 页，北京，中华书局，1983。

佛身，所以者何，佛身者法身也！①

这里，两组对举的关系被设定下来了：我—我所，此身（生身）—法身（佛身）。从我所—我，从此身—法身，便是维摩诘之所趋并认为众生之所应趋（僧肇在其《维摩经》的注文中，也偶尔间入“吾”“我”这一传统的道家用法）。先看我—我所这一组对待：“我为万物主，万物为我所”，“我身我所主也；我所，自我之外，身及国财妻子万物，尽我所有”。② 这里，我与我所的关系侧重于身与物的关系，即独立的人类主体及其领有的对象世界的关系，又潜在地蕴涵身与心的关系。这里的“我”虽确有独立的主体意义，但这一主体尚不具备绝对意义。而此身与法身这一组对待大不相同！于此，生身（此身）并不是确凿的主体的现实命运和现实存在（像老、庄思想中之“我”一样），而是根本就没有自性，即没有恒定的、独立不迁的内在本质和自我同一。换言之，道家哲学之“我”，首先是存在论上的一种实在而仅仅在价值论上显得不本真，它濒于文明污染、历史的劫波而不真；而对《维摩经》等大乘经典，终身之不真，却首先便径直是存在论上的，它毫无可资实证的稳定的实在性可言——如沫如泡、如幻如梦、如电如影、如焰如风——“四大合故，假名为身。四大无主，身亦无我”③。人的现实存在，不过是迁化不居、幻变不实的偶然，人的沉甸甸的血肉之躯，不过是四大和合而成的幻象，不唯在价值论上缺乏意义，而是存在论上便本无根基！

于是，人别无他择，而法身是归——指向纯粹的主体性——“经云，法身者虚空身也，无生而无不生，无形而无不形……微妙无象不可为有，备应万形不可为无，弥纶八极不可为小，细入无间不可为大。”④ 这段未审出于何经的诗意语言，不过把法身描状为涵盖万物的无限可能性而已！

五

故而我们把视野转向禅。

---

① 《维摩诘所说经·卷一·方便品》，佛经流通处刻本。

② （后秦）僧肇等注：《注维摩诘所说经》，佛经流通处刻本。

③ 《维摩诘所说经·卷四·问疾品》，佛经流通处刻本。

④ （后秦）僧肇等注：《注维摩诘所说经》，佛经流通处刻本。

灵山会上，释迦拈花，迦叶微笑，笑因何起？达摩西来，西来何意？心灯相传，所传何物？禅宗史上，悬案如山。且不论南北之辨、《金刚》《楞伽》之辨、四卷《楞伽》十卷《楞伽》之辨、一花五叶、五宗七派之辨，单是西来意、祖师意，便令多少人惘然怅然。法身问题，在作为大乘思想峰巅的禅宗思想中，被转换成新的形式——这就是对本来面目、本来人、自性的索究和回归。

"若欲觅佛，须是见性。见性即是佛。"① 大乘阶段以前，佛教的"三学"作为超越原则依次是由戒而定而慧。从原始宗教的各种禁忌经过复杂的转换和理性强化而形成的种种宗教戒律，无疑是宗教实践的重要内容。佛教之戒（Sila），本义是防身心之过，是实施于僧侣集团内部的具有绝对律令性质强制性的行为规范。佛教之戒者多矣！从五戒、八戒、十戒乃至于二百五十戒甚至于五百戒！除了关于杀生偷盗等伦理性戒律外，其他一切大致都指向各种层次的感性需要和感性享受，从交媾饮酒到各种耳目之娱——不着华发、不好香涂身、不歌舞倡伎、不注视听、不得坐高广大床、不得非时进食、不得捉钱金银宝物，如是等等。与形而下的生存欲望和需求相联结的一切，都须禁戒消解。故有所谓"五分法身"之说——从戒法身而定法身而慧法身而解脱法身而解脱知见法身。对纯粹主体性的寻求、对存在的超越于此原来发端于对感性需求的围剿。

大乘佛学打破了这种线性的演进次第。"三学"应为一体，甚至倒转过来，由慧而定，由定统戒，在更高的层次上便是定慧一体——慧日凌空，万物自定，遑论戒律！禅宗便如此：纯粹主体性的建立并非通过对人的感性存在的百般盘剥，并非通过荡涤感性欲求便可达到的，宗教禁欲主义并不能保证纯粹主体性的获得，纯伦理化的超越只是粗陋有限的挣扎而已。主体性的光辉绝不可能于其中升起——伦理化的超越必须转向心理化的和形而上学的。达摩有言："三界混起，同归一心。""除此心外见佛，终不得也！"② 今传世之达摩文字，除《四行观》较为确凿，《血脉论》《悟性论》《破相论》等，佛学界终难厘定。这一现象在禅学研究中甚为普遍。然本文并非关于禅宗史

① 《达摩大师血脉论》，见《禅宗集成》，第一册，3页，台北，艺文印书馆，1968。

② 《达摩大师血脉论》，见《禅宗集成》，第一册，3页，台北，艺文印书馆，1968。

的个案考辨，此类历史文献俱目为禅宗思想资料之一花一叶。

这里，传统的“三学”的结构被搁置、被倒转：重要的只是见性，见性即证佛。所有伦理层次上的苦行修炼被转化成心理层次的体证和形而上学层次的悟人。这里，伦理的、心理的、形而上学的三者处于动态的转换调顿之中。

纯粹主体性的寻求和建构是这样展开的：通过对绝对自我的寻求而达于个体无意识（individuelles Unbewußtsein）——“本来面目”，这一个体无意识而被本体化而成为本体无意识（ontologisches Unbewußtsein）——“即心即佛”，这一本体无意识被设定为绝对本体，这里我们暂时借用一些铃木大拙式的用语。禅之被泛审美主义化或虚无主义化，的确也由此种下祸根。且将问题具体展开。

纯粹主体性开始于对纯粹自我（reines ego）的寻求，这一寻求近于道家哲学对于“吾”的逼近：

>……惠明作礼云：“望行者为我说法。”慧能云：“汝既为法而来，可屏息诸缘，勿生一念，吾为汝说。”明良久，慧能云：“不思善，不思恶，正与么时，哪个是明上座本来面目？”惠明言下大悟。……明曰：“惠明虽在黄梅，实未省自己面目，今蒙指示，如人饮水，冷暖自知……”①

>师问：“不思善，不思恶，思总不生时，还我本来面目来。”②

>问：“如何是本来人？”师曰：“共坐不相识。”③

生身与法身以及吾—我，我—我所的对待，在禅宗中彻底解除。僧肇注《维摩》时，便对微妙无象、备应万形、弥纶八极、细入无间的法身表示了

① 《坛经》（宗宝本），见石峻等编：《中国佛教思想资料选编》卷二，第四册，35页，北京，中华书局，1983。

② （宋）普济：《五灯会元·卷三·南泉普愿禅师》，142页，北京，中华书局，1984。

③ （宋）普济：《五灯会元·卷三·大同广澄禅师》，164页，北京，中华书局，1984。

微词——“然则法身在天而天，在人而人，岂可近舍丈六而远求法身乎?”“有我我所，而二法自生”，“因背涅槃，故名吾我；以舍吾我，故名涅槃”。① 这无疑成了某种中国式思想的征兆。而这一点在禅宗中正式得以展开——并不存在高悬于人的活生生的此在之上之外的某种纯粹主体，任何向外驰求终日徒劳，那不过自负己尸，傍地奔走，抛舍宝藏，流落行乞。“大德，你波波地往诸方寻什么物？踏你脚板阔，无佛可求，无道可成，无法可得。”② 通过个体心理层次上的伦理消解，力破法我二执直指本来面目，赤肉团上，原本已有无位真人，供养十方诸佛，不如供养一个无心道人——原来这栖居于赤肉团中的无位真人，却是无心道人方可迎候引接而令其面世的。

通过心理还原，对是非善恶等伦理偏执进行强力清算，所寻出来的“本来面目”“无位真人”之类无非是一种个体的深层的无意识，这不过是向纯粹主体性逼近的第一步而已，与此同时，个体无意识被本体化了，本来面目即心即性即佛即万有之根本大法。

> 从无始旷大劫以来，乃至施为运动，一切时中一切处所，皆是汝本心，皆是汝本佛，即心是佛，亦复如是。③

> 诸佛与一切众生，唯是一心，更无别法。此心无始以来，不曾生不曾灭，不青不黄，无形无相，不属有无，不计新旧，非长非短，非大非小，超过一切限量、名言、踪迹、对待，当体便是，动念即乖。犹如虚空，无有边际，不可测度。④

> 问：“如何是佛?”师云：“即心是佛。”⑤

---

① （后秦）僧肇等注：《注维摩诘所说经》，佛经流通处刻本。

② 蓝吉富主编：《禅宗全书·语录部八·古尊宿语录·卷四·镇州临济慧照禅师语录》，50页，北京，北京图书馆出版社，2004。

③ 《达摩大师血脉论》，见《禅宗集成》，第一册，3页，台北，艺文印书馆，1968。

④ （唐）黄檗禅师：《传心法要》，见石峻等编：《中国佛教思想资料选编》卷二，第四册，210页，北京，中华书局，1983。

⑤ 蓝吉富主编：《禅宗全书·语录部八·古尊宿语录·卷一·南岳大慧禅师行状》，5页，北京，北京图书馆出版社，2004。

本来仅仅属于个体范围的自心自性、本来面目等一经转折，却成宇宙之无所不包的大心：本心即佛，此心即众生，一心即万有，甚且无生灭、无始终、无边际——此心于是成了万有之心，即作为宇宙根本大法的绝对的终极本体。这一由于寻求无待的纯粹主体性而导发的个体无意识（本来面目）必是开启了什么！然而开启了什么？这一大心，用铃木大拙式的语言便是ontologisches Unbewußtsein——本体无意识，作为此在的本来面目的个体无意识，倏然蓦然地便成了本体无意识，而成了宇宙万有的根本大法。达摩曰：三界混起，同归一心。纯粹主体性于是从逻辑上宣告确立：一种既确然地自我同一而又与万有齐一的主体，才是那样的纯粹，然而，这也同时就埋下了这种主体性自我消解的契机。

由个体无意识（本来面目）到本体无意识（即心即佛）的此一跃中介何在？我认为正在于其“无”。由于伦理消解使强意识（不管是作为俗见的我执——感性躯体及其各种需求欲念，还是作为断见的法执——对法身菩提、实性、涅槃的各种执着痴迷）无意识化，从而个体深处的生命源泉得以呈涌这一事实是以对意志的否决（无化）而获得的。这一强意识的无意识化即意志的无化的结果，似乎与宇宙的无目的无计划无意愿的运作等值。人的超自然反自然特性被中止时，便似乎与自然的运作同构，于是，个体无意识等于本体无意识，我心即佛性，自性即法性，我法即天地之法。究竟如何看待这种与天地同根，与万物一如的主体性，这种主体作为人格实体，曾为庄子所寻求过，从心斋、坐忘、撄宁、朝彻、见独等方式，即通过在心理层次上对此在的有限规定性步步消解而丧“我”得“吾”，这一与“天”等值之吾作为纯粹主体性在庄子哲学中确有本体论功能，它的拟态形态水击三千，扶摇万里，覆载天地，弥纶六合——这就是庄子式的真君、真宰、真人、至人、圣人，然而，在庄子哲学的内部结构中，这一飘然八极的真人恰是与作为无限可能性的道的转义相叠合的，这就是通过消解理性的积淀和意志的定势所获致的纯粹主体性，实是自然、无目的的动作中所展开的与绝对必然等值的无限可能性的一种转呈方式。所以庄子曰：“睹无者，天地之友。”[1] 能够洞悉这种浩浩荡荡的本体意义的“无”的人才是真正的得道者。在庄子哲学

① 《庄子·外篇·在宥》。

中，道与真人与吾的关系似并未明彻地展开，所以，它只是潜在地指示了某种纯粹的主体性消解的契机。佛教传来，玄旨东漫，与作为新道家的玄学互相激荡融混，《维摩经》之“法身”、玄学之“本无”，等等，表露了纯粹主体性的寻求一直持续。而到了禅宗时代，这一问题又强烈地提了出来。引入庄学这一参照系之后，从个体无意识到本体无意识的过渡点于是洞然：这二者之间的过渡，正在于其同一的“无”——“法身即虚空，虚空即法身”，“虚空与法身无异相，佛与众生无异相，生死与涅槃无异相”。[①] 自然以其无意志无目的的方式浩浩漫漫地展开，其无不成无不为的前提正在于其无所欲成与无所欲为，这一无限可能性之可能正在于此。真正湛然勃然的宏大生命力之可能正在于此。禅宗思想家们正是智慧地领悟了这一问题，所以通过排解教外教内的各种理性压抑而导向无意识，从个体导向本体。

六

于是，须见佛性的遍在，与基督教不同，禅的任何个体（任一信徒）的意义都先验地是绝对的——佛性既不是一个绝对的不可究诘的超越本体，也不是一种人类共有的普遍本质的外化、异化的集结体，而是每一个生命深处的普遍潜能。每一个体都潜在地拥有内在的无限可能性——成佛之可能（这恰恰是禅的最为危险的设定），由是，高僧大德、所有的先觉者的使命，首先是教人自救自渡、自立自成、自行佛行、自成佛道。

> 有行者问：“即心即佛，哪个是佛？”
> 师曰：“汝疑哪个不是佛，指出看！”[②]

> 问：“如何是佛？”师曰：“汝是阿谁？”[③]

> 公（裴休）一日拓一尊佛于师（黄蘖）前，跪曰：“请师安

---

① （唐）黄蘗禅师：《传心法要》，见石峻等编：《中国佛教思想资料选编》卷二，第四册，213页，北京，中华书局，1983。

② （宋）普济：《五灯会元·卷三·大珠慧海禅师》，155页，北京，中华书局，1984。

③ （宋）普济：《五灯会元·卷三·百丈怀海禅师》，133页，北京，中华书局，1984。

名。”师召曰：“裴休。”公应诺。师曰：“与汝安名竟。”公礼拜。①

由于佛性的遍在，无限可能性的潜在与内在，所以，任何觉悟者，便应深契自然之旨，随缘任心：

一切具足，更无欠少，使用自在，何假外求？②

大道虚旷，绝思绝虑。如是之法，汝今已得，更无阙少，与佛何殊？更无别法，汝但任心自在，莫作观行，亦莫澄心，莫起贪嗔，莫怀愁虑，荡荡无碍，任意纵横，不作诸善，不作诸恶，行住坐卧，触目遇缘，总是佛之妙用。快乐无忧，故名为佛。③

这便是所谓东山法门的至髓，这一任心自在、触目随缘、荡荡无碍、任意纵横的存在境界不正是一种阿波罗式的审美精神么？纯粹主体性被建构为审美的主体性。以无意志、无逻辑的静观态度，使世界在慧日朗照之下散射其自足的诗意光辉。作为存在者的主体，内在的永恒骚乱止息了，形而上的渴求和痛楚消遁了，只是内外澄澈，唯有内外澄澈……

七

然而且慢！

这一纯粹而又纯粹的主体性的心理前提不过是个体无意识与本体无意识的被设定的同构，然而这一同构只是一个形而上学的假设而已。通过心理层次上的理性消解而获致的“本来面目”即本心即佛心的率直的同一关系，不过是一种形而上的设定。由此设定而来的主体性即使“纯粹”，也绝不本真，人道天道，人心佛心，即令同构，亦必殊途。天道天心，自然的无意识、无目的的运作，作为一种范导原则，对于满心价值偏执的名教礼法之士、对于浑身“佛病”的小乘钝根之人，意义当然重大。然而，禅毕竟是宗教，人毕

① （宋）普济：《五灯会元·卷四·黄蘗希运禅师》，189页，北京，中华书局，1984。

② （宋）普济：《五灯会元·卷三·大珠慧海禅师》，154页，北京，中华书局，1984。

③ （宋）普济：《五灯会元·卷二·牛头山法融禅师》，60页，北京，中华书局，1984。

竟非草木。人是意志的存在，某种决绝的大意志、大悲悯、大精进始终是大乘佛学的内在规定。难道发出“无边众生誓愿度”的宏愿的大乘佛徒，竟是为了将世界荡涤成澄明的价值虚空么？故尔，审美的纯粹主体性唯有消解，方能趋向本真的存在，这就是从审美的静观的，复归于行动的伦理的。否则，禅的意义早已殆尽！

> 金佛不度炉，木佛不度火，泥佛不度水。真佛内里坐，菩提涅槃，真如佛性，尽是贴体衣服，亦名烦恼。①

> 上堂：“……佛是烦恼，烦恼是佛。”僧问：“未审佛是谁家烦恼？”师曰：“与一切人烦恼。”曰：“如何免得？”师曰：“用免作么？”②

> 僧问：“承师有言，世界坏时，此性不坏。如何是此性？”师曰：“四大五阴。”曰：“此犹是坏底，如何是此性？”师曰：“四大五阴。”③

个体无意识和本体无意识的同一，似乎导出了至高至乐的审美精神：一切随缘，一切俱足，一切澄澈明媚。有关人类存在的形而上的痛楚在这一审美静观中似乎烟消云散。然而，这一形而上学假设恰是脆弱的，这恰是与大乘佛学大悲悯之大心相抵牾的！

于是，随之而来的便是烦恼的本体化。烦恼即菩提，烦恼即佛，烦恼即贴身衣服，此性即佛性也即四大五阴。此在的规定性和受动性是内在于此在的命运的。重要的诚然是“拔箭”，而悲剧却是在于：此箭，这一深深没入此在血肉之躯的毒箭，却原来并非外力射入，而是先验地便与此在的血肉之躯同一的。烦恼（关于存在的忧患、焦虑、痛楚）于是也无可否认地具备本

① （宋）普济：《五灯会元·卷四·赵州从谂禅师》，200页，北京，中华书局，1984。

② （宋）普济：《五灯会元·卷四·赵州从谂禅师》，199～200页，北京，中华书局，1984。

③ （宋）普济：《五灯会元·卷四·赵州从谂禅师》，201页，北京，中华书局，1984。

体论意义。通过对存在的诸种规定性的消解和规避而建构起来的纯粹主体性，也将无济于事——这一主体性即便可能并且纯粹，也非本真。

因此，审美的又必为伦理的所补充，默然又为行动所摇荡，甚至，必须诉诸悲剧意志——“我若不入（地狱），阿谁教化汝?”① 一方面，每一个体都必须通过个体无意识而遭遇本体无意识，得悟存在的真谛以自证其性；另一方面，每一先觉的个体必坠烦恼、必入地狱。这一地狱，正是大乘成其为大，终极关怀成其为终极之处！

① （宋）普济：《五灯会元·卷四·赵州从谂禅师》，205页，北京，中华书局，1984。

禅 2

一

禅的实践本身便是一部完整的超越论。上文的主体论问题，不过是从研究角度出发的强生分别而已。在此，我们便面临着禅宗精神内部的有关“存在之超越”和“超越之超越”的问题。

我们所谓存在的超越，是指对个体的感性的和社会的理性的诸种规定性的消解。而所谓超越的超越，便是指对如上消解本身的消解。这也是大乘佛学的“双遣”“两空”观念的理论运演和实践贯彻。于禅，这一主题一方面表现于禅定问题，即通过个体的心理层次上的体验化途径回光返照、返本归真；另一方面，表现于公案、机锋上，即通过强烈的陌生化形式，破坏生活的逻辑结构、中止常识世界之流而恢复本真的生命体验。

上文指出，东方的道、禅的哲学人类学的自由哲学和特质是心理主义，即通过个体的心理的途径解决存在的超越和存在的意义问题的。这一点常常为西方文化背景下的人们所无法理解。铃木大拙的西方听众便提过这样的问题——在禅的著作中，何以对文化条件、社会结构与人的福祉的明显关切——如此之少?① 我认为，如果说，道家哲学是反文明反历史的，则禅便是超文明、超历史的。道家的终极关怀始终与具体的社会的、伦理的、文明的问题纠缠在一起，庄子在文明的发轫期便预告了文明的宿命；而禅不然，禅在这一点上是极其超然的。这也许与佛教的发祥地的先民们不以时间感、

① ［日］铃木大拙、［美］弗洛姆著，孟祥森译：《禅与心理分析》，151 页，北京，中国民间文艺出版社，1986。

历史感见长的性格有某种间接联系。在丛林生活中，社会历史条件似乎是无足轻重的。禅僧们似乎超然于实证性、总体性的人类福祉，正因为他们高度关注着体验性、个体性的人的自由。这些是心理主义的广义使用。

心理主义在禅中还有其具体的狭义内含，这就是禅宗关系最为密切的禅定问题。宗教大凡有一定程度的节欲、禁欲乃至于自弃现象，不管是为了超越的绝对价值本体，还是为了其他。基督教然，而小乘佛教尤甚（这是一个宗教学的大问题，此不深涉）。所以“三学”以戒为先，由戒而定、由定生慧，几乎成了超越通则。

然而禅的革命性正在于重新调整了“三学”的结构，戒的非理性无条件的绝对律令性质于是开始被另类诠释。慧能混迹渔樵之际、避难于猎人队中，“每至饭时，以菜寄煮肉锅。或问，则对曰：‘但吃肉边菜’”①。对于禅宗尤其是南宗，戒的意义不过乃尔。禅师们善于把伦理问题心理化乃至形而上学化。

二

禅本为禅那（Dhyāna）之简称，本义即思维修，静虑。在中国佛学中，禅那常等于禅定。诚然，从安世高的守意摄心的安般禅，到惠远昙鸾的念佛禅，到慧文慧思的实相禅，到达摩的凝住壁观、无自无他、凡圣等一、坚住不移的“壁观婆罗门”，到神秀的时时拭佛的北宗禅，到慧能的定慧一等的南宗禅……中国佛学总不离禅，故太虚言：中国佛学的特质在禅。然而严格上或可进而言之，中国佛学的特质在定。因为禅乃定之一例，由禅数、禅修、禅观而指向三昧，这是由禅而定。也可由般若而指向三昧，这是由慧而定。安般禅、壁观禅略近于前者；得之于罗什弘扬的《三论》法门的实相禅、慧能得之于《般若金刚》的南宗顿教，尤其是临济宗激切的大机大用，都无疑属于后者。由慧而定，因而定慧一体，这正是中国禅最有特色的文章。

然而，不管是由禅而定还是由慧而定，心理主义总是一个无法回避的事实。这本身就与道家尤其是庄学有重要的历史关系。心斋、坐忘、撄宁、见

---

① 《坛经》（宗宝本），见石峻等编：《中国佛教思想资料选编》卷二，第四册，35页，北京，中华书局，1983。

独一类的庄学法则，便始终是通过心理消解解除外在的理性压抑从而建构人的纯粹主体性，通过意识的无意识化（各种理性压抑机制的解除）和无意识的意识化（解放生命意识使之呈示于明朗的阳光之下）拯救罹于文明劫厄之中的生灵。这一点，客观上构成了安般禅法、达摩禅法到北宗禅法的广义的文化心理背景。表面上看，道重生贵己，这一点似乎与佛差别判然。然道虽贵生（形而下）又讲丧我（形而上），道家、道教之贵生并不尽同。道家之贵生，所贵者乃生命的纯化即生命的形而上的本真性而并非其在物理时间中的无限延亘，这一点常遭混淆。佛破我执（形而上）也并非要人弃绝生命（形而下），其本质都是通过心理消解而解脱存在的重负。理论风貌虽异，终极指归却一。

如果说，庄学的心斋、坐忘与安般禅到壁观婆罗门一线，侧重的是存在的超越。相对而言，《三论》《金刚》到南宗禅一线则侧重于超越的超越。当然，在禅宗内部，存在的超越和超越的超越是一体的，这就是慧能的“定慧一体”观。在这一层次上，伦理、心理和形而上学的超越，才被齐一等观，化为一体。

> ……我此法门，以定慧为本。……定慧体一不二，即定是慧体，即慧是定用，即慧之时定在慧，即定之时慧在定。
>
> ……我此法门，从上已来，顿渐皆立无念为宗，无相为体，无住为本。
>
> ……何名坐禅，此法门中，一切无碍，外于一切境界上念不起为坐，见本性不乱为禅。何名为禅定？外离相曰禅，内不乱曰定。①

慧能创造性地偷换了概念。因此，“于一切境界上一念不起为坐”。一个坚住不移、面壁枯坐的仪式化的坐禅之坐，便转化为一个纯粹的心理概念。因此，般若圆智之光，照亮了昏暗枯槁的宗教修行。“痴心望出三教外，不知元在铁围中。”② 这是一种普遍而不自觉的悲剧。禅终究是宗教，超越存在当

① 《坛经》（敦煌本），见石峻等编：《中国佛教思想资料选编》卷三，第四册，8～11页，北京，中华书局，1983。

② 《庞居士语录》，清代刻本。

然是绝对律令。然而超越何以是“本真的”和“本真地”？这便是存在的超越和超越的超越的统一性，也即是《楞伽》传统与《般若》《三论》传统的统一的问题，也即是心理主义和超心理主义的统一的问题。一方面，回心达本（大梅法常），即心即佛；凡所见道，皆是见心（马祖道一），这是“佛语心为宗”的楞伽传统；另一方面，则是廓然无圣（达摩）、非心非佛（马祖道一），这则是般若金刚传统。所以，当大梅法常自信攻击马祖“这老汉惑乱人，未有了日。任他非心非佛，我只管即心即佛”时，马祖由衷赞叹——“梅子熟也！”① 因为，“即心即佛，是无病求药句。非心非佛，是药病对治句”②。这便是个中底蕴。

“我执”诚然是佛之大敌，“我执”不破，自性不现，然而，仅破我执，执于此破，便成“法执”。大小乘之别，不在于我执是否当破，烦恼是否当断，无明是否当灭，菩提是否当证，涅槃是否当求，西方净土是否当往住。即不在于如何摆脱主体的现实命运（轮回之苦），而在于破我执，灭无明，断烦恼，证菩提，求涅槃之举一旦成“执”，顿成更为深重的无明——法执之害远甚于我执，何以故？“佛病最难医！”③

所以，破我执，超越此在，固为必然；破法执，超越超越，更其必要。否则，便无非是永劫轮回而已。这与纯粹主体性的寻求和纯粹主体性的消解是二合一的事情。于是，不唯是“我空”，而且是“法空”，执于四谛，唯有坠阿鼻地狱之份：“一切众生皆得菩提，一切众生皆得道场，一切诸佛皆成就贪欲，一切诸佛皆是邪见；一切诸佛住四颠倒、五盖、五欲、三毒，得阿耨多罗三藐三菩提。”④ 我想任何善良的佛经读者，总不至于认为这一段（或这一类）的经文是在诲淫诲盗，是在鼓吹无恶不作、为所欲为吧！因为在佛门的文字（尤其是禅宗语录）中，这种激切形式委实太常见了。这是极为直观而激切的形式，而其理论形式，则集中地表现在般若系经典和“三论”中，“二空”“双谴”“八不”关键不外一个，把空空（kòng）掉，超越超越。禅

---

① （宋）普济：《五灯会元·卷三·大梅法常禅师》，146页，北京，中华书局，1984。

② （宋）普济：《五灯会元·卷三·伊阙自在禅师》，165页，北京，中华书局，1984。

③ 蓝吉富主编：《禅宗全书·语录部八·古尊宿语录·卷二·百丈怀海禅师语之余》，17页，北京，北京图书馆出版社，2004。

④ （晋）鸠摩罗什译：《诸法无行经》（下），大正藏第十五册。

宗虽然不引“三论”这一类经典的逻辑化语言，然其精神却正是深印此中玄旨。慧能得闻《金刚经》中“应无所住而生其心”之句而开悟，《坛经》中强调的“无念、无相、无住”正得之于“金刚”，也正是慧能，使大乘佛学这一切得以实践化地完成。大乘之大，岂有他哉！如果我们将把空空（kòng）掉这一大乘律令理解为“将虚无主义进行到底”，那么，释迦也实在只好宣告，住世四十九年，只字未曾说。对大乘、对禅的误解，往往便是由对这后一个“空”（kòng）、对“无住”问题的误解发端。于是般若空义竟被推演为奴隶哲学或“嬉皮”哲学！

> 可（慧可）曰：“我心未宁，乞师与安。”祖（达摩）曰：“将心来，与汝安。”可良久曰：“觅心了不可得。”祖曰：“我与汝安心竟。”①

> （僧粲）问祖（慧可）曰：“弟子身缠风恙，请和尚忏罪。”祖曰：“将罪来，与汝忏。”士良久曰：“觅罪不可得。”祖曰：“与汝忏罪竟。宜依佛法僧住。”②

> 僧问：“如何是解脱？”
> 师曰：“谁缚汝？”
> 问：“如何是净土？”
> 师曰：“谁垢汝？”
> 问：“如何是涅槃？”
> 师曰：“谁将生死与汝？”③

> 奉问：“如何是实相？”师（慧忠）曰：“把将虚底来。”曰：

① （宋）普济：《五灯会元·卷一·初祖菩提达摩大师》，44 页，北京，中华书局，1984。

② （宋）普济：《五灯会元·卷一·二祖慧可大祖禅师》，47 页，北京，中华书局，1984。

③ （宋）普济：《五灯会元·卷五·石头希迁禅师》，256 页，北京，中华书局，1984。

"虚底不可得。"师曰："虚底尚不可得，问实相作么？"①

(忠信)初参赵州，问："一物不将来如何？"州曰："放下着。"师曰："既是一物不将来，放下个甚么？"州曰："放不下，担取去。"师于言下大悟。②

"至道无难，惟嫌拣择。"③从偏执的自以为得计的超越意志出发的选择和超越只会加重此在的重负和苦厄，"止动归止，止更弥动"，"遣有没有，从空背空"④。所以，临济这样喝道："道流，你只有一个父母，更求何物！"⑤

三

于是心理主义的超越必须被超越，"莫逐有缘，勿住空思，一种平怀，泯然自尽"⑥。"往问曰：'汝坐于此作么？'隍曰：'入定。'师曰：'汝言入定，有心邪？无心邪？若有心者，一切蠢动之类，皆应得定。若无心者，一切草木之流，亦合得定。'曰：'我正入定时，则不见有有无之心。'师曰：'既不见有有无之心，即是常定，何有出入？……'"⑦禅定禅定，禅宗之定，是一种准形而上学的慧定，慧日当空时，一切自定，定并非一种仪形层次上的修炼，而是一种存在与意义的和谐之境："小乘入定则不食，食则不入定。法身

---

① (宋)普济：《五灯会元·卷二·南阳慧忠国师》，101页，北京，中华书局，1984。

② (宋)普济：《五灯会元·卷四·严阳善信尊者》，143页，北京，中华书局，1984。

③ 《信心铭》，见《大正新修大藏经·卷四十八》，376页，东京，大藏出版株式会社，1928。

④ 《信心铭》，见《大正新修大藏经·卷四十八》，376页，东京，大藏出版株式会社，1928。

⑤ 蓝吉富主编：《禅宗全书·语录部八·古尊宿语录·卷四·镇州临济慧照禅师语录》，51页，北京，北京图书馆出版社，2004。

⑥ 《信心铭》，见《大正新修大藏经·卷四十八》，376页，东京，大藏出版株式会社，1928。

⑦ (宋)普济：《五灯会元·卷二·婺州玄策禅师》，97～98页，北京，中华书局，1984。

大士终日食而终日定，故无出入之名也。"①达摩的壁观婆罗门的坚住不移之论，的确易成谬种！

于是，名言对待，祖意师意必须被超越。释迦住世四十九年，何曾说一字？何曾转法轮？"世尊一日升座，大众集定。文殊白椎曰：'谛观法王法，法王法如是。'世尊便下座。"②佛有所说耶？佛无所说耶？若谓佛无所说，则三藏似海，经纶如澜；若谓佛有所说，则四十九年未曾说一字。

四

语言无疑是禅的大关口。

第一，语言与存在是否同一，禅僧们大为怀疑，开口已非第一义，说似一物即不中。

> 首山和尚，拈竹篦示众云："汝等诸人若唤作竹篦则触，不唤作竹篦则背。汝诸人且道，唤作什么？"③

> 歙州茂源禅师，因平田参，师欲起身，田乃把住曰："开口即失，闭口即丧。去此二途，请师速道。"师以手掩耳。④

第二，历史意蕴是否可以复现，理解的历史距离是否可以克服。历史文本与现实意蕴是否可以统一，也同样为禅师们所怀疑。这在道家，便是以今人之履践前人之迹的问题，在禅，便是佛说与魔说的厘定，为了惊醒对历史意蕴的幻梦，禅师们只好断喝——"总是魔说"⑤。

第三，个体与普遍传达是否同一，换言之，个体体验是否具备普遍可传达性、可通约性？此在的超越，首先只是无法更替、无法规范的个体体验问

---

① （后秦）僧肇等注：《注维摩诘所说经》，佛经流通处刻本。

② （宋）普济：《五灯会元·卷一·释迦牟尼佛》，4页，北京，中华书局，1984。

③ 《无门关》，见《大正新修大藏经·卷四十八》，298页，东京，大藏出版株式会社，1928。

④ （宋）普济：《五灯会元·卷五·歙州茂源禅师》，302页，北京，中华书局，1984。

⑤ （宋）普济：《五灯会元·卷九·沩山灵祐禅师》，522页，北京，中华书局，1984。

题。此在与规定性为一，此身与没骨毒箭为一，任何个体，只能各各自拔其箭，自疗其毒。大乘普济而众生自渡，一旦不存在可以普遍传达的超越经验，语言便成为一个危险的媒介，一言既出而驷马难及，孰纵孰夺、孰杀孰活，事关重大。

综上，由于语言与存在、历史文本与现实意蕴、个体体验与普遍传达之间的不同一，便必明语言如毒药，语言的使用于是成了如履薄冰的事情："僧问：'古镜无瑕时如何？'师良久。僧问：'师意如何？'师曰：'山僧耳背。'"① 于是就应深明真俗二谛之义，从真谛说空，从俗谛说有，从真谛的角度，口是祸门，截断舌根，方是根本，使人人如哑受义，黄连美酪，各各自知。所以说释迦住世，一字未曾说，法轮未曾转。"如来常说，尔等比丘，知我说法，如筏喻者，法且应舍。"② 即使弃绝言相，拈花示法来点象征主义，也并非高招，"拈起花来，尾巴已露"，"只如当时大众都笑，正法眼藏作么生传？设若迦叶不笑，正法眼藏又作么生传？"③ 从俗谛的角度，苦海洪波，众生待渡，钝根之人，必得点化："如来所说，皆是化人，如将黄叶金，止小儿啼。"④ 语言当然是必要的：本体不可道明，但仍需趋指；古佛虽然过去，但犹余遗夙；块垒无法移置，但必须迸散……语言不过是语言！庄子就曾绝叫："安得忘言之人而与之言哉！"运用语言的极致，并不是截断舌根，为了神秘的本体（设若其有）而终古懔然默然，而是能言而忘言，忘言而能言，开口一派山花烂漫，然知山花不过是山花，便亦足矣！因此，一方面是动不动抱以老拳，"僧拟议，师便打"；一方面则依然是因指指月，香象截流，依然惺惺历历灯灯相传，"路逢剑客须呈剑，不是诗人莫献诗"，一切自然，并无造作。尽管高僧大德，尽可以默然而独觉，可偏偏大行于世的倒是以临济为代表的公案话头，垂示颂古。"参话禅"流行的意义正在于此。

乐天居士《读老子》诗云："言者不知知者默，此语吾闻于老君。若道

---

① （宋）普济：《五灯会元·卷三·福谿和尚禅师》，183页，北京，中华书局，1984。

② 《金刚经》，佛经流通处刻本。

③ 《无门关》，见《大正新修大藏经·卷四十八》，293页，东京，大藏出版株式会社，1928。

④ （唐）黄蘗禅师：《传心法要》，见石峻等编：《中国佛教思想资料选编》卷二，第四册，219页；北京，中华书局，1983。

老君是知者，缘何自著五千文。”① 白氏何其不通也！罗素之调侃维特根斯坦，也完全应作如是观。唯海德格尔有真眼光——“默不言非喑不言。真谈说中方能著静默。”② 世人论禅，动辄便“不可说，不可说”，其理解之浅薄自不待言。更有学人据此对禅大加责难。人当然是语言的存在，禅师们并非要截断舌根来否决人的类规定，禅师们不过更多地关注了诸种类规定的危险性。总之，道（道家及道教）、玄、禅中的语言问题自始便遭到多重的误解，这自然是有待于详加论辩的。

五

于是，逻辑必须被超越，我们这里所谓的逻辑，在特定的广义上使用，指生活世界的“逻辑结构”。这里才是禅的超越的最为精湛根本处，也是禅与美学与艺术的精神关联点。禅的超越的本质何在？我认为正在于它革命性地摧毁了理性的常识世界加于人的日常生活的“逻辑结构”，以一种强烈的震撼中止常识世界和陈旧的异化的生活经验，截断众流，从而使人的本真的生命体验自动涌起，使人趋向本真的存在。当然，由于佛性并不是绝对超越的外在于人的本体，所以，危险自始也便潜伏着。这时，禅与美学的关系才得以奠基——这一关系并不基于禅对艺术学或感性问题有无观念系统，而是因为禅本质上确可导向一种广义的审美精神。禅基本上并不与狭义的从艺术学出发的美学相关，而只与广义的哲学人类学出发的美学相关，这正是禅的精神底蕴之所在。

六

禅对于生活世界各种“逻辑结构”的超越，主要表现于种种公案机锋中：

第一，临界体验。

人之生，耽于轮回而不知者是随波逐流，然执于求道而自得者也同是随

---

① 转引自钱钟书：《管锥编》，413 页，北京，中华书局，1979。

② 转引自钱钟书：《谈艺录》（补订本），414 页，北京，中华书局，1984。三联版《存在与时间》，200～201 页的译文为：“真正的沉默只能存在于真正的言谈中”云云，可备考，此从钱译。

波逐流。不过一个是把自我交给“我执”的“共同世界”，一个是把自我交给超越的“共同世界”，人进入种种层次的“共同世界”而自保、自存、自我谐调而似乎摆脱了存在的重负。因此，不唯即心即佛的无病求药是不足的，非心非佛的药病对治也何其温文。唯有断其藤葛、悬崖撒手、绝其心路，切断其与共同世界共同经验的关联而使个体坠入临界状态，这就是无门所谓的“参禅须透祖师关，悟道要穷心路绝”。祖关不透，心路不绝，便只能是依草附木、没有自身根柢的生灵。

> 香严和尚云，如人上树，口衔树枝，手不攀枝，脚不踏枝，树下有人，问西来意，不对即违他所问，若对又丧生失命，正恁么时，作什么对?①

这些“浑身迸鬼眼”的公案，究竟予人何物？究其终极，其本意正在于断绝心路——即断绝任何寻寻觅觅数数然于道的窘相，断绝现成的任何为普通的理性所接纳所认同的逻辑，令你三百六十骨节，八万故步自封中毫窍，攒为疑团一个，像含个热铁丸也似昼夜提撕、吞吐不得，荡尽恶知恶觉。

人作为寻求者被逼入临界状态，以往的所有经验、念想、企求、定见、信仰、衷愿一应中止。求法之人，本已命如悬丝，现在悬丝亦断，一无凭借，一无傍依，求生不得，求死不能，不答西来意，有违所问；若答西来意，丧身失命！终于“蓦然打发，惊天动地，如夺得关将军大刀入手。逢佛杀佛，逢祖杀祖，于生死岸头得大自在”②：

“问：‘如何是禅？’师曰：‘猛火着油煎。’”③ 猛火沸油，不唯是赵州之“无”，香严之“树”，临济之喝，德山之棒，路数虽异，指归俱一。“有时一喝如金刚王宝剑，有时一喝如踞地狮子。”④ “俱胝和尚，凡有诘问，唯举一

---

① 《无门关》，见《大正新修大藏经·卷四十八》，293 页，东京，大藏出版株式会社，1928。

② 《无门关》，见《大正新修大藏经·卷四十八》，293 页，东京，大藏出版株式会社，1928。

③ （宋）普济：《五灯会元·卷四·睦州陈尊宿》，233 页，北京，中华书局，1984。

④ 《人天眼目·临济宗·四喝》，见《大正新修大藏经·卷四十八》，302 页，东京，大藏出版株式会社，1928。

指，后有童了因外人问和尚说甚法要，童子亦竖一指头，胝闻，遂一刃断其指，童子负痛号哭而去，胝复召之，童子回首，胝却竖起指，童子忽然领悟。"① 唯有如此，人才能绝处逢生。

第二，荒谬震撼。

用天外飞石置人心头而使之濒于临界体验的情形，不如随机见用的荒谬震撼来得多见：

> 问："万法归一，一归何所？"
> 师（赵州）曰："老僧在青州作得一领布衫，重七斤。"②

> 僧问："如何是祖师西来意？"
> 师曰："庭前柏树子。"③

> 僧问："如何是古佛心？"
> 师曰："三个婆子排班拜。"④

> 僧问香林："如何是祖师西来意？"
> 林云："坐久成劳。"⑤

如何是佛，西来意、祖师意、古佛心，这一类亦即佛法大要，法门玄旨何在的问题是初入禅林的钝根之人所常提问的，由此惹得很多如"西来意""祖师意""佛法大意"一问，赵州答"庭前柏树子"，龙云台答"昨夜栏中失却牛"，国清院奉有"东壁打西壁"，长庆道巘答"今日三月三"，曹山更答"昨夜三更，床头失却三文钱"，不一而足。

---

① 《无门关》，见《大正新修大藏经·卷四十八》，293 页，东京，大藏出版株式会社，1928。

② （宋）普济：《五灯会元·卷四·赵州从谂禅师》，205 页，北京，中华书局，1984。

③ （宋）普济：《五灯会元·卷四·赵州从谂禅师》，202 页，北京，中华书局，1984。

④ （宋）普济：《五灯会元·卷四·赵州从谂禅师》，206 页，北京，中华书局，1984。

⑤ ［日］伊藤猷典校定：《碧岩集定本》，91 页，台北，弥勒出版社，1982。

这里，当然不是引譬连类、触类起兴的诗化的比兴式的答复，因为“佛性”“西来意”为柏树子、三月三、失却牛和失却三文钱之类“意象”都不存在哪怕多么曲折的通约关系，哪怕那么隐晦的同一意蕴。这里也不是借鉴于形式逻辑的矛盾律，用问东答西、天以地对之类的矛盾法来刺激悟性。主项与述项之间，既不存在逻辑关联，也不存在意象意蕴的同构，只有荒诞，除了荒诞，还是荒诞，禅僧们常是创造这种荒诞的大师！

然而，荒诞不是生活的结构（禅僧们并非卡缪式的存在主义者）。这种荒诞的目的仅仅在于激发强烈的震撼，并不是所有公案都能像香严之悬枝、像俱胝之断指、像临济狮子吼般的断喝那样将人逼入临界状态的，所以这种主述项之间的矫情悖理的强性搭配，正在其引起荒诞震撼而荡尽云翳！

第三，亵渎意识。

庄子早就喟叹：“以天下为沉沉，不可与庄语。”任何有宗教倾向的思想家常常会觉得他所处的时代是最黑暗最痛楚的时代，庄子亦然。于是道家哲学中便潜伏了一种突梯滑稽、排调万物、粪土圣贤的亵渎意识。禅的超文明、超历史性与庄子的反文明反历史的态度颇为不同，所以禅的实践观中很少涉及具体的社会历史问题，庄子道家是貌似哀愤双谴而实为哀愤并集，而禅不同，貌似我法不弃而实则我法俱空。然而，禅在超社会、历史、伦理的意义上借用了道的亵渎意识。

> 洞山和尚，因僧问：“如何是佛？”山云：“麻三斤。”①

> 云门因僧问：“如何是佛？”门云：“干屎橛。”②

> ……这里无祖无佛，达摩是老臊胡，释迦老子是干屎橛，文殊普贤是担屎汉。等觉妙觉是破执凡夫，菩提涅槃是系驴橛……③

① 《无门关》，见《大正新修大藏经·卷四十八》，295 页，东京，大藏出版株式会社，1928。

② 《无门关》，见《大正新修大藏经·卷四十八》，295 页，东京，大藏出版株式会社，1928。

③ （宋）普济：《五灯会元·卷七·德山宣鉴禅师》，374 页，北京，中华书局，1984。

如是粗言秽语，出自佛门，足以使罹于系缚的人心惊胆战，然而，我们无意于对这一现象予以道德评判。狂禅与浮靡之士风，当然可以由此导出，但这难道是禅的形上指归么？

从本体论角度，干屎橛、麻三斤，若与庄子的道在蝼蚁、在瓦甓、在屎溺等观念相类，很容易得出一种疑似泛神论的结论来，呵祖骂佛之举，的确潜在地意指着某种本体论意义上的对象，即佛性之遍在。然而，这种佛性的遍在并不等于庄子式的或西方式的泛神论，禅宗中所强调的佛性的遍在，是在佛即自性即开悟之心这一点中瓦解佛性法身的绝对性、无待性，从而将佛作为一种人的生存的至高境界，作为一种任一个体都可能企及、可能遭遇的无限可能性揭示出来。亵渎意识确有使佛性泛在泛化之意，然而这尚不是根本的。

事实上，亵渎意识不但从本体论上向佛性的独立自足性挑战从而确立了佛性的遍在，并且进而从价值论上向作为一种价值境界的佛性进行了挑战，只有对作为绝对价值境界的佛、菩提、涅槃进行挑战亵渎，才能中止痴人对佛的迷执，才能让佛性真正地作为遍在的无限性建构起来！（尽管这确是危险的建构）

不管是临界体验还是荒诞震撼，还是亵渎意识，名目虽异，所归俱一——就是截断众流、恢复个体经验的本真性、恢复世界的本真性。这里所有这些，也可以归于一个共同原则，即“陌生化”原则：“艺术之所以存在，就是为使人恢复对生活的感觉，就是为使人感受事物……”① 这一与禅毫无关联的俄国形式主义文论主张，恰可用来道破禅的超越的奥秘。

七

人栖居于世界中，除了面对共同的自然图景之外，还由于人类生活的族类性而建构了社会性、文明性的不同层次的“共同世界”，如工具、语言及各种价值体系、信仰体系，等等，这些“共同世界”成了人类保存文明成果、储存共同经验的场域，成了人的族类性的标志。然而，这些有人类的个

① ［俄国］施克洛夫斯基：《作为技巧的艺术》，转引自张隆溪：《二十世纪西方文论述评》，75 页，北京，三联书店，1986。

体经验、感受经过复杂转换而成的“共同世界”，却也时时刻刻悄无声息地将所有人类经验加以平均化。所以这种“共同世界”，既是人类理性生活所必需的栖息地，也是大量有真性灵真血肉的个体经验的大坟场。禅所面临的“共同世界”主要有二：一是人类共同拥有的作为人类生存、理解的理性基础的语言、逻辑；二是佛陀弟子所共同领有的佛教伦理体系。这是由“三宝”——佛（绝对理想）、法（超越体系）、僧（具体的存在者与持戒者）与“三学”（戒、定、慧）的一定程度上的对应（佛—慧；法—定；僧—戒）所共同构成的丛林修行生活的共同领域。由戒（僧）规定了共同的行为规范；由定（法）规定了共同的解脱途径；由慧（佛）规定了共同的价值境界和终极指归。人一旦把自身交给“共同世界”便可以回避自我，回避内心深处的富于个体不可通约性的体验和感受，回避本己的有血有肉的终极关怀而获栖身之所……

与禅相关的体验化问题和与公案机锋相关的陌生化问题，正是为了使人从“共同世界”中遁归自心自性。禅之为禅，正是为了恢复人的存在的本真性、人与世界的关系的本真性！为了这一恢复，为了这一遁归，才有必要返光自照，才有必要险语破鬼胆，谬言惊神怪。一方面香象渡河，一方面悬崖撒手，把人驱逼入临界之境，如哑如梦，打成一片，夺得大刀，得大自在。

于是，禅的超越精神的本质才径直地成为艺术精神的本质。禅的纯粹主体性把人设定为审美主体，而禅的超越把人的生活经验改造为艺术经验，或换言之，禅和艺术一样，致力于将本真的生活体验奉还给人类。通过这一点，禅建构了生活，建构了世界的“如是性”。

禅 3

一

伟大的思想家尤其是伟大的宗教思想家，伟大的思想体系尤其是伟大的宗教思想体系，大凡是从逃避世界始而逃向世界终。人类的终极关怀，不管其如何玄远幽深、闪烁飘忽，其根本隐奥大凡在于寻找信实性和确定性——世界与生活的确定性，寻找存在的可信而可爱的基点。这也是禅师们所谓的“入处”。这个世界，这个人所遭遇并命定地隶属之的世界，必须是可以栖居的。而这种可栖居性恰又不是被发现的而是被建构的。对于禅的悲剧性误解，便是将这种“入处”目为禅之终极。

禅宗思想，禅作为一种哲学人类学的自由理论正充分地昭示了这一点。笼统而言之，在佛教思想中，小乘佛学以逃避世界始（四谛、五蕴、八正道，以此世为苦海，以此生为轮回，苦海当渡、无明当灭、菩提当证、涅槃寂静、常乐我净……）；而大乘佛学则昭示了逃向世界的契机（我法双谴、有无两空），而禅宗尤其是南宗思想才真正地完成了这一历程，在这一意义上，禅宗既为大乘思想的巅峰而更为大乘思想的终结。佛教思想作为一个宗教伦理体系，作为一种哲学人类学在这里完成了其自身的具结。

二

我们所谓逃向世界，也可换言之为逃向如是的世界，更可进而言之，逃向世界的“如是性”①。在主体问题上，从个体无意识通向本体无意识以建构纯粹主体性，进而消解这种纯粹主体性以趋向本真的存在；在超越问题上，从超越存在到超越超越，从破我执到破法执，彻底地把空空掉，在一种圆融无碍的般若智慧中，截断常识世界之流，重新开启生命的本真之源。到此，我们进入其境界问题，从指归于彼岸到返转于此岸，所有这一切，都是同一个问题——即逃向世界，逃向世界的“如是性”。人本来早就先验地“在世界中”。人本来早就先验地是栖居者——尽管是宿命地作为“被抛置者”(das Geworfene)而“在世”。然而人之“在世”这一事实，恰是因为逃向世界这一抉择行为方被发现的。世界的可栖居性，也因此方被现实地建构起来。

在庄子哲学中，逃向世界是对文明（工具伦理）的否弃从而逃向自然、本原的世界，即由我（人在文明中的现实遭际）逃向吾（未受文明污染的本真之性），由人（伦理、工艺改造过的世界Ⅲ）逃向天（未受文明沾染的世界Ⅰ），而在禅学中，庄子式之逃未必是本真之逃，因为庄子式之逃是承担着自身的终极关怀的重负之逃，这一逃中所指向的自然，事实上已不是一个本然的自然而是一个充分理想化了的彼岸世界而已，这一层次之逃便也不过始终是一种指向彼岸的冲动而已。并且这种彼岸冲动事实上也是缺乏力量的。禅宗之逃，却正是必须在此一逃之基础上对此一逃也予以一逃，这就是禅的真正境界——超越终极关怀，超越彼岸冲动！这一逃中，世界才被真正地建构起来了——这就是一个赤裸裸的“如是性”。

> 尼问：“如何是密密意？”师（赵州）以手掐之。尼曰：“和尚犹有这个在。”师曰：“却是你有这个在。”②

> 一日，居士（庞蕴）与丹霞出行，见江水澄碧，居士指水云：“得恁么也，还辨不出？”霞云：“的个辨不出。”居士以手斛水，泼

① 我们这里所谓的“如是性”并不径直等于人们熟知的“如性”(Bhutatathata/Suchness/Solcherartigkeit)，如果我们非得试图用现代口语来状摹，那无非是一个伴随着指示动作的“喏！”“呶！”而已。如果我们试图用一个西文词来翻译，我宁愿生造一个德文词Dasheit（而不是Solcherartigkeit)。“如性”一词在传统佛学中，有太多的本体论色彩和理想色彩。

② （宋）普济：《五灯会元·卷四·赵州从谂禅师》，201页，北京，中华书局，1984。

霞三遍，霞云："莫恁么，莫恁么"，却以水泼居士。居士云："当恁么时，堪作个什么？"①

"犹有这个在""当恁么""莫恁么"一类的玄言在灯录中触目皆是。禅客们似对这种含混怪谲的代词有着极高的兴趣，于是弄出很多神神鬼鬼来，这昭示了一个重要的问题，在禅学中，究竟有没有绝对独立自足超然物外和事外的本体？若有，则又是以何方式存在，借何途径指归？"有僧到参礼，师问：'蕴何事业？'曰：'讲《金刚经》。'师曰：'最初两字是甚么？'曰：'如是。'师曰：'是甚么？'"②

是什么？主体于个体无意识与宇宙无意识的通约中确立并消解（见前文），尽管如此，然而的确"犹有这个在"。"师洗衣次，僧问：'和尚犹有这个在。'师拈起衣曰：'争奈这个何？'（玄觉云：'且这是一个，是两个？'）"③ 玄觉的诘问似乎很有道理，即机即用、即体即用时，洗衣这个运作本身不但便有这个，而且径直地便是这个，有"这个"远不如是"这个"来得重要，南泉并非不懂，有这个在，奈这个何，完全应在"这个"之中通约，即是说，并不存在超然物外和超然事外的独立自足的价值本体，时时"在着"的"这个"并不是隐于现象背后的奉呈者，现象与呈示，本身就是"这个"，即是"这个"，此外岂更有"它"哉！于是当某僧问百丈怀海，如何是"奇特事"时，丈答："独坐大雄峰！"

文殊菩萨一日令善财采药，曰："是药者采将来。"善财遍观大地，无不是药。却来白曰："无有不是药者。"殊曰："是药者采将来。"善财遂于地上拈一茎草，度与文殊。④

（庞蕴）因辞药山，山命十禅客相送至门首。士乃指空中雪曰：

① 《庞居士语录》（卷上），清代刻本。

② （宋）普济：《五灯会元・卷二・南阳慧忠国师》，100～101 页，北京，中华书局，1984。

③ （宋）普济：《五灯会元・卷三・南泉普愿禅师》，142 页，北京，中华书局，1984。

④ （宋）普济：《五灯会元・卷二・文殊菩萨》，112 页，北京，中华书局，1984。

“好雪！片片不落别处。”有全禅客曰：“落在甚处?”士遂与一掌。①

“遍观大地，无不是药”，“好雪片片，不落别处”——人类能说出来的既美丽且崇高的话有过于斯乎！

三

禅在这里首先向我们提供了一种奇特的“现象一元论”。“若论佛法，一切见成。”② 无不是药，不落别处，一切现成，一种宿命式的必然性和现实性迎面扑来，当头罩下，人被定住了——这就是所谓禅悟，“落在甚处”只配挨一掌。(与俱胝和尚比，庞蕴何其心慈手软!)

就极其笼统的心理前提而言，寻求世界的“怎样性”，为此而惶然、怅然、数数然，这就导致了科学理性，导致了各种各样的所谓宇宙论和发生学等，直面世界的“这样性”，对之诧然、愕然、茫茫然，这就导引了宗教，神秘的不是世界的“怎样性”，神秘的只是其“这样性”。这就是禅，对于禅，“世界是怎样的”这一究诘不唯不应回答，而是根本就不该提出，世界就是这样，人所面对的只是如是一幅世界图景，在此之外，一切无法假设，一切不应假设，自然、历史、现实的生活的一切一切首先以其自足的本然性呈现于我们面前，这就是禅，就是道，就是生命的现实疆场。“明明百草头，明明祖师意”③“遍观大地，无不是药”“一切现成”等形而上学效果通过把现象绝对化从而直接把世界的“如是性”绝对化而成为“唯一性”。人无法设想别的世界和世界存在的别的方式，你只拥有此一世界，你只拥有此生，你只拥有此在，你只拥有你的现在，你别无选择！现象的一元论由是转化成宿命式的合目的性（自然的无目的无意志无谋划无期求的无限可能性，倒转视角，便不过是一种绝对的必然性，因而也是绝对的合目的性。如是我们将此判定为一种普遍的审美精神，那么，这一审美精神径直地就是一种悲剧精神的起点）。

换言之，禅在建构确立世界的“如是性”这一过程，无非是用一种强力

---

① （宋）普济：《五灯会元·卷三·庞蕴居士禅师》，186 页，北京，中华书局，1984。

② （宋）普济：《五灯会元·卷十·清凉文益禅师》，560 页，北京，中华书局，1984。

③ 《庞居士语录》（卷上），清代刻本。

的审美意识（毋宁说是一种审美意志）在接受世界和统一世界！

> 问：“如何是嵩山境？”
> 师曰：“日从东出，月向西颓。”①

> 僧问：“如何是佛法大意？”
> 师曰：“春日鸡鸣。”
> 曰·“学人不会。”
> 师曰：“中秋犬吠。”②

昼见日，夜见星，日东出，月西沉，秋夜犬吠，夏日鸡鸣，一切自然，一切现成，不待理喻也不需理喻，大道只在目前，触目皆为如性。始从芳草去，又逐落花回！——这就是自然的“如是性”。

岂止自然，人的生活也应如是（庄子还只是抉发了自然的合目的性这一维，而禅更抉发了生活的合目的性这一维）。

> 行者领众参，师问：“参得底人唤东作甚么？”曰：“不可唤作东。”师咄曰：“臭驴汉！不唤作东唤作甚么？”③

> 后远（五泄）谒石头，便问：“一言相契即往，不契即去。”石头据坐，师便行，头随后召曰：“阇黎！”师回首。头曰：“从生至死，只是这个。回头转脑作么？”师言下大悟。④

东西就是东西，生死不过生死，既不必矫情造作，更无须回头转脑，“平

---

① （宋）普济：《五灯会元·卷四·洛京嵩山和尚》，216 页，北京，中华书局，1984。
② （宋）普济：《五灯会元·卷三·石霜大善禅师》，171 页，北京，中华书局，1984。
③ （宋）普济：《五灯会元·卷四·大随法真禅师》，238 页，北京，中华书局，1984。
④ （宋）普济：《五灯会元·卷三·五泄灵默禅师》，148 页，北京，中华书局，1984。

常心是道……拟向即乖”[①]；吃过粥便洗钵，这便是开口见胆，露出心肝[②]；“要眠即眠，要坐即坐……热即取凉，寒即向火”[③]；何须浸在海水中却伸手乞水？——随处做主，立处皆真![④]

四

人什么也没有，只有立处。所以直面此在，直面此刻，人生便被赋予了意义（也就是我们所谓的被审美化了）。凡为宗教，总有一个彼岸理想境地作为范导原则，基督教既有往昔的伊甸园又有将来的天国，佛教则有其西方净土，如是等等。这种范导原则，既是审判现世此生的参照格局，又是信徒们灵魂日后的栖息之地，禅的世界的“如是性”原则致力于这一范导原则的内在化。希望求道不落因果却反坠身野狐身，顿契不昧因果便因之得解脱，不落因果原来只因不昧因果![⑤] 无三界可出，无菩提可求，唯有直面此在，负起此在，才能成功地超越此在。

> 我认为人类所具有伟大性是对命运之爱（amor fati）：一个人无论在未来、过去或永远都不应该希望改变任何东西。他不但必须忍受必然性，并且，他没有任何理由去隐瞒它——在面对必然性时，所有的理想主义都是虚假的——但他必须去爱它……[⑥]

这一段并不家喻户晓的话却出自一位家喻户晓的思想家之口，这一段必然令人惘然愤然的话简直就是某一禅宗大师的语录的现代口译。直面必然性、

---

① （宋）普济：《五灯会元·卷四·赵州从谂禅师》，199页，北京，中华书局，1984。

② 《无门关》，见《大正新修大藏经·卷四十八》，294页，东京，大藏出版株式会社，1928。

③ （宋）普济：《五灯会元·卷四·长沙景岑禅师》，210页，北京，中华书局，1984。

④ 蓝吉富主编：《禅宗全书·语录部八·古尊宿语录·卷四·镇州临济慧照禅师语录》，52页，北京，北京图书馆出版社，2004。

⑤ 《无门关》，见《大正新修大藏经·卷四十八》，293页，东京，大藏出版株式会社，1928。

⑥ ［德］尼采著，张念东、凌素心译：《看哪这人：尼采自述》，37页，北京，中央编译出版社，2000。

热爱必然性，这是何等令人沮丧的呓语，竟出自于尼采这样一位悲剧英雄之口！无独有偶，在另一位悲剧英雄那里我们竟也发现了类似的言辞：

> Sie（die Philosophie）läßt alles wie es ist.
> （哲学）让一切如其所是。①

我们无意急切地断言什么，只是借此来透视禅所建构的世界的“如是性”的某些底蕴。禅僧们虽非庄学宗徒，“如是性”在潜伏的前提上无疑也契合于那种作为无限可能性悄然磅礴于万物，又宿命式地呈现为现象世界的必然性、现实性、合目的性的伟力，在这一意义上，“如是性”的设定，使广阔的现象界（自然的无涯景观和人生的无涯系列）被强力地设定为审美对象——好雪片片，不落别处，遍观大地，无不是药！因之，一片雪足以化人，一茎草足以度人。强力的“审美意志”赋予宇宙的壮丽行列、生活的浑穆图景以目的性。然而即使如此，人也不过是一个观照者——无论这种“审美意志”是何等的“强力”！仅有对世界对生活的合目的性设定，无疑终究既无补于事也无补于世。我们万勿忘记康德的信念——判断力，不过是通向实践理性的桥梁。

五

“如是性”的真正奥义正不在于观照而在于承领！

人别无选择地遭遇世界，借用海德格尔的语言，这就是Geworfenheit——被抛置性。人领有世界、领有生活，这种领有方式却是宿命的先验的。故而，Geworfenheit就是人的天命（Geschick）。生命即宿命即天命。人生在世，生命的被抛置性，不唯是存在论上的绝对起点，这也就是有血肉有性灵的思的根源。我们反复申论的“逃向世界”，不过就是“在世界中”承荷世界，“在世界中”直面天命，非此承荷，遑论超越？

这样我们也才有可能真切地确立禅的精神史意义。当孔子发出“天何言

① ［英］维特根斯坦著，陈嘉映译：《哲学研究》，58页，上海，上海人民出版社，2005。

哉”的慨叹时，生活的给定性被昭示着；当庄子发出“怒者其谁邪”的喟叹时，自然的无限可能性作为理想原则被指谓着。生活的现实的给定性（儒）和存在的理想的本真性（道）的歧立，是通过夭折的天才思想家僧肇而交汇的。当僧肇作出“立处即真”的设定时，佛教的中国式朕兆被奠定了，大乘般若玄义被隐秘地导向原儒思想中的悲剧因素。论及儒禅交涉，学人们每每从孟子、二程、陆王一线猛追其心性论线索。这一线索诚然也是儒禅相涉之一脉，然而却远不是重要的一派。本文认为，禅学的首要奥秘在孔学之中。这一切最后导发了禅宗。

众生无边誓愿度——是故佛即烦恼。

烦恼无边誓愿断——是故佛即四大五阴。

因四大五阴故有大悲悯，因大悲悯故有大慈爱，因大慈爱故有大勇猛。玄绝的审美意志，唯有指归于决绝的悲剧精神。西西弗斯平静地走向他的巨石，俄狄浦斯自足地称道自己的幸福。

“在世界中。”这就是人之天命。

六

必须指出，禅的“形而上学”的哲学人类学指归与其“形而下”的社会伦理效应是迥异其趣的。这种二维性是内在于禅的历史的。不唯禅，中国精神史的重要思想流派皆有此遭际，儒由儒家而儒学而儒术的历史，道由道家而道教的历史皆如此。如果维特根斯坦对我们应有所启悟的话，那么他的语言划界工作，就必须推进到精神史领域。这一点，对于自觉地承担着文化创痛的当代思想者，尤其迫切。否则，对传统的价值厘定和思想重建，对于历史意蕴的解释学追索或现象学还原，都将面临人为的新的混乱。

本项研究意在对禅的哲学人类学指归加以导发与建构，并无独辟新说之愿望。去思想即是去供奉，亦即是全力以赴地去究诘、介入、皈依人类思想的内在同一性。基于对于上述同一性的信念，我宁可相信，重要的是意义在“说”而不是人在“说”。基于同样的信念，我无法想象，孔子、佛陀、耶稣基督的思想在根本精神上竟可能是相悖或扞格的！

对于禅的历史性误解几乎是与禅的历史同步的。当大乘佛学的大悲慨、大精进的精神潜在地涌流于禅的精神之时，对禅的泛审美主义的和虚无主义的建构历来就存在着。前者由于日人铃木大拙等人的弘扬而被援入精神分析学派和法兰克福学派的理论旨趣之中而大行于世；后者倒本来就根源于对大乘佛学“双遣”“双空”的般若奥义的庸俗曲解，进而与庄学中本有的亵渎意识合流，这无疑已以千年计地对浮靡士风起了推波助澜的作用①。我们在此必须指出：由于对禅之精神的误解本来就内在于禅的历史，所以禅在社会伦理层次完全可能导发奴隶哲学、鸵鸟哲学甚至是虚无主义的“嬉皮”哲学。令人吃惊的是，有的研究者竟将这种业经曲解的社会伦理层次的现象径直地判定为禅之精神本身！② 如果正视孔子、僧肇、慧能、百丈、赵州这样的思想线索，我想任何一个不带偏见的思想者不难得出真诚公正的理解。禅宗佛徒为求正法，命如悬丝、断臂立雪的故事几乎也是家喻户晓的。当然，刘著所提出的很多问题是需要深入探讨的。我们难道可以将十字军的远征、将宗教裁判所归之于上帝、耶稣，归之于彼得、保罗、约翰等圣徒？难道布鲁诺上了火刑柱，我们便可以宣告圣爱的破产？难道我们可以将纳粹运动归之于瓦格纳、尼采、斯宾格勒？抑或直接归之于贝多芬？设若有纳粹党徒听着贝多芬的音乐屠杀无辜，我们便应将《庄严弥撒曲》目为第三帝国的意识形态？我始终无法明白，为什么孔墨老庄、达摩慧能、百丈赵州却要为中国历史上的血腥与无耻承担罪责！

去思想即是去供奉。禅学（还有其他思想系统）中的哲学人类学指归与社会伦理效应的二律背反性质的悖立，倒是向自觉承担文化创痛的当代思想者诘问：中国思想中的超越性何在，它是自始便宣告阙如，还是在历史烟尘中隐匿消遁？

这正是需要我们去供奉的。

---

① 葛兆光《禅宗与中国文化》（上海人民出版社，1986）一书对禅风与士风之关系即有具体的研究。

② 刘小枫：《拯救与逍遥》，上海，上海人民出版社，1988。笔者评价刘著的某些基本衷愿，然而刘著的诸多论断是不能不令人瞠目的。诸如“无念即般若”（226 页）、“禅宗把印度佛学中的宗教关怀和思虑排除得干干净净，把对生命意义、世界意义的价值关怀排除得干干净净”（272 页），等等。

东西迷思与自性危机*

一、小　引

“南辕北辙”是一个家喻户晓的故事。在今天这个所谓全球化时代，如果这其中的“南与北”置换为“东与西”，事情不就有了一点文化的或是地缘政治之类的意味了？

大概由于南辕北辙这段故事的警示效应所致，所以方向问题从来事体重大。“辕”之所指，乃为正的。中国古代科技先锋所发明的方向仪，便被命名为“指南针”（此外还有今天不常被提起的指南车）。这本来可能也是一种真正富于中国特色的遗产，与天学（星象、天文、历法）、地学（堪舆、地理）有天然联系的空间方向问题，很早便获得了丰厚悠长的伦理学、政治学的价值余韵。举凡亲朋小聚、乡党宴饮、送往劳来、婚丧喜庆、阴宅明堂，乃至排兵布阵、城邦构划、国家祭典………方向不但成为家国礼仪的重要因素，更直接成为政治合法性的直观表征，甚至成为具有魔魅意味的谶语或箴言。

尽管对几何学一往情深的希腊哲人似乎还来不及将方向问题价值化，但是在西方语言中，方向似乎也并不尽是纯空间问题——只是看来没发现可与中国语文相比拟的那么浓烈的价值色彩（近代以来的形形色色的东方主义话语，是另一个问题。在近代以来的欧洲，“东方”一词不管引起多少色香味俱全的遐想或阴沉怪诞的意象，都从未上升到国家、民族、社会、历史何去何从的高度）。拉丁语中的oriente和occidente，东与西，东方与西方，都确凿

---

* 原载《开放时代》，2009（5）；收录《中国人民大学报刊复印资料·文化研究》，2009（10）。

地与太阳升起和降落的方向有关，所以现代德语中有所谓的 Morgenland（晨光国度）和 Abendland（夕照国度），分别指谓东西方。但是“方向”与“导向”一类词汇的意义并不与我们古代语言中的“南”与“指南”迭合，也就是说，不以地球的磁极为指归，而是和“东”关联。例如在现代德语中，Orient 指的是东方，而其动词 orientieren 则是寻找、调校方向、找路，至于其动名词形态 Orientierung，就是方向与导向了。在美洲大陆发现之前的欧洲，一旦有什么“跨国行动”，倒的确是“我们的队伍向太阳”——姑不论是代代不绝的商旅，还是亚历山大远征军、十字军还是传教士、历险者和浪游者。当今波恩大学东亚系出版的一份亚洲研究杂志就叫 Orientierung，该译作“导向”“方向”还是“东方”？悉听尊便。

当东西南北不唯作为抽象的空间参照系统的随机设定，而是进一步地与具体化地“方”联接，并且此“方”成为所指略为明确的地缘政治或文化概念时，问题便复杂起来了。比如说——东、西方，特别是在近代以来的中国语境之中。

东、西方这一语式在百年来汉语中使用率之高，恐怕是从社会语言学角度足可叹为观止的事情。自高人学者至野叟村夫，每有所论，便不免自然而然地带出一点西方如此这般，东方又这般如此之类的论说来——有时候，这“西方”会被更加雾气十足的“人家外国”所置换。至于什么是所谓的东方，什么是所谓的西方，东自何始，西自何终，若所谓的东西方真的判然有别、畛域分明，其疆界又何在之类的问题，又委实朦胧得很，因其朦胧，所以便“文化”——再没有什么比谈谈文化之类的题目更保险的了！其他一切，似未引起太多深究的兴致。这东与西，究竟是什么东西？

是地理概念？政治概念？文化概念？还是什么？

二、地理自我中心主义的有限合法性

事实上，东与西，东方与西方，原本并不是一个很中国的问题，换言之，这种“话语”（Diskurse，当前通译如此，一直颇觉难以索解，是否译为“论式”或“语式”更切近些？）在中国人的精神视野中原本并不占据太特殊的位置。我们碰到的首先是“中”的问题，之所以有“东西”，便首先因为有“中国”。人我之辨，是人类诸多基本生存经验中至为关键之一种。而一个“文明人”的悲剧就在于，这种经验往往直接地便可以泛化，“我”于是便成为“我们”。更其悲剧性的还在于，在我他之辨、我们他们之辨出现之后，却又日甚一日地胶着于那个无比亲爱的“我”和“我们”——无明由是而生，苦痛于是无尽，世界从此也似乎就经常灰暗得很。在此意义上，大乘佛教空观思想的意义，尤其对健康的人性的心理生活的意义，无论怎样估计都恐怕不会过高。正缘于中之既立，人们始而纵目于东西南北。这里我们便碰到一些在视界上有自我中心主义色彩的东西。

人们当然首先会谈论华夏民族生息之地的地理环境：东有汤汤海水，北有荒荒草莽，西则或黄沙漫漫或冰峰刺天，南呢，无非是蛮夷鴃舌之地，是原本就不太入中原礼法之士的法眼的地方。于是中原心态、中国心态等所谓华夏中心主义的东西，便先有了地理学和心理学上的必然。从出于楚辞《招魂》中的那些热切的呼号中我们不难发现，即使是那些稍不小心就有可能被判为南蛮的古代楚人，他们一样是将自己的家园视为尽善尽美的世界中心的。

政治史的因素也无法回避。从现有的考古资料看来，“中国”一词的最早端倪大略出于西周成王时期礼器“何尊”之铭文：“惟武王既克大邑商，则廷告于上天曰：‘余其宅兹中国，自之辟民。’”

这里的所谓“中国”，除了对商周之间地理位置上原本的相对性的强调之外（周人本居关中，此时东进而得中原），参之于《诗经·大雅·民劳》中：“惠此中国，以绥四方”，以及《尚书·周书·梓材》中“皇天既付中国，民越厥疆，于先王肆”云云①，这一铭文要旨恐怕在于：指向上苍的对于政治合法性的吁请，并由此进而——绝不仅仅是附带地指向人世的对这一合法性的断言（只是当周之时，政治合法性的建立，确然是与此“天”紧密相关的。吁请先行，自我断言继之。进入近代之后，人类不但与天奋斗，其乐无穷，并且随着社会达尔文主义的广泛传播，开始“创造”起历史来了。所以此“天”与政治合法性再无关涉）。中国之中，根本奥蕴实在在于政治合法性的自我断言（Selbstsbehauptung），得国之中、居国之中者，禀天之命

---

① 参见于省吾：《释中国》，见王元化主编：《释中国》卷三，1516页，上海，上海文艺出版社，1998。

也，遑论据“天下”之中者！居于政治权力的中心者，便也执掌了将其所据之地域判定为“中”之权柄。这也就是古来形形色色的动辄便“天子抚有四海”的可称之为“天朝心态”的种种憨态的滥觞之始。至于王畿之地，必为首善之区，天子治下，无非礼仪之邦一类的断言，便也在逻辑上轻车熟路、水到渠成了。

除此之外，我们还不得不“文化”一下。这也是某些论者所常常对举的“蓝色文明”和“黄色文明”，“黄土文明”和“海洋文明”一类的立论所经常处理的问题，也是人们所经常认定的导致了闭关锁国的夜郎心态的罪恶根源。

从大的文化视野来看，古希腊人和古中国人是两个将自己栖居的家园视为世界中心的种群。① 己目所穷，即为“天下”。Oekumene，普世，这个因“普世神学”一词而对今日之学界已不生疏的词汇，在希腊语中的本义即为“为人类所居住的地方”②，明确一点地说，被“文化了的”③ 种群所屯垦、所征服并被栖居的地理空间，即使在“轴心时代”，在商人、士兵、朝圣者和布道者的足迹尚未踏出通商、征伐和传道的通衢的时代，古希腊和古中华的人们也不见得会那么天真地相信，在他们栖息之地之外，其他处所概为荒野旷漠——更何况欧亚大陆上的交通，实际上比人们以往所相信的早得多。

---

① 汉思昆（H. Kueng）在著述中多处表述过这一观点。

② 参见［德］伽达默尔：《普世与欧洲》，见《伽达默尔全集》卷十，267 页（Hans - Gorg Gadamer, *Gesammelte Werke* Bd. X, Tuebingen, 1995）。

③ Kultiviert，有时（并不经常）也相当于 zivilisiert，据说文明肇始于城邦之创设，而文化发轫于文字之滥觞。然然否否，在文化人类学、古史研究领域，需要论辩的地方尚多，此不置喙。在此有必要指出的仅是，文化一词在现代汉语中几乎只作为名词使用，即只作为已然的相对稳定的静态被描述和关注。而现代德语中与此相关的某些词态似乎保留了一些值得品味的意蕴。比如作为动词的 kultivieren 及其动名词 kultivierung 和可作形容词使用的过去分词 kultiviert：“已文化了的”“被文化了的”。与德语中的“ - ieren”“ - ierung”相类，汉语特别是古汉语中带有动词或动名词意义之“化”，本来指谓着某种动态展开的开放性过程，如造化、大化（约略宇宙论意义上），教化、归化、度化、点化（约略伦理学和宗教学意义上），20 世纪流行语言中更有西化、汉化、现代化、革命化、军事化、中国化、世界化等，不一而足。一个“化”字，饱含企盼、断言应然、蓄满张力和动势，或状描万有之运作，或导引社会之进程，甚至直接干预灵魂之状态，如思想革命化。可偏偏“文化”之“化”，平整寂然，波澜不惊，与《易传·系词》中的“观乎天文，以察时变；观乎人文，以化成天下”看来再不沾边，实在可怪之至！

这种地理中心主义的断言之所以并不由此化解，其心理背景恐怕就是那点“文化”。亨廷顿谓中国是个将自身视为一个文明的国家[①]，看来并非一味栽赃。当然，对于中国人来说，构成这种自信的地理成因如前所述；而于希腊人来说，他们心目中的“世界”则是地中海沿岸地区，而希腊半岛当然就是他们的“齐鲁”“中原”了。这种不管是可爱的还是可恶的自信的成因，构成这种我们可称之为地理中心主义的心态的最为根本的心理背景，恐怕就是这点“文化”。

公允地考虑一下，这实在也不是什么滔天之罪。人类学家会提醒我们，事实上，每一个原始部族都本能地将自己生息之所看成甚至认定为世界中心。人类学告诉我们，大量的原始村落的中央都有一棵“世界树”或图腾柱，某些原始部族或有他们的“世界山”，这就是他们的“世界中心”，这也就是人之魂灵由以升、天之神灵由以降的处所。哲人恣肆如庄周者，蝶梦之间便可海运万里，世间攻城掠地的闹腾，终不过是“蜗角之战”；诗人天才如李贺者，坐地便可写出“遥望齐州九点烟，一泓海水杯中泻”的诗章，然而，“世界山”“世界树”“世界之脐”的观念，并不因此丧失其人类学的有限合法性。我们并无理由要求古人都非得具备一点“宇航意识”（尽管他们的“宇航意识”恐怕要比我们多得多）。

一种地理中心主义究竟在何种意义上和何种程度上构成“罪过”？由于中国人阴差阳错天生便宿命地与这个“中”字结缘结冤，这是否便构成了某种“文化原罪”？其实即便是那个被中国人视为东瀛岛国、在西方人所绘的世界地图上被置于旮旯里的日本，是在相当长的一段时期中自命为“中国”的，只不过保密制度执行得甚为得力，特别是“唐使”莅临的时候。问题并不在于，谁都得从娘胎里就备足“宇航意识”，以便落地伊始即成立场坚定的世界主义者——这显然既苛求了天生只是俗子的人类也苛求了上帝。谁都得首先站立在自家的自留地上仰望星空，观天文、察地理、指点江山。“登泰山而小天下”，无论如何是第二步的事情。至于“一泓海水杯中泻”的“宇航意识”，则等而后之，这种悟性看来也并不必然地亦不一视同仁地与生俱

---

① ［美］亨廷顿：《西方文化：独一无二，而非普世皆宜》，载《外交事务》（美），1997（11、12）。

米，这若非天赋的厚赐便是文化苦痛的结晶。就是通过地理大发现而将大地证成球体而使方向之相对性在地理学上颠扑不破的近代欧洲人，不也同样地不例外地遵循类似的心理逻辑的惯性么？既然英国人建立了格林尼治天文台而零度经线也就顺乎其然地穿越于此，要是毛利人先此也建立一座，零度经线不就得穿越新西兰么（毛利人不见得没有他们的天文观察方式，可是谁也没听说过他们拥有过世界舰队。事实上，波利尼西亚人才是真正伟大的航海民族）。如果世界地图首先是爱斯基摩人所绘，那么北极圈怕就不是今日通常所见的可有可无地高悬其“上”，而是不折不扣地稳驻其“中”了。据说中国古代地图的方向设定是上南下北，但这也并不妨碍诸葛亮们行兵布阵、神出鬼没。对今天的人类来说，古埃及人、古巴比伦人、玛雅人的世界图景都已渺不可寻，很多事情都已得诉诸文明史家的诗意的激情和坚定的想象力了。要是当今人类万一真的都概莫能外地是坦桑尼亚丛林中那一群率先下树的古猿的后裔的话，那么那个决绝地直立抬头的始祖级的群落眼中的世界图景，又该如何呢？

据报道，为了“先睹”新千纪坚挺的第一缕曙光，人们腰揣坚挺的皮夹云集新西兰东岸一个叫作吉斯伯恩的不见经传的地方：

> 吉斯伯恩附近海拔1753米的希库朗伊山将在当地时间早上5：40（格林尼治时间16：40）迎接新世纪第一道曙光的来临。虽然有人预言，届时可能会有大雾笼罩山脉，但吉斯伯恩人坚信无论怎样，他们都能看到新世纪的第一道曙光。①

还好吉斯伯恩人只是“坚信”，而基里巴斯人可是在此前八年便硬生生地将时区给改了——为了那个不同寻常、千载一逢的“第一”。业已“科学”地生活了一些世纪的人们，却不约而同地忘记了，经纬之为物，本不过是人类用以整理现象世界的权宜的知性构架（我们权且借用一下康德式的表述方式），就太阳系这一天文单位而言、就地球与太阳的相对关系而言，纬度之设定，还有地理、天文、气象诸科的意义（否则我们无法向孩子解释何以赤道

---

①　参见《参考消息》，1999－12－13。

长椰子树而北极不长）。至于经度，本纯属并无绝对意义之偶然设定。命名本属偶然，可一旦“俗成”渐成“约定”，价值威力便冉冉升起矣。

真不知毛利人（还有据说也应具有同等资格的基里巴斯人和汤加人）对此一日殊荣作何感想，可无论他们作何感想，这都是一个有点美好的事情，因为世界突然在他们面前异乎寻常地有点谦虚。

问题只是，世界世界着，在一个充分世界化的世界上，不管出于什么缘由，谁要是一如既往天真地鸵鸟式地非得将某种自我中心主义贯彻到底，或甚至把他人所固守的自我中心观在自家的视野中贯彻到底的话，那么，事情就不免麻烦了，尤其在人类一次又一次被科技激情鼓荡得豪壮无比、难以自持，在地球的每个角落都被既合规律且又合目的地殖民殆尽之后，而对月球和火星的殖民计划的时间表、太空宾馆的价格表日日一新地流入互联网和街头小报的今天。近年来大家都在检讨欧洲中心主义、东方主义的霸权话语，是不是接着也该检讨一下非西方世界的某种西方主义话语了呢？有时二者不过是铜钱的两面。东方主义话语之所以坦然泛滥，心理前提（这里姑不论历史的或国际政治的前提）之一，恐怕就是非西方世界的西方主义话语的流行。己所不备，他者必丰；己所未达，他者已穷——诸如此类的信念是不是也是一种可称之为西方主义话语的逻辑呢？

世界世界着，这是海德格尔有过的一种饶有味道的呢喃：“da weltet die Welt”①，将“世界”一词动词化是他无数语言专利中的一项。世界世界着，世界世界化了。地理学意义上，即随着15世纪末的地理大发现这场世界史上最大的悲喜剧的揭幕，地理中心主义尽管从人类学意义上还总具备某种合法性，但历史终究以铁与火洗劫了这种机会均等的自我中心主义而使其不可挽回地成为一个童话时代的美好的精神遗迹。而更为根本的则是，这铁与火背后的某种精神原则——设若马克斯·韦伯（M. Weber）的论题正确的话，与世界之脱魅（Entzauberung der Welt）相伴随的是世界之俗世化（Saekularisierung/Profanisierung），在人类中心主义、理性主义的自信光焰的笼罩下，神性之物退场，世界之为世界的真相便大白于世，一个大白于世的世界于是更

---

① ［德］海德格尔：《林中路》（Martin *Heidegger*, Holzwege, Vittorio Klostermann, Frankfurt a. M., 1957），33页。海氏是在与大地（die Erde）的关系中展开“世界”概念的，此不详论。

直截了当地成了战场：人类与天奋斗、与地奋斗、互为对象互相奋斗的广阔疆场。尽管圣徒、慈母、诗人和人道斗士们可以并且一定还会一如既往坚韧地奔走呼号，可谁要是在这个充分世界化了的世界上将自家的地理中心主义坚持到底，那么他恐怕只有两种选择，要么试图充当霸权主义者，要么成为认命的失败者。

既然生而为人并且卷入了世界，谁要接受并习惯于这个世界化了并且依然世界着的世界并且积极地生活其中，那就意味着，必须学会在共在中自在，以自在之我参与共在，也就是说，既得割除自我中心主义的脐带，提防这脐眼的复活，将这份美好的田园牧歌时代的精神遗产小心封存；又得提防将他人的自我中心主义轻率地奉为历史必然。至于当一方自家已经惴惴然地想谦卑一下、反省一下的时候，另一方却如是决定地奉上“中心”桂冠，非得让人一戴到底的话，一场本该谢幕的悲喜剧就更没终了。道理并不复杂，只有大家都将共在中的自在和以自在为前提的共在作为生存原则时——不管在上帝膝下，还是在自然面前，人类才具备消解任何形式的霸权主义的心理前提。

三、漂移的疆界

既然世界无可挽回地世界化了并且依然世界着，那我们还是回到东西方的问题上来。之所以有东西南北，之所以要东西南北，只因有了对待。当一方以不管何种方式——或为利益所驱，或为威胁所迫，或出于求知之热望、求法之虔诚，或出于对异国情调的倾慕，或出于对异质文化之惊赞——进入视野时，对待方才构成。而从中国历史的具体情形看来，这种对待关系的构成遗憾地往往出于被动的威胁（美其名曰挑战与回应）。由于匈奴之进犯，西域于是展开；由于鸦片战争的烽烟，泰西始成话题。郑和船队七下西洋（说南洋更贴切些），其动机于今依旧人言言殊，尚费揣摩，总之一派茫然。除了“采贡”——为后宫采购奇珍异玩外，“扬播天朝威仪”似乎还总是一个较为贴近的推测。

这个早熟的文化似乎很早地便不太被远方的地平线和异国情调之神秘所折磨。德语中 Heimweh 和 Fernweh 是一对词，前者我们可以简单地译为“乡愁”，而后者却无法简单地找到对应词，虽非不可逐译，但必须颇为啰嗦地译为“指向远方的冲动”“对异乡的渴望”之类，或者差强人意地译成“异乡愁”。当一种观念、一种情愫，在一种语言中没有建立起便捷的对应词时，显然这里便存在需要考辨沉吟的文化基因上的缘由。先秦的纵横家和历代的游侠都不是纯粹的漫游者、历险家或精神流浪汉，而是或为政治使命感或为“立功”以不朽的野心所驱使（前者），或被道义激情所鼓荡（后者）。当然我们还有因悟透“立处即真”，是故游方的和尚；因痛感“天地无穷”，是故游历的诗人；因戡破政治游戏红尘，是故真真假假，时而终南、时而朝纲的江湖派名士；更有灾荒年代汪洋大海、浩浩荡荡的流民；在改革开放年代的产业结构大变迁中我们还有从北向南、自西趋东、从乡村突入城市的民工大潮。然而，自不待言的是，司马迁式的、李白式的、玄奘式的和李时珍式的壮游者、漫游者毕竟寥寥。至于今日遍布于世界任何时区的华人华裔，其当初离乡背井、去国毁家的原始动因，属玄奘式求法的决绝、属魏源式“师夷”的悲壮的，原本皆不为异数（当然，辜鸿铭式的以中国文化之传教士自期自许的，倒真的是异数）；但出于应激性的生存动因的更是数量不菲——其背后的具体的社会、历史、经济、政治种种因由，此暂不究。然而，这既不像失去上帝许诺之家园的犹太民族（尽管有时表面上竟多少有点类似），不像大航海时代以来的西欧民族（不论是拉丁民族、盎格鲁—萨克逊民族，还是日耳曼民族）——移民与殖民毕竟别之天渊，也不像毫不犹豫地把脚跨过白令海峡而又把阿拉斯加贱卖了的沙俄。可于今依然尚多的则是——恕我直言推断，郑和式的不知何为何以为的茫然！

在中国文献中，在较现代意义的西方观念出现之前，与“西”相关的，大略是有汉一代的“西域”，佛教东来之后的“西土”“西天”，及耶稣会士抵华之后特别是近代以来的“泰西”和“西洋”。这东与西，大概得从神话中的昆仑系和蓬莱系中去溯寻，从东王公和西王母的奇诡的尊容上去破译。尽管《尚书·禹贡》即有九州观念，尽管《山海经》中的“异国风情”早就令人目不暇接，然而我们知道，真正有点跨国意味的东与西的大概是不会早于张骞通西域的时代的，自西而来的游牧民族的铁骑杂沓强悍的蹄声，激活了华夏生民的自足的视觉神经，自《史记·大宛传》以降，《汉书》与《后汉书》俱设《西域传》，中土与西域，也就是今日广阔的中亚地区，自此真正地进入了中国人的视野。大宛、大月氏、大夏、康居，张骞足迹所及，史家言之凿凿；而乌孙、安息、奄蔡、条支、身毒等一串古怪玄乎的地名，自然涌出——世界原来大得很！当然，司马迁还是不忘回头补上一句："九州山川，《尚书》近之矣。"① 往后，其他史家虽不见得都一概回顾《尚书》如仪，但回顾却还依时而生。那时节地理上的对待是汉地与西域。就在《后汉书》的《西域传》中，那遥远的"大秦"——当时罗马帝国的地盘，也已进入了史家的视野，评价也很是正面：

> 大秦国，一名犁鞬，以在海西，亦云海西国，地方数千里，有四百余城。
>
> 各有官曹文书，置三十六将，皆会议国事。其王无有常人，皆简立贤者。国中灾异及风雨不时，辄废而更立，受放者甘黜不怨。其人民皆长大平正，有类中国，故谓之大秦。
>
> 或云其国西有弱水、流沙，近西王母所居处，几于日所入也！②

这一节可谓意味深长，这里我们首先竟可寻到一点古代民主制的蛛丝马迹！此外，这大秦国之命名来得甚有意思，既然他们"简立贤者"，举贤选能，黜者无怨，并且人长得也"有类中国"，那么我们就称它"大秦"吧！大有惺惺相惜之情。这不其然地竟也可成为上文提到的关于两个"天下级"的"文化"民族的念头的绝妙注脚。末了，史官可还是终于按捺不住，瞥了一眼《山海经》：尽管这里也就到天尽头了，"几于日所入也"，但恐也就是西王母莲辇的近旁吧！

这大秦国终究没有引起多少认真持久的关注，等到中国的关防被当年的大秦国子民的后裔用炮火轰开，时间已过了两千年。即使到此时节，地方地圆，竟依然还是一个国人争论的题目。

大秦国之所以没能在当年的公众视野中得以保持，一个重要的原因，就是"西域视角"向"西天视角"的倾斜，那个本被古怪地译成"身毒"的国度，不久荣获平反，改称"天竺"。原来汉明帝一梦，"金人"斗胆蹿入，立下大功。从"身毒"到"天竺"，一名之易，颇类"犁鞬""犁轩""海西"

① 《史记》卷一百二十三，《大宛列传》第六十三。

② 《后汉书》卷八十八，《西域传》第七十八。

与“大秦”之别，俱为某种价值认肯（Anerkennung）[①] 的附属结果。佛教东来，是为中国文化史上甚为独特的事件：明帝梦醒，以问群臣，“或曰：西方有神，名为佛……帝于是遣使天竺，以求佛法”[②]。这一切是否可为信史，留待宗教史家明断。这里重要的是“遣使求法”，这断然是中国文化史崭新的一页。汉明帝，这位文明教化无届弗远的“文化天朝”的天子，忽而意识到，即便是天朝中人也是可以求法于域外的。此事确非小可。兹此以往，才有了鲁迅所谓的中国人“消化”佛教的耗时逾千年的“超级慢餐”！

明季，耶稣会士利马窦（Mateo Ricci）等一干洋僧，带来了基督福音，也带来了新的世界图景。世界之为世界，有时是由“世界人”即由具异质文化背景的外来者来披露的，只要有人意会到并承认大明大清之“天”事实上并未能将一切覆盖其“下”的话。所以“究有无”之僧侣和“通有无”的商人（当然这两种“有无”意义殊异）便成为人们形成世界图景的必要媒介。由于近代地理学的兴起，关于世界的想象已不仅仅诉诸纯文学的描述而需要借助一点几何学了，也就是说，世界再不仅是一个海客谈瀛式的任神思逸兴而随意舒卷的“想象”或“故事”，而是一种相对确定的“图景”或“图式”，也即一种“知识”。“坤舆万国全图”由是成为意义独特的“贡品”。地理知识对双方都意义独特：中国皇帝想知道自家天下的幅员，罗马教廷也必须丈量未被福音笼罩的土地。“地学”由是与“天学”一道成为耶稣会士进入中国皇廷的叩门巨砖。尽管二者都引起某些士大夫的满腹狐疑，命运可又大不相同。而这种不同都与其于政治合法性的关联有关：天学由于与历法的天然联系而利于政治合法性之强化，虽屡遭攻讦而实蒙青睐；而地学则由于对世界图景的拓展而可能导致对政治合法性的无限性的怀疑，虽颇获垂询而终入冷宫。人并不是随时随地地都乐于和敢于睁眼看世界的。鸵鸟式的“天下第一”实在是一种时时更新的美好的精神自慰方式。

然而这种美好的方式也不时时奏效，其明证就是虎门的硝烟以及与此相关的一切。这时世界作为一个问题才慢慢落到实处。从来华传教士的传介之

---

① Anerkennung 一般译为“承认”，如当下政治哲学中流行的“承认的政治”。但“承认”一词，远不足以传达本有的价值色彩。

② 参见［德］伽达默尔：《普世与欧洲》，见《伽达默尔全集》卷十，267 页（Hans－Gorg Gadamer，*Gesammelte Werke* Bd. X，Tuebingen，1995）。

作（利玛窦的《地图说》、艾儒略的《职外方纪》、南怀仁的《坤舆图说》等）到中国士人编译、自撰之作（徐继畬的《瀛寰志略》、林则徐的《四洲记》、魏源的《海国图志》），中国近代地理学的诞生真可谓艰难。至《海国图志》百卷本问世，这一过程终于打上了第一个句号。世界作为世界这回终于有些知识化了。而“西洋”或“泰西”的意义内涵也由此得以较为确实地具体化。从此才有了地理位置比较清晰的“欧罗巴”和“英吉利”等成为具体的地理单位。其实学究地看，《海国图志》的学科属性并不简单，历史、地理、宗教志甚或异国风情野史佚闻……可正是《海国图志》及这一时代的其他著作，揭开了中西体用之争的百年迷思的序幕，揭开了种种或深刻或浅薄、或认真或游戏、或雍容或激烈、或自噬其心以求本味、或开棺鞭尸谤仙毁道的种种轰轰烈烈的文化悲喜剧的序幕。这东与西终成汉语学界使用频率高居榜首的关键词。

由于萨义德（E. Said）著作①的流传和被以种种方式加以解读，“东方主义”近年遂成显学。关于西方的东方观或换言之，西方的“东方主义话语”，与“后学”的其他题旨一道，一时处处成为话题，特别是在文学批评领域。这又是一个宽广无边以至于令人难以随便置喙的题目。随着萨义德的思路人们当然还有无尽的话要说下去。这里不便也不拟附丽，只想顺便带出一种现象，即在西方视野中那一道从来漂移不定的东方疆界。

关于东西方，在当代德语中，大略有 Orient/Okzident，Morgenland/Abendland，Osten/Westen 三组词语，比较而言，前两者较为书面化，后者则更习用于口语。如前所述，oriente 本来意指“升腾而起（的太阳）”，而 Morgenland 则将视野包含天地，意为“晨光之国度”，或者确切点说，首先沐浴于晨光之中的国度，一如 Abendland 乃沐于暮色或晚霞之国度一样。在此，太阳确实扮演了关键角色。其实，情况很像在古代中国，欧洲人的东方图像原来在一般情况下也是很大而化之的。一般意义上的东方，不过是北非西亚的古文化地区即埃及文明和两河流域的巴比伦文明所覆盖的地区，也就是今日人们所谓的近东地区。中东、远东可都是新近的概念——特别是第二次世界大战

① ［美］萨义德著，王宇根译：《东方学》（*Orientalism*，或译“东方主义”），北京，三联书店，1999。

之后才在国际政治领域得以广泛流行的概念。

人们知道，在希罗多德（Herodotus）的时代，从古希腊地区这个“文化天下”（Oekumene）纵目远眺，有个“朔风之外”或“北风之外”的广阔地域，这大略就是现在中东以远的亚洲地区。尽管亚里士多德早已逻辑地断言大地乃球状之物，而商人们在这事实上应是个弧面的大地上一直来回奔忙着，可关于这个地域的描述，其“科学程度”大概不会超出《穆天子传》太多。而当其时，东西方并未成为某种时时并列对举之物。东西方之开始具备并列对举之“偶性”，是罗马帝国时代的事情。但这一时期之所谓“东西”，可能指的是罗马帝国的东方——希腊传统的东半部和罗马—拉丁传统的西半部；也可能指的是罗马的西方教会和拜占庭的东方教会。在中世纪，由于伊斯兰某种意义上的成功扩张，这时的“东西”则很可能泛指欧洲的基督教地区和伊斯兰教所覆盖的西亚、北非地区。在此范围内，东西方疆界的地理和宗教标准似乎是较为清晰的。虽然西班牙在伊斯兰的欧洲征服史上的地位至关重要，可这壁厢端端地属于西方却铁定无疑。随着奥斯曼帝国的崛起，事情看来复杂了一些，但也还不至于过分“乌龙”。

真正有意味的是20世纪特别是“二战”以后所发生的一切。东西方概念再也不仅仅是基于宗教、地理的大而化之毋须深究的设定，而成为一种蒙有浓郁意识形态色彩的飘忽不定而有时又生死攸关的东西！到这时节，宗教之划界、文化之归趋、政制之认同、军事之盟约，还有那从来都最赤裸裸而又最隐秘的经济利益，协同作怪，使这道本来就飘忽的疆界更其飘忽闪烁。冷战开幕，华约和北约、社会主义阵营和资本主义阵营之分野，使东西方的界定成为一锅政治意识形态的文火煲成的糊涂粥。同是东正教的弟兄，生活在彼得格勒的十二月党人的后裔可被认定为东方人，而爱琴海上的希腊渔民则是西方人了。同属天主教国度，西欧国家大略都属“第二世界”的资本主义集团，而与佛罗里达隔海相望的古巴则成了加勒比海上孤独的社会主义明灯。为东方阵营的重要标志——《华沙条约》的缔结尽了地主之谊的波兰，恰恰为天主教世界贡献了第一位非意大利籍的教皇，而又正是这位教皇，成为瓦解华约、结束冷战的赫赫功臣。如果人们非得追问这一时代的东西方的疆界，那么那道位于中欧腹地的柏林墙大概是最富象征意味之所在。关于这道始终像伤痕般地横在德意志民族的心口的墙，一些人依今还一直诅咒“华约”和

“北约”两大军事集团之间心照不宣的奇特共识。正由于这道墙的独特象征意义，所以此墙一倒，一个时代便被宣告结束，有人（如福山 F. Fukuyama）更匆忙宣告了“历史的终结”，仿佛墙倒界亡，世界大同，那些形状不一的水泥疙瘩一时成为馈赠友好的惠而不费的当代古董，流入万户千家……

人们知道北约华约之分野——巴尔干战火甫起，在欧洲，北约的东部边界便成为讨论的话题，于是有人回忆起了戴高乐当年的话：“难道北约的边界应该到达白令海峡么？”此外人们还都知道有个为世界经济秩序忙乎得很的G8——“西方八国集团”，而我们的近邻日本便是稳稳当当地是其中的八分之一。已经作古的19世纪明治维新时期那些主张进行变“和魂汉材”为“和魂洋材”的范式转换、发愤“脱亚入欧”的日本近代化鼓吹者，对这个八分之一定然非常欣慰。不久前，又有专门关注国际金融秩序的G20——“二十国集团”成立，阶级成分看来更为复杂，但这已是“全球化时代”的举措了。于今金融危机突降，熊市冷酷，中国三十年的持续发展所积累的巨额外汇储备，金光闪闪，令人眼热，于是又有国际掮客和传媒经济学家频频出镜，大谈太平洋东西岸的G2如何拯救世界的议题了。所有这些，将为我们这个时代的地理观带来点什么，还需全球看官静观。

四、指南找北与自性危机

时间从来就是一个纯粹现象学的重大题目。自从有了海德格尔（M. Heidegger）和舍勒（M. Scheler），现象学不再纯粹，时间经验似乎亦然。世界世界着，被世界着的世界刺痛了的读书人便不免多多少少地陷入哲学或陷入学问。人们可以说，有关 Dasein 的时间结构一类问题的究问，不是时时以某种晦涩迷离的方式展示着沉甸甸、活泼泼的生存经验么？空间呢，现象学式的思维的确也常常对空间问题投以一瞥，然而，除了在审美领域（特别是审美心理学和艺术批评的范围内），空间问题似乎一直并未引起现象学太多的关注，更遑论那种由于战争、征伐、殖民、种族扩张、灾民迁徙、罪徒放逐、被迫害的宗教教派的流亡等而向人类一步步展开的、充满血腥硝烟铜臭的世界史空间了。东西方问题所关涉的问题，正是这样的空间问题。一点也不形而上，一点也不具备几何学的简洁精巧、玲珑剔透。这里并不意味着建议历史地理空间的现象学研究什么的。我们的时代已经有了太多的“学”和太多的问题。这里我们想说的只是，历史地理空间经验之形成也是同样饱蓄活泼泼沉甸甸的生存经验的。只不过与比较个体化的时间经验相比，有关历史地理空间的经验常常是集体经验，甚至是无意识的集体经验，唯其无意识，故而总是与民族、国家、文化等宏大概念密切关联——东西方作为一个问题便如此，尤其在中国语境之中。

既然我们在生活中事实上很难甚至不太可能，也未必太有兴趣与纯粹的时间空间打交道，我们与之发生关联的时间空间常常具体得令人烦恼，在集体经验（当然，别忘记集体经验有时甚至经常可以人为地被虚构）的层面上，说句粗率得令人不快的大实话，对人以集体经验的方式展示出来的时间空间不就是那些可称为“历史”和“地理”一类的事情么？事实上我们不过总还在与中学课程一类的东西打交道。在集体意识的层面上，不纯粹的时间首先呈示为“历史”，所以有了“传统”与“现代”，不纯粹的空间慢慢展延为“地理”，所以有了“东”与“西”。当传统与现代、东与西不断地成为话题和问题，也就是说，人的现实存在，人的现实存在的时空关联，以及人对其现实存在及其时空关联的体验和评判成了问题。换句话说，一个半世纪以来的关于中西体用、国粹西化、传统现代的漫天言说，都不过在说明一个简单事实，人的文化自性成了问题。我们左顾右盼、说东道西、指南找北、痛切地回眸和果决地远眺，但一切都不过在昭示这么简单的事实，就是这种自性危机（Identitaetskrise）何等深重。

我们所谓的自性（Identitaet/Identity），这是个在哲学、社会学、人类学、文化理论以及国际政治领域使用频率甚高的概念，也是个在翻译上问题甚多的概念。近二十年来，这一概念在汉语文献中，常常被不假思索地译成“认同”，依今尚且如此。近来有人已就这一问题提出讨论。① 其实，这一概念恐怕是没有单一的汉语对应词的。在今天这个为了消解宏大话语而又不得不被卷入新的宏大话语，既跨文化又跨学科的年代，要山随水转地根据不同语境使用这一概念，殊非易事。这正是麻烦之所在。“认同”这一译法，大概是从20世纪六七十年代台港文献中斩获的“文化转口产品”，风靡于80年代的文化讨论并随着90年代袭来“后现代”“后殖民”等新概念流入日常口语之

① 河清：《文化个性与“文化认同”》，载《读书》，1999（9）。

中。“认同”于是滋蔓于各种篇什之中。

在笔者陋见可及的范围内，Identität 之迻译本是件挺哲学的事情。起码从希腊哲学到德国古典哲学，从巴门尼德（Pamenides）到谢林（Schelling），这一观念都有踪可寻。在认识论传统中，Identitaet 首先关心的是，人类的语言表象行为及其（命题形式的）成果是否与真实符契。这也就是我们熟悉的马克思主义哲学教程中所必然提到的思维与存在是否同一的问题。正因超越（das Transzendente）与内在（das Immanente）之判然有别，这种符契意义重大，缘于此，Identität 译为“同一性”大概并无疑义。至于形式逻辑的 A = A 纯而又纯的同一理想，如何在逻辑以外的文化境域和社会境域中得以实现和验证，这实在是远远超出逻辑和认识论的事情。

在社会学意义上，前文提及的“认同”应该还是挺有意义的译法。但这首先关涉的是在多族源的多元文化社会中发生的事情，比如北美华裔常常用以自嘲的“香蕉现象”，即是可归元于“认同”境域的事情。而在一个族源相对简单（哪怕其文化似乎也多元得很）的社会中，“认同”始终是个有点古怪的说法。近来一些论者所建议的“身份”也持之有据，但“身份”一义，在法学或法医学上更为贴切，尤其在死刑判决书一类的地方：此人非某，乃某，验明正身，斩讫。这里的“验明正身”，如果在西文比如在德语中，用的就是 Identität 的动词态的过去分词 identifiziert，正身已明，手起刀落，再没商量。

在一般文化理论的角度，Identität 所关涉的既可以是个体层面的东西，也可以是社会层面的东西，翻译起来就颇费心思了。在个体意义上，Identität 理解为“身份”或“文化身份”看来并无问题，特别是在社会学和政治学的层面上。一个罗马人可能是个意大利公民，是个天主教徒，可一个新德里人的情形可能就要复杂些，他是印度公民无疑，可他可能是印度教徒、佛教徒、穆斯林，也许是锡克教徒或者巴哈依教徒，这就不是简单的问题了。同样生活在 1900 年的两位河北农民，确凿地同为大清帝国的臣民无疑，可如果一为“拳民”，一为“教民”，那么这恐怕就不是一个闹着玩的差别了！至于清初“留头不留发、留发不留头”这样响亮而充满血腥气的谣谚，大概最能说明，文化身份和政治身份的自我定位有时竟然是件性命攸关的事情！事实上，一个社会管理体系总以独自的方式索问厘定着人们的政治社会身份并规约着与此相关的生存空间。

但是一旦继续追问“文化”，特别是在信仰或价值的归趋方面，在人们寻找某种关于自身的精神界定，并以此来为自己在世界中重新获致现实感的地方，那么即使在个体层面上，将 Identität 译为“文化身份”恐怕也是不够的。这里，援用佛家思想资源，将 Identität 译为“自性”和“文化自性”，显然比较切近。至于在社会的、集体经验的层面上，“自性”的译法几乎别无选择，尤其当一个群体、一个民族忽而茫然失其所往，并由是烦恼、由是焦灼、由是忿忿然的时候，或反之异乎寻常的达观爽朗、豪情四溢的时候，特别当“说不”成为一种豪迈之举蔚然成风的时候，这时我们几乎可以挺有把握地说，这里肯定蛰伏着某种我们可以称为“自性危机”的东西。“不”字据说是一个最能表现人类尊严的语汇，但是始终不应忽略的是，当所是、所愿、所能皆深深地沉于雾瘴中时，这个伟大的“不”字，所激切表露的还可能不过是一片苍白。那种对所是、所愿、所能的茫然，就是我们这里所谓的“自性危机”。

冯友兰曾有一个常被征引的论断：所谓中西之争，实即古今之争。这一论断在某种意义上被广泛接收或引申。一定意义上，如果将这一论断理解为对近代以来的几未断绝的文化论争的一种概括，大概可算是平实切近之论。在被动地卷入世界的慌乱之后，涌动的是主动进入世界的焦灼。世界世界着，并且一个充分世界化了的世界，看起来便是一个“现代”世界。在这个慢慢变得鸡犬之声相闻，由是丧失了距离感和安全感的世界上，找到自我或找回自我，重新建立与世界的精神关联和现实关联，忽而成为问题。由是观之，中西之争，确乎是一种广义关涉中国现代社会如何生成、中国现代性如何建立的论争，尽管事实上相当数量的论争参加者和言说者未必具备清晰的问题意识。

可是，冯氏这一论断隐含着一种潜在逻辑可能——将文化的空间差异（更为根本的还更在于，这种空间差异本质上常常是一种模态差异）转化为时间落差。东—传统/西—现代，诸如此类的思路倒也简明扼要。所有这一类型的论说，背景实乃欧洲启蒙时期以来广有市场的进步观念。当所谓的野蛮与文明、进步与落后被判然划界并硬性置于时间框架之中，进而广泛推演于人类学、民族学、文化理论乃至国际政治领域时，诸文化间的模态学（morphologisch）上的持久并立的可能性和合法性便被断然否定。文化模态之差异好像不过是历史进程之先后。如果这种线性的历史观宣告确立，那么先期出现的现代性模态便成为所有不那么“现代”的群落的不可动摇的未来范本。时间上“在先”径直地便成了历史之“必由”。认识论上、时间上的“在先性”（Apriorität）在此被置换为价值论上的“超越性”（Transzendentalität）。所以今日便有某些论者由此生发、断言只存在一种普世的现代性。所以不但有了“西方的东方主义话语”，而且更有了“东方的西方主义话语”。后者事实上更是不易对治的精神症候。这种“西方主义话语”在广阔的非西方世界中的直接征象，便是说东道西、指南找北的自性危机症。这一症候使伪普世主义和伪民族主义成为可能。

普遍主义或普世主义本来应可以是由美好的情操所支撑并转而支撑种种美好情操的信念，在一个充满不公、苦难和罪恶的世界上保有一种普世主义的情怀并不是一件轻而易举的事情。可一种粗陋甚至虚假的普世主义却毫无疑义地可以既是文化灾难的结果，又是新的文化灾难的先声。而动辄便宣告某种必然性和普遍性的线性历史观却常常是虚假的普世主义的孪生弟兄。在普世主义高扬的大纛下，我们遭遇到的常常是这样的场景，当我们无路可走茫然无措时，我们便“普世”，当我们不知身为何物甚且丧己于物时，我们更“普世”。

与之并行，民族主义本也与这个弱肉强食的苦难世界上的美好情操相关，只不过常常呈现出某种应激性，可一不留神，那个古代先民的“地理自我中心主义”的脐眼一旦复活，并且转而还“文化”一些，事情便轰轰烈烈、豪壮无比。故而当我们无路可走，我们便“民族”，当我们茫然失措，我们更“民族”。

文学语言在应该很学问的语境中之使用，是一件很捉襟见肘的事情。事关东西，我们更其说东道西，事关自性，稍不留神我们便丧失自性。关于东西、关于自性，人们在中国语境中已经强化地谈论了百几十年，可一切又似乎尚未开始。如果“全球化”之类的事情到底不是伪问题，那么自性和自性危机作为问题就不是精神领域的儿戏。尽管这是这个高度实证化的世界上的永难实证的问题。

在禅宗历史上，为了夺取衣钵，垄断精神法统（今日人们所谓“合法性”加上“话语霸权”），那个行伍出身的惠明和尚将甫得衣钵的慧能追上了大庾岭，因而导出了禅宗史上一个意味悠永的公案：

> 慧能云："汝既为法而来，可屏息诸缘，勿生一念，吾为汝说。"明良久。慧能云："不思善，不思恶，正与么时，哪个是明上座的本来面目？"①

什么时候，当我们下定决心，准备修心齐家治国平天下之际，准备"立心""立命""继绝学""开太平"之际，也能像这位勇猛的惠明和尚似的，先蓦地扪心自问：什么是咱洒家的本来面目？是则百姓幸甚、天下幸甚矣！

---

① 《六祖大师法宝坛经》，见《中国佛教思想资料选编》卷二，第四册，35页，北京，中华书局，1983。

Identity的多元意涵及其在当前中国语境中的意义[*]

此次学术研讨会的主题①，是“文化认同”及相关的问题。我们知道，“文化认同”及其相关的问题甚为复杂，这是一个跨学科、跨语境的问题，需要在多重的、相互交叠的复杂语境中才能充分透视。

首先我们面临的是翻译问题，即翻译中不同的汉语名相的使用及其特定效应的问题。这个问题的关键词语，英文为Identity，德文为Identität。这个语词在汉语翻译中有多元的可能性，并且迄今在汉语中已经有甚为不同的各种译法。而不同领域的使用者，未必都属意过，那些从汉语字面意义上看风马牛不相及的汉语名相，竟然有统一的西学来源。作为舶来的学术概念，Identity的各种汉语衍生形态，在中国当代学术和思想语境中的使用频率之高，堪可叹为观止。这个语词在这二三十年来一直比较热，先是在20世纪80年代的文化讨论中，后来尤其通过社会学、人类学、当下的文化哲学与文化理论等保持了热度。概略而言，这个语词横跨了哲学、社会学、人类学、政治学及法学等诸多领域，并且与宗教问题也深有关联。所以在今天我们此次会议的具体语境中，对这一语词的跨学科梳理，显得有特殊的意义。

一

Identity/Identität的问题首先关涉一个哲学的层面。从20世纪中国学界开

---

* 原载《中外文化与文论》总第26辑，成都，四川大学出版社，2014。

① 本文原为2013年于四川大学中国多民族文化凝聚与国家认同协同创新中心一次学术研讨会上的发言。

始介绍西方哲学时就一直被使用，只是它本来根本不被称为我们今天熟知的所谓“认同”。Identity 相关的观念来源于古希腊。在座的各位应该都很熟悉，我们所学过的哲学教科书，比如艾思奇版的哲学教科书或者这一系统的其他教科书，都会把“哲学”的基本问题非常简要也多少有些粗暴地归为两个问题（据说这来源于恩格斯的《反杜林论》，更为恰当的说法该是，这是一种苏联版的马克思主义哲学的中国延伸）：一个是“物质”与“意识”二者孰为“第一性”的问题；一个是“思维”与“存在”的“同一性”问题。在此，我们关于 Identity 的讨论不关涉“物质”与“意识”何者拥有第一性的问题，而关涉的第二个问题，即那个“思维”与“存在”的同一性问题。实际上，“思维”与“存在”的同一性问题中的“同一性”就是 Identity。

这本是自从前苏格拉底时期以来就一直存在的主题，并不是德国古典哲学或者马克思主义的发明。用海德格尔的语言，同一律问题，简直就一直是被当作思维的最高法则（das oberste Denkgesetz）看待。① 简略地讲，从哲学史的角度，从巴门尼德斯到德国的古典哲学，特别是谢林的同一哲学，到当代的哲学，尤其是海德格尔的哲学，同一性之思从来没有止息过。这一重大主题的各种历史变调，在这里无法多加讨论。

同一性之思意味着某一种形上学或知识论的伟大梦想和伟大努力。也就是说，当我们试图用语言，尤其是命题式的语言，来描述包括我们自身以外以及我们自己的一切，那么我们的这种表述，应该获得某种真值，这就是逻辑学上 A = A 的同一律问题。这一古老知识论的伟大梦想贯穿了整个西方哲学的历史。“思维”与“存在”的“同一性”问题所究问的是，人在什么样的情况下，在什么样的学术表述中，使用什么语言，如何使用语言，才能够达到一种真实的、有真值的命题，正是这种真值保证了命题的普遍有效性。这里涉及我们如何建构“可靠的”世界图景，并且使之与我们的生活实践相关联。大而泛之地说，正是这种关于同一性的伟大梦想使科学以及近代以来的技术和大规模的工业化成为可能，对规律性的认知，并在理论层面上达到普遍的有效性，进而是实践层面上对合规律性的把握，进而胁迫自然，使之

---

① 参见 M. Heidegger，*Identität und Differenz*，Gesamtausgabe，Band 11，Frankfurt a. M.，2006，S. 33。

服从人类的实践目的，正是科学到技术到大规模的工业化进程的一个潜在逻辑。

二

同一性问题的维度，还可以从知识论继续向其他维度延伸。这种关联往往被忽略或者遗忘。知识论上的真实终究是一种理论上的纯粹自洽境界。而一旦进入社会、历史、文化领域，这一问题便一方面衍化成后来哲学诠释学的重要主题——历史、文化意义上的真实如何建立？另一方面则在社会实践的领域直接衍化为一系列实践理性问题。为什么同一性这个自前苏格拉底时期就持续着的古老的问题始终富有魅力，或者说，根本没法被消解？其根底、其奥秘，更多地必须从实践理性的角度来追寻。这里实际上早就不仅仅是一个理论上的、形式化的真的问题——一个用 A = A 的逻辑学上的形式化的要求就能满足的东西——那仅仅是一个知识论上的真的问题。这个问题一旦进入社会实践领域，也就成为一个我们如何避免挂羊头卖狗肉、如何抗拒指鹿为马、如何揭露瞒天过海的问题。从知识论上来看，所谓的真，是一个价值中立的问题。进入伦理学的领地，同样一个真的问题，同时就是善的问题。纯粹理性上的“真”（wahr/Wahrheit）就成为实践理性上的“真”——本真（wahrhaftig/Wahrhaftigkeit，authentisch/Authentizität，这才是以《中庸》为代表的儒学传统中的“诚”的观念的真正底蕴）。在此，人们需要面对的，再不仅仅是纯粹理论意义上的“谬误”或者诠释学意义上的“误读”，而直截了当地就是伪装、忽悠、谎言、欺诈的问题——鲁迅所谓的“瞒和骗”的问题，就是这一层面的问题。在知识论层面上，谬误本身往往并没有道德意义上的负值可言——大量的迷误或者谬误，往往是绝对真诚的，在“日心说”诞生之前，持有“地心说”立场的人，并未试图忽悠谁。中国先民关于“天圆地方”的古老观念，也并非为了坑谁蒙谁而发端。而在社会实践层面的问题，则谎言与欺诈，直截了当的就是一个挑战人类共处共存（Mitsein）的社会公害。其最极端、最精巧的形态，就是今天大家常常使用的一个概念——“洗脑”：使用语言与心理的巧伪，使特定人群在特定环境和时期丧失理性反思能力，从而达致某种实用目的。

从实践角度，一个个体的社会行为、一个生活共同体的运作如何合乎其自我定义、自我定位，用黑格尔的话来说，让事实如何合乎概念而存在，是一个无法回避的事关社会存在的合法性的大问题。这个问题可以在个体层面发生，也可以在群体甚至在庞大的社会共同体的层面发生。我们假设这么一种政体存在，那么人们面对的社会实践是不是真的满足了这个政体对自身的定义，这是我们批判一种政治的时候最基本的一个出发点。也就是说，你的社会实践，是否合乎你自己一开始就给出的那个理论规定。对一个人的评判也是如此，比如，人们断定某一个人是伪君子，那么这里意味着，此君给自己的所有道德自我描述跟他的整个社会行为完全不相符。可见，同一性问题从知识论到伦理学的过渡几乎从来都是直截了当的。当然我们可以人为地从学理上加以分梳，这一块是所谓真的领地，这一块是所谓善的领地。如上面所言，伦理学意义上的真，其实也就是善的问题。这一问题之所以作为一个社会文化问题、作为一个与每个社会个体的当下生存有直接关联的问题随时凸显，就在于它的这种实践性。

三

Identity 这个词真正热起来是在 20 世纪 80 年代关于“文化认同”的讨论中。自此，“Identity”一时间都被翻译为“认同”。我个人认为，“认同”基本上是一种社会学、人类学、政治学的翻译方式。“认同”这个概念的翻译，意味着我们设想这样一种文化共同体、一种地域共同体，还有后来的政治共同体。人们设想着，在所谓的“民族”、所谓的“国家”、所谓的“文化”里，有某种本质性的标志和共同的价值观存焉。而只要跟这个“共同体”有关系的人，都可以通过对这种“标志”——“同者”的认肯和回归获得自己的归属感，进而获得自己跟这个“共同体”的和谐生活关系（其实，“认同”问题，在一种异文化语境中谈论，类似于美国华人的所谓黄皮白心的“香蕉问题”这类语境中更为贴切，在本土文化的语境中，讨论“文化认同”还是事先需要很多理论上的清醒分梳的）。

在“文化认同”这一层面上，人们归属到某一文化共同体，从种族、语言、地域、习俗、共同的生活这个角度，获得归属感，这相对容易理解，它的社会学的“副作用”可能会小一些。但是在“国家认同”这一层面，这则是对某一种政治制度、某一种国体、某一种政体、某一种特殊时期的特殊政策的认肯。这已经是另外一个层面上的问题。在这个意义上，“认同”这种译法是政治学的、社会学的、人类学的译法。尤其在今天的所谓全球化时代，大家被迫地被拉进、被抛入所谓“全球”的这一虚拟世界。我们实际上生活在某一个具体的语境中，但我们被虚拟为“全球化”浪潮中的一分子，一叶随波逐流的树叶，漂泊在生活的表面。在这个过程中，“认同”问题似乎就显得越发迫切。

四

假如我们在 Identity 作为“认同”的政治学的意义前推进一点，它又有一个汉语的译法，就是现在大家都在讲的“身份”。这是一个文化理论或者政治学的译法。这个“身份”问题究其根源，可能更多地源于法学的观念。比如说，我们不妨设想一下古典时代的某一份死刑判决书——“此人非张三、非李四亦非王五，而乃祸害邻里、欺行霸市之泼皮无赖牛二是也。验明正身，斩讫！”这个“验明正身”（identify/Identifizierung）就是把某一个人、某一种东西的身份最后落实，这个“正身”就是一个人在法学政治学意义上的真确身份。这是一种法学意义上的掷地有声的使用方式。“身份”问题，从政治角度讲，涉及今天大家常常讨论的“身份的政治”的问题，也进而涉及近 20 年来以来发端于德国哲学界的“认肯”（Anerkennung，一般译为“承认”）的问题——Anerkennung 的问题显然是身份问题的在当代实践哲学上的深化。

身份问题，尤其是多元身份的问题，是每一个人多元文化处境中所常常必须直面的困境，在全球化进程中，这个问题越来越戏剧化地被凸显出来。一个具体的个体可能同时负有不同的文化身份、政治身份、宗教身份。而若干身份中的某一个，可能在特定的语境中显得意义非凡，性命交关。

在此我想强调的是，“身份”问题，特别在全球化时代这个大的背景之下，一个人的多元多层次的身份以及对这种多元多层次的身份的“认肯”的问题，在当代政治生活中有极其重要的意义。一个罗马居民很可能是一个天主教徒、意大利公民。一个新德里的印度人可能就没那么简单了，除了他的印度公民身份之外，他可能是印度教徒，也可能是锡克教徒，还可能是穆斯林。一个合法居住于巴黎的市民的情况可能还要复杂得多，他可能是高卢种的法国人和天主教徒，他也可能在宗主国获得居留权的北非穆斯林，他也可能是一位印度支那难民……所有这些延伸性的和复合性的身份，都有极大的政治学意义。这种意义不唯对每一个人的文化心理和价值取向都有根本性的影响，同时也可能构成社会冲突的各种端绪。

五

我们从“同一性”这一哲学角度走向20世纪80年代“文化讨论”中滥觞的社会学意义上的“认同”，再走向法学、当下的文化理论和政治哲学的所专注的“身份”问题。那么再往前，我们还可以或者必须再考虑另一个层面——这个层面，可能是最有综合意义的一个层面，一个实践哲学、存在哲学和世界伦理（Weltethos）的层面。在这一层面上，原本与Identity相关的深层的宗教意义，也自然得以显现。

在李慎之先生晚年，我有幸和他有过多次讨论。大概是在1997年的一次讨论中，涉及关于Identity在汉语中是否能有相对理想的、涵盖领域更广一点的译法的问题。我们认为最好的、最少“副作用”的译法，从理论上来讲，应该译成“自性”。这个语词并不是生造的词，这是佛学名相里本来就存在的，是中国佛学对整个佛学思想传统的贡献。“自性”和前面我们讨论的“同一性”“认同”“身份”各种名相都有不同程度的交叠。相比较而言，“身份”所侧重的主要是外在的社会维度和共同体的共处关系，而“认同”似乎多了一些精神性的维度，然而所谓的“认”，有强烈的动词和动名词的意味，这里强调的是寻求、体认、确认某一种共同的要素，不管它如何深藏不露、大象无形，不管它是隐匿于一种生活共同体中，还是飘忽于一种悠远的文化传统中。这里，我想大家都会对“本质主义”多少有点警惕。我们轻轻松松地谈论“认同”的时候，可能已经假设了某种不变的、恒久持存的本质，这种思路的消极性是可以想象的。那么，“自性”呢？

任何翻译都是诠释，任何翻译方式都自觉或者不自觉地朝向某种特定的诠释方向的努力。对一个像Identity这样凝聚了大量复合意义的语词的翻译，更其如此。“自性”的翻译方式自始就关注内在维度，这是“身份”所未企及的维度，“自性”也有利于把我们刚才讲到的“认同”这一译法所存在的问题——假设某个共同体恒久的、固定的本质的“本质主义隐患”，积极转化为一种动态的、个体的、内在的、当下的东西。Identity实际上是我们生活的某种精神性内核。在一个共同体内部，它可能具备某种普遍的文化共性，而这种普遍的文化共性或者共享性，恰恰需要从个体生存的角度才能证成。这种文化共性如何保证个体的精神尊严，而又达致人类的普遍性？——这才是有关 Identity 的所有思考的核心所在。这个内核不太应该是某一个共同体都恒久据有的东西，而应该是每一个在具体的历史文化语境中生活着的活生生的个体在其参与共同体生活中，用自己的鲜活的生存对这种共同体的回馈。在此意义上，"自性"并不是法律上、政治学上的定位，它所指向的并不是一个个体对文化共同体上的精神义务或者思想义务，更不是如国家认同所必然索求的，关涉到个体对共同体的政治义务。自性首先是每一个人对自己的生存、自己活生生的生命的一种醒觉（bewußt - sein），一种"认同"，一种自我精神义务的建构。

任何人都没有义务，生而为哲学家。从生命的偶然性而言，每一个个体很可能天生地就生活在某种"前反思状态"——并未也无须清醒地意识其生命的"自性"基础，虽然恰恰是这一基础支撑着一个个体的精神生命。《六祖坛经》中有一个很出名的小公案——慧能，禅宗六祖从五祖弘忍和尚那里得到了衣钵之后的故事。慧能得到衣钵后就悄然消失了，虽然这是五祖弘忍和尚的意旨。可是这样一来事情就乱套了，所有人都很激愤。根据《坛经》的传述，有一个三品将军出身的和尚，法号慧明，性情异常火暴。此君一路追踪，从长江北岸追到广东、湖南的边界。这中间，慧能走了十六年。我们不管他们是在哪儿追上的，反正慧明和尚追上了慧能。慧能就说："你来不就是为衣钵吗？拿去。"置衣钵于石上。据说，慧明拿不动这个衣钵，一下子汗流如雨，这才知道见到真货色了，这回不是武力能解决的了。于是就反过来，求慧能为他说法。慧能给他讲的很简单，就是："你不思善，不思恶时，什么是你的本来面目。"慧明当下解悟，这场武力夺权的悲剧于是化于无形。这里，慧能所言的、令慧明陡然解悟的"本来面目"，应该就是这个"自性"。

所以，我们从当下的文化语境里，尤其超越学科分际的角度来重新审视这个跟西文的 Identity 相关的问题，我想，我们需要把有关"同一性"的知识论哲学转化为生存论哲学和实践哲学。这个方面，海德格尔（M. Heidegger）到晚年的伽达默尔（H. G. Gadamer）等西方哲学家已经有过大量曲折的探索。从 20 世纪 90 年代以来，神学思想家孔汉思（或译为汉斯·昆，Hans Küng）有关“世界伦理构想”的长期探索，更从 Ethos 这一本源性的角度，对精神价值的人类性和普遍可实践性探索发出了先知性的呼吁。我们还必须援引中国的传统资源，使我们在当下的文化困境中得到更多的启迪。从学理的角度看，这种方式可以是跨文化解释学的，也可以是现象学的。实际上，这种东西完全可以成为我们每一个人很简单、很直截了当、不需要学理知识作为必要前提条件的一种自我观照，一种与本己（das Ureigne）生命的精神关联。在这种精神关联的基础上，一种积极的、开放的、健康的共同体生活的建构才会慢慢成为可能。

失魅时代的超越之维*

在当代中国精神语境中，宗教问题是重大且意义独特的文化主题和社会主题。本文不准备也不可能就中国宗教问题的方方面面展开笼统的思辨，也不准备对某一专门分支的深入而充分地论证。本文所能期望的仅仅是，将这一领域中的若干根本性问题、难题及其所包含的而又常常被熟视无睹的种种悖论式困境，先期作出粗略的标示，以期重启初始的视界。

难题一：宗教概念在中国的特殊语境：名与实

在中国，宗教的难题，从学理的角度，首先表现为宗教的名与实之间的一定程度的悖谬。

我们知道，宗教作为人类精神生活的一种重要形式或者一个重要层面，几乎与人类历史同步。宗教作为人这种有限的存在者和超越世界的不同方式的对话，作为个体对超越世界倾听和回应的特定方式，作为一种以超越世界为背景的为生活世界立义（Sinngebung）的精神活动和社会行为，几乎从来未曾止息。然而，在现代人文科学的学术版图上，宗教学作为世俗学术的门类之一，则是一个刚刚拥有一个半世纪历史的、在19世纪70年代假德裔英国人文学者马克斯·缪勒（Max Müller，1823—1900）一代学人之手才刚刚跻身于学术世界的年轻学科。由英国来华新教传教士理雅各（James Legge，1815—1897）所译的一系列中国经典及其他《东方圣典》在欧洲的陆续问世，恰正好是这场盛事的一个重要有机部分。

我们无法回避这么一个简单的事实，当年轻的宗教学以其学术的批判方

* 原载《读书》，2009（6）。

式面对几乎与人类文明同步的宗教现象世界时，这个学科始终是一个捉襟见肘的行当。这种状况，同样发生于中国语境之中，当我们以发源于闪米特文化圈的、俱属于亚伯拉罕世系的三大启示宗教（犹太教、基督教、伊斯兰教）为基本范本透视自身和其他文化圈的其他宗教传统的时候，这种捉襟见肘的窘境，往往更其严重。

在此，汉语范围内的词源学无法为今天的学术包打天下，解除燃眉之急。在古代汉籍文献中，作为复合词的"宗教"一词，曾经主要出现于笔记类和语录类的典籍之中。大部分笔记类典籍中所言之"宗教"，基本上是在传统儒家教化的意义上使用，其大意往往是"设宗师以为教"，即通过特定的宗师制度的设立，助一国一方之教化。这其中，据笔者所见，潘自牧所辑录的《记纂渊海》卷二十八中的"宗教"条目可谓最为简明和典型：

> **宗教**
>
> 史汉元始五年（公元 5 年），于郡国置宗师，以纠皇室亲族世氏，致教训焉。选有德义者为之。有冤失职者，宗师得因邮亭上书。
>
> 晋咸宁三年（公元 277 年），置宗师，使皇室戚属，奉率德义，有所施行，必合咨之。
>
> 唐武德三年（公元 620 年），诏天下，每州置宗师一人，以相统摄。
>
> 本朝崇宁初（约公元 1102 年），蔡京请置敦宗院，又云令置学，立师为量试之法。①

这里，追溯了汉、晋、唐、宋四朝的宗师制度。一切都颇为显豁，毫无神秘的指向和隐晦的玄旨，无非关乎教化而已。

在佛教典籍中，如《弘明集》《宋高僧传》《五灯会元》《禅林僧宝》《林间录》《佛祖历代通载》等文本中，"宗教"一词虽然以不同的频率出现，但其基本意义都大致是"宗于某教"——即认肯、皈依某种思想流向，或直

① （宋）潘自牧：《记纂渊海》卷二十八，文渊阁《四库全书》电子版，香港，迪志文化出版公司、香港中文大学出版社，1999。引文中公元纪元年代均为本文作者添加。

截了当地便意味着皈依某一“宗门之教”，即某一宗派的独特教法或某一思想流派的特有心法，这里所指谓的往往是禅宗——这已经充分中国化并且还继续中国化着的独特佛教精神流派的某一个派别。

> （长沙和尚）上堂：“我若一向举扬宗教，法堂里须草深一丈。事不获已，向汝诸人道。尽十方世界是沙门眼，尽十方世界是沙门全身，尽十方世界是自己光明，尽十方世界在自己光明里，尽十方世界无一人不是自己。我常向汝诸人道，三世诸佛法界众生，是摩诃般若光。光未发时，汝等诸人向甚么处委悉？光未发时，尚无佛无众生消息，何处得山河国土来？”①

乍看之下，这种“我若一向举扬宗教”的语式，表面上、形式上似乎有点与基督教的护教学（Apologie）略略相似的“判教”意味，然而精神指向恰又如此大相径庭：当人们期待着某种此宗此门的大法概要、度人金针之时，这位狂僧却断言，如果他一向“举扬宗教”，则宗门之中，便早已草深没人。这种禅宗式激越而悖谬的特有调子，将宗教生活倒指向了朗朗的澄明世界：“尽十方世界是自己光明，尽十方世界在自己光明里，尽十方世界无一人不是自己……”这里让人倒联想起德里达津津乐道的 Deiwo 概念，这个印欧语言共享的神性概念，本义即为“光的”和“天的”②。在这种禅宗式的自足澄彻中，“无明”自然消解隐遁。

传统中国古典语境中之“宗教”，的确与当代学术语境中的颇有距离。当代学术意义上的“宗教”概念，尽管是近代假道于日本引进的、作为西方语词 Religion 的相应汉译译名的现代学术术语（民国初年的孔教运动干将、康有为的得意且忠实的弟子陈焕章，就用颇为费劲的语言来描述西方学术中

---

① （宋）释普济：《五灯会元·卷四·湖南长沙景岑招贤禅师》，见《五灯会元》（上），207 页，北京，中华书局，1984。

② ［法］雅克·德里达（Jacques Derrida）、［意］基阿尼·瓦蒂莫（Gianni Vattimo）主编，杜小真译：《宗教》，10 页，北京，商务印书馆，2006。

的这个“厘里近”①)。可古代文献中相应的或相近的意蕴，却自先秦便有迹可循。《尚书·舜典》中便有“肆类于上帝，禋于六宗”②之说，尽管此“宗”和我们今天的所谓宗教还有很大的观念距离，而应该首先从社会学意义上得到理解。然而，《周易·观卦·彖辞》中的“观天之神道，而四时不忒，圣人以神道设教，而天下服矣”③一段言说，则与现代学术思想范式(Paradigma)中的宗教问题完全可以对话和沟通。在这段言说中，现代学术意义上的诸家百说共同认定的诸多宗教要素，都已经清晰显现：这里有被各派宗教学理论视为宗教的本质规定的超越层面——“神道”，并且是“天之神道”，即绝对的、神圣的、非俗世的超越者；这里有大多数体制宗教所必然经历的“设教”问题；这里所谓的“天下服”的问题，还涉及了宗教社会学、宗教伦理学的重大主题，即宗教的良性社会功能的问题。也就是说，宗教不仅仅只关涉个体的灵性生活，不仅仅只为个体提供生活意义和导向，宗教的“立义”还关涉整个总体的社会生活世界。换言之，宗教不唯关乎私人领域，而更是一个公共领域的问题。如果用今天的学术陈述方式表达，那么人们可以说，在这段古代言说中，包蕴了一个宗教如何构建生活世界的意义、如何增进社会个体的灵性和谐以及建构于这一基础之上的社会总体和谐的问题。

但是，恰恰又是《易经》中的这一在比较宗教学角度意义最完满的“神道设教”的思想，遗留下最为模糊的中国宗教难题——这首先是儒教的难题。在何种意义上，圣人设了“教”？此“教”之超越性层面何在？其具体模态如何？体制性基础何在？教义体系如何梳理？宗教实践的模式如何确立？日常礼仪安在？神职载体为何？所有这些，都为今天的儒教论争留下了无尽的话题。

---

① 陈焕章：《孔教论》，见《民国丛书·第四编·2·哲学·宗教类》，上海，上海书店出版社，1989。

② 《尚书·虞书·舜典》，见《尚书正义》卷三，《十三经注疏》(上册)，126页，北京，中华书局，1980。

③ 《周易·观卦·彖辞》，见《周易正义》卷三，《十三经注疏》(上册)，36页，北京，中华书局，1980。

难题二：宗教史实与宗教精神：中国，一个宗教的国度，还是一个自始就非宗教的国度？

毫无疑义，如果人们愿意谈论中国的宗教史实的话，这可以是一个无限冗长的题目。众所周知，有关宗教和宗教性问题的探讨是中国思想史的一个重要领域，现在聚讼不休的儒教问题暂且不论，从上古的巫文化以降，汉代真正全面成型的本土宗教道教，以及同样是在汉季开始全面进入中原地区的佛教，这些都是在宗教界与世俗界已成不争之实的事情。除佛教以外，一部中西宗教交通史，至今不但是海外汉学的显学，也为世界比较宗教学领域提供了无穷的课题。景教（基督教的聂斯托利派）于公元635年的盛唐时期已经入华；伊斯兰教入华时间虽众说纷纭，但陈垣先生所考的唐永徽二年（公元651年）说，具备颇强的信实度。同时盛行于唐季的还有摩尼教、祆教等波斯、中亚地区传入的宗教，这些都构成汉学、宗教学与中亚学的热门交叉话题。天主教历史上于元、明、近代三度入华，由利玛窦（Matteo Ricci，1552—1610）等耶稣会士于16世纪末所揭橥的中国文化与基督教文化的正面的对话依今依然延续。1807年基督新教伦敦会牧师马礼逊（Robert Morrison，1782—1834）入华，在中国土地上揭开了基督教文明和中华文明在制度层面的互动，与天主教传教士的相对纯粹的精神活动不同，新教传教士通过近代报刊、医院、学校等的创设，很快就介入了中国现代公共空间的建立，介入了知识生产、传播的各个环节。

在上述这些建制相对明确的宗教之外，由道教正一教和南方民间信仰、礼俗结合蔓延而成的种种民间教派和崇拜一直都活跃在广阔的乡村。佛教与西藏、蒙古本土文化互融而成的藏传佛教谱系，本身就是一个难以穷尽的领域。所有种种，本身都已经为思想和学术提供了广阔领地，更遑论依今还活跃在阿勒泰语系少数民族之中、遍布从大兴安岭至天山南北广袤地域的萨满教传统，更遑论活跃在台湾海峡两岸的妈祖崇拜……这其中，任何一个话题都可以引发艰辛的思想历险和无尽的学术辩难。

然而，充满悖论意味的是，自近代以来，从梁启超、夏曾佑、蔡元培、陈独秀、胡适、梁漱溟以降，一直到从20世纪80年代由任继愈先生发起、进入21世纪又被重新引爆的“儒教问题之争”，精英思想界却一直争论着

“中国有无宗教”的问题。难道人们都罔顾上面提到的这些宗教史实和宗教现象么？似乎不然。对争论双方来说，上文所简略提及的宗教现象，实际上都应该是不争的事实。然而，何以在这样的共识前提下，“中国有无宗教”偏偏成为一个问题？正是这种悖谬，恰恰发人深思。

简略而言，我们也许可以初步论断，在20世纪的理论视域中，中国精英思想界、学术界所面对的首先是以儒家传统为精神生活主导倾向的事实世界，这本来是一需要完全不同的思想范式对待的领域。在这个事实世界之上，是否存在着一个有普遍效应的宗教性灵世界？如何理解这一独特的精神传统？然而，一种以发源于闪米特地区的三大一神论的建制宗教（犹太教、基督教、伊斯兰教）为基本范式的宗教观，不自觉地导控了这些思想精英们的评判。故而，在中国语境中，一旦宗教问题成为论述对象，这些一神论的先知宗教、启示宗教提供的范式便自觉不自觉地成为参照标准和评判准则。在欧洲的基督教神学和宗教学日益开放、模式与规范日益灵活的20世纪，偏偏是中国学人不自觉地捡起了这种以基督教神学的内在框架为标准的保守宗教观。于是，吊诡的问题不断重现。

德国著名神学家、在20世纪的学术思想语境中让宗教学成功地脱离神学而独立的宗教学开山人物古斯塔夫·孟欣（Gustav Mensching，1901—1978），在为权威的宗教学百科全书 *RGG*（*Religion in Geschichte und Gegenwart*，《古今宗教百科全书》）撰写的“宗教”词条中对宗教的根本定义，不过如此：“宗教是与神圣的真实性充满体验的相遇和由这种神圣之维所决定的人的回应性行为……对象、与神圣之维相遇的方式和内容的多样性，以及回应性行为的各种典型形式，构建了宗教的现象世界和观念世界”①。德国著名普世神学家汉斯·昆（Hans Küng，又译孔汉思）从他毕生的普世神学研究和宗教对话经验出发，提出了世界宗教三大体系的理论：闪米特体系的先知宗教系统（犹太教、基督教和伊斯兰教），印度体系的神秘宗教系统（佛教和印度教），中国体系的宗教系统（儒教、道教和中国化的大乘佛教）。这也许可以为我们提供一个中国有无宗教的争议的新的理论思考的出发点。循着孟欣氏和昆氏的思路，我们可以将宗教研究置于一种模态学（morphological）的视野之中，

① *RGG*，Bd. 5，III. Aufl. Kurt Galling Hrsg.，Tübingen：J. C. B. Mohr Siebeck，1961，S. 961.

这是方法论上之必然。

一旦模态学的方法论立场得以确立，中国古代思想世界的大量精神现象，才不但与我们发生学术关联，而且更直接与我们当下的生活世界和精神归趋发生关联。

我们在此姑举上文提及的上古巫教问题为例。近年来受文化人类学以及美国式中国研究的影响，汉语学术界常常使用 Shamanism 来指谓古代的巫文化。然而，从宗教现象学的立场，远古之巫与今日之萨满，真的就是一个谱系？德国汉学家、图宾根大学汉学系创建者艾士洪[①]（Werner Eichhorn，1899—1990）在他的《中国宗教》（*Die Religionen Chinas*）一书中，便直接使用了 Wuismus 这一以音译为基础的非常生硬的术语，而不简单援用已经成为人类学界通例的“萨满教”。此词之设，一方面，堪可对应闻一多所论的那个远古的“巫教”[②]；另一方面，在学界又令人颇生疑窦。而正是这个多少有点古怪的概念，充分尊重了中国古代精神世界的模态学特征，恰恰避免了巫文化这一特殊的中国传统和目前作为人类学显学的萨满教之间的简单等同。于今依然活跃于中亚、东北亚游牧民族中的萨满教，与过早进入定居农耕生活的中原先民的巫教，其间在理论分梳上的差异，尚有巨大的探索空间。从精神史和宗教学的双重立场，巫史之变，正是决定早期的理性化历程、决定中国古代宗教性的模态学特征至为关键之处。从模态学立场，我们也许才得以避免那种精神困境：或者罔顾中国古代精神的基本现象和大量史实，或者否认儒家传统的宗教性，断言中国本无宗教；或者简单重蹈明清之际的来华耶稣会士如白晋（Joachim Bouvet，1656—1730）、傅圣泽（Jean Francois Foucquet，1665—1741）的足迹，简单延习索隐派（Figurismus）的思路以断言宗教精神史的一元。

难题三：现代性建构过程中的宗教：祛魅（Entzauberung）和致魅（Verzauberung）

借用德国著名社会学家马克斯·韦伯（Max Weber，1864—1920）的论

---

① Werner Eichhorn，*Die Religionen Chinas*，Stuttgart：Kohlhammer Verlag，1973.

② 闻一多：《闻一多全集》卷一，143 页，上海，开明书店，1948。

旨，整部世界近现代史实际上是一部精神上的祛魅史，而宗教就是这部祛魅史上不断被祛除着的“魔魅”之一，或者便是首当其冲的“魔魅”。自文艺复兴、宗教改革以降，发端于西方继而蓬勃于世界的近代理性主义、实验科学精神、工业化浪潮、技术复制手段、代议制民主政治浪潮等，的确一步步地驱逐、剿杀着精神世界的“魔魅”。在今天的网络和数码时代，世界所能拥有的，更其是这种无情的透明和灰色的赤裸。然而，宗教是不是真的就随着尼采的一句“上帝死了”的绝叫而退出了世界的和个人的精神生活的舞台？这显然是误解，并且可能是极为严重的误解。

法国社会学家 Maurice Godelier（1934—）在他著名的演讲“西方会成为人类的普世模式吗?”① 中指出，所谓的现代西方是建立在三个轴心之上的，这就是资本主义、议会民主制和基督教。我们不妨把这三个轴心抽象化为西方现代性的基本要素，这就是：以资本主义自由贸易为核心的经济关系模式，以普选和代议制为核心的民主政治模式，以基督教为核心的精神生活形式。再进一步，我们可以将问题抽象化为现代性的三只可能的“鼎足”：经济生活的生产与流通方式，政治生活的组织形式，精神生活的个人皈依形式和意义建立形式。

以此出发，我们也许可以避免对韦伯命题的浅薄理解而把世界近现代历史进程看成单维的脱魅过程，我们也才可能理解为何在理性主义和科学主义磅礴全球的时代，宗教生活却以不同的形式重新焕发出令人难以置信的勃勃生机。我们也才能坦诚面对宗教在社会功能方面的双刃：和谐的动力和冲突的根源。在此，一个更为艰难的问题恐怕是，在这个被科学技术和工业化文明无情脱魅的世界里，重新确认某种精神生活的超越层面，重新强调个人性灵的无限丰富性。在一个惨遭“脱魅”的世界中，复魅（Wiederverzauberung）已经是一个伪问题，正如一个成人无法再度喜剧化地恢复其童真一样。一旦一种喜剧化的童真成为必需，那最终出现的恐怕不仅仅是喜剧，而简截了当地就是闹剧。这里人们所面临的其实已经是一个重新致魅（Verzauberung）的问题。在技术理性光芒照耀下的惨淡白昼之中，在诸神隐遁的凄怆

① Maurice Godelier, *Wird der Westen das universale Modell der Menschheit*? Wien: Picus Verlag, 1990.

荒原之上，宗教生活并不解决勇往直前的现代人类“有路可走”问题，而只能更多关注他们对“有家可归”的精神焦虑并且直面他们事实上“何家可归”的凄惶窘境。这可能是理解当代宗教生活的一个重要基点，否则，我们无法理解近几十年以来世界性建制宗教新一轮的复兴，也无法理解全球范围内如火如荼的新时代运动（New Age Movement）和种种新宗教性或准宗教性。

脱魅与致魅恐怕也是理解近二十年中国宗教热的一个基点。儒教问题的争论正方兴未艾，人间化生活化的佛教在大陆和台湾正在成为一种建设性的社会力量，各种带有民间宗教色彩道教在广阔乡村的复兴，所有这些都在共同构造着当代中国生活的精神景观，基督教与中国文明的对话也早已经并不仅仅在士大夫与传教士之间进行。总之，现代性中的个体的、性灵的、内在的层面与宗教生活都有某种不可分解性。这在中国现代性中，也恐怕难以例外。对宗教和宗教性问题的深入思索，正成为对中国现代性建构的一个无法回避的重要层面。

显而易见，在21世纪的社会语境、精神语境和学术语境中，我们可以直率地论断，“中国有无宗教”早已是一个伪问题，然而这恰恰是一个意味深长的伪问题。正是在这个意味深长的伪问题的基础上，有关宗教的一切言说思虑才彰显其迫切性并获得其意义。

世界失魅　中医何为*

20世纪90年代中期，我的一位德国朋友、德国图宾根大学的医学博士在完成了漫长而严酷的德国医学训练、获得学位之际开始了她的中医研习和进修。当她兴致冲冲准备前往心仪已久的中国时，她的母亲，南德斯瓦本地区一个殷实的中产阶级家庭的主妇，发出了严重警告——如果她继续耽溺于她的奇怪念头、沉湎于异教徒的巫术，并且前往这个异教徒的国度的话，她的继承权将被剥夺。做女儿的因此面临痛苦而充满风险的抉择——走？还是不走？——生活中随时都可能冒出个哈姆雷特式的问题。最后她还是出发了。走前告诉我，她既会把中医学好，也终究会保有她的继承权。前半句出于她的自信和决心，后半句则出于她对家族、对斯瓦本性格的直接而深刻的理解和判断。后来，事情果然大略如她所料：两年之后，她在图宾根市中心的私人中医诊所开张，又一年有半，她在图宾根半山腰的“典藏级”地段购置了她个人的第一座花园楼房。“剥夺继承权”的话头早就烟消云散，她早已重新成为这个斯瓦本家族的令人骄傲的女儿了。一场似乎该有很强文学张力的家庭冲突，不期然地便化解于无形。

这个没有多少戏剧性的结局，事实上却深深植根于甚具意义的精神戏剧。斯瓦本地区是德国重镇，这里是路德宗和加尔文宗的影响交叠覆盖的地区。这一带也正是马克斯·韦伯所论的“资本主义精神”漫延浸润的重要地区之一。上面这个与中医有关的故事，恰正与“理性化”（Rationalisierung，或译为“合理化”）这一概念的韦伯式阐释和不一定很韦伯式的阐释有关。尽管这位医生朋友的母亲是个专职的家庭妇女，但当她慷慨激昂地指责“异教

* 原载《读书》，2005（9）。

徒”及其“巫术”时，其背景正是17、18世纪以来的近代欧洲传统以及从其中衍生出来的某些堂皇的先入之见。这里，理性的/巫术的、基督教的/异教的、文明的/野蛮的判然对立，褫夺一个执迷不悟地同情并耽溺于异教徒的巫术的女儿的继承权，何等天经地义！在一个私有制社会里，“继承权”这个字眼凝聚了多少威严和分量。后来，之所以皆大欢喜，又是何等天经地义——在这个“蒙召说”与“预定论”交相淫浸的地区，还有什么比“成功”更能显耀主的光荣呢？成功者的“原罪”是可以豁免的，呵不，成功者没有原罪！既然中医现在也成为一种成功的职业，可见恩宠的形式原也各个不同。

当这位中产太太谴责东方的“异教徒”的“巫术”时，她当然忘记了这世上不但有令她烦心的TCM（Traditionelle chinesische Medizin，传统中国医学），而在她自己的国家，TDM（Traditionelle deutsche Medizin，传统德国医学）也正在复活，而今天走红的顺势疗法（Homöopathie）也正在拼命向TDM索取灵感。她也不会深究，这TDM也许与那些被焚烧的女巫、与那些中世纪的炼金术士有这样那样的关联，她更不会想到，在新约圣经中，耶稣，这位神之子，在当时的追随者心目中，本身可能首先就是一个“奇迹医者”（Wunderheiler），然后才是“救世主”，而这本也是他之所以被钉十字架的原因之一。作为一个今日的虔诚的新教妇女，她当然不可能有这种渎神之嫌的联想。

我们且不说这个中产太太，她毕竟是一个在学理意义上与中医相距甚远的人，她的特殊意义恰也在此——那种势若水火、不共戴天的姿态。其时，对中医的刻意的妖魔化还不普遍或不具备普遍意义。一切都不过来源于对欧洲现代的合法性的理所当然的信念以及从这种信念意识形态化之后派生出来的种种先入之见。

与之相比，更有意义的则是今天某些专业人士的种种观念。在德国的医疗改革中，中医被不断地提到议事日程上来了。近年来，从现实政治的功利主义，也从全球化时代的视野出发，政治家们为了维护欧洲的既往的优势、救治日益凸显的福利政策危机、寻求新的思路和出路，不时向中医投来关注的眼光。各种所有制形式的保险公司是否支付中医治疗的费用、中医在医疗体制中的地位问题等，不断成为媒体讨论的热点，各种试验性、过渡性的模式，不断被付诸实施。但是，一个关键性的、带有立法意义的变更，则始终还在相对漫长的难产期中。德国基社联和基民盟在欧洲议会中的召集人马库斯·菲柏（Markus Ferber）关于医疗改革的建言，便这样引起了轩然大波。在题为“只有引进可选择医学，我们的医疗体系才能持存”的访谈文章中，菲柏的建言其实并无耸人听闻之物，与一般政治家的老生常谈不同的是他的真诚倡议：基于改善医疗保障体系方面的问题的需要、鉴于八百万慢性病患者实际上的无助状态和医疗开支的爆炸性增长，引入“可选择医学方法”已成为刻不容缓的事情。而在所有“可选择医学”中，“首屈一指的就是中医疗法”。“没有针灸和中草药，中国，这个地球上人口最为众多的国家，将不可能以如此有效而价格低廉的方式解决大量民众的医疗问题。”① 应该说，这是一篇既有政治责任感又有充分文化眼光的文章。而恰恰正因为他并非公共知识分子，而是一个身居高位的有可能直接影响政治决策的方向的政治人物，回声自然广泛。颇有意味的是，反对的声浪主要来自专业医学界。其中，对菲柏攻击最力的则是一位名为卡尔 C. 迈耶（Karl C. Meyer）的专业精神病医生。不唯对菲柏本人，这位精神病医生的矛头更直指中医和中国。② 本文无意过多征引，其要旨毋他：作者明文标示的纲领是“因中医而罹病的人，恐怕远远多于它所疗治的”；并未直言而又实际上着力引申的，则大概是：中医药是中国的灾难，再不小心就是德国和人类的灾难。

对中医的妖魔化，现在看来还仅仅是个开端。全球化之“狼”终究还是来了，也就是说，在全球性的大循环中，观念、资讯、技术、资金和产品等从原来的发达国家向其他国家的单向流动，尽管目前还是主导的方式，但再也不可能是唯一的方式了。一种文化和经济上的纵横交错的互动局面，是再也回避不了的现实。讨论中医这样的问题，从此再也不是异国情调的灵性消遣，不是 New Age 式的文化造反，而是一个实实在在的生存问题——一方面是福利和国家财政的平衡（对政治家而言），一方面则是行业利益（对专业医生而言），一切生死攸关。文化观念不再仅仅导引着精神时尚，而是连带着便把人引入生存斗争的广阔的或显形或隐形的战场。因此中医这回可成了

① *Fokus*, 51/2001, S. 72.

② http://www.neuro24.de/index.html.

"狼"。在这一点上，这位精神病大夫的激烈、极端和慌不择路，并不是没有可以理解之处。所有这些，令人联想起1928/29年间的中医存废之争。但这一切又发生于如此不同的语境之中——那时的中医，则是一头亟待宰杀的"病羊"。

正因此，对中医的现代命运的把握，不妨置于现代性和全球化的视野之中。

在关于现代性的各种论式中，"世界的祛魅"（die Entzauberung der Welt）是一个韦伯式的表述，这是对欧洲现代的诞生和崛起的一个表述方式：合理化以它特有的欧洲品格，如何导致了欧洲现代以这种方式而不是以其他方式的诞生。这里我们所需要讨论的更是一个"失魅了世界"（eine entzauberte Welt）——即这个"现代"或者已经完成，或者虽未完成，但却成为价值判断的新准则，甚或成为一种新的意识形态的世界。只有把"世界的祛魅"（过程）和"失魅的世界"（现实）同时纳进视野，一种现代性反思（特别是多元现代性的反思）才有可能。"祛魅"更多是一种客观的过程描述，并且建构于那种韦伯式的价值中立的理想范型方法之上。而作为人为的社会运动的"现代化"，正是对这个过程的非欧洲化的表述和剥离文化关联的复制。"失魅"则是一个赤裸的事实，祛魅的过程，已在这个世界的所有层面都打下了难以覆盖、无可挽回的烙印。海德格尔那种常令人一头雾水的"世界世界着"（die Welt weltet）的古怪话头，恐怕也正是对这个赤裸的事实的另类表述。这正是我们今天生活世界的基本的，并且几乎是宿命性的给定性。而这也正是我们所有实践和理论活动的基本出发点。

就中医而言，对中医的命运真正构成打击和威胁的，诚然首先是与"祛魅"相关的一切：自17世纪以降，在笛卡尔、伽利略、哥白尼、牛顿、达尔文这一串名字之后，在技术理性节节胜利、世界图景彻底改观之后，实验科学的发展所导发的新的评估体系在一切领域的雄踞霸首，并且越俎代庖也就在所难免：数学化、定量化、可通约性、（相同条件下的）可重复性等，成为"科学性"的自明前提。这里，古典科学和现代科学的分野、古典科学的合法性等被理直气壮地抹杀。拜"五四"运动之赐，"科学"这位"赛先生"在中国语境中一路高歌，成为了超越党派意识的充分价值化的超级意识形态。科学等于进步等于理性等于现代，等于信实不虚、童叟无欺、终身保修、如假包换。等于真并且等于善！在现代汉语的实际语用中，“非科学的”“不科学的”（更不必提“反科学的”）这些形容词都凝聚了异乎寻常的高度威严和杀伤力。可这个在中国语境中被如是价值化的“科学”究竟是什么呢？在作为近现代科学的大本营的德语文化中，科学，Wissenschaft（en），不过是知识系统的意思。明乎此，那么，任何时代都会拥有一套把握世界把握生活的知识系统，每种系统都有一套自洽的、独立的范式（Paradigmen），不是本来天经地义么？就宏观历史时段而言，古典时代自有古典的知识系统，而近现代有其近现代的知识系统，各自又都在特定语境中有其自洽的范式。尽管后者目前事实上是最为强势的也可能是比较明晰有效的系统，但有什么可以为后者的价值化和意识形态化提供依据呢？

理性化或合理化的“祛魅”过程，的确给古典世界观和知识系统带来了莫大的冲击。对中医的诘难，就是以这个中国语境中的“科学”为依据出发的。认真的诘难，大体都从其古典世界观和生命观基础出发，从阴阳五行、精气神或精气血、经脉藏象理论、四时八候、子午流注等出发，从对大小宇宙的对应与感应关系的信念出发。向那种以有机自然观为基础的、充满生机和巫魅色彩的古典世界观诘问，无论从什么角度出发，都有其合法性。可问题的提法本该是，近现代实验科学的规范，为何无法或尚不适宜用以把握中医这样的古典知识体系和实践体系？经过近现代知识体系洗礼的我们，何以尚无法找到或建构足以把握、厘定、通约并展开这些古典观念体系的方式？这本是当代思想学术本身的无尽使命和无穷空间。如果近现代实验科学的努力无效，那么，“子安知吾之不知鱼之乐也！”实验科学应该学会首先为自己，而不是为中医或其他古典知识系统划界。

医从巫，这是所有现代诘责——不管是来自中国语境还是西方语境的最为有力的证据。可是稍有人类学知识的人知道，哪一种文化的医学不同样有这么一种与原始萨满文化的关联？正是巫文化为后世的所有一切文化领域奠定了原始的根基：王者出于巫，史出于巫，医出于巫。黄帝也由是成为无所不包的巫文化的最广泛的符号。换句话说，后世的不同文化领域，都不过是巫文化的不同方式的理性化形式。正在这种意义上，治生治世、医国医人、“不为良相便为良医”成为传统士人的生活导向。这一理想的笼统性，本就源于巫文化的无所不包的浑茫之中，也基于传统士人对生活和生命的整体性的痴迷执着，而将治生与治世视为一体，将对自然生命的爱护和对政治生活的使命感融为一体，这本来就是古典时代的一个伟大的理性化成果。理性化并不是到了欧洲现代才蓦然破晓，而是以不同的形式在不同的文化语境中时时发生。至于中医发展过程中的不同时期的不同理性化方式和程度，这还是一个恒长的理论课题。

中医如何重新确认并领受其新的天命，正在成为一个时代课题。一旦“现代”成为一种新的“魔魅”，对中医的古典范式的责难就尚未有穷期；而一旦全球化成为一种宿命之后，对中医的世界范围内的妖魔化也正未有穷期。然而所有这些都毕竟只不过是外在的危机，并且这种外在危机恰恰可能以皆大欢喜的结局告终。因为现代性中的合理化原则事实上就是合目的性的效用原则，“好猫原则”既是古典的实用主义，更是现代的合理化原则的精髓。

中医的根本危机毋宁是内部危机、自毁江山的危机，并且毁得充满真诚和善意。中医能否持存，从社会学意义上，首先当然依赖于是否有制度性的自觉和立法的保障，是否能恢复其自主机制、自然文化生态，以继续应对各种意识形态化“现代魔魅”的侵扰。真正深层的问题还在于，中医的生命力的保持，更是端赖于对与巫文化连接的那条脐带的悉心呵护，端赖于对生命的整体性和有机性的把握和坚持，端赖于对其自身发展史的不同形式的理性化成果的理解和发展。而这一点是否可能、如何可能，这才是问题所在、危机所在。在这个已经失魅的世界里，古典世界观的崩溃、神话式的和诗性的世界图景的消弭，实际上绝不仅仅是一个哲学课题或美学课题，而是一个赤裸裸的生活问题。失魅所指的，就是古典式的整体性和有机性崩溃之后，人的外在世界和内在世界都同样支离破碎的这么一种无情的事实。就中医而言，如何应对现代生活对外在生态和内在生态的破坏和重构、对心理生活和心理结构的改塑，这才是真正的挑战性问题。就这个失魅世界的无情现实而言，这里，已没有太多乐观主义的余地。

我们只道数端：

在纯粹主体层面上，一个原本意义的中医如何可能？

医者仁业，医者这一职业，从其本源而言，要求某种宗教性的使命感。治生治世、医国医人的源始统一性中，蕴含了医者对生命和生命的超越性大背景的敬畏之心、顺应之情。古典时代，为医、为师是两个有清晰的超越性背景的职业。为师者传道解惑，为医者泽物济生。成为一个医者，虽是选择一种职业，但更是承领一种天职、回应一种召唤。医者从来就不是一种“技术性”的职业，这一点本无论中西。这种主体性的前提是需要准宗教性的人格准备的，在诸神隐遁、唯“我”独尊、任何职业的超越性前提都被赤裸裸的实用主义雾障遮蔽的现代条件下如何可能？此其一。

医者意也，中医之成为中医的至关重要之点，在于这种古典范式对统觉能力的高度要求（相对于康德意义上的“先验统觉”，这更是一种“经验统觉”）。构成一个合格传统中医的综合知识结构和心理结构的核心的，并不是熟背汤头歌诀，熟知阴阳配伍的知识性准备，而是这种统觉能力。而这首先涉及一个社会的总体的精神教养水平和心理氛围，古典的士人生活方式，本是一个医者的教养前提。可那么一个凡是个读书人，都医卜星象、经史子集、诗词歌赋、琴棋书画全都起码皮毛一下的古典时代，早就一去不复返了。在现代世界中，人类知、情、意的整体心理结构中，“知”一枝独秀，其重要性被强调到无以复加的地步，可此“知”往往非“智”，是对事相的知解而不是对生活的统觉性的理解和领受。我们应该从一个当代的医者那里期待什么？

医者之“意”，也就是我们这里凸显的统觉能力，具体而言先就是所谓的望、闻、问、切的能力，这是医者的最基本的素质。这里先谈“望”与“切”。对良医而言，病人进门，一瞥之中，心中该已三分了然——这一瞥本来浓缩了所有的传统修养和个人的经验统觉。就“切”——脉象的把握而言，一种高度个体化的经验结构也是先决条件。在人心若狂的现代条件下，有多少人还能够心如止水，既“听之以心”，且“听之以气”？现代生活对人的生活方式，进而对经验方式和经验结构的改塑，事实上构成了中医经验方式的挑战。此其二。

在互主体的（intersubjektiv，主体间性的）社会层面上，一个原本意义上的中医如何可能？

中医的传承方式和工作方式方面，（古典个人主义的）个体化原则和互主体性原则交相并用、贯穿始终。就传承而言，出于对天职的自觉，也由于对高度统觉能力的要求，师徒之间需要某种特殊的境域。换言之，统觉能力是在师—徒、医—患的长期互主体关系的动态场域中形成的。对徒弟、未来的医者的统觉能力的培养，只能以因人设教的方式达成。而今日批量化、产业化的现代学院教育体制，如何在招生、科目设置、考试评判标准等方面为中医传统传承方式创造相应的场域？此其三。

工作方式方面也一样，中医所治者“人”，是始终处于动态生命状态、从未脱离生活之网的人。人非草木，更非机器！由是一人一方、一日一方，因人制宜、因时制宜。“疾病”本身并非某种“实体”，只有在医者和患者共同构建的动态境域之中，某种躯体和心灵的平衡状态才可企及。此外，“闻”“问”两端，就询讯病情、倾听病史这一点而言，凡人可及；可其中重要的是一个隐蕴着的心理咨询功能，这一功能在传统中国社会是由亲友和医生共同承担着的，正如在传统西方基督教社会，这首先是由告解神父承担的一样。所有这一切，在个人主义盛行的现代条件下如何可能？此其四。

在人与自然的广义的互主体性关系上，中药的传统魅力如何可能？

关于中药药理的最为笼统的观念前提是能量的转换通约关系，是对大小宇宙、内外自然的可对应性和能量互渗转换的信念。撇开金庸武侠小说的童话式意象如“千年冰蟾”和鲁迅的家喻户晓的“原配蟋蟀”的故事这一类极端例证，一般而言，中药在广泛利用自然界的动植物及矿物资源，用于人类的治疗保健方面的巨大成就是无可争辩的。在今日这个“失魅”了的世界里，大量的物种或已消亡，或也在人类无情的步履前早入岌岌可危之境矣，即便未濒危境，也大多由于整体生态环境的急剧变化而处于嬗变之中。诚然，一切都可以人工养殖、培植、合成，这本也是广泛的事实。猪胆替熊胆、什么什么骨替虎骨之类，早也是大家心知肚明并在现代条件下充分“同情地理解”了的。如果哪一天读到克隆熊胆、麝香、海马、犀角等成功的新闻，人们也只会莞尔一笑而已。是的，这已不是那么一个世界了，那么一个默默地为人类的病弱和衰老提供无尽的鲜活能源的世界了。生生者自生，能否尊重自然的自主性并容其休养生息，正日益成为人类的主体性生存能否得到保证的前提条件。这也许是中医所必须面对的根本性的外在危机。此其五。

一个失魅的世界，时时向我们昭示着这么一种赤裸而更为沉重的事实：即便我们还可能继续拥有整体性的、有机性的生机勃勃的世界观和世界图景，可实际上可能已经不存在那么一个事实世界。对此，我们将何以自处？一个祛魅中的世界对中医的摧残，可能会加倍地予中医以补偿，这恐怕是不久的将来的事情。但面对一个失魅的世界，中医何为？比大地的沙化残酷万倍的是灵魂的沙化，是经验感知能力的退化，爱与被爱、信任与被信任的能力的消竭，是与周遭世界的共生关系的崩解！这恐怕才是问题关键之所在。在现代条件下，如何祛除那个本身已成“魔魅”的意识形态化的“现代”，这正是我们是否还可能与这个失魅了的世界重新和解的关键。

汉学与神学*

2007年3月，“世界汉学大会·2007”在中国人民大学召开。本学刊以“汉学和神学”作为本辑主题。

汉学与神学，乍听起来，这当然是两门风马牛远不相及的学问。毫无疑问，二者的对象领地、学科性质迥然相异。作为一种有关中国和中国文化的人文学科的汉学，和作为对神性之言的倾听、回应、阐扬、演绎的基督教神学[①]之间，究竟能存在着何种精神关联？如果这种关联存在，那么又是如何历史地发生的？我们在何种意义上、在何种历史语境中可以把此二者置于某种特定关联中加以讨论？这无疑是一个并不简单的问题。

对这种关联的理解，也许首先必须把视角倒转，暂且集中于汉学自身。

自20世纪90年代以来，汉学正在成为中国学术界一个日益无法回避的关键词。然而，汉学学科的自我理解的问题，不但在西方汉学界自身一直是一个常新的问题，在今天的中国学界就更其突出。对汉学的理解，不但是这一学科自我论证的必然要求，也更正在成为一种有关文化自性的新一轮定位的精神环节。而任何文化自性（Identity）的自我理解，恰恰在与其他异文化的相遇、碰撞、对话之中方才可能。这正是跨文化解释学的一个怪圈：任何文化自性的界定都依仗于与异文化的对话相参，以及对话者对自身文化自性的理解，对他者的理解和自我理解互为前提。因而，当对话之一方处于霸权

---

* 本文为笔者任执行主编的《基督教文化学科》总第17辑·2007春季号《汉学与神学》（宗教文化出版社，2007）所撰的编者导言。本文英文版由雷立柏（Leo Lieb）教授翻译。

① 不言而喻，“神学”概念并非基督教独专，而是一个普遍使用于启示宗教（阿伯拉罕世系的三大一神论宗教犹太教、基督教、伊斯兰教）的概念。当然在不加特别说明的学术语境中，一般唯指基督教神学。

地位而另一方处于文化自性的危机状态时，文化的自我理解往往便成为一种自断（自我断言，自我持论，Selbstbehauptung），于是对话往往徒有外在形式而步履维艰。这正是19世纪以后一直延续着的文化悲喜剧。在人类已经跨入21世纪大门槛的今日，在汉学在其“故国”（从学术角度更准确的定位该是“对象国”）成为一个学术课题和思想课题的今日，某种特定的新的精神朕兆是否正在升腾？

然而，一种统一的汉学和一种统一的汉学观，事实上并不存在。汉学应该是一个复数概念，这已是这一领域中人，也是“世界汉学大会·2007”大部分与会者的共识。从广义的汉学史的角度，人们今天大致已经熟知的汉学概念的西文形式（Sinology/Sinologie），大约于1838年才首次进入欧洲的公共学术概念体系的。[①] 然而这个时代，已经是学院汉学在欧洲各国拉开帷幕的时代了。但汉学的事实上的历史，却与此概念史并不同步。换言之，实质上的汉学历史的发生远远地先于并广于汉学概念之历史。在最广泛的意义上，汉学可以说至少经历了游记汉学、传教士汉学、学院汉学、美国式的中国研究诸种阶段或诸种范式（Paradigmen）。从东亚地区的近邻对中国文化的接受史来看，朝鲜地区对中国文化的接受的过程甚至从朝鲜的三国时代（公元1—7世纪）便已开始。[②] 在近现代学术体制形成之前，古典时代的东北亚和东南亚地区对中国文化的吸纳和接受，其意义事实上远远宽泛于学术意义上的汉学研究，这一层面的文化关系史，已经是一种直接融于生活世界的缓慢的文化事件和精神事件。

简单地从汉学史的诸历史范式中寻找汉学与神学的精神关联，显然还并不是一种合适的路径。我们转换一个角度，也许从汉学定位的不同路向，我们可以找到某种解读汉学与神学精神关联的另外一道入口。我们可以把汉学学科的界定方式，万分简略地把握为这样三种范式：本质主义的、功能主义的、跨文化解释学的。

当人们把汉学作为对中国的“中国文化”这个“他者”，尤其是对某种

---

① 参见傅海博（Herbert Franke）：《欧洲汉学史简评》，载《国际汉学》（第七辑），河南，大象出版社，2002。

② 据韩国哲学会所编：《韩国哲学史》，转引自何寅、许光华主编：《国外汉学史》，3页，上海，上海外语教育出版社，2002。

“中国性”或“中国特性”（Chineseness）的深度研究的时候，我们称这种范式为“本质主义范式”；但人们把汉学作为对中国的“物质和精神文明”的方方面面的诸种研究的总和，尤其采用第二次世界大战后的美国式的中国研究（China Studies）范式，特别是把这种研究置入特定的以往之殖民研究或今日之国际政治框架，并且作为某种“地域研究”出现时，我们把这种范式称为“功能主义范式”；当我们把中国文化在亚洲地区传播的有巨大的、相对模糊的上浮空间的时间界点，也把1814年法兰西科学院汉学教席设置这一明确的时间界点暂时悬搁，而把汉学作为基督教文明和中国文明相遇中强烈的精神碰撞中不期诞生的精神产儿，那么我们可以说，严格意义上的作为人文学科的汉学，其实质是基督教文明所发起的一场与中国文明的对话。我们称这种范式为“跨文化诠释学范式”。这样的汉学，为欧洲的现代性提供过重要的精神资源，也反而正在成为今日的中国现代性之思的一种精神源泉。这样的汉学，始终是一种价值学科，并且依然是一种开放的、始终处于生成过程中的精神学科。这种范式的汉学，面对的不是黑格尔所构造的那个没有时间没有历史的僵化停滞的帝国，而是一个命运独特的连续文明，一个为未来人类的社会生活和精神生活提供着可能的常新资源的文明。

正是在这种意义上，汉学和神学不但具备某种有正当性的精神关联，而且我们可以继而说，汉学作为一种人文学科，自始便与神学结下不解之缘。或者说，汉学学科与神学，本来就具备某种精神上的某种共生关系。

尽管两千年前，罗马帝国和大汉王朝便已在欧洲大陆的两端迷蒙地遥相对望，并且很奇特地都用一个秦字作为对方的“昵称”：罗马地区的人们称这个缥缈的东方为ch'in的时候，大汉地区的人们则也称罗马地区为“大秦”。尽管丝绸之路上从来驼铃不断，可这两个以“秦”音相互昵称的文明之间的真正意义上精神碰撞，则事实上滞后了一个半世纪。1552年，第一个寻求进入中国内地而未果的西班牙籍耶稣会传教士沙勿略（Francis Xavier）抱恨病亡于广东上川岛。而正是在这一年，利玛窦（Matteo Ricci）诞生于意大利。时隔三十年，一样在把基督教福音“传至地极”的坚定信念的鼓舞下，利玛窦和罗明坚（Michel Ruggieri）假道澳门成功进入了中国内地并于17世纪初成功抵达大明王朝的帝都北京。1582这个年头，于是成为中国和欧洲关系历史上的一个至关重要的精神界标，成为这早就互相眺望的两大文明之间交互的精神关系史的最关键的精神界标。

就基督教的传教使命而言，传教本身是一项尊奉神的意志在大地上收获灵魂的事业。16 世纪以来的、原本与反宗教改革的斗争融为一体的天主教传教事业，在其全球性的文化运作当中，并不必然面临文化碰撞和文化对话问题（如与新大陆开发、殖民一体的南美洲传教，这里基本上只是一种无须文化对话的归化）。只有在中国这片土地上，面对一个与欧洲起码同样古老的对等文明的时候，这场具有世界史意义的精神戏剧，才以这种模式展开。这也才有了对于罗马教廷而言可谓是大大的特例的“文化适应”和“利玛窦规矩”一类问题。

美国著名汉学家、著名中国基督教史专家孟德卫指出：“欧洲传教士从来没有遭遇过中国这样的先进文明，这迫使他们要在接受什么和排斥什么之间做出艰难抉择。如果他们接受了妨碍基督教信仰的中国文化因子，这种‘本土适应’将在理论上失去依据；如果，相反的他们不接受必要的中国文化，那么中国就会把基督教当成一种外邦‘夷物’加以排斥。如果基督教要在中国扎根，它就必须与中国文化‘同质化’，这意味着将不再被视为一种外来宗教，而是一种与中国文化相像甚至改造中国文化的力量。”①

这里孟德卫道出了当年这场艰难对话的很多心理前提。正是基督教的普世诉求和中国文明的异质性的矛盾，反而使这场对话得以富于成效地展开。从 16 世纪末开始的、为了文化适应策略而进行的《四书》和其他经典的翻译和后来基督教《圣经》以及一系列西学著作的汉译，几乎是在同一时代开始进行的双向著述：向西方传播中国这个古老文明的基本信息，而向中国士人同时揭示一个渺远的泰西世界。正是所有这一切，奠定了两大文明精神层面对话的根基。在这一领域，留下了利玛窦、罗明坚、汤若望（Johann Adam Schall von Bell）、卫匡国（Martino Martini）、柏应理（Phillippe Couplet）白晋（Joahim Bouvet）、傅圣泽（Jean - Francis Foucquet），以及后来的新教传教士如马礼逊（Robert Morrison）、理雅各（James Legge）、卫礼贤（Richard Wilhelm）等一系列璀璨的名字。与这些名字（还有更多的不胜列举的其他名

① ［美］孟德卫（D. Mungello）著，江文君译：《1500—1800 中西方的伟大相遇》，26 页，北京，新星出版社，2007。

字）相连接的，是这项今天我们称之为汉学的学术事业和精神事业在西方世界的展开。我们在此无法追踪这400年孕育了汉学又与汉学息息相关的各国精神层面。正是与“礼仪之争”的骚动岁月同步，来华传教士的书简、著述、翻译和独特阐释，中国思想在遥远的东方同时介入了欧洲世俗世界的启蒙运动，经来华传教士和启蒙思想家如莱布尼茨（Wilhelm Gottfried Leibniz）的精神中介和演绎推动，自然理性和自然宗教、上帝之中文名讳、《旧约圣经》和中国古史之谜、索隐派等，为我们今天的思想学术生活依然留下了无数意义常新的课题。

对话一经开启，事实上便无终极，只要人的性灵并不死灭。一种真正意义的对话，都内在蕴涵了这样的精神逻辑，即对话双方通过对话构建的精神场域既寻求对他者的理解，又寻求获得他者的理解，并进而在此同一过程中达致新的自我理解。在文化问题上，真诚的“唯我论”（姑且借用一下灰色的哲学概念，并且不在哲学的意义上使用）立场并不可怕，任何对话本身都是一种精神的迂回，一种借助他者的眼光，面对与他者共同构建的新的思想地平线向自身的重新回归。

对话一经开启，事实上便无终极，只要人的性灵并不死灭。汉学与神学、中国精神与基督教文化之间的对话，毫无疑义刚刚发轫。

“国学”和“汉学”

——一个时代思想学术课题的两种面相*

20世纪90年代以来的中国学界，国学和（域外）汉学几乎同时成为不断占据学术界视野的学术焦点和学术发展流向。然而，这二者都面临着某种定位的危机。汉学和国学的对象领域，表面是互相叠合的学术领地。可这种表面的叠合，正是充满悖谬的一切的一个基点。在现代学科体系中，在当代思想版图上，二者的学科定位、研究主体、对象范围的划定、方法论基础、与其他学科的关系等，都依然是亟待进一步的深入反思和细致梳理的问题。本文将从一个特定角度，即从国学和汉学二者的特殊关联中，对两者都面临的自我定位、划界、相互关系等一系列理论悖谬和理论困境进行初步的反思。这种种困境的意义，早就越出学界的门墙，成为当代精神生活的一个无法逃避的课题。

一、汉学的范式转换

在国际学界，汉学早已是复数概念。关于汉学的定义，特别是在对这一学科的性质和广度方面的厘定，历来较难统一。德国汉学家、德国第一个汉学教席的拥有者佛兰阁（Otto Franke，1863—1946）的定义最为宽泛，因之也得到比较广泛的认同：汉学是一门研究中国人和中国文化的学科。

然而，汉学的自我理解和定位必须从汉学史的回溯开始。从简略的历史看，汉学经历了不同的阶段，在每个阶段都形成了不同的范式，而每种先行

---

* 原载《光明日报·国学版》，2009-06-22。

的范式，总又不同程度地包含或投射于后起的范式之中。

从始自 14 世纪的游记汉学（前学科阶段）、始自 17 世纪的传教士汉学（价值对话阶段）、始自 19 世纪的学院汉学（语文学、历史学阶段）到 20 世纪 50 年代以来由美国学界主导的日益多元化和实证化的中国研究（社会科学阶段），无论关于汉学的概念宽泛还是狭窄，汉学总是一种在其他文化语境中成长发展起来的、关于中国和中国文化这个“他者”（das Andere/the Other）的学科。一部严格意义上的西方汉学的历史，究其根底，不过是一场由基督教文明所发起的与中国文化对话的历史。这一部汉学史，首先是西方近代精神史自身的一组血脉。在汉学的名义之下发生的与中国文化的相关性，其实一直是西方（或“东洋”）自我理解的一个曲折历程。无论研究者的立场和价值导向如何、专业旨趣和训练如何，中国及中国文化的汉学研究中的这种“他者”的地位从未改变。

二、国学的范式确立

自 20 世纪 90 年代起，“国学热”日渐升温。然而，一个成为学界普遍共识的国学概念，一直未能达成。在现代学科体系在中国走过大约百年的历史之后，国学概念的重新确立，在种种意识形态性的隐忧之外，始终面临着如何跨越当代学科壕堑的技术性难题。

人们尽管可以不假思索地说，是的，一国有一国之学，一国之学，是谓国学。这样的逻辑诚然干净利索。不错，在今天的学科版图上，研究古印度文化的学科称印度学，研究美国社会文化的学科称美国学，这里，民族、国家的边界和学科边界似乎统一。可是，国学其实是一个在民族国家诞生之后才可能出现的文化学术诉求，而这一诉求所指向的恰恰是前民族国家时代的传统。在这个民族国家林立的现代，“国”与“学”的覆盖范围往往事实上无法叠合——斯堪的纳维亚学的对象领域是整个北欧斯堪的纳维亚诸国的历史语言文化，斯拉夫学的对象领域是整个东正教覆盖下的斯拉夫民族的文化与历史，罗曼学则是以法兰西文化为中心的一门关于拉丁文化的学问，日耳曼学是一门以德语地区文化为对象的学问。这类现象不胜枚举。在西方的文化学科体系中，闪米特学、波斯学、伊斯兰学等以古文化为对象的学科，更其如此，这里，学科的对象并不是某一现代意义上的民族国家的一国之文化，而是以某种语言或语系为核心的文化历史领域。在此意义上，每个国家都有其“国史”——一个民族国家的自然史，是可以从编年史的意义上建构的；然而却未必就有与之相应的“国学”，即植根于民族语言和传统深处的、同时以民族国家为自然界限的知识体系。

在古代中国，从三坟五典、九丘八索到经史子集、三教九流的漫长古典传统中，一种统一的明晰的国学观念并未形成。人们往往忘记一个世纪前国学概念（章太炎）和西方现代学科分野在现代中国教育体制中的引入之间的微妙的共时关系。国学固然是学——以学科形态所展示出来的关于传统及古典时代的种种知识体系，但无论如何，我们断不可忘记的是，国学之为学，并不等同于任何一学——即某一种有中国特色的学科如甲骨学、训诂学、音韵学等，国学首先与国相关——独特的文化形态及与此相关的价值问题，以及在今日的全球化语境中这一价值体系的地位等，乃是这一学科之核心。

在章太炎的时代，国学之为问题，正是国之为国、学之为学成为问题之日开始的。有意味的是，百年之后，国学在完全不同的新的时代语境中成为焦点问题。国学应该是一种关于中国古代文化的前学科和跨学科的学问？应该是各种有独特中国色彩的传统实证学科的重光？或者应该是一种新的时代语境中的关于文化自性（kulturelle Identität/cultural identity）的价值学科？范式确立的难题，恐怕是今日国学之思的首要课题。

三、文化对话和国学汉学的视界融合

在一个文化对话成为自觉或不自觉的生存方式的时代，新的时代语境中的文化自性何以确立、跨文化语境的视野融合何以可能，都是我们这个时代精神生活对学术实践提出的难以回避的理论挑战。这一精神背景，使对国学和汉学的自我定位和相互关系的考察，成为同样难以遁避的理论课题。

汉学就其本身而言，是一种西方的学问，尽管其对象领域为中国和中国文化；而汉学史就其实质而言，是欧洲近代精神史乃至世界精神史的一个重要维度。因此，一方面，汉学和汉学史的精神历程和成果能否纳入中国思想和学术的视野，正是国学能否获得自觉的价值意识，而同时又成为一个当代学科的重要先决条件。中国文化的自我理解，已经无法在中国学术界的境域中自给自足地循环下去。另一方面，仅仅这样的学术迂回本身根本无法应对我们今日时代的精神课题，没有主体性醒觉和主体性能力，任何互主体的对话都必然只是空话。国学之所以成为我们今日的学术焦点，恰恰也正是在这种自我醒觉的基础上发生的。这种我们这里所谓的文化对话式的（域外）汉学研究，指的是一种开放的、面向未来的、注重中国文化主体性的研究。在此，“中国”不再仅仅是实证的知识学的对象和他者，而是积极从事自我理解的价值主体。在此，传教士汉学范式中所本来蕴含的价值对话，将以新的学术形态继续进行。这样的汉学研究，才能与重新提上议事日程的国学研究互为表里、相得益彰。一种重归价值对话范式的汉学和一种获得自觉问题意识、在对话格局中建立自身学科范式的国学，都有待于全球化时代的新一轮的视界融合的发生。

为何迂回 何从进入

——汉学的范式迷宫*

自从马可·波罗（Marco Polo）这个超级跨国流浪汉逆着蒙古铁骑的洪流东来，戏剧性地在元朝的官府里谋得一官半职，自从他口述的“东方奥德赛”以游记形式传布开来，一个遥远的东方国度开始以文学化的意象进入了欧洲地中海国家的视野。于是，“中国”作为一个完全异质的文化世界，便开始在西方人的精神生活中时隐时现、载浮载沉：它有时可能是一个充满异国情调的梦，有时可能是一个特定时期的美好的乌托邦式的梦，有时也可能是一个妖魔化时代的梦魇。自此，今天我们称之为“汉学”（Sinology）的这门学问，开始显露了它最初的微茫端倪。

Sinology 这一概念，是 19 世纪才正式出现于英语文献中的。然而我们可以极其粗略地说，自马可·波罗时代至今，“汉学”业已经历了多次的范式转换（Paradigmenwecksel）：从始自 13 世纪的“游记汉学”（汉学的前学科阶段）到发轫于十六七世纪之交的“传教士汉学”（寻求容纳、理解，翻译基本经典、寻找通约语言和价值对话的阶段），到奠基于 19 世纪之初的“学院汉学”（作为一种东方学大框架内的人文学科的确立，以历史、语言、文献研究为核心，寻求价值中立的学术客观性），到勃兴于 20 世纪中叶的美国式的“中国研究”（China Studies，一方面是社会科学方法的全面引进和研究对象领域的全方位拓展，一方面是多多少少服从于全球政治和亚太战略的“区

---

* 原载《博览群书》，2007（5）；收录《中国人民大学报刊复印资料·文化研究》，2007（9）。

域研究”）。在东亚的文化语境中，我们还无法忽略一种可以称之为“生活汉学”的范式。在汉字文化圈乃至圈外的国家中，汉学始终首先是一种“生活汉学”——如果我们细究儒学在日本的影响，细究禅宗、净土宗和密宗等佛教宗派在日本的漫延，细究理学在韩国的余波等的话。再观越南、马来西亚、新加坡、印尼等地，中国文化的大小传统都有迹可寻。即便如此，日本19世纪下半叶以来的汉学，更多从属于“学院汉学”范式。与急于“脱亚入欧”的日本社会相应，汉学在这里成为一种关于对异文化的特殊关注，而不一定再与生活世界紧密相关。所以，我们才可以说，就其实质和主导倾向而言，汉学是一种西方的人文学科，是一场主要由基督教文明发起的与中国文明持久而艰难的对话。

从学术史的角度看，汉学是一个极难穷尽的学术领域，因此，建构一部世界范围的全方位的汉学史几乎是一个不可能的学术课题，但对汉学历程中范式转换的考察，则也许有助我们获得当下精神生活必需的一些问题意识。

我们在这里使用“范式”这个概念而不简单使用“阶段”这一概念，缘由在于：在汉学的发展史上，尽管存在前后相续的历时性问题，但根本的问题在于，每个后起的阶段，都始终包孕着先行阶段的基本问题，并发生了种种有意味的融合、转化或变异。每种新范式的出现，都带来具体对象领域的变动，带来新的问题意识，带来视角和方法论的一系列变化，并不断建构着与研究者所处文化语境的特殊氛围和个人精神气质、价值导向相应的中国图景。然而，所有这些并未消弭某些基本的共时性因素，无论一个时代、一种文化语境中的中国形象如何，无论汉学的主导范式是什么，在汉学的视野中，中国始终是一个文化形态上、价值形态上的异邦，一个文化他者，没有这一点，汉学恐怕早已不复存在。因此，对象领域的统一和基本主题的共时性，是汉学这个学科概念无法被简单定义的重要基点。汉学这一概念之所以历经多种范式转换之后依然持存，正因为“中国”“中国文化”“中国特性”（Chineseness）这些似乎很本质主义的主题，在不同范式中依然变奏着，使汉学与我们今天的精神生活和学术工作发生明确的关联。

这里，我们借用“迂回”与“进入”这对术语。“迂回”与“进入”是法国汉学家、哲学家弗兰索瓦·于连（Francois Jullien）的著名语式。对于连来说，迂回与进入意味着暂且离开他的希腊世界，经由一种文化他者或他者文化，深入其中，浸润其中。具体而言，就是假道于与欧洲文化完全异质的中国文化，从而最终重新回到希腊——欧洲思想界的永恒精神家园。从20世纪80年代末期以来，他以一系列著作，在索隐派耶稣会士汉学家的故乡、学院派汉学的传统重镇法国，激起了种种反应迥异的回声。人们惊呼：这个异类！

本文这里无意深入探讨于连这一富于重要思想意义的问题，但可借用于连的语式，对汉学史上的范式迷宫做一次简约的透视。从“迂回”与“进入”的视角，我们也可以说，汉学不正是异文化圈中的历代思想家和学者们，假借中国、中国文化的一次思想上或学术上的漫长迂回么？德国汉学家施寒微（H. Schmidt - Glintzer）在“世界汉学大会·2007”会议报告的一些段落，正道出汉学背后的一些奥秘：“在欧洲，（中国）这一研究对象，总是和我们努力寻求自己的文化自主紧密联系在一起的。”“对中国的研究一直就存在着，同时这也成为了我们欧洲历史的一部分。汉学的历史是欧洲精神和文化史的一个重要组成部分。”这一假道中国的迂回，其指归正是欧洲。因此我们不难理解，中国思想如何经由耶稣会士和启蒙思想家们的多重转换，曲折而协同地构造了欧洲的现代性。

16—18世纪的天主教传教士，在把基督教福音传播到地极的宗教热忱和信念的鼓舞下，“不远万里，来到中国”。他们也许根本没想象过，这种在他们心目中坚定的“进入”，恰恰成就了欧洲士人数百年的更大的“迂回”。就把中国作为异质然而对等的文明而言，于连的基本导向并不“异类”——耶稣会的传教士汉学家们大体如此（尽管索隐派致力于寻找旧约与中国古代经典的同源关系），启蒙思想家们如莱布尼兹、伏尔泰等也这样。这种基本立场正是文化对话之所以必要、之所以可能的基石。有意义的是，马可·波罗的漫不经心的、快乐流浪汉式的“进入”，和耶稣会教士们如利玛窦、罗明坚、白晋、傅圣泽们意志坚定的、悲壮使徒式的“进入”，共同地激发了在欧洲与中国之间的伟大迂回。而于连式的“进入”呢？在于连这里，这种“进入”其实不过是“回归”的同义词——进入，在此正是对欧洲的精神家园的回归。对作为欧洲哲学家，尤其作为希腊哲学专家，然后才是汉学家的于连，我们不能逼迫他奢谈人类性。因为正如古代中国人有“天下”观一样，古代希腊人有他们的Oekumene（暂且粗略译为“普世”）。对于深谙这种传统的人来说，“希腊性”和人类性之间的关联是不言而喻的。一种通过这种世界性的真诚迂回而回归的思想，无须刻意论证，其人类性是不言而喻的。

那么，我们今日对汉学的关注，在西方学者和思想家的迂回面前，究竟意味着什么？施寒微在他的报告中略显沉重地说：“对中国和中国文化的定义，首先不是一个欧洲的事情，而是和中国的自我诠释有着密不可分的联系。我们曾无数次地尝试，试图摆脱这一困境。”

这恐怕正是问题所在。欧洲学者们想摆脱的那种困境，客观上确实与我们对种种“迂回”和“进入”的理解和这种理解的自觉程度密切相关。中国学术和思想界逾一个半世纪的西学热潮，客观上，不也正是一种迂回？我们今日的汉学关注，不也正是一种新的迂回？这两种迂回之间，自觉程度看来大大不同。这其中该正有一个关键的推进，那就是，任何异文化中的思想学术，原本没有义务充当理解中国问题的无所不备的药房——因而对任何特定文化形态的普世性断言应该缓行。中国思想学术的自我理解，再也无法在自我封闭的语境中以独白的方式进行——因而对话成为自觉的精神生活方式。每一场自觉且诚实的迂回都可能是新一轮的进入先声。在持久而艰难的迂回之后，在对话的语境中对中国思想的重新进入，其学术努力所具备的人类性也该是不言而喻的。

关于对话的独白*

毋庸讳言，一个所谓的全球化时代，也可能就是一个全球性的自性危机（Identitaetskrise）的时代，一个文化的自我意识、自我定位成为问题的时代，一个任何独白（Monolog）和自断（Selbstbehauptung）再也无济于事的时代，也可能就是一个源于自性危机的种种危机可能随时交相并发的时代。在这种意义上，作为现代策士的亨廷顿（S. Huntington）和身为神学家的汉思·昆（H. Kueng）的那些被不断征引的论断在事实层面上都并不危言耸听，只是在价值维度上取向迥然。根据亨氏观点，宗教文化作为人类最广泛最根本的认同疆域，将会是未来国际政治军事冲突的畛域和界标。而昆氏则反复呼吁："没有世界诸宗教间的和平，便没有世界的和平；没有诸宗教之间的对话，便没有宗教间的和平；没有宗教间精确的相互认识，便没有宗教间的对话。"就在这个所谓的全球化时代来临之际，"对话"一词陡然成为精神领域中极富张力的关键词。小自个人之间的灵性沟通，学术、艺术流派之间的精神切磋，大至国际政治、军事集体之间的隐形较量，乃至以宗教河系为根本标识的文明文化系统之间的碰撞激荡，对话，已不唯是一种小心翼翼的诉求，一种一厢情愿的吁请，而成为一种成长中的交往原则，乃至于成为精神生活的一种可能方式。

毋庸讳言，古今、中外、东西、体用的怪圈，于今尚且笼罩着中国知识界的思路与言说，但看来再也没有理由继续成为中国思想自我理解和他者理解的范式。在当今的文化语境中，文化的自我理解和他者理解已成为自我关联的内在统一过程。这一点，使跨文化的、对话式的视野和思路成为必然。

---

* 原载《莱茵通讯》，2000（6）。

跨文化对话的尝试，就其消极向度而言，可以是对世界近代史以来的广泛流行的欧洲中心主义世界观和文明观以及种种线性的“必然”历史观的一种反思；就其积极向度而言，则可以是对来临中的所谓的全球化时代的一种主动的精神准备。以此观之，对话不唯必要，而且必然。

大而化之而言，对话首先是一个关涉语言交往行为的问题。对话之必要且必然，都首先深深地根植于语言的本性之中，根植于语言与我们这个自称为人的族类的本质关联之中。我们生而为人，我们是语言的存在。在古希腊的思想传统中，人之生存性的定在是由其“能说”所决定的（那些灵魂中依稀还保存着一丝方块字的墨香的中国人，也许还应该说，人的历史性的“能在”是通过人的“能写”展开的）。从落地第一声婴啼起，我们便以声带的亢奋来提醒和确证自身的存在。我们活着，我们叙说，我们吟哦，我们辩论，我们放歌，我们喋喋不休地倾诉，我们故作高深地缄默，为了使我们所有的倾诉和缄默多少竟有点永垂不朽，我们又无情地将它们投射于纸帛，致使我们今日生息的大地，渐渐地已近乎是一片荒漠……

我们的确是语言的存在。但这并不说明，我们真的恰如其分地把握了语言和我们的存在之间的本真联系。于是在20世纪，哲学家们又常常大声疾呼，请我们千万不要忘记，语言乃是存在的家园。我们的确是语言的存在，但这也并不一定说明，我们与生俱来地便具备对话的自觉和对话的能力。语言的确逻辑地是跨主体的或互主体的，然而历史地和经验地却往往并不如此。语言终究不过为我们作为对话的存在提供了先验和经验的前提。而语言的秘密，也即是人之作为“成人”的秘密，则深藏于并只展开于对话之中。这里，我们毋宁说，尽管我们是语言的存在，但也不过是一种可能朝向对话的存在。毋宁说，尽管我们是语言的存在，可我们不过是一种在语言的使用中学习对话，并由此努力成为真正意义的人的存在。

我们自命为人，我们于是说话；为了成人并且做人，我们学习对话。对话需要学习，我们学习对话。

学习对话，这意味着，告别失语，并且告别独白和自断。人类个体的主体性毕竟是残缺的主体性，如果将个体在此理解为某一具体特殊的文化或传统，情况大略亦可作如是观。与这种残缺的主体性相关联的，经常是对语言交往功能的种种文化误用的悲喜剧：当我们开始迷失自性，换言之，当人失其所恃并且因之失其所是时，我们便失语。当我们于自性迷失的危机中流连于自我关联的省思时，我们便沉溺于独白。当我们管窥蠡测、指南找北之余，若有所思、若有所悟之余，便果决地开始设计文化、审判历史，并且像创制某种崭新的工业产品似的开始创造历史时，换言之，当人恃其所恃并且因之失其所是时，我们无私无畏地从事着的事业，常常不过是某种自断。于是，满世界纷纷扬扬的，往往无非公之公理，婆之婆理，与拳头、枪杆子、洲际导弹捆绑在一起的如此这般的“真理”，还有那“西方的东方主义话语”，以及时至今日尚不太为人关注的“东方的西方主义话语”……

学习对话，这意味着，学会倾听。在我们这个国度，“立言”曾经至高无上。言说之难，言者自知。所以古人明白，点墨落纸，大非小事。一言既出，驷马难追。据此我们才能悟解，缘何这个喧嚣嘈切的世界上竟然栖居了如此众多的失语者，尽管世界还是一如既往地充满了喧嚣。我们口若悬河，我们滔滔不绝。我们时常忘却，有意义的言说只实现于倾听之中，而一个真正的倾听者也才可能是一个真正的言说者。智慧且虚怀若孔子者，年届花甲之年，始觉耳顺，可见倾听其难。哲学人瑞伽达默尔（G. Gadamer），过完百年大寿，始将其一生思想，定位为“倾听的哲学”，可见倾听者之慎。道徒庄周，既听人籁，更听天籁，让我们明白，要成为倾听者，就不但要听之以气，更须听之以心。可见倾听绝不是一桩像“大言炎炎”那么简单的事情。

学习对话，这意味着，学会宽容和理解。耳顺之为问题，实乃宽容问题。这一问题，看来并非如人们所习以为常地断言的那样，不过是一个事关人际交往的社会伦理规则问题。通俗地毫不学问地说，那不过意味着：尽管我们早已烦够腻透，可我们还是可以听完您的胡诌。这与我们理解的宽容并不相干。宽容之为问题，宽容之所以有必要成为问题，都不过因为，尽管我们自命为人，可归根结底终究是一种片面、单维，并且时常充满或隐秘或赤裸的妄见、奢欲、俗媚、伪信的有限存在。当然，我们还总能信手拈来便为所有这一切找到美丽的口实。为了天意——杀！为了圣爱——杀！为了大同世界，为了永久和平——杀！为了红彤彤的新天地——杀！为了自由民主平等博爱人权——杀！如果我们不想总带着一脸无辜的童真，那么总得承认一回，所有这些，都是我们，自命为人的我们干的。正是人的存在的这种赤裸的有限和独断，和缘于这种有限和独断的所有罪恶和残暴，使宽容具备了生存论和本体论的品格。既然我们总还是自命为人，我们又何妨扪心自问，如果神性之物，终究高悬于人类灵性触须之彼岸，我们又凭何总是一副智珠在手、真理在胸、正义独揽、天意独钟的自信面容？

学习对话，这意味着，学习在“你是”和“我是”中证悟人之共是，在“你在”和“我在”中建构人之共在。语言之为物，始终就奋力于求是寻实的事业中。言以及物，名以循实。然而，言及物而未必称物，名循实而未必副实，这实在是众所周知的人类认识能力的“软肋”。故尔，词与物，言与实，换言之，思维与存在是否、能否、如何相符相契的所谓同一性问题纠缠了人类两千多年。难矣哉，求是寻实的伟大事业！更何况，一旦这“是”、这“实”与我们这个自命为人的族类相关：巴比伦塔早已瓦解坍塌，多彩的语言塑造了我们世界更为多彩的文化模态学地图。风和日暖之时，谁不天下第一，谁不万物皆备于我，谁不生活在世界中心？我们又何从证悟人之共是？飘风振海之日，谁不混混茫茫，谁不失其所终，谁不成了天道祖宗的弃儿？我们又何从建构人之共在？

语言本身毕竟无法单独承负许多。知性的、本质论的共是证悟，迄今无论如何难以在其自身中圆成。践履的、开放的共在建构，不知是否能为我们今日自得的窘境，开辟一段荆棘之途？20 世纪大勇猛大精进的求是之大德，现象学家胡塞尔（E. Hussel），在其晚年的思想生涯中，提出了“爱的共同体”的观念，将其毕生指向“实事本身”的思想虔诚朝向了爱。惜乎天不再假之以年，终生致力于哲学解释学、致力于理解概念的展开的伽达默尔氏，在其数年前的一场讲座上，遽然提出一个命题——“Verstehen bedeutet Mitgehen”（“理解即同行”）语虽朴实，却也令人怦然心动。上路吧，同行吧，而后才有天知地知你知我知。很久以前，孔老夫子曾经木讷地讲过不少老实话，老实得至今还让聪明人们笑掉大牙。比如说“仁者，人也”，比如说“仁者爱人”。如果不算离谱，用今大的习用的语言，依老夫子之见，我们约略可以如是说：人之所是，首先得从人的互主体的社会行为中建构起来。也就是说，人之能不能“是”（Sein－Können），取决于人之能不能“爱”（Lieben－Können）。也就是说，我们在着，可我们事实上未必能在，我们是着，可我们未必能是。也就是说，人之有没有共是，取决于人之能不能共在。我们自命为人，可我们若真想成人并且做人，我们先得学着爱人。只要在爱中，方有语言之融通，方有人之是之灵动，方有人之在之圆成。我们是人，我们喋喋不休。可天不，天何言哉！

我们一直自命为人，我们说话。为了成人并且做人，我们学习对话。

王国维*

引　言

从广阔渺远的史的观点看来，近代中国思想界可谓是一个纷纭杂沓的梦；而一代学术巨星王国维，则是这其中迷离恍惚的一段梦魇。其明、其惑、其生、其死，莫不充满矛盾而令人莫衷一是。

王国维生活在西风东渐、东西方精神互相碰撞的时代。在译介西方哲学方面，他并非第一人；然而在运用西洋的哲学、伦理学、美学理论从事文学批评方面，他却得风气之先。从亚里士多德至尼采的西洋的诸家百说，他都有所涉猎，而对康德、叔本华的学说，则是推崇备至。正是中西文化在此的交汇与纠结，使我们探索古典文艺理论的民族特色，尤其显得有意义。此外，王国维是既具学者识力又富诗人气质者，在《静安文集》《静安文集续编》《人间词话》各种论著中，论旨所涉及的范围都带一定的综合性，既非纯粹的哲学著述，亦非纯粹的文学批评，而经常是集哲学、伦理学、美学于一炉，并交织着一种对人生、宇宙的思考。本文所论及的关于“欲”的观念，正是这样的一个问题。

“来日滔滔来，去日滔滔去。适然百年内，与此七尺遇。尔从何处来？行

---

* 原载杨煦生：《逃向世界》，北京，世界图书出版公司，2009。

将徂何处？……”[①] 这种“我们从哪里来？我们是什么？我们往哪里去？”式的对于人生、对于存在尤其是对于个体存在的思考，在王国维早期著述中随处可见。正是这种思考，导致了关于“欲”的观念，也因此导致了他对人生、宇宙的无可疗治的悲观精神。这在《红楼梦评论》中体现得最为充分。

在王国维看来，人因为有了“生”，所以必须苦心“奉其生”。于是，首先有了衣食之需，进而因求永远之生活而有了“牝牡之欲、家室之累”，而终于“早作而夕思，穷老而不知所终”[②] ……

于是，他得出了结论：

> 生活之本质者何？欲而已矣！
> 欲与生活与苦痛，三者一而已矣！
> 呜呼！宇宙一生活之欲而已。[③]

在这里，因为有了生活，人类便变成一只往返摆动于欲望与厌倦之间的钟摆：一欲既偿，他欲旋至；一欲既偿，痛苦旋生。人类的队伍于是乎便成了万劫不复的灰色行列。

王国维把人的一切动物性的自然要求（生存、饮食、男女）和精神性的社会要求（立德、立功、立言），等等，都化为一种本能的冲动和希求——欲。而人类作为欲望的负荷者，和欲望的对象——广阔的生活，变成了对峙的双峰，并立互见而终不能合而为一。故此他只能深沉地喟叹：“终古众生无度日。”[④]

而实际上，他又苦心构造着他的解脱途径，这就是：以美灭欲（从审美观上）和弃世绝欲（从认识论和伦理观上）。下文我们就这两个方面展开分析。

---

① 王国维：《静安诗稿·来日二首》，见《王国维遗书》，561页，上海，上海书店出版社，1983。

② 王国维：《红楼梦评论》，见《王国维遗书》，415页，上海，上海书店出版社，1983。

③ 王国维：《红楼梦评论》，见《王国维遗书》，416、417、430页，上海，上海书店出版社，1983。

④ 王国维：《静安诗稿·平生》，见《王国维遗书》，564页，上海，上海书店出版社，1983。

上篇　以美灭欲

在静安先生眼中，欲海茫茫，苦海茫茫。人类自犯罪，自加罚，自忏悔，自解脱。而有一物使人超然于利害而物我两忘——这就是“美术”，即我们所理解的艺术。

> 美术之务，在描写人生之苦痛与其解脱之道，而使吾侪冯生之徒，于此桎梏之世界中，离此生活之欲之争斗，而得其暂时之平和，此一切美术之目的也。①

在艺术王国中避难，并非王国维之创举。只是在这个不是标榜“文以载道”，就是诘责“玩物丧志”的国度里，王国维希望“以美灭欲”，倒是特具异彩的。这可以在三个方面加以理解。

一、“实念”的而超具体关系的

在《叔本华之哲学及其教育学说》《红楼梦评论》二文中，多次阐述生活即意志即苦痛，而人的知力又是意志之奴隶，科学之系统与政治之系统也无不是生活之欲的结果。因此，“目之所观、耳之所闻、手足所触、心之所思，无往而不与吾人之利害相关”②。

总之，人无往而不罹于具体的利害关系的桎梏。物我之关系，总是希望与幻灭、渴求与无法餍足的关系。凡是刺激起欲望，召唤起需要的对象，都是对生命的一种剥削，都是痛苦的厚壤。因此，超脱于具体的利害关系是王国维所孜孜以求并且认为人类也该孜孜以求的。而路径何在？

> 吾人于此桎梏之世界中，竟不获一时救济欤？曰：有。唯美之

① 王国维：《红楼梦评论》，见《王国维遗书》，430页，上海，上海书店出版社，1983。

② 王国维：《叔本华之哲学及其教育学说》，见《王国维遗书》，391页，上海，上海书店出版社，1983。

> 为物，不与吾人之利害相关系；而吾人观美时，亦不知有一己之利害。何则？美之对象，非特别之物，而此物之种类之形式；又观之之我，非特别之我，而纯粹无欲之我也。夫空间时间，既为吾人直观之形式。物之现于空间皆并立，现与时间者皆相续，故现于空间时间者，皆特别之物也。既视为特别之物矣，则此物与我利害之关系，欲其不生于心不可得也。若不视此物为与我有利害之关系，而但观其物，则此物已非特别之物，而代表其物之全种，叔氏谓之曰"实念"。故美之知识，实念之知识也。①

凡具体之物，必存于具体之关系之中，而具体之关系又必有利害隐于其中。利害之为利害，正因为是具体的人与外在事物的置于具体关系之中，才能或利或害、亦利亦害，因而导致了人的主观选择——趋利避害。在王国维看来，审美之所以能使人类解脱者，正在于既超越了利害关系，又超越了对象自身。而超越了对象自身的内容，即：（1）非个别的、殊相的而是种类的、共相的；（2）非内容的而是形式的。这些，显露了王在理论上的师承：宗康德、叔本华。而叔氏除宗康德外，尚宗柏拉图和东方佛学。在这里，"实念"的观点，既与康德的美在形式、美超功利等有关，又涉及了柏拉图式的"共相"和"理念"。所以，"实念"一说，实际上包括了两个问题：（1）艺术的普遍性；（2）心理距离说。

其一，就艺术普遍性而言。王国维非常强调"种类之形式"，作品是"非特别之物"，而读者又"非特别之我"。竭力避开审美主体与对象的直接和具体的关系。这就带来一个表面矛盾：在王国维重"种类之形式"时，实质正是在强调艺术内容的普遍性。"夫美术之所写者，非个人之性质，而人类全体之性质也……善于观物者，能就个人之事实，而发见人类全体之性质。"②

可见，重种类重共相，正因为集中了无数个别而使生活之普遍性呈示出来。因此，王氏在《叔本华之哲学及其教育学说》中，也甚赞同叔氏之扬诗

---

① 王国维：《叔本华之哲学及其教育学说》，见《王国维遗书》，391～392页，上海，上海书店出版社，1983。

② 王国维：《红楼梦评论》，见《王国维遗书》，450页，上海，上海书店出版社，1983。

抑史的观点（这种观点本于亚里士多德）。总之，强调艺术的普遍性本不无价值，而王氏之强调则无非企图借艺术而直窥人生之本质，把在直观中无遗地把握到的“生活本质”，作为遁避生活之首要条件。

其二，就“心理距离说”而言。审美中的“心理距离说”因英国心理学家布洛的《作为艺术中的因素和一种美学原理的心理距离》的发表而行世是1912年的事。而心理距离作为一个审美心理现象，却是从叔本华的美学思想中就可溯源。① 王国维理所当然地也受了这方面的影响。所以，在《红楼梦评论》中，特别强调审美上“欲者不观，观者不欲”②。而到达这种“物我两忘”的境界，首先就有待于审美对象高度地超脱于具体关系的普遍性，而这也就是“实念”的内蕴。

二、神圣的而超功利目的

在关于“实念”部分，王国维涉及的主要是艺术的内部规律，而在强调文艺的神圣性方面，王国维则涉及艺术的外部规律。

> 余谓一切学问皆能以利禄劝，独哲学与文学不然……铺缀的文学，决非真正之文学也。③

> 人亦有言，名者利之宾也。故文绣的文学之不足为真文学也，与铺缀的文学同。④

在这里，王国维断然地否定了“铺缀的文学”和“文绣的文学”，实际上反对的是庸俗的功利主义和矫饰的形式主义。“铺缀”为吃喝之义，而“文绣”其义自见。第一方面，近代中国社会的特殊环境，东渐的西风中已

---

① 参见朱光潜：《悲剧心理学》，合肥，安徽教育出版社，2006。

② 王国维：《红楼梦评论》，见《王国维遗书》，420页，上海，上海书店出版社，1983。

③ 王国维：《文学小言》，见《王国维遗书》，623～624页，上海，上海书店出版社，1983。

④ 王国维：《文学小言》，见《王国维遗书》，625页，上海，上海书店出版社，1983。

隐隐有铜臭味，“今铺锻的文学之途，盖已开矣”①。庸俗的功利主义，尤其是这种为铜臭所环绕的商品化倾向，对于历来重农轻商、重义轻利的中国传统来说，定然会受鄙薄、排弃。第二方面，模仿的、矫饰的、文绣的形式主义倾向，则是中国文学的正宗体裁——诗与文中所常见的现象。内容上，不论是“奉诏应制”之作，还是“美刺投赠”之篇，汗牛充栋；形式上，代字、避讳，说桃必用“红雨”“刘郎”，说柳必用“章台”“灞岸”，矫揉造作。对于这，王国维于《人间词话》中多次指摘：“诗有题而诗亡，词有题而词亡。”“人能于词中不为美刺投赠之篇，不使隶事之句，不用粉饰之字，则于此道已过半矣。”

在这里，王国维似乎坚持的是康德美学中的“无目的的目的性”，然而，事实上他却为艺术准备了重荷，请听：

> 夫哲学与美术所志者，真理也。真理者，天下万世之真理而非一时之真理也。其有发明此真理（哲学家）或以记号表之（美术）者，天下万世之功绩而非一时之功绩也。唯其为天下万世之真理，故不能尽与一时一国之利益合，且有时不能相容，此即其神圣之所存也。②

否弃文学的“于当世之用”，似乎否定了文学的社会义务，而在王国维这里恰恰相反，他把文学的社会使命强化了。他否定的仅仅是“当世之用”而非“人世之用”，这实质上正是在不神圣的社会中，赋予了文学以神圣的使命。不期于为“当世之用”，恰好是有期于为“万世之用”。

三、直观的而超概念的

王国维在自觉地接受叔本华的非理性的悲观主义观点的同时，也不自觉地接受了康德、席勒等人的理性乐观主义的美学观念。所以，一方面，他从叔本华、赫尔德曼这方面接受了以美灭欲，把人导向拒绝生活意志的寂灭解

---

① 王国维：《文学小言》，见《王国维遗书》，632页，上海，上海书店出版社，1983。

② 王国维：《论哲学家及美术家之天职》，见《王国维遗书》，534～535页，上海，上海书店出版社，1983。

脱的“人类涅槃说”；另一方面，他同时又接受了康德、席勒以美达善，把人从感性的被动状态导向理性的意志的主动状态，用此改造人性的“艺术乌托邦”。

王国维认为，叔氏的理论，无往而非主观主义。为什么呢？在叔本华看来，人类因为有时空观的感性能力和因果性的悟性能力，所以无往而不罹于“个物化原理”之中。所谓“个物化原理”，也即佛家的所谓“摩耶之网”，就是“人之视他人及物也，常若与我无毫发之关系”（这实际指的是人的主体意识，即区别自身与类的意识）。正因为有了“个物化原理”，导致了利己主义，人不惜把自身快乐建筑在他人的痛苦之上。人的欲望也就只能改变方面而不能改变本质。故此只有突破“个物化原理”，逐步限制“生活之欲”，人才能从正义走向博爱，最后走向至善——人类涅槃之境。①（这个问题的分析详于下篇）

突破“个物化原理”，即突破这种把主客体分开的主体意识而洞悉他人与我“皆同一之意志”，就是灭欲趋善的一个最关键的环节。迷津安渡？叔氏和王氏都毫不犹豫地回答——“假道于直观”。而具体途径一在德育，一在美育。而一旦德育也仅能求诸直观，实也就并于美育了。

“真正之善必不自抽象的知识出，而但出于直观的知识。”②“教育者……非徒与以抽象的知识之谓。苟时时与以直观之机会，使之于美术人生上得完全之知识……叔氏之所谓德性不可教者，非真不可教也，但不可以抽象的知识导之使为善耳。”③

在叔氏、王氏看来，道德的理论之所以不能导人向善，正在于必须作用于人的利己之心而后可。而审美观照的优越性正在于，使人在纯粹的直观中，忘却何时、何地（时空间的确定性）、何以（因果律）、何为（目的性），直接地与真理神会（即拥抱他们关于宇宙人生的理念）而终于达到大彻大悟，

---

① 参见王国维：《叔本华之哲学及其教育学说》，见《王国维遗书》，394页，上海，上海书店出版社，1983。

② 王国维：《叔本华之哲学及其教育学说》，见《王国维遗书》，413页，上海，上海书店出版社，1983。

③ 王国维：《叔本华之哲学及其教育学说》，见《王国维遗书》，413～414页，上海，上海书店出版社，1983。

这就是他们以美灭欲的真实途径。他们都无意中接受了比他们的观点富于积极意义的东西。这就是上面提到的在以美灭欲的“人类涅槃说”中运载了“以美达善”的“艺术乌托邦”。

通过审美的感性状态来沟通知性与理性、沟通必然与自由、沟通主体与对象世界，是康德美学的根本特色和根本动因，这一点在诗人席勒的理论直觉中得到生动的发挥：

> 从感觉的被动状态到思维和意志的主动状态的转移，只有通过审美自由的中间状态才能完成……总之，想使感性的人成为理性的人，除了首先使他成为审美的人以外，再没有其他的途径。①

对于席勒来说，审美的中间状态之所以是把人从感性导向理性的桥梁，是因为在审美的自由心境中，理性的主动性、道德的必然性充分地得到显示，因而使感觉的被动状态（即囿于粗陋的需要、囿于粗野的欲望、受制于动物性的本能等状态，也即自然的必然性）受到摧毁。这其实依然是康德审美理论中的超功利的“无目的的合目的性”的阐发。王国维不同于席勒的地方，在于王国维所希望的是通过审美状态而绝对地弃绝功利而达到遁离生活，而席勒则目的仅在通过这种自由的审美状态，使意志的主动性直接地重新作用感性世界，所以目的在于相对地扬弃功利而达到占有生活。在反粗陋的功利目的上，他们是共同的；而在更高的“合目的性”上，他们则差异判然。

王国维崇尚直观，在超脱的审美观照的意义上谈论“意境”，谈论“隔与不隔”，谈论“一切景语皆情语”，谈论诗歌因假借概念来唤起真观，故多用比兴，等等，② 而作为诗人的席勒则早已就艺术的形式和审美的直观宣告：

> 当人只是感觉自然的时候，他就是自然的奴隶；一旦他思考自然，他就成为自然的立法者……人由于给予无形式的东西以形式，

---

① ［德］席勒著，徐恒醇译：《美育书简》，90页，北京，中国文联出版公司，1984。

② 参见王国维：《叔本华之哲学及其教育学说》，见《王国维遗书》，410页，上海，上海书店出版社，1983。

所以证明他自己的自由。①

在力量的可怕的王国中以及在法则的神圣王国中，审美的创造冲动不知不觉地创建着第三个王国，即游戏和外观的愉快的王国。在这里它卸下了人身上一切关系的枷锁……②

席勒以他的诗人的激情，把康德审美理论中“非概念的普遍性”发挥到了充满乌托邦情调的地步，美的王国，“无目的的合目的性”使人超脱了粗陋的感性需要和欲望，而“非概念的普遍性”又把人的存在提高到如此自由的程度。而这一切根本无待于社会实践的艰巨步履——这难道不是一个美好的“艺术乌托邦”或曰“美的乌托邦”？而王国维生活在近代中国的灰色氛围中，他终于感到：“且美之对吾人也，仅一时之救济，而非永远之救济。此其伦理学上之拒绝意志之说所以不得已也！”③“美的乌托邦”终究不如确凿的现实来得真切，所以王国维转而求于伦理学。

王国维从美的本体论——艺术形象的特质即艺术的内部规律出发，从“实念”说寻求艺术的普遍性；进而进入美的价值论，在艺术与社会的关系上寻求艺术的神圣性和永恒性；而最后进入人的本体论：通过直观观照把人导向“人类涅槃”及“美的乌托邦”，而终于发现了“以美灭欲”的虚幻性，故走向“出世绝欲”之途。

下篇　出世绝欲

超然的、静观的“美的乌托邦”终究是要破灭的。于是王国维只能求诸

---

① ［德］席勒著，徐恒醇译：《美育书简》，见《古典文艺理论译丛·五》，129页，北京，人民文学出版社，1961。

② ［德］席勒著，徐恒醇译：《美育书简》，见《古典文艺理论译丛·五》，145页，北京，人民文学出版社，1961。

③ 王国维：《叔本华之哲学及其教育学说》，见《王国维遗书》，392页，上海，上海书店出版社，1983。

实践理性，甚至在晚年求诸非理性的实践。

而解脱之道，存在出世，而不存于自杀。出世者，拒绝一切生活之欲者也。彼知生活之无所逃于苦痛，而求入于无生之域，当其终也，恒干虽存，故已形如槁木，而心如死灰矣。① 以美灭欲进而出世绝欲。在王国维这里，审美是获得拒绝一切生活意志的意志，而并非拥抱生活的意志。为了进入这种意志状态，到后来，他不假审美之道，而是直接地诉诸了实践理性。不过，这其中，实践理性的伦理学问题，还是时时与认识论问题互相包孕在一起的。

我们同样从三个方面分述之。

一、“个物化原理”

如果说，在审美观方面关于“实念”的观点代表着王国维对艺术本质和艺术的普遍性的寻求，那么，关于“个物化原理”的观念，则代表着他对人的存在本质及普遍性的寻求。叔本华、王国维都把人类的苦难和坠落的原因回溯到了“个物化原理”。其实，他们所讲的无非是人的主体意识的萌醒对人的影响。人一旦意识到个体存在的个别性和独特性，便使个体从群体中分出，也就同时意识到群体（类）的存在。所以，主体意识是与类意识同时萌生的。动物同自身的生命直接同一，而个人则把自身和类及客观世界都作为观照和意志的对象。对于主体行动来说，类的发现，就是界限的发现，就是主体行动的种种限制和规定性的发现。面对这种主体意识和类意识的同时萌发，存在着两种对立的解释（这个分野相当于中国哲学史上关于性善、性恶的分野）。第一种解释认为：由于类意识的萌发，个体从群体身上发现了同一，发现了共性，因之有了同情心（即价值判断的普遍运用），在伦理生活中，爱、幸福、荣誉、快乐、创造、发展，等等（或曰：立德、立功、立言、知遇、用世，等等），我求之于世界的，他人同样求之于世界；恨、不幸、苦痛、歧视、束缚等我拒之于世界的，他人也同样拒之于世界。这样，互相以己度人，故在人与人之间能出现一种原始的未经异化的和谐和欢爱状态（这近于“性善论”对于人的种种乐观的信念）。第二种解释则认为：由于有了类意识，意识到主体的独立性与个别性，于是本能地维护个体利害，由此带来的利己主

---

① 王国维：《红楼梦评论》，见《王国维遗书》，427 页，上海，上海书店出版社，1983。

义，无数的个别意志发现了自身的需要、欲望、冀求，于是人类便只能陷入争斗与冲突的漩涡（这近于“性恶论”对人类所作的忧郁的描述）。

而王国维呢？

他（和他笔下的叔本华）虚拟了这么一条途径，即由“正义”：“各主张其生活之欲，而不相侵害”，这颇近于中国先秦儒家的“不屈己、不干人”；依次达到“博爱”：“以他人之快乐为己之快乐，以他人之苦痛为己之苦痛”，这类似于儒家的“己欲立而立人，己欲达而达人。己所不欲，勿施于人”，等等，这已稍多地限制了个人的“生活之欲”；进而苦斗达于“至善”，“最高之善存于灭绝自己生活之欲，且使一切生物皆灭绝此欲，而同入于涅槃之境。”① 诚其诚哉！我们终于在此找到叔、王氏之说的根本症结：

其正义、博爱、至善三个环节，是以限欲、去欲为标志的。第一个环节自不待言，而第二个环节——博爱，在既往的时代和王国维的时代，既不具备实践的可能性，更不具备实践的普遍性，不过只具备理论和逻辑上的可能性，这样，涅槃之境何以能获？这是静安先生所无法克服的矛盾。就康德来说，位于遥远的彼岸世界的神秘的“物自体”和崇高的“道德律令”，事实上为认识论和伦理学留下了乐观的余地。而叔本华的最终本体就是个体的意志，只能在“反观”中省察。所以王国维就陷入这样的境地：最高本体只是意志，而意志又只能是个体的意志，于是生活就只能是个别意志的无穷期的互相碰撞、挤压、倾轧、吞并……所以人类的解脱只在内求，在于限制生活之欲、拒绝个别意志。而拒绝意志本身，又不幸地需要更高更强的意志。正是这一类的矛盾导致了王国维对于人生哲学的绝望，发出“可信而不能爱”“可爱而不能信”的痛楚怅惘之言。

于此，问题都集结于个体与类、个人与社会的关系和对这种关系的理解上。任何寻求存在的普遍性，寻求类的本质、生活的本质的人，稍令其思维深入，便必然地走到这方界碑里来。性善、性恶、性无善恶诸说某种意义上也基于对这个问题的不同理解而成。

我们认为：

---

① 王国维：《叔本华之哲学及其教育学说》，见《王国维遗书》，394 页，上海，上海书店出版社，1983。

第一，辩证地看，个体与类并存，自我意识的觉醒实际上即是类意识的觉醒。个人一旦将自身作为感知、意志的对象时，类也同时作为对象而出现，否则，便无所谓“个体”。类的构成，有待于众多个体，个体集而成类，而任何个体也不是类。个体意识与类意识互为前提，正如个体存在与类存在互为前提一样。叔本华、王国维片面地割裂了这一点。自我意识带来了利己主义的同时，类意识也带来了利他主义（暂不管其前提）。个体是必须在类中自觉或不自觉、主动或被动承担义务和责任的。所以，利他精神是客观地隐含于自我意识之中的。

第二，个体与类并存，类的存在不可否认地给个体的行动带来了界限和制约。这种界限的发现，使人类丧失了原始的粗野的自由，而实质上又为人类提供了一级理性的阶梯。类的存在所产生的第一界限是每一个体的独立自足性。所以，只有承认其他个体的存在的合理性，个体的存在才是合理的。界限之所存，正是条件之所存；所限所约之所存，也正是所凭所依之所存（20世纪的存在主义者把现代资本主义条件下的这种状态推到极端，发出“他人就是地狱”的绝叫）。这方面，叔本华所深恶痛绝的“哲学教授”黑格尔，比他来得深刻些和准确些：“离开了规定性而坚持自身的存在，即‘自在存在’（An sich sein），这只会是对存在的空洞抽象。在‘定在’里，规定性和存在是一回事，但同时就规定性被设定为否定性而言，它就是一种限度、界限。所以异在并不是定在之外的一种不相干的东西，而是定在的固有成分。”① 其实，在此之前，斯宾诺莎就有过一个著名命题：“规定就是否定。”当然，“规定性与存在是一回事”这样的话，听来确乎有点令人沮丧，因为老黑格尔在这里忘记了，人类之所以存在着，正是为了“定在”的规定性受到超越，尽管这种超越所必需的代价必然比规定性本身沉重得多。

综上，王国维（及其笔下的叔本华）在寻求、追溯存在之本质，把握人性，探索出路时，把人作为孤立的个体，而把类作为个体的集合而不是作为整体。因此，在其“个物化原理”的理论中，寻求本质而囿于直观，寻求普遍而至于特殊，寻求总体而仅获个体。“人无论在实践上还是在理论上都把类——既把自己本身的类，也把其他物的类当作自己的对象……人把自己本

① ［德］黑格尔著，贺麟译：《小逻辑》，204页，北京，商务印书馆，1980。

身当作现有的、活生生的类来看待，当作普遍的因而也是自由的存在物来对待。"① 这是青年马克思对个体、对类的关系的描述。王国维的人类共入涅槃之境，不过是在现实生活中无法沟通个体与类时的异想天开。

二、"永远之生活"

正如在艺术的价值观上坚决地否定"为一世之用"一样，王国维在人生问题上对存在的偶然性和有限性则感到极大的迷惘。因之，他把人的一切都归结为"永远之生活"的追求——而就实质而言，他自己，才是一个"永恒"的寻求者，一个渴望超越于存在的有限性和偶然性的人。

老子曰："人之大患，在我有身。"庄子曰："大块载我以形，劳我以生……然一人之生，少则数十年，多则百年而止耳，而吾人欲生之心，必以是为不足。于是于数十百年之生活外，更进而图永远之生活……百年之间，早作而夕思，穷老而不知其所终。"② 席勒说过，人在精神王国中所收获的第一批果实就是忧虑和恐惧。这很适于静安先生。"宇宙何寥廓，吾知则有涯。面墙见人影，真面固难知……耳目不足凭，何况胸所思？人生一大梦，未审觉何时？"③ 正因为存在是偶然的，才导致了对存在的执着，导致了对永恒的冀求，导致了对人生价值的渴望；而正又因为被希冀着的永恒，被渴求着的人生价值是那样的缥缈，人处处置于"个物化原理"之中，处处受制于具体的时间空间和因果律，所以，存在又是那样的值得怀疑，知识也因此可疑："耳目不足凭，何况心所思？"既然感性是虚幻的，那么以感性为基础的理性也就不足为据了。孟子的乐观的人性论得以建立的因素之一，就是"耳目之官不思，而心之观则思"，被动的感性受制于能动的理性（这一点略近康德）。而王国维恰恰怀疑了这一点。于是，即使"且当养毛羽"也"勿作南

---

① ［德］马克思著，刘丕坤译：《1844 年经济学—哲学手稿》，48 ~ 49 页，北京，人民出版社，1979。

② 转引自王国维：《红楼梦评论》，见《王国维遗书》，414 ~ 415 页，上海，上海书店出版社，1983。

③ 王国维：《静安诗稿·来日二首》，见《王国维遗书》，561 页，上海，上海书店出版社，1983。

溟图”，因为“朝菌媚初日，容色非不腴。飘风夕以至，零落委泥涂”[1]，因为人生之有限，须臾万变，青春易老，朝华易逝，以至于零落泥涂。故此，再不慕临空御风南溟远举，反而转向渺小的生灵——蚕，喟叹了起来：“茫茫千万载，辗转周复始。嗟汝竟何为，草草阅生死……劝君歌少息，人生亦如此。”[2] 这样，变成了对存在的有限性和偶然性的无力诘责和怨怼，并且，连这种有限、偶然的存在都否定了。他的所有独白，变成了哈姆雷特式的喃喃自语：“To be or not to be?”（“生存还是毁灭？”）这就是王国维式的独特的理性：由对宇宙人生的理性的怀疑，进而变成了对理性自身的怀疑；因为对存在的有限性和偶然性的洞悉而求存在的永恒价值，求之未可得之后转而又连这种有限的存在都否定了。尽管这个过程在他是那样的真诚由衷（叔本华的悲观主义则不无造作），然而这毕竟是一种软弱、残缺的理性。在此，有限与无限、迁化与永恒，都被纳入无为的运动而陷于主观的对立。在有限之生涯中求永远之生活，希冀拒绝生活之欲又把生活之欲绝对化。于是乎在他眼中，人生及其价值便只能变成委弃泥涂的一个空虚的蚕蜕，何须留恋又何由留恋呢？

我们认为：

人的生命作为宇宙万物无限存在中的一个偶然环节，确是有限的，而这种有限性正是浩浩万有所赖以可能的基础。殄灭某一生灵，抽掉某一具体的生命过程，当然无碍于大千世界的永恒；但是抽掉每一个体的具体存在过程，“永恒”“无限”等不过是古怪的不可思议的荒唐意念。因此，人的存在，并非叔本华所认为的那样虚伪。[3] 而反之，因为存在的有限性和偶然性而否定存在的价值，那才是一种造作的理性的“虚伪”——叔本华的悲观主义某种意义上就是这样。而遗憾的是在王国维这里，这种悖于中国传统的入世精神的对个体存在价值的思考，对永恒的追求和进而反过来怀疑此生的精神，倒不无值得肯定的地方。先秦的理性精神，客观上奠定了民族心理上的入世因

① 王国维：《静安诗稿·偶成》，见《王国维遗书》，564页，上海，上海书店出版社，1983。

② 王国维：《静安诗稿·蚕》，见《王国维遗书》，563页，上海，上海书店出版社，1983。

③ 参见［德］叔本华著，萧赣译：《悲观论集》，上海，商务印书馆，1934。

素。依其时而下，社会的治乱风云，朝野的升迁沦降，曾给老庄带来以无为本、贵柔守雌、塞兑闭门的鸵鸟哲学，给魏晋文人带来放浪形骸、玩世不恭、任诞不群的名士玄风，给元代士子带来介乎娼丐之间、厕身勾栏瓦肆、亲布粉墨、躬践排场的俳优生涯，还给清代的乾嘉学派带来远避文网、溺于朴学、专于考据的灰色日子……但是，中国历史上的任何动乱或窒息的时代，都不曾像王国维的时代这样带来王国维这种大悖理性主义、失却心理平衡的凄迷的悲观精神和对生活的弃绝的态度。在这一意义上讲，对人的个体存在作沉郁的思考，似乎只在近代中国才可能（因此，不确切地说，昆明湖上的数环涟漪，象征着传统的理性精神的瓦解的开始）。儒家的理性信念是“未知生，焉知死”，信然；然而，反过来，未知死，又焉知生呢？遗憾的是王国维未能在康德式的实践理性上加上黑格尔式的辩证思维。他不懂得，存在正因其有限性，所以包孕矛盾、设立矛盾并克服矛盾，所以，存在的无限性仅存于其自身内部的矛盾行程中，这种矛盾行程，正是存在的永恒性所赖以寄托的基础。黑格尔这样说过：“……生命就只是过程。”① 其实，智慧的何止是黑格尔，古希腊诗人品达早就歌唱道：“我的灵魂啊，请不必渴望生命之不朽；但求竭尽此生，于愿足矣！”

三、“鼻祖之误谬”

“欲”的观念对于王国维来说，可概括为两个方面的内容，即对人类感性生活有限性的厌弃和原罪感（这是上面对存在的有限性的否定的必然发展），及对人类主体性的希求（这又与其对存在普遍性、对永恒的苦思是一致的）。

> 然吾人从各方面观之，则世界人生之所以存在，实由吾人类之祖先一时之误谬。诗人之所悲歌，哲学者之所瞑想，与夫古代诸国民之传说若出一揆……《红楼梦》第一回之神话的解释，亦于无意识中暗示此理，较之《创世纪》所述人类犯罪之历史，尤为有味也。②

① ［德］黑格尔著，朱光潜译：《美学》卷一，154页，北京，商务印书馆，1979。

② 王国维：《红楼梦评论》，见《王国维遗书》，441页，上海，上海书店出版社，1983。

王国维沿着遗传的锁链回溯，终于把人类的欲的羁累、存在之重负全部归罪于人类鼻祖一时之误谬。这已完全承袭了基督教的“原罪”的观念。在他看来，一切痛苦、一切罪恶，都源于鼻祖的一念之差所造成的存在！

王国维为什么对人类的存在如此痛心疾首呢？我们认为是对感性生活的有限性的厌弃所导致的。“欲”的概念中匮乏及需要的内蕴，是人类存在的一个必然的规定性，也是人类活动的原始动因，人的存在首先碰到的问题便是衣、食、住、行，即口腹之累、宫室之需、牝牡之欲。只有在此基础上随着人征服客观世界的能力的提高，各种社会性的精神需要才能逐步出现：友谊、荣誉、爱，等等，立德、立功、立言，等等；对真理的探索和追求、洞悉世果面目的愿望，对美的欣赏和创作，创造新的对象世界的激情，等等。总之，需要的人类化、社会化的过程，也正是需要的主体化的过程，即把日益广阔的客观世界纳入人类实践范围之内的过程。

王国维看到了需要对于人类行动的巨大的驱动力，这不算谬误。他的错误在于混淆了个人需要与社会性需要，而把一切简单地归结为欲，又把欲仅仅理解为粗陋的动物性的生存意志。因此，他使人类需要都蒙上重浊的油彩。这一点和叔本华一样：“人之有此强烈嗜欲之主要原因，则在对于未来及非当前之事物，加以思想，此对于人类一切行为，所生的影响甚大，此即为其忧虑、希望、恐惧等的真正来源……”①可见，他们之视欲望为罪恶，视人类存在为鼻祖之罪，正在于将不同的需要混淆。

王国维的矛盾还在于，一方面混淆了不同品级的需要，而笼统加以厌弃；一方面，又是精神价值的不懈的寻求者。一方面，是对“早作而夕思，穷老而不知所终”的鄙薄；一方面，是“我瞻四方，蹙蹙靡所骋”，是“昨夜西风凋碧树，独上高楼，望尽天涯路”，是“似此星辰非昨夜，为谁风露立中宵”的怅惘。王国维善于运用古代诗词的名句来传达论旨。实际上两方面统一起来，恰好是一种朦胧的对人的存在价值的探求，一种朦胧的人类主体意识的萌醒。这就是他为什么在中国文学史上仅推崇屈原、陶潜、杜甫、苏轼四人，再加上对李后主赞叹备至，在外国文学中独崇歌德《浮士德》的缘故。对于前四人，首先是因其人格，其次才是因其文采；对于李后主，则因

① ［德］叔本华著，萧赣译：《悲观论集》，7页，上海，商务印书馆，1934。

为其“俨然释迦基督之担负全人类之罪恶”。屈子的沉渊身殉理想、陶令“驾不可回”的斩绝、杜甫博大的忧心、苏轼洒脱的姿影，再加上李后主溶浸人类的愁绪，浮士德无穷的主动精神、在行动中完成自我的主体义务感……这些都透露出王国维之崇仰他们，正在于他们身上所蕴涵着的人类主体性。正是这样，使他回过头来日甚一日地厌弃感性生活的有限性，而谴责因一念之差而令人类坠入存在的苦役的人类的“鼻祖”，使他出世绝欲的观念更为强烈：“安得吾丧我，表里洞澄莹。纤云归大壑，皓月行太清……”①而“出世绝欲”之大道，又必然如此的“多歧”，他不得不狐疑满腹：

> 试问释迦示寂以后，基督尸十字架以来，人类及万物之欲生奚若？其痛苦又奚若？吾知其不异于昔也！②

他接受叔本华的拒绝意志之说，然而，依叔本华，意志一方面是个体的，一方面又是人类万物之根本，我之意志即万物之意志。这样，即使拒绝一人之意志，万物之意志不也尚弥漫于宇宙吗？释迦示寂，基督尸十字架，正是这样解脱的最高典范，而人类不是尚在红尘欲海之中吗？这就是王国维的最大的困惑和苦恼：“至今呵壁天无语，终古埋忧地不牢”③，“终古众生无度日，世尊只合老尘嚣”！④

对于王国维，即使“我身即我敌”⑤，为超越感性生活的有限性而又弃绝现世生活的意愿，也无奈于“众生无度日”——人类存在只能展开在无尽的有限的感性生活之中。这种观念的纠葛，难道不正好使我们可以窥视他五十之年自沉的心理原因之一斑吗？

---

① 王国维：《静安诗稿·端居》，见《王国维遗书》，557页，上海，上海书店出版社，1983。

② 王国维：《红楼梦评论》，见《王国维遗书》，447页，上海，上海书店出版社，1983。

③ 王国维：《静安诗稿·尘劳》，见《王国维遗书》，560页，上海，上海书店出版社，1983。

④ 王国维：《静安诗稿·平生》，见《王国维遗书》，564页，上海，上海书店出版社，1983。

⑤ 王国维：《静安诗稿·偶成二首》，见《王国维遗书》，559页，上海，上海书店出版社，1983。

结　语

美和涅槃都是寻求本质、至善，永恒者的乌托邦。以美灭欲和出世绝欲正是王国维对宇宙人生思虑中的这样两个精神上的乌托邦，只不过一是明亮的、入世的，一是幽晦的、出世的；一是洒脱的、静穆的观照，一是凄惶的、决绝的舍弃。在前者，是通过物我两忘的境界，令人通过直观的形式，在感觉中提高知性，积极地超越于存在的有限性，这是从康德、席勒等人一线而下的理论。在后者，是通过寂灭，拒绝生活意志，弃智绝圣，弃情绝欲而求得消极地遁离存在的有限性，这是叔本华的悲观主义、老庄哲学和佛教哲学的杂糅。而王国维，这位近代中国的学术巨星，在中西两大文化传统的交汇和碰撞中，有幸地接触和包容了这么些庞杂的理论，而又不幸地成了它们的精神上的牺牲者。

从欲的观念入手，探究王国维的精神堂奥，或许不无意义吧？

徐梵澄 1

——踽踽独行狂乃狷*

面对这煌煌 16 册的《徐梵澄文集》①，“徐梵澄何许人也?”这恐怕将不但对专业学界门墙外的读者是一个问题，对栖身学界的各路翘楚而言，这也未尝就不是一个问题。

当然，我们在此追问的并非徐氏的生平和行止。徐氏毕竟是 20 世纪之人，生平行止，终究都还可大略寻究。我们追问的也不仅仅是他一生中所涉猎过的所有精神领域，这其中一部分从其遗著遗作中是有踪可寻的，另外部分（比如他对印度神秘主义和藏密传统的方方面面的涉及程度）则可能已是无从深知的精神奥迹了。能与他推心置腹、莫逆于心，并且在精神上始终惺惺相惜的老友们，如哲学家贺麟、文学家翻译家冯至，都早于他驾鹤西去了。能随时敲开团结湖北里的那扇简陋木门的人，本来就寥寥。但是，不难设想，“大师”的哀荣和桂冠早就等着他，尽管这恰正是徐氏终其一生所小心规避、敬谢不敏、从未当真的，更何况在这个冠冕贬值的年头。

问题只在如何理解，先生之学在目前早已支离的学科分野中的无法隶定性。今天人们常把进行精神活动的整个领域称为“学苑”——一个慢慢名副其实的“学术植物园”：在此，一切似乎条分缕析、有条不紊。种种文字产品连同他们的主人，正被悬挂上各种方方正正的标签。然而，这种工整的园林以及它们工整的分类法，在徐梵澄这里，注定鼻青脸肿、惨然失色——在

---

* 原载《弘誓》（台湾）月刊总第 86 期，2007（4）。

① 孙波编：《徐梵澄文集》，上海，三联书店、华东师范大学出版社，2006。

强大的本真性力量面前，种种分类法都必然面目惨淡。

是的，徐梵澄何许人也，看来绝对不是个伪问题。

用现代学科分类引入中国学术界之前的传统方式来厘定，也许还是一种走出困境的办法。

无疑，首先他是“隐士”，一个不“仕”之士。这不只是从一般的政治意义上说，也是从学界、思想界的风潮的意义上。一生自外于名利圈，不党不群，既没刻意推动“思潮”，也未存心介入“运动”。用鲁迅的话，既不属于什么派，更无所谓何“翼”。总之，这是一个有力量沉潜而远举的人。单蛰居印度便已是33年。回国之后到逝世的22年，除了少数老友、远亲、同事、编辑，他从未昭彰于“公共领域”的视野之中，从未被一惊一乍地发现过，从未成为名闻遐迩、老少咸宜的学术明星。

当然，他还是“高士”，传统士人的精神修养，他都齐备。诗风直追汉魏，画格不出宋元，书风则碑学帖学兼用，但基本化自“二王”、章草、魏碑，再加上对甲骨、钟鼎的深厚修养。他与鲁迅的投缘，归根结底恐怕正基于两人身上纯正的魏晋余风：对嵇康的心仪，峻皎的、多所不堪的精神洁癖，与Kitsch（俗媚）的不共戴天，以及在所有这一切背后的对世界对人生的深挚爱心……

我们该说，他终究是斗士。年轻时的徐诗荃，也是一个准备“摩顶放踵、捐生喋血”的热血青年，鲁迅以他的大慧眼阻止了该阻止的一切。此后，尽管看似闲云野鹤、澹然物外，可实际上却早是“朝受命而夕饮冰”——终身内热也！只是在他这里，一切浑然。诚如鲁迅在陶渊明身上看到的，并不仅仅是那种众所周知的“采菊东篱下”的清逸和洒脱，而更是那种“猛志固常在”的执着和勇猛。这一类“猛志”，终究和社会层面的现实功业无关。斗士和猛士，有时候是与通常意义上的金戈铁马、落日大旗风马牛不相及的。人类的所必须进行的种种征伐之中，有的不过是向无意义的或者危害生命及生活意义的一切所进行的韧性战斗而已。这种无形的战争，经常要求更多的勇猛、决绝和韧性。

对于一个真正的士人来说，自以期许的大事大概不离两端——救世（为生活建构秩序）与治生（为生命建构意义）。进入20世纪，士人关于天下、家国、人生的关怀诚然发生了范式性的变化，但实质依然。有人重“治世”

（如毛润之），有人更重“治生”（如鲁迅），有的则是该革命时就革命，该穷经时便穷经（如陈独秀、梁漱溟、熊十力）——这些，早就大大地拓展了古人所谓的“春秋射猎、冬夏读书”的审美化生涯。救世者，容易振臂一呼，应者云集；而治生者，则可能载浮载沉、默默终身。然而，不论救世治生，不同的疆域需要的都是真正的猛士。危乱之世，救世者众，治生者稀，使人们往往忘却了人生还有更其深广迷茫的疆场。

徐梵澄终身实际上贯彻了一个早年的鲁迅问题，这就是将人作为精神性的、性灵的存在的问题。这个问题在现代语境中的具体化和明确化，其实就是一个现代性中的心性问题、人的精神存在的问题。希腊人把人作为“政治动物”加以界定，这一点与传统儒家并无根本差异，但这绝非事情的全部。“精神”于是成为徐梵澄学术功业的关键词。“人是需要一点精神的”——徐梵澄少年时代的地理老师毛润之的这句话，恐怕在任何语境中都有其真理性。我想这点徐先生该赞成。

就徐梵澄终生的努力而言，我们可以说，的确存在着鲁迅意义上的精神界的战士。这种“士”，既不是传统意义上非得致君尧舜、非入世不可的儒家士大夫，亦非今日以社会批判为首务的所谓公共知识分子。士人未必只有社会（制度建设）这个焦点，“救世”“立法”——为社会、政治、经济诸领域建立理性秩序之外，在社会批判、文化批判之外，士人还有人生批判，还有精神性灵世界这个更为广阔的空间，这就是“治生”“立义”——为生命建立意义的疆场。人须有路可走，更须有家可归。就前者而言，对欧美现代性的追随已发生于几乎所有的实用领域；而就后者而言，对所有古老传统的新一轮的真正探究则刚刚发轫。徐梵澄毕其一生之猛志大力，横跨中、西（古希腊和近现代日耳曼思想）、印（一般学界视野外的印度古代及现代精神领域），使另一种意义的视野成为可能。换句话说，徐梵澄以其毕生之力，在另一个层面上为我们划出了一道精神地平线。

徐先生远行了。而天地之间，精神自身却在永恒的轮回之中。徐先生身后的世界，不该永是一沛芜杂的性灵荒野……

徐梵澄 2

——关于徐梵澄的对话*

一、一宗"当代精神文物"

杨煦生：自徐梵澄先生 2000 年春谢世以来，经过整整五年的辛劳，《徐梵澄文集》（以下简称《文集》——编者）终于出版了。

孙　波[①]：是的，这也是徐先生在世时候的一个心愿。我所做的工作，是为那些想了解他的读者乃至今后想研究他这一系学问的学者，提供一个相对完整和系统的文本。

杨煦生：可惜时至今日，对广大的读者群来说，徐梵澄恐怕还依然是一个颇为陌生的名字。徐先生一生驰骋出入于中、印、西三大文化体系之间，精神覆盖面如此之大，著述翻译所及的范围如此之广，《文集》的基本结构是如何安排的？

孙　波：徐先生的文字著述，目前收集到的大概有六百多万字。先生一生的学术贡献可以简单化地归纳为四个方面：（1）尼采主要著作的翻译；（2）印度古代典籍如《奥义书》和《薄伽梵歌》的系统翻译和近世圣哲阿罗

---

* 原载《社会科学论坛》，2006（13）。

① 孙波，中国社会科学院世界宗教研究所研究员。

频多思想的系统译介；（3）以英文著、译述向世界介绍中国古代思想和学术；（4）以精神哲学的进路诠释中国古代思想。

《文集》的安排，为先著作、后译著。著作四卷，译著十二卷。每卷的文字基本上按照写作或出版的时间排序：第一卷为《玄理参同》（1973）、《老子臆解》（1988）、《陆王学述》（1994）等。第二卷则为《小学菁华》，这是他于1963年编辑的一部汉英字典，后在法国学者的催促下，1976年出版于南印度。第三卷收录四部英文著、译述和一篇英语论文：《孔学古微》（1966）、《周子通书》（1978）、《肇论》（英译）（1981）、《唯识菁华》（1990）和《易大传——新儒家入门》（1995）。第四卷收录了译、著述的中文序、跋，自1934年《尼采自传》至2003年《薄伽梵歌论》，跨度整整七十年。梵澄先生曾说："我的文字不多，主要思想都在序、跋里了。"接着是忆鲁迅、怀友人、谈艺术的文章。又继之以《异学杂著》三篇，皆为文论：《希腊古典重温》《澄庐文议》及《谈书》。最后为《蓬屋说诗》和《蓬屋诗存》。

杨煦生：以上是徐先生自著部分，接下来就是译著了。

孙　波：是的。先是尼采著作四种：《苏鲁支语录》（1936）、《尼采自传》（1935）、《朝霞》（1935）、《快乐的知识》（1935），并有两篇长文《启蒙艺术家与文学者的灵魂》（1935）和《宗教生活》（1935），这两篇长文分别是尼采《人性的，太人性的》一书的第三和第四部分。所有这些，编为文集的第五卷和第六卷。

杨煦生：这是他当年向鲁迅交的第一份"作业"。

孙　波：但从时序来说，这也许是第二份作业。第一份应该是他在德国学习期间为鲁迅所收集的版画以及他自己的版画创作实践。他所收集的所有版画材料（加上曹靖华在苏联所收集的、部分转道德国经他之手寄回国内的资料），成为新版画运动的重要精神资源。而他的创作活动，又使他成为新版画运动的实际上的第一人。

杨煦生：这一版的《文集》暂时无法充分顾及徐先生这部分的成果和贡献，这也许今后可能用其他的方式来补足。尼采是徐先生归国之后所翻译的？

孙　波：是的。尼采自梁启超介绍而入中国，迄今已逾百年。七十年前，遵鲁迅之嘱托，归国之后，青年徐梵澄开始系统地翻译尼采。当年，他还是二十多岁的年轻人，从海德堡回国奔丧之后，便未再往德国，上面这些尼采译本就是这一时期的成果。

杨煦生：我知道徐梵澄这一名字，就是大学时代读尼采时通过这些版本而得知的。但记得当时读的《尼采自传》是其他人的译本，书名是拉丁文原题 Ecce Homo 的直译《瞧啊，那人!》。当年（20 世纪七八十年代）的阅读条件不像今天，这一点非常感念中山大学图书馆，该馆民国时期的藏书甚丰。走题了，再回来。徐先生似乎在尼采翻译之后，便基本很少翻译德语思想的著述而开始转向印度文化了。下来的译著，看来大都出自印度文化这一领域了。

孙　波：在尼采翻译之后的一段时期中，德语文化也依然在他的翻译范围中，如为冯至先生主办的杂志所译《歌德自著之浮士德》等。但这次文集的编辑过程中，未能寻得这篇译作。这里有两点需简要说明：第一，梵澄对尼采的评价，早年与晚年一以贯之，在《尼采自传》1934 年版《序言》的末尾处说："……当能使我们因此更为'真理''真知'奋斗；正如在旅行的长途偶尔发现一两片小标志，指示前人曾此经过，则当能更有勇力前行，而且突过以往的限度。"五十二年后，他在《苏鲁支语录》的《重版缀言》中说："尼采思想，出自一个精神的渊源，高出普通智识水平一头地。这'精神'姑可谓双摄其理智和情感——然也不算高极，绝不是如其自己所云：怎样一足离开了地球，在'人类和时代以外六千尺'。"这皆是相当冷静、相当理性的评价。看前者的文字，不由你不叹服他的少年老成。第二，你说他后来转向了印度文化，这是不错的。但是，这又是他精神治思的必然逻辑，因为按照阿罗频多的说法，尼采只是精神里程的半途，而精神的探索，必须"穷其源头"，因此，向古代印度文明进发，乃文化与学术建设之大任。这一点，鲁迅在 1907 年的《摩罗诗力说》中已指出了。在此，还应该说到一个治思方向的问题，方向不同，结论会迥然有别。譬如有治《薄伽梵歌》的人，从这一古代战争的史诗出发，演绎出四种姓的确立和阶级斗争的线索；又如有治尼采的人，断论尼氏是法西斯蒂之观念的先导。而徐先生论尼采，提撕大哲之“灵感”面，遥契并同符于阿罗频多之“超心思”哲学，盖因二人指向不异，以下的看法可为佐证：“必有健全的个人，才能合为良好的集体。”提倡个人主义不假，但这是崇高的个人主义，而崇高的个人主义与良好的集体主义，为一体之两端，其实“道通为一”。

接下来确实便主要集中于印度文化领域了。第七卷收录了译著六种：《佛教述略》（1939）、《社会进化论》（1960）、《神母道论》（1972）、《安慧〈三十唯识〉疏释》（1990）、《周天集》（1991）、《因明蠡勺论》（手稿）。

其中，《社会进化论》是阿罗频多（1872—1950）很重要的一部著作，他把人类历史分成四个时期：第一期，象征期，属于想象和直觉性质；第二期，典型期，属于心理和伦理性质；第三期，因袭期，属于知识性质；第四期，主观主义时代，即人人精神发扬，汇成光明大道。这本书完成于 1918 年 7 月，对世界形势之成败利钝多有预见，其后的历史多有能与书中所言相印证者。

杨煦生：这一卷除了《社会进化论》，其他基本是一些篇幅较小的作品，那些印度文化的鸿篇巨制的典籍也该上场了。

孙　波：是的。第八卷为《薄伽梵歌》和《薄伽梵歌论》。《薄伽梵歌》乃是印度民族千祀传承、所以安身立命之大法，犹如伊斯兰教之《古兰经》，基督宗教之新、旧约《圣经》。印度当代领袖，不论是甘地还是阿罗频多，都据这一圣典弘扬印度文化精神并以此促进独立运动，而终使印度民族获得解放与自由。

杨煦生：在世界史、中国史上这种例子并不孤立。对某些塑范过特定文化的基本经典的重新阐释，常常是新的文化运动的先声，有时还直接成为政治改革乃至民族独立运动的先声。古希腊罗马经典之于文艺复兴、马丁·路德的德文《圣经》翻译之于宗教改革、今文经学之于康有为和戊戌变法、熊十力之重解“大易”精神之于20世纪的现代新儒学运动，等等，都是很好的例证。在宗教史的范围内，更其如此。对基本经典的重新阐释，常常导发新的规范的形成，从而引发新的精神运动。章炳麟“以国粹激动种性”的思路本来就出于这种自觉——当然，这种阐释有时也刚好以激烈、极端的批判方式出现，比如“五四”，狂人读史，字里行间只读出“吃人”，可鲁迅终生读中国书如故。沈曾植曾经对归国的陈寅恪慨叹无书可读，初听起来，确实很不好解。但道理也不复杂，一个民族的基本经典，本来就不过那么一些，正是这些原典提供了一种文化的基本精神范式。在当代学院化的语境中，学问的确日益令人眼花缭乱，各种学科的专门化正未有穷期。从不同的视角，各种问题也正在不断地被构建出来，各种具体的研究正在无穷尽地展开。这些都是当前学院知识状况的实情。可真正有意义的精神运动恰都是从那些原典发轫的。读书人往往好轻言“创造”什么的，其实，在精神领域，太阳底下，哪真来那么多新东西？说远了，我们还是先回到《薄伽梵歌》来吧。

孙　波：《薄伽梵歌》的中译本，于1950年在贝纳尼斯完成，1957年出版于南印度，与卫金斯（Charles Wilkins，1749？—1836）之英译本出版，相距已是165年了。1990年，中译本由佛教文化研究所再版，于内部流传，未广发行。二版经文微有修改，注释则保持原貌。

《薄伽梵歌论》，为阿罗频多狱中读《歌》而见道之作。原著为英语，1916—1920年间先刊发于阿氏个人刊物《阿黎耶》（Arya）上，后修订为单行本，初版于1928年，后多次再版；1972年阿氏百年诞辰之际，此书又收录于全集，为其中第十三册。《论》的首章即为《大综合论》，乃集大成之谓，网罗百家之学而贯通之，明人生之路，晓瑜伽之途，指归不外乎“体天而立人极”；这也可说是中西印文化精神之至高契合点，也就是：由人而圣而希天。

2003年12月，《论》与《歌》之合集由商务印书馆出版。这一版中的《论》部依据抄稿，《歌》部取自佛协版。徐先生去世之前，在病榻上校阅了该书约三分之一，谢世之后，我继续校完了全文。

《歌论》首章按语，徐先生有这样的话：“阿罗频多氏之学，可谓大矣。

独于雪藏以北中华五千年文明，所言甚略；若使大时代将临，人莫我知，无憾也。而我不可以不知人，则广挹世界文化之菁英，集其大成，以陶淑当世儿启迪后人，固有望于中华之士矣。”

杨煦生：徐先生的寄托是清楚不过的。接着是《母亲的话》。

孙　波：《母亲的话》共四辑，分别出版于1956、1958和1978年。在文集中分作两卷，即第九卷、第十卷。其他尚有四辑未出版。“母亲”密那氏（Mira）为室利阿罗频多学院的另一精神大师，被尊为院母，“神圣母亲”或“母亲”，皆表尊敬义。她是法国人，生于1878年，寂于1973年。密氏出身贵族，从小多才艺，后倾心于精神哲学，致趣于玄秘学术。曾想游历中国，恰逢当年中国正值北洋乱世，所以未能如愿。往日本时，途经法属南印度之琫地舍里，遇在此避难并隐居的室利阿罗频多，两人论学相契。后“母亲”由日本返回巴黎，变卖房产，筹措款项，于1914年3月29日（此被定为该院之重要节日）再度登岸南印度，从此开启了长达六十年的伟大的精神事业。

1926年，阿罗频多退隐，“母亲”遂全面主管院务，她亲手把一个“阿施蓝”（修道院）建设成为世人瞩目并敬仰的“阿罗新城”。由她所翻译的阿罗频多重要著作有若干种，然这《母亲的话》，则是她自撰的文字和讲说。甘地曾经读过该书并叹曰：“此滴滴甘露也！”

杨煦生：这一部分都涉及当代人类的内在精神生活或者说性灵生活。这正是阿罗频多学院对当代精神生活的最大贡献，这一部分贡献以不同方式折射于西方的“新时代”（New Age）运动及各种试图建立新的、个人的宗教性的性灵运动之中，然而其深远处恐怕还远未充分显山露水。所以徐先生除了《母亲的话》之外，更翻译了阿罗频多本人的《瑜伽论》和已成为印度当代经典的《神圣人生论》。

孙　波：阿罗频多的《瑜伽论》，即《综合瑜伽论》，共有三集。《文集》收录了第一集全四部以及原本刊于第二集的《瑜伽论札集》（第一部）和《瑜伽的基础》。《论札集》为大师平生答弟子疑问之文字，先读此书，于瑜伽之学较易明通；《瑜伽的基础》更是入道之门径。《文集》今将六书分为两卷，即今天的第十一卷、第十二卷。

阿罗频多之《瑜伽论》为大全瑜伽，又可视作新瑜伽论。它的目的，不在于出世而入乎“涅槃”“天国”，而在于生命与存在之神圣圆成；它的追寻，也非个人之精神成就，而是为了人世或人生之意义，即人类精神之进化。阿罗频多摄人生之大全，认为人生全部为一瑜伽，则无事不是修为。一言以蔽之，瑜伽究竟是实践之学。

杨煦生：接着是《神圣人生论》，如果说《薄伽梵歌论》和《瑜伽论》是阿氏的“述”，是对传统的整理和现代语境中的新阐释，那么《神圣人生论》就是阿罗频多真正的“作”——立言之作了。

孙　波：《文集》的第十三卷、第十四卷为《神圣人生论》。《神圣人生论》（*The Life Divine*），原文为英语，撰写并陆续发表于（1914—1919）《阿黎耶》（Arya）。后经作者修改于1939—1940年，因订成专书，分上、下两卷，全部共计56章、1070页（《纪念集》本）。法文译本 *La Vie Divine*，由法国密那氏（Mira）译出。德文译本 *Das Heilige Leben*，为德国卡别斯（C. Kappes）所译。这部中文译本，由梵澄先生于1952年3月译出，1984年5月由商务印书馆出版。

关于《神圣人生论》，徐先生有这样的话：“拙译虽不足观，然此书一出，对国外之影响颇大，以知我国思想家正尔涵纳众流，如海广渊。印度固视此书为当代唯一宝典，而欧美亦殊尊重之也。（其）思想之现代亦不后人，非以一二派哲学故步自封者。”徐先生称此书为阿罗频多“平生唯一杰作”。我们可以这样理解，阿氏收摄自韦陀以下印度诸派学理及佛乘加以批判，融会贯通且自出心裁，因之大成于韦檀多哲学。室利阿罗频多是印度近代“三圣”中之“圣哲”（其他二者为“圣雄”甘地、“圣诗”泰戈尔）。印度独立后，为纪念这位开国元勋和精神大师，他的生辰被定为独立日（8月15日）。阿氏自幼在英国接受教育，至21岁时自剑桥回国。回国后渐渐从事独立运动，到34岁时，已成为名教授而被推为大学校长。后又成为秘密结社之魁首，主持暴动暗杀等事。因秘密结社事败露，被捕入狱，一年后获释，仍继续其爱国运动，又再度遭捕。其间被拘押于南印度的海滨埠头琫地舍里。此地当时是英国势力所不及的法属殖民地，此时阿氏 38 岁。自此隐居著述凡四十年，以至示寂，终生未离该地。

阿罗频多狱中读《薄伽梵歌》而见道，遂著有《薄伽梵歌论》。《薄伽梵歌》大略成书于佛陀的时代，然而其影响力为佛教所掩。我们知道，韦陀时代的晚期，韦檀多学兴起，其经典为诸《奥义书》（公元前 7 世纪—公元前 5 世纪），其要旨为世界不二，“彼”（本体）“此”（现象）一体。这是所谓的“有宗”。佛教也是一元论，但认为“彼”“此”皆空（空宗）。这样，不可名相的涅槃实为一负极的绝对者。到了印度的中古时代，韦檀多学的关键人物商羯罗（788—821）以韦檀多学的摩耶即“幻有”，代替了佛教的“无常”。但是，这种思想虽然与佛教的基本教义相对峙，可是基本性质还是趋同，即都有消极厌世、以出家为指归的特点。这种悲观主义的情调几乎笼罩了印度民族两千余年，严重损伤了民族精神。而阿罗频多倡导《薄伽梵歌》中的行世瑜伽，从民族精神的深处，将一负极之路引导到一正极的轨道上来，其学说也因此成为印度民族争取独立自由的理论武器和未来发展的思想旗帜。

阿罗频多在世时，甘地和泰戈尔对他都十分尊重，泰戈尔曾作《敬拜室利阿罗频多》一诗。阿罗频多也有《萨未致》（太阳神之名）一卷长诗行世，结构宏大，是《罗摩传》类型的巨制。此外还有短章若干。以诗而论，他本也可与泰戈尔比肩，恐怕就是未存以诗鸣世之心。

《神圣人生论》一书文采瑰伟、铺排弘肆，如江涌潮推、反转不已，其中大有深旨与极归。其旨在于：超心思；其归则是：人生转化。其旨其归，皆与中国儒家思想为近为合，而与宗教相疏相远也。所以梵澄先生曾说：我国若有新精神哲学之建立，当藉此书为蓝本矣。

1984 年，《五十奥义书》和《神圣人生论》在北京出版，学界应者寥寥，大概是因为对印度古学和阿罗频多其人都陌生的缘故。只有金克木先生在 1987 年《读书》第六期上发表过一篇评论文章。他说道：“两书一古一今，相隔两千多年，但是一脉相通，其中的奥妙是关心世界文化思想史的人所不应忽略的吧？”两书出后，有海外学人称梵澄先生为“玄奘第二”，说他又重新架起了中印文化的桥梁。这个评价并不过誉，因为实情是，用徐先生的《薄伽梵歌》序言里的原话来说：“……（玄）奘、（义）净而后，吾华渐不闻天竺之事，几不知佛法之外，彼邦原有其正道大法存焉。以言乎学术参证，文化交流，近世乃瞠乎欧西后尘，倘从此学续译其书，正可自成一藏，于佛藏、道藏比美。”

杨煦生：就重架桥梁这一点而言，誉徐先生为“玄奘第二”是挺恰当的——因为自唐以降，这么大规模翻译印度古今典籍，并且是独力撑持的，确实找不到其他例证。但这一问题还该有其他的视角，我们先按下不表，后面细谈。最后，便该是《奥义书》压轴了，就其翻译的成就而言，这是顶峰。

孙　波：是的，这是《文集》的第十五卷、第十六卷。在印度文化中，韦陀之教明著于韦檀多学，《奥义书》即是其典籍，成书年代约略于公元前7世纪—公元前5世纪。传布至今，汇为总集者，或百零八书，或百二十书；但古来最为世人推重者，不过十几种。

室利阿罗频多言：“奥义诸书，皆启明之乘器，非教训之方册也。”其哲思、信忱、灵趣，皆混一而未分，然于绪当为正统，于教则为“有”宗。“有”宗者，意义者在焉，谓超世界人类以上，有存在者。此存在者，曰：大梵，曰：自我，等等；此不异于庄子之所谓“天地与我并生，万物与我为一”之“一”者。

《奥义书》之翻译，初始于16世纪的波斯文翻译。1801年有法国人杜柏农（Anquetil Duperron）的拉丁文本。英文译本出版于1832年，继而有穆勒（F. Max Mueller）等人的译本。德国则有杜森（Paul Deussen）所译的《六十奥义书》，初版1897年，梵澄先生称此本“最为善本”。另有20世纪初叶美国之休谟（Hume）译本《十三奥义书》，亦颇精彩。在东方，日本尝聚梵文学者27人，译成《奥义书全集》116种，分为九卷，出版于1922—1924年。

杨煦生：英译本的译者穆勒，现在中文一般通译为马克斯·缪勒，此人正是比较宗教学或者说宗教学的公认的奠基者。而人们往往并未深究《奥义书》的翻译对宗教学这门“西方”学问起了何等作用。

孙　波：我国译本，古有刘继庄之译，今有汤用彤节译，可惜梵澄先生都未能见到。梵澄初译，为《伊莎》与《由谁》两书，并附阿罗频多英文疏释，出版于 1957 年之南印度。后集《五十奥义书》者，略去阿氏两书之疏释，于 1984 年出版于北京。这次文集出版，重新辑录了阿氏之疏释，附于下卷末。读者循此疏释，可窥大师之神思也。

杨煦生：我们说徐先生是 20 世纪中国学人中学兼中、西、印三大文化圈的精神传统的屈指可数者，那么，依你看来，这其中的会通问题在哪部译作或著述中体现得最充分呢？

孙　波：当然是收录于《文集》第一卷的《玄理参同》这部书了。这是一本很奇特的书，书的原名是《赫那克莱妥斯》（Heraclitus），即是今天通译为赫拉克利特的那位古希腊哲学家。阿罗频多以印度精神哲学的眼光，审察这一宗哲学而加以申论；梵澄先生翻译了阿氏之作，附以长篇疏释，并以中国哲学的眼光参与对话，所以更名为《玄理参同》。因徐先生的文字远超于阿氏文字，所以将此书视为“著作”，也未尝不可。

杨煦生：文集概貌如此，平心而论，这是一大宗“当代精神文物”。尽管徐先生有生之年曾经以不同方式问世的文字大概过半，但主要还是集中在译著方面，并且还都是在南印度那个如此独特的中文印刷所印行的。

孙　波：为了支持徐先生的工作，母亲差人从香港特意采购了整套的中文印刷设备。这大概是印度唯一的一个中文印刷所，起码当年如此。

杨煦生：先生自著者，除了《老子臆解》和《陆王学述》外，其他——尤其是在印度期间的英文著作，几乎罕为世人所知。所幸者，现在《文集》终于成型，这一大宗“精神文物”终于“出土”！你的辛劳和心血，终于先有个着落了。

孙　波：除此之外，其他的佚失的徐梵澄文稿和著作还有一些。比如我在编辑《徐梵澄集》[1] 时提到的佚失的手稿《佛教密乘研究——摄真言义释》，此外还有一部手稿《中国古代小说》，见之先生遗物中的一张手页，其中括弧内注："英译。此从鲁迅校刊之《唐宋传奇集》及《古小说钩沉》中选出。已用打字机打好。出版时当由梵澄校对一二过，更斟定其样式大小及分行布白之处，务使与欧美出版之书同其精致。"这次文集编辑过程中，未能悉数收录，毕竟是一件令人痛惜的事情。希望完璧之日早些到来。

杨煦生：是啊。记得四川有人来信请你鉴定一份徐先生的手稿，一旦得知确为真迹，便泥牛入海无迹可寻了。不就只希望他能贡献一份复印件以编入文集么！还有那丧事期间不翼而飞的完整文稿，等等。考古、文物界有个很常用的话："地不爱宝"，地不爱宝，所以破碎的精神法统得以缀补，千古疑团得以冰释。可人一爱宝，并且一"爱"起来还不可收拾，这样事情可就麻烦了。精神史上的杰出人物常常遭遇这种命运——我在这里宁可使用"精神史"这个概念。那些呕心沥血的精神产品（不但是文字），往往被人这么一"爱"，就再也不见天日了——真不知道是该到拍卖场上去打捞，还是该先尽量将篇目清单传世，让盗墓贼千百年口口相传、烂熟于心，到时候别再当伪书处置了。

孙　波：徐先生无后，无直接的遗产继承人。所有徐先生的精神遗产，都将以中国社会科学院世界宗教研究所的所有形式，归全社会共同拥有。我们真希望藏有徐先生手稿的人士充分理解这一点。我们借此机会，再次向藏有徐先生遗稿、逸稿的朋友发出吁请，为中国学术事业计，为让徐梵澄的精神遗产得以完整地传世，能将所有这些逸稿贡献出来——原件收藏者尽管保留，只要献出一份复印件便可。这将功莫大焉，善莫大焉！

杨煦生：我们期待这种善行。

二、一个也许依然陌生的名字

杨煦生：徐梵澄的一生，可以说是一个独特的精神事件。只不过由于他

---

① 孙波编：《徐梵澄集》，北京，中国社会科学出版社，2001。

几乎大半生的近乎“隐逸”生涯，使这一事件至今依然是一个“隐事件”。这种隐逸生涯，本是无意为之，事实上，他可是“隐而不逸”，而且始终勇猛精进，但“看起来”的确如此——单蛰居印度便已是33年。回国之后到逝世的22年，除了他的老友如贺麟、冯至，除了为数不多的亲戚，除了中国社会科学院的某些领导如胡乔木、李慎之、任继愈等，除了宗教所的同事以及少量的编辑，整个“公共领域”——且不说整个的公共领域，这个公共领域早就被等同于传媒了，而只说公共领域的“知识界”部分，似乎始终还未成熟到可以关注他的地步，更不必说了解和理解了。现在《文集》的出版，可以说是为这个独特的精神事件画上了第一个轻柔的句号。而今开始，这个独特的精神事件，该慢慢地从一个“隐事件”转化为一个“显事件”了，也该因此慢慢进入高举深思之士的视野了。在这一“隐事件”的意义上，他是一个当代的“隐士”，一个不“仕”之士，不必只是从一般的政治意义上，还可从学界、思想界风云的意义上。总之，这是一个有力量沉潜而远举的人。

孙　波：徐先生年轻时，用鲁迅的话来说，就颇效尼采之风，独往独来。由于记录鲁迅的一次讲演（“老而不死论”）而开始了与鲁迅的交往。后来留学德国，归国后，直到鲁迅去世，根据他的回忆，在上海期间，除了与鲁迅的“单线联系”式的往来，几乎没多少交往。他与所谓的主流学界和思想界从来就没太多直接的交道，这一点似乎贯彻了他的一生。抗战期间，他任教于“中央艺专”，兼职于“中央大学”及“国立图书馆”，辗转于西南。1945年受国民政府的派遣，赴印度泰戈尔大学任教，后来再转到贝纳尼斯深研梵文，再到瑋地舍里的阿罗频多学院（南印度国际教育中心），至1978年归来时，已是年近古稀了！所以不为世所知，也算是自然不过的事情。

杨煦生：一生自外于名利圈，不党不群，既没刻意推动“思潮”，也未存心介入“运动”。用鲁迅的话，是既不属于什么派，更无所谓何“翼”。这一点，一方面当然该是出于他的性格，另一方面恐怕与他从鲁迅那里承袭来的“要赶快做”的急切使命感有关。看似闲云野鹤、淡然物外，可实际上也是“朝受命而夕饮冰”——终身内热也！只是在他这里，所有这一切结合得这么浑然。正如鲁迅在陶渊明身上看到的，并不仅仅是那种众所周知的“采菊东篱下”的清逸和洒脱，而更是那种“猛志固常在”的专注和勇猛。这种“猛志”，终究和社会层面的现实功业无关。斗士和猛士，有时候是与通常意义上的沙场上金戈铁马风马牛不相及的。人类所必须承领的种种战斗之中，有的不过是向无意义的或者危害生命意义的一切而战而已。这种无形的战争，要求更多的“猛志”和韧性。

孙　波：他多次讲，人必须一天工作 14 个小时。可以说，这是夫子自道。从我们的了解，他在生命的大部分历程中是实践了这一点的。像那些印度典籍，特别是《五十奥义书》的翻译，这么庞大的工作量，独力完成，没有这样超然的心态，没有这种勇猛的精神，没有这两者在他身上的奇特而完美的结合，所有这些都不可想象。如见《五十奥义书》首书《爱多列雅奥义书》引言末尾：“一九五三，十一月，二十日清晨译竟，徐梵澄识于法属印度室利阿罗频多学院。”他的生活是高度自律的。据冯至先生女公子冯姚平回忆，徐先生年轻时风度翩翩、衣冠整洁、彬彬有礼，到别人家里去拜访，就是赊账也一定要买束花去，德国人都喜欢他。他是自费留学，有时候家里的钱未及时寄到，只好借钱或赊账。由于讲信用，所以老板们都愿意赊账给他。房东老太太更是喜欢他，简直当儿子看待。但他的生活却十分严肃。老年梵澄曾告诉冯姚平，那时的留学生们生活一般比较散乱，但他与冯至两人是规矩的。梵澄先生说他自己是学会了念咒语，而冯至则是出于对夫人的忠诚。梵澄先生在《星花旧影》中回忆道：“……此后在留学期间，凡学生萎靡事……凡（鲁迅）先生嘲笑过的，皆没有做过。后来极穷，也未尝自己煮饭，真是‘竖起脊梁’，好好地读书。”①

杨煦生：他的为人人所不知，除了他的不无传奇色彩的生涯和独特的生活方式之外，恐怕还有一个很重要的原因，就是他的整个研究、翻译工作，按照 20 世纪以来慢慢形成的学科分野而言，很难归类，所以也就很难“归队”——纳入人们早已习以为常的，因而再也不问其所以然的那些框架之中。一个有原创性并且自觉坚持浑朴的整体性的学者和思想者的命运在此就会变

① 孙波：《徐梵澄传》，北京，社会科学文献出版社，2009。

得很独特。而在徐梵澄这里，他的那种传统士人的身份与世界主义者的指向的高度结合有关。所以他是一个很难定义的，甚至是说有某种不可定义性的人物。

孙　波：是的，鲁迅就很赞赏他的旧学根基。他出生于一个湖南的世家，大概是最后还有缘享受传统的塾师教育的一代，又是最早进入新式教会学校的、很小就有良好的外语根基的一代。但是，我们知道，他甚至难说有一个高等教育的正式文凭。少时依父命考入湘雅医专，又自作主张考入武汉中山大学历史系，后又考入复旦大学西洋文学系，都是在届不满，又辗转他方。在海德堡大学的博士论文都写好了，忽闻老父病危，遂放弃学业回国奔丧。他后来呈鲁迅的诗中曾有这样的句子："几度沧江话劫灰，酸梨残命有余哀。"典出明代某禅师的诗："上苑已无苹婆果，且留残命吃酸梨。"梵澄先生说："当年留学回来，风云得路，大吃苹婆果的人物多少！我只能在上海依先生而得些稿费，吃些酸梨而已。"此时的梵澄，是个独来独往的自由撰稿人。

抗战胜利后，他被教育部派往印度泰戈尔国际大学任教，这座大学充满了自由和浪漫的情调。泰戈尔的理想，是菩提树下海阔天空的讨论和神游，一句话，将大学办成诗人的摇篮。后来，1951 年后到达室利阿罗频多学院时，则更是耳目一新，一切设施皆富于新意，有某种启明的原则和理想弥漫其间。其时阿罗频多已于头年去世，院母接见并留下了梵澄。在此，他又开始了他 27 年的学术事业。回国后他曾回忆说："……'母亲'对我太好了，太器重了。如果她还活着，我就不好意思离开她。"他归国以后，中国社会科学院及世界宗教研究所的领导都待他甚好。院长胡乔木为《五十奥义书》的出版问题专门致信中国社会科学出版社。他提出不参加政治学习、不参加一般性的会议、不接受媒体的采访，时任宗教所所长的任继愈先生一概应允。

这里涉及一个比较微妙的问题，就是他与某种确定的社会机制的关系。他常说自己性格"乖张"，在我看来，若做同情的深求，可以说他保持着对被"异化"的可能性的警惕。他认为，人的知觉性要粘柔，要时时内入而反顾，要时时外发而转进，如此这般。我的理解，人的精神才不至于被外物"异化"或自我"钙化"。

杨煦生：是啊，“五四”一代的士人，具备这种精神结构并得以贯彻的人还相对有一些，而此后，却是凤毛麟角了。徐先生是该属“五四”之后的这一代的。可是进入20世纪后半叶的士人中，像他这样既保持士人的精神气质和知识结构，又同时成为文化意义上的世界主义者的人，还真不多。他是狂士——鲁迅为他辛苦抄稿、校对而不自知；他是斗士——对当年的复旦大学的批判，引起了轩然大波。年轻时，以痛伐复旦大学弊端的文字发端，抨击时弊的文字不绝，然而竟无意存世，一切都出于使命感和鲁迅式的信念，让这种文字与它所批判的时代一道消亡。

孙　波：是的，20世纪八九十年代，曾有研究者多方搜寻，想把徐先生早年的杂文收集成书。因为这也是与鲁迅研究相关的一个不大不小的问题——当年很多人就把徐梵澄的杂文误以为是出于鲁迅的手笔，鲁迅为此还专门作过说明。可徐先生并未支持这一努力。这一举动只有在这种精神背景下才能得到理解。他在给鲁迅博物馆姚锡佩的信中说：“近闻昔年‘自由谈’之拙文多篇，有好事者将其汇集出版。我准备‘不认账’了。目前，极难在青年界及一般知识分子中，养成一种敦庞笃厚之风，使人皆有一种开国之豁达光明气象。用于催挫旧社会之尖锐刻薄冷嘲热讽之文字，不宜用于现代了。倘若昔年之故态不改，则亦证明几十年毫无进步，‘亦已焉哉’。”又给《文汇读书周报》的陆灏回信中说：“日月出矣，爝火不息；刻舟求剑，其可得乎？时过一甲子，而足下犹以‘自由谈’为言，陈年日历，何所用之？”

杨煦生：在当年的鲁迅门人中，气质上相近者或很受鲁迅精神上的沾溉的人并不少——这个名单可以列得挺长，柔石、胡风、冯雪峰、萧军、萧红……瞿秋白大概该算是朋友辈。可像徐梵澄这样与鲁迅从气质如此相近的人，大概不多。我总觉得，晚年的鲁迅在年轻的徐梵澄身上看到的，或许正该是他自己《自题小像》《坟》这个年代的影子。所以，那个准备“我以我血荐轩辕”，毕生都一直“怒向刀丛觅小诗”的鲁迅，现在当机立断地劝阻这个准备“摩顶放踵、捐生喋血”的青年徐诗荃。这个时代的所有优秀青年，都是满腔救世激情的热血青年，这一点毫无疑义。传统的士大夫阶层的关于天下家国的关怀，在这一时代诚然发生了范式性的变化，但其实实质依然。这些人根本上都有成为斗士的人格准备。

孙　波：正是鲁迅“自足于春华”的告诫，成为徐梵澄的精神生涯的一个至关重要的转折点。当年的梵澄正是湖南人的脾气，好走极端，激烈，意欲“入世革命”，摩顶放踵，捐生喋血，利天下而为之；否则，不如出家，当和尚去。鲁迅劝他：“捐生喋血，固亦大地之快，足使沉滞的人间，活跃一下，但使旁观者于悒，却是大缺点……此外，做和尚也不行，我常劝青年稍自足于春华，盖为此也。”这后句可做一个转换，用阿罗频多的话说，叫作“牺牲之途非一，奉献正尔多方”。似乎阿罗频多也有这样的意思：“正无需乎震骇一时的牺牲，不如深沉的韧性的战斗！”

在这种意义上，正是鲁迅以他的大慧眼和大爱心，为中国的学术思想界保留了这么一根卓越的根苗。如果年轻的徐诗荃也走上左联文学青年的道路，中国学术史就会少了一道独特的、不可或缺的、不可代替的并且也许还不可重复的图景了。

杨煦生：我们知道，鲁迅门下，确实不乏斗士。左联五烈士、胡风等便是很好的例证。但是斗士们所该驰骋的疆场，却是多元的。不是每个人都必须以轰轰烈烈的方式践道，不是每个人都得准备成为烈士。嵇康式的或谭嗣同式的、秋瑾式的成义形式，不是什么时候都必要。不管个人的主观的人格准备如何，毕竟天命各个不同。对于一个“士人”来说，需要驰骋的疆场正多。鲁迅当然是有他的大法眼的。

我们在此谈论他与鲁迅的气质性的相通、知识结构和精神取向的类似，其中很重要的一个方面，就是他们的艺术气质和审美上的共通——正是这两个辈分不同的人身上一样深厚的旧学根底。如果不在这个“反传统”成为超级关键词的时代，这两人恰好是传统意义的“高士”和“雅士”的最好不过的材料。

孙　波：他们之间的交往在艺术方面有很深的根由。梵澄之于鲁迅，神会气契，同“游于艺”，共“妙慧心”，因此“鼓宫宫动，鼓商商应”。梵澄莫非就失去了自我了呢？不然。他只是把个人的自我融进了精神导师更大的自我当中。这一种充满喜悦的精神经验，该正是印度哲学中所谓的阿难陀（Ananda，悦乐）。老年梵澄回忆“神圣母亲”时说：“与母亲谈话，就失去了自己的思路，只能跟着她的思路走。”母亲多才艺，“音乐和绘画皆其所擅长，有声于艺术界”。在精神的高境上，鉴赏能力和审美能力是一回事，既非“同情知”，亦非“推理知”，而是“同一知”，因此，表面上的“失去”，就变成了内心中的“自得”。

杨煦生：这与他们对魏晋文人的归趋应有直接的关系。“彷徨”时期的鲁迅，曾用几乎十年的时间读佛、抄古碑、校《嵇康集》。鲁迅之与魏晋的关系，是他个人并不讳言的。那对贺寿的对子——“托尼思想，魏晋文章”，是得到他的首肯的。对魏晋的归趋，意味着这么些东西——对性灵风骨的独尊，对个性的肯定——“五四”以来的“个性”或“个人主义”往往只得到政治学和社会学意义的解读，在我看来，这个问题毋宁是一个精神世界尤其是个体精神取向的自主性问题，以及与此相关的一种很独特的对抗不同时代的“媚俗”（这正是今天文化批判所绕不过的那个德语词 Kitsch 所包括的意义）的纯正刚健的审美趣味，等等。在这一点上，年轻的徐梵澄恰好正与鲁迅心有所同。这也该是鲁迅对这个特立独行的后生特别地宽容、特别地心有戚戚的原因。单从书法而言，他们都崇魏碑，他们对张黑女的钟爱（他那首呈鲁迅的《楚人吟》，正是用很纯正的张黑女笔法写出的），看来是巧合，但更多的是必然。

孙　波：徐先生在《跋旧作版画》一文中回忆，他的版画皆作于1930—1931年，算来颇有一些年岁了。他自己早已完全忘却了这回事。他说：“追记起一些往事，不免凄然伤怀。在艺术方面，我其实也曾有一些发端，但多未曾继续下去。”治中国现代版画学者李允经认为，徐先生是“中国新兴版画第一人”。他撰文记录了拜访徐先生的场景：他带着藏品，请梵澄过目。先生一看，便顿生抚今追昔之感：“啊！是我刻的！是！是！哎哟，快六十年了吧，那时，鄙人是21岁，如今八十老朽了！鲁迅，鲁迅了不起的细心人，真想不到还一直保存至今……”

杨煦生： 鲁迅对传统版画的钟爱，明显地影响了他。从对“碑学”的钟爱到对中国版画传统的重视，再到德国版画的引进，这里有某种贯穿其中的东西。我一直觉得，德意志民族的精神天赋主要发挥在纯粹的精神领域——神学、哲学、音乐等，总之，在性灵的（spirituell）、在“立法性的”和“立义性的”（gesetzgebend und sinngebend）的领域。而他们在造型艺术方面的最大贡献，除了在建筑艺术领域，就是主要在版画领域了（20 世纪的表现主义运动当然也有其重大的艺术史意义）。正是荷尔拜因、丢勒一脉的版画传统，构成了德国绘画艺术的主线。版画在色彩上的黑白灰的高度“抽象”，正是与中国传统绘画对话的一个基点。

孙　波： 是的，依他对艺术的理解和才力，他完全可以把这一对话进行下去。但是，他没有在这一领域继续进行这种对话，并且他把自己属于艺术类的作品当作“余事”。这与他作为传统士人的这一面关系甚大。

因为，追求理当有更大者，即“立言”。他从来不看重自己的绘画和书法作品，这些东西对他而言，不过是如庄子讲的“迹”，而“所以迹”，即艺术的灵感与精神，他却反复陈言，一贯强调。

杨煦生： 是的。这是一个很有意义的现象。很多创造力横溢、在很多方向都卓有建树的中国士人，总把他们的艺术活动当成“余事”看待。这一点确有儒家理性主义的一点“遗毒”在。传统的价值体系有它独自的谱系和次第。“修齐治平”是正业，其他概为“余事”。“三不朽”中，立德为上，立功次之，立言则是末位。套用尼采的话，我们这个民族确实有点“人性的，太人性的”！

这一点很容易引起误解并且事实上不断地被误解着。如果我们反过来从另外的视角看，我们这个民族确又是一直很“审美的”。从孔老夫子的时代起，“六艺”的地位从来很神圣。不学诗，无以言。传统士人对教育的整体性和生命的整体性的追求并未断绝。这一点本正是“文化”一词的精义所在。正是对这种整体性和有机性的坚持，使传统的士人（士大夫）大体都保持了相对完满的精神世界。嵇康、阮籍、李白、王维、苏轼、徐渭这些旷世之才外，各种流品的人物不胜细举。即便是一个从文人史上根本排不上队的清人刘墉“刘罗锅”，现在都成了当代拍卖场里时不时创点小纪录的小英雄了。

可是无论如何，一个士人对政治生活、对生活世界的使命感，始终还是居于核心。所以，“余事”的说法，往往也不是出于自谦，而是出于对这种整体性的使命的自觉。

孙　波：并且，在这个价值体系中，即使在艺术范围内，也是一方面有其整体性，一方面又有其独特的次第的。其中“诗”总是居于第一位的。徐先生对自己的旧体诗还是很重视的。他对晚辈姜丽蓉曾说，只有他的诗集才是他自己的，当然这是谦词。不过他在世时甚少谈到自己，殁世以后，能收集到的关于他生平的材料又非常少。所以，他的诗集对追踪他的心路历程，就显得十分重要了。他说在年轻时有诗辄寄给鲁迅，鲁迅写信给他，说：“兄诗甚佳，比前有进，想是学汉、魏，于渊明却不像。不佞所好，遇卑卑在李唐……必再阅历四十年，慢慢喝下酒去而不吃辣椒，庶几于渊明有些像了……”徐先生从印度回国以后，与其堂侄崇善多有关于诗作评论的交流。他多写古、近体诗，从不填词。他自辑线装本《蓬屋诗存》，收五百余首诗。在此就他的诗而言，若从一个高度上说，出自于诗的感觉、诗的气质、诗的语言，为精神哲学的表述所必不可少。他翻译《薄伽梵歌》用的是离骚体，翻译《行云使者》用的是古诗体，设若这些古印度雅言用白话诗翻，那么，其中的神韵和意味必会大大的流失。论及尼采时，他说：“为什么在西洋许多名家中，先生（鲁迅——引者注）甚推许尼采？想来是在工作的实质上，有些方面相同。尼采是诗人、思想家、热烈的改革者。文章朴茂，虽多是写短章而大气磅礴，富于阳刚之美，诗虽好而视为余事。虽深邃的哲学，出自以诗的语言，是欧洲近古所罕有的。”

杨煦生：是的。传统艺术的这种价值次第大概是这样的，与文字关系越近，品级越高。诗从来是至高的品目，这大概既与“诗教”传统相关，也与直接抒写性灵有关。在西方，诗与哲学在尼采（其实不仅仅在他这里）的统一，确是比较罕见的例子；但在中国传统中，诗与思想的结盟，却至少始自庄子，并且起码在道、禅传统中从未断绝——像《周易参同契》《永嘉证道歌》到《苦瓜和尚画语录》。书法的地位与诗类似，二者之间有时并没有次第之分。其他门类就依次有变化了。即使像齐白石这样纯粹的、用今天的话来说还比较“草根”的艺术家，也给自己排出这样的次第，如果我没记错的话——诗第一，书次之，印再次，而他最广为人知的绘画倒是叨陪末座。很多传统画家，常用“写画”而不言“画画”，在作品题跋时，往往是“某某、某时写于某地”，这也是其实很有深意的事情。

鲁迅说得很准，徐先生的诗大体取法于汉魏，其实与他的书法一样。不过与鲁迅略有不同的是，他的书法其实是兼顾“碑学”和“帖学”——既有我们提到的张黑女及龙门二十品，同时还又兼有章草和“二王”特别是“小王”，此外，就是他在金文方面和对唐人写经的丰厚基础——《小学菁华》的手稿就是明证。出于气质、眼界和学养，徐先生所取法的都是上乘之物。像他的山水画，便基本不出宋元之际，特别是宋代南宗到倪瓒一脉。

孙　波：《小学菁华》的手稿，本身就是一部当代的法帖。那些蝇头小楷，无论从治学还是从治书的角度，都堪称现代典范。这部著作既是中国一部非常独特的汉英字典，又是一部精要的文字学著作。每一汉字用三种字体排列：小篆、楷体以及甲骨金文资料中还有迹可寻的古体，如“子”字，就有七种之多。楷书与小篆皆为先生手书，附有老式的汉语拼音。前些年南印度有华人朋友来，说是室利阿罗频多学院还保存着徐先生当年的“雕版”，为他亲手所刻，就是治这部字典时留下的。

杨煦生：这些该说就是徐先生之学的大略了。

孙　波：当然，还不算他的杂学，比如音乐、医方、养生、精神修行方面的种种。

杨煦生：这部分，既本属于一个完整精神结构和有机部分，又深深地植根于本己的生存经验，从而有时候就是禅僧们所谓的“不可说不可说”的范围了。

孙　波：总之，这个对很多人也许还陌生的徐梵澄，大体就是这样的人物。当代学界的所有现成的框架都不足或无法用以规范他。你可以在他头上安上这个家或那个家，然而，这都对他不重要。

杨煦生：是的，如果非得用我们这个时代日益贫乏的语言为徐先生定位，那么我们也只能说，这是我们这个贫乏的时代还有幸拥有的最后的士人或者最后的极少的士人中的一位——他是斗士、狂士、隐士、高士，当然他终究还是文士而不是侠士。今天，国学重新成为学界一个重要的概念，以他的传统素养、造诣和精神指向，他当然还不妨是个原本意义上的“国学家”——在20世纪这个特殊的语境的意义上。并且，我们也许还该说，他还是一个原本意义上的“世界公民”——作为翻译家和文化传播者、沟通者，作为共同的意义世界的建构者——我这里是在启蒙时代的德语文化的意义上使用这个概念。

在此我想起了一个很有几分“神似”的另一位人物——梁宗岱。这也是一位在这个时代还依然保持了淋漓酣畅的精神的丰满性和生命的丰满性的人物。但很多地方当然不可比。

孙　波：梁宗岱也是冯至先生的朋友，冯先生在《海德贝格记事》中由衷地赞美他的两位朋友：“徐琥（梵澄）的聪明才智已经使我惊讶，如今又遇见梁宗岱，也是才气纵横。一个是鲁迅的学生，一个是瓦莱里（法国著名诗人）的弟子。”他又继而说到两位老师：“鲁迅和瓦莱里，一东一西，20世纪前期的这两个伟大人物，他们的切身经历、文艺思想，没有共同之点，但是他们的创作历程，却有些相似……”

三、一项刚刚发轫的精神事业

杨煦生：其实，单单谈他的多方位的学术贡献，谈他的知识结构和精神结构等，还都不足以真正涉及问题的实质所在。

孙　波：徐先生将自己的工作定位为“治精神哲学”，他曾说：“……我所锲而不舍的，如数十年来所治之精神哲学。”这涉及他本人在怎样的一种框架中理解自己终身的努力。如果我们把早年的尼采翻译和晚年的《奥义书》《薄伽梵歌》的翻译，把《玄理参同》和《陆王学述》放在一个大语境中考察，把他一生的翻译事业、所译的对象、著述的范围等统一考察，就不难发现徐梵澄的指归之所在。是什么把这一切——横跨中、西（古希腊及德国哲学）、印（主要是还不太进入国人视野的古印度教传统和当代）三大领域，最后重新归宗于中国传统，除了他终生出入的佛道之外，更于晚年重归儒宗。这才是问题之所在。

我在《徐梵澄集》“编者的话”中曾说：先生“晚年落叶归根，回到了自己的精神的故乡……其终点，亦是起点。先生早说过的精神的进步，是螺旋式的上升，譬如一蛇盘旋，首终衔其尾。要之，这是中国知识分子的命运，即使充满了无尽的艰辛与悲怆。”我这话是出之有据的，我不止一次听徐先生慨叹：“中国文化真好，儒家真好。”至于晚年再翻梵文之《佛教密乘研究——摄真言义释》，我猜想可能他有意为后人着想，因为这是极难啃的一块骨头。他对我说过：“我想告诉大家这并不神秘，但我又要照顾到信仰者的情感。”

其实他的结穴之作是《陆王学述》（1994）和英文《易大传——新儒家之门》。前者之后序有云：“诚然，历史上未尝有可凭宗教迷信而长久立国者。五千年中国文教菁华原自有在，不得不推孔孟所代表的儒宗。仁民而爱物，于人乃仁，于物不必仁，而亦不失其爱。从容中道，走出一条和平忠恕的坦途，能善其生，即所以善其死……所谓良好而且远大的效果，是既明‘此学’已，同时便得到‘此乐’。”后者结尾处说：“纯粹为了研究的目的，设若一个人能以这一正确的认识步入新儒家的殿堂，他会发现，他好像在经历了一次长途跋涉之后返回家中，惊喜地发现房屋已被修葺收拾一新，而面对这一切，却一点也不感到陌生。”

杨煦生：徐梵澄终身实际上贯彻了一个早年鲁迅问题，将人作为精神性的、性灵的存在的问题。我们不妨在此将这个问题更进一步地具体化和明确化，这其实就是一个现代性中的心性问题、人的精神存在和精神自主性的问题。这个问题首先“很中国”，因而同时又很有普遍意义。

自近代以来，这个问题被不断用各种形式提出并常常伴随着某种方案——这其中有康有为复兴（实际上是重建）孔教的方案，有始自熊十力而延续至今的整个当代新儒家运动，中间还有场不大不小的科玄论战，有早年的王国维（告别哲学、希望因此逃避“信爱两难”困境之前的那个王国维）和蔡元培坚持终身的审美主义的路向，这个路向在20世纪的最后二十年，又通过李泽厚的方式与德国古典哲学的理想特别是跟康德重新勾连，并且显示了向传统的创造性回归的努力。

孙　波：这就把问题放在更大的时间背景和精神关联之中了。但这些路向与徐梵澄的路向终究是很不相同的。我倒愿意拿牟宗三先生与徐先生作一比照。两人同庚，家境有相似处，经历却甚不同，但具有代表性的成熟之作皆出在20世纪70年代初。徐先生的代表作是《玄理参同》，牟先生的代表作是《现象与物自身》；前者在文化的源头，融合三大学术著作，独自与西、印对话；后者以一人之力翻译，打通、消化康德哲学，以现代学理形态确立儒家的历史地位。两人的成就都是居功至伟，然而，路向确实仍有所不同，牟先生做的是一套知识学的系统，徐先生做的是一番精神学的工作。不是说牟先生的著述不偏重精神，恰恰相反，他张立儒家精神亮度最甚；而是说，这种学说关心的一个向度是“内圣”如何开出“外王”的问题。而鲁迅、梵澄一系，基本不涉“外王”。“外王”如何？在理论上是不同学科之社会科学学者之事，在操作上则是政治家的事。鲁迅之“立人”，实则是“国民性”的“新塑”，亦即“精神的进化”，而精神的进化，是通过一个个有主观愿望的个人来完成的。因此，阿罗频多所说的“主观主义”时代，也就是在这个意义上的个人主义时代（我曾与李慎之先生有过一个讨论，他问我若把鲁迅与胡适作一比较有何看法。我当时的回答是：鲁迅和胡适不能作比较，因为所关心问题不同，向度不同。鲁迅关心的是“立人”“改造国民性”，属精神性；胡适关心的是制度建设，属知识性。两者一纵一横，都为必须。用精神哲学这一套说法，精神性属于个人，是重复性原则，即有错误可以改正；用知识学这一套说法，制度性属大众，是普遍性原则，即作恶绝不能允许。李先生听后沉吟片刻，说：“对，对，孙波，你的说法对我很有启发！”次日与他通电话时，他又重复此话。只可惜在他殆世前未对这一看法的调整展开精彩的论述）。

杨煦生：的确这样。我觉得逼近这个问题的路径在于，还是再次回到鲁迅的精神背景下来展开。自鸦片战争以降，所有优秀的士人都为这个风雨飘摇的时代所折磨。陈寅恪的“三千年未遇之大变局”的话，已被无穷无尽的文字所引用。然而，这并不仅仅是个“慷慨赴国难”的问题。“国已不国，家已不家”，青年徐梵澄呈鲁迅的那首四言古体诗《楚人吟》劈头就是这样的话，这是他与这一时代的很多读书人所共同面对的现实，也是他们的不同的问题意识共有的出发点。这一点，与那个时代的其他人，与其他的鲁迅门人的基本出发点并无二致。

问题是，在青年徐梵澄这里，重要的还在于——“身且非身，如何弗死？”一旦世界和生活，尤其是生命问题成为反思对象，士人与世界的紧张关系，大致可用“救世”和“治生”这两大问题来展开。这本是带永恒性的人类问题。传统社会是个整体性的有机社会，在社会结构、政治文化的运作方面，其中都有某种自主性的因素在发生作用。生命意义的依归，在传统语境中当然也从来存在，但还未以如此高度紧张的和戏剧化的形式出现。而在甲午、辛亥到“五四”时期，这个问题高度戏剧化了——我们只需想想王国维、梁巨川（梁漱溟之父）这些个案。在这么一个文化劫难的时代，希望通过佛学的性灵途径来解决治生问题的士人，比比皆是，熊十力、李叔同、梁漱溟、苏曼殊……这个名单我们可以拉得很长，而这其中，终生成为平和沉净的佛教徒的，大概倒只是丰子恺。

这个问题就不是其他那些相信通过社会革命或制度改良便可救国于外侮内乱、救民于涂炭、救传统于衰颓的热血青年所必然共有的了。在这里，救世与救生是同等的迫切，甚至救世必须假道于救生。这一点，徐与鲁迅更为接近。在“治生”问题方面——通过对生存状态的批判，特别是在内在精神状态的批判而寻求一种存在论意义上的人的解放，正是鲁迅的“立人”的思想和“国民性批判”的核心。从《坟》的时代开始，鲁迅所重的是，为中国社会造就一批精神斗士而不是一般意义上的社会斗士，并以此为基础推及全社会。“国民性”批判的思路，在今天看来，似乎颇有本质主义的色彩，这是一个还需要反复探究的问题。可是“立人”的问题却与本质主义无关。没有一种内在的、反思性的个体精神批判，健康的社会人格的形成无从谈起。如果社会改造不发轫于个体的精神批判之上，健康的社会人格无由形成，今天所谓的制度转换，等等，又何尝不是痴人说梦？

孙　波：鲁迅的独具慧眼、鲁迅对徐梵澄格外的青睐有加，确有他一以贯之的精神背景。鲁迅“期待大将”，张扬“摩罗诗力”，这根本就是从精神意义上出发的。在这里，社会批判和文化批判都归宗于人生批判。而徐与鲁迅之间，不但有类似的读佛的经历，不但有共同的魏晋气质，还有在审美方面的种种共鸣。

杨煦生：是的，他们在气质上的这种相通，是有传统根由的，或者说，是构筑在对传统的某些特定方向的深刻的精神体认和皈依上的。单就“治生”问题而言，生存批判在《庄子》中、在魏晋玄学和般若学中、在大乘佛学的传统中，早成系统（儒家体系有另外的谱系和取向）。“五四”一代的所谓“反传统”，并不是百无聊赖的文化造反之类，并不是什么人都够格、什么时候活得不够爽便随便把反传统玩上一把的！

孙　波：但是最为关键之处，还在于他们在这个问题上的共识——在徐梵澄这里，这个问题的表述是这样的：“穷古今，彻中外，无论何种高远的理想国、乐园、光明世界，终究不是弱者所能居住的！”古代士人的“真性”与“性灵”，早年鲁迅这里的“灵明”与“摩罗诗力”，慢慢更进一步的明晰化，在徐梵澄的后半生，这个问题就是真真确确的——精神。这里是徐梵澄庞大的翻译事业的基础。具体一点说，鲁迅提出“立人”“改造国民性”，是指精神建设之事，当然这是一个一般性的说法，我们也可以说是国民之“心”与“性”的“新塑”。但如何新塑？必须要有学理的回答，这一步鲁迅是来不及做的。进一步说，翻译与介绍尼采和印度古典也是不够的，还必须了解印度的“今典”，即阿罗频多哲学。鲁迅与阿氏为同时代人，无缘相见，甚为憾事，这种联想可暂且不谈。只有确立中国精神哲学才能在思想的高度上回答鲁迅提出的问题，这一点，徐先生明确地努力了。毋宁说师徒二人是一个接力赛，亦不为过。徐先生曾说《神圣人生论》这部书，云：“吾华若要建立精神哲学，必以此书为蓝本矣。”

杨煦生：在现代条件下，救世与治生的问题发生了范式性的转化——用纯粹一点的学术语言来说，成为“立法”（Gesetzgebung）与“立义”（Sinngebung）的问题。所谓“立法”涉及的是社会生产领域和社会政治领域（这其中当然也包括国际政治领域）。整个工业式思维的最高哲学表述，无非是那句康德式的人“为自然立法”。而社会管理方面的民主化、法制化、科层化和技术官僚化，国际政治方面民族国家的共存，等等，都属于这个范围。这一部分，正是中国社会形形色色的“现代化”话语的覆盖范围——从“船坚炮利”到今日的“制度创新”。而“立义”的问题，则是在这个高速发展且高速异化的进程中，为人寻找意义安顿的精神家园的种种努力，其进路可以各个不同：宗教的、审美的、纯粹精神哲学的……这里所处理的是“有路可走”“有章可循”同“无家可归”的矛盾。这正是“立人”问题的一个至为关键之处。

从特定的意义上讲，一方面，“救世”和“治生”相辅相成，没有健康的社会人格，没有灵明的心性结构，制度问题终究不过是空中楼阁；另一方面，这两者间的理论分野却又无法混淆。古往今来，任何制度本身，都解决不了意义问题。“意义”是与人本身相始终的永恒问题，而“制度”不过是关于社会组织形式的合理性的相对问题。意义问题是既有最广泛的人类性，同时又是每一个具体个人最本己的问题。在20世纪的中国语境中，对这个问题的分梳是严重欠缺的，所以我们要么什么都向西方索求，要么就非得逼着儒教的传统开出现代政治学意义上的“民主法制”的“新外王”来。我们往往不是奢求于“洋”便是苛责于“古”，要不便更干脆地奢谈“创造”——而所有这些，无意识地掩盖了我们精神能力和实践能力的苍白。

“立法”进程还必然带来制度拜物教、进步拜物教等（在此毋庸讳言，即便是鲁迅本人，对“进化”“进步”和“未来”都有相当程度的痴迷和执着），所有这些，都无法在“立法”问题的框架本身内部得到解决。这一问题在近代以来不断蒸腾氤氲，使“精神”这一关键词日益逼近破晓。

孙　波：所以就先是一个“穷古今、彻中外”的问题。这里不仅是一个得之于时代的现实使命感的问题，没有对传统的深厚修养，没有广阔的世界主义的胸襟和洞见，没有卓绝的韧性，一切都无从谈起。

从周氏兄弟师从章太炎的时代，这师徒几个就深深关注古印度的智慧，并曾计划翻译《奥义书》。然而，这份雄心，终于没在他们师徒几个这里得到实现——修习梵文、翻译经典，这总需要大量的时间和顽强的心志。徐先生之治印度思想之所以独立扛起这么大的一项翻译事业，也可以说，这是他本人从鲁迅这里自觉领受的第三份作业。这是一份用整整一生完成的作业。这里没有为师的耳提面命，没有为徒的恭谨然诺。在他的一生中，这份作业就这样默默地完成了。

杨煦生： 这其中，也许还有个机缘凑合的问题。徐先生虽因父丧未能完成他在德国的学术计划，可是自施莱格尔兄弟以来，德国却是通向古印度文化的桥梁——当然并不仅仅通向印度，至今也还是通向中亚（丝路）研究、藏学及很多古文化研究领域的重要桥梁。

孙　波： 你说得对。德国与印度，在精神方面似乎有一点亲缘性，从阿罗频多的《社会进化论》中也能得到印证。从中古到近代，阿罗频多主要以日耳曼——德国为例，他还预言这个民族将会有极端性的膨胀。不唯这是一种特殊机缘，徐先生后来在泰戈尔大学、在贝纳尼斯及后来在阿罗频多学院时与“母亲”的相遇，并因此决定留居此地，都是这样的机缘。

杨煦生： 这么多的机缘之所在，看来也就是天命之所在。当所有的偶然产生了必然联结的时候，这背后也许就有某种大计划在。噢，又说远了——也就是在探寻智慧、建构精神的动机的驱动下，他开始了他作为世界主义者——一个性灵意义上的世界主义者的生涯。他在精神哲学上的贡献，是与他作为世界公民的翻译家身份紧密相关的。

孙　波： 就他在印度的生涯和贡献，学界曾有人认为徐是当之无愧的玄奘第二。他在印度待了 33 年，玄奘在印度待了 17 年。当然，问题不能以时间长短论，还要从所作贡献去论说，这个我们已经说的很多了，我想再强调的是，还要从真正“交流”的意义上论说，而不是单“传”，无论东或西。当年玄奘把老子五千言译成梵文介绍给印度，今世梵澄把中国的精神学术或译或著，用英文介绍给印度及世界，《唯识菁华》和《肇论》虽在大陆出版，但亦为昔年行箧旧稿。而《小学菁华》《孔学古微》畅销于欧美和南洋，“评价似乎不恶”（梵澄语）。这种双向或双重之文化“交流”的重任，不知上一世纪（20 世纪），甚至上溯到玄奘以降，有多少人能有如此担待？

杨煦生：双向的文化交流问题，是个需要严肃分梳的问题。基督教来华传教士特别是早期的天主教传教士中的很多人，姑不论他们的具体宗教立场如何，但发挥了双向交流作用的大有人在。自利玛窦、罗明坚、柏应理以降，代不乏人。反观中国学界，怀抱平等的、对话式的心态向西方翻译或者直接用西文写作、阐述中国精神的学人，并且进入西方主流学界的视野的，则不论如何也寥寥可数，一般只为学界中人所知的如辜鸿铭、林语堂、陈荣捷、冯友兰等。

回到徐梵澄，回到他的翻译和西文著述的意义上来，在他与玄奘之间，其实有很多不可比的因素在。我以为，如果我们非得假借比较来透视问题的话，也许更准确的说法该是鸠摩罗什第二。作为翻译家，徐梵澄的成就并不仅仅在其工作的庞大的量和卓绝的难度上，而首先在于对双向的文化传播的贡献以及这种工作对长远的跨文化理解的意义，这一点我完全同意。

不但如此，我觉得他的重要之处还更在于清晰的问题意识和取向上。也就是说，他的工作有清晰的“立义”——为建立意义世界而劳作的背景。就翻译工作而言，玄奘的个人贡献甚至高于鸠摩罗什。但是，就精神谱系而言，鸠摩罗什着力所传的般若系经典，与中国传统发生真正富有成果的对话与融合；而玄奘所传世亲、无著一系的唯识学，学术意义甚高，然而与中国传统似乎并未发生这种程度深刻的关联。

我们先可以暂且讲些大呼隆的笼统话。中国人本来并无传教的传统（近二十年台湾佛光山法系的全球性发展，大概是个例外），倒有两千年的取经传统。这是一个一直还未得到充分关注和阐述的问题。如果我们把中国士人的使命感归结于救世和治生两大方向，这两者恰都与通过翻译“取经”的传统相联结。整个佛经翻译传统都首先与“治生”有关；而近代以来的以魏源、林则徐、严复等人所代表的翻译事业所侧重的则是另外的一翼——“救世”之翼。而这两个阶段之间的以耶稣会士和他们的中国士大夫友人所代表的另一个翻译阶段——明季开始的中国传统与基督教文化的相互摩荡，却是另一番意蕴深远的皆大欢喜——传教士们当然是奔赴中国这个“地极”传播福音而来，却由于多层面的误解误读和种种策略性考虑而竟成为西方（近代）科学的传播者而最后竟成“铁案”！

孙　波：正是徐梵澄的翻译，从另外的方向重接了“治生”——重建意义世界的传统。从尼采翻译的强烈、清晰的动因不必说。而整个印度教传统的译介，则是独力填补了一片几乎已成空白的学术领地。徐先生曾说，对于印度，一般的中国人只知佛教不及其他，正如印度人只知中国有佛教而不及其余一样。可是，印度人尽管可以不知中国，但中国人却不可不知印度。

不唯印度，徐先生晚年还有重译基督教《圣经》和伊斯兰教的《古兰经》的宏愿，并已经着手准备，期望打通各大宗教，在此基础上，建立中国的精神哲学。但天终于不能再假以年！

杨煦生：正是这样的气度和胸怀，在不同的文化传统中，寻找真正富有人类性的精神资源，翻译家才成其为真正意义上的世界公民。任何伪世界主义和伪民族主义都将失去遁词。在此，面对徐梵澄，面对这个依然充满陌生感的名字，我们只能使用《诗经》的语言——此何人哉！此何人哉！

孙　波：精神总在永恒地回归之旅中，是的，面对徐先生，我们唯有使用这样的语言——此何人哉！此何人哉！

李泽厚

——李泽厚的当代精神史意义*

非常高兴，今天有机会在这个场合，把一些跟李泽厚相关、受到李泽厚启发的问题提出来，向大家请教。

昨天谈到李泽厚的定位问题，杜维明先生讲道，李泽厚是“做哲学的，而不是研究某一种哲学的”，他是一个以生命从事哲学活动的人，这种说法很准确。自从“哲学”这个词在现代汉语中出现，就从来是一个名词，没有动词和动名词形态。我们知道，在德语中则有动词形态的 das Philosophieren。孔子所谓的“志于道”者，大概最接近这种意思，可惜在现代汉语中没有一个相应的简明的表达方式。一个从事哲学工作的人首先该是一个“志道者”。把自己的生命置于这么一种情态，让生命成为这么一种跟时代共同历险、共同焦虑的过程，正是李泽厚的特点。应该说这个特点不少学者不同程度地都具有，但是其表现形态却是各异。因为在现代，特别是我们这个专业分工貌似很森严的科层化时代，思想家型人物、思想者都往往得先拥有一个貌似学者专家的职业。古往今来，“思想家”都并不是一个职业，而在现代学界，哲学家一般也往往只能以某一种哲学的研究者的身份出现。20 世纪 80 年代以来，学界一直经历着经商、从政、乘桴浮海、脱离体制走向民间各种浪潮，一直经历着分化。当然还有很多人坚持在原来的思想领地和专业领地上。这些人中，有很多人成了专业教授、成为专家，而有的人只是在“专家”的面具底下从事着他们的思想活动。这是典型的现代现象，在这个意义上，李泽

---

* 原载《开放时代》，2011（11）。

厚是坚持得最好的思想家。他拒绝或者回避了非常多的东西，他一直从事着坚韧的，甚至可以说是悲壮的思想活动和哲学活动。

我想讨论的问题主要是，如何在李泽厚思想的统一性和丰富性之间，从其思想在特定时代语境中的广泛社会效应的角度来考察李泽厚独特的思想命运，以此透视李泽厚的当代精神史意义。

在这次会议的讨论中，我有一个印象，我们更多注意一个比较统一的李泽厚。当然有一个“吾道一以贯之”的李泽厚，他本人也非常强调思想的连续性和一贯性。然而，作为李泽厚的学生，从20世纪80年代以来，我一直更多体会着的是一个充满悖论的李泽厚，并且作为他的思想成果显现出来的很多悖论，起码在他目前的精神努力中、在当前学术界的努力中，是未必就能够立刻得到解决的。这种悖论色彩，从表层看，首先与李泽厚的丰富性紧密相关，或者一体两面。而正是在此基础上，李泽厚的学术活动和思想活动获得了奇特的广泛社会效应。20世纪80年代至今，李泽厚的思想命运一直如此。不像很多学者的工作，只在一个狭窄的专业学术圈内发生效应。李泽厚在此特别幸运——假如我们重新审视中国思想界的状况，自20世纪80年代直至今日，我们很难找出提出这么丰富、不是立刻可以解决的问题的思想者。正因为他的这种丰富性跟矛盾性的紧密纠结，使他的思想成果和思想活动，成为一个我们无法回避、必须直面的问题——假如我们想清理当代的思想史、当代的思想问题的话。我认为，这也是我们今天这个会议之所以召开的一个重要动因。

为什么李泽厚有这种罕有的幸运（在某种意义上说，这种幸运又是这个时代所有真诚的思想者都共同享有的）？如何在总体的时代语境中理解这些？我总是品味陈寅恪在王国维墓前那一句很突兀的话：“三千年未有之大变局”，为什么偏偏是三千年？为什么不是两千年（秦汉以降）？为什么不是两千五百年（从孔子以降，换句话说，从轴心期的“轴眼”以降）？陈寅恪的话可能不是一个很准确的表述，但大略而言，以三千年立论，指的应该正是西周时代。假如我们从陈寅恪的话出发，中国文明自从周公“制礼作乐”开始——我们不妨把所有这些理解为广义的社会规则的确立和制度建设，理解为一种人向社会立法的行动，为社会、个体生活提供意义、提供归属感和家园感的活动——礼乐制度以及与此同期确立的宗法制度，成为中国文明的制度范式。到了20世纪，这一切全面坍塌崩溃了。以前汉季佛教东来，唐代景教、伊斯兰教入华等，虽然都不同程度地导致冲突和碰撞，但无法改变中国文明的基本范式。独独20世纪，所有的痛苦和危机都被西来的现代进程毫不留情地放大了：一方面是制度性的冲击；一方面则是与制度危机紧密关联的意义危机。从生存哲学和宗教哲学的角度，意义危机可能与人类相始终。但是，20世纪中国的意义危机的惨烈程度，我们不妨想想梁巨川和王国维，便可窥一斑。

所以，可以这么简单地说，不管自觉程度如何，20世纪中国思想界的任务，事实上一直是两端——立法（Gesetzgebung，为现代转型进行制度建设）和立义（Sinngebung，为生活世界建立意义）。对制度难题和意义危机的问题意识，应该说在20世纪80年代重新萌发并日益明晰化，这才有“文化热”和“美学热”以及在90年代的延伸如“国学热”和“自由”“新左”之争等。就问题实质而言，不论20世纪80年代也好，90年代也好，都不过是在新的时代语境中不断刷新的制度问题和意义问题。

在这种背景下，李泽厚穿梭劳作于美学与思想史、康德与马克思、儒家传统与西方课题、历史与伦理、心理—情感本体与社会—工具本体、宗教性道德与社会性道德这些表面上非常难以调和的论域和论旨之间，并不断彰显强化这些问题。而对所有这些问题最集中、最简便的表述，就是他“经验变先验、历史建理性、心理成本体”的“三句教”。从专业哲学的角度，这“三句教”疑窦甚多。什么叫经验变先验，怎么变？历史怎么建立理性？心理如何成为本体？这三句话、三个命题，本身都包含了大量悖论式的难以逾越的东西。这背后大概可以让人窥见他的雄心——把制度建设和意义设定都融于一种思想努力、一个体系之中。

我们想用一个世纪甚至是用数十年的时间，重蹈或者跨越西方几百年的进程。我们用这么短的时间，自觉地或者被迫地面对整个西方、世界史近现代以来提出的所有问题，这是我们这个时代很窘迫的问题，这也是李泽厚特别幸运、特别矛盾的地方。现在重要的问题不在于李泽厚“解决”了这些问题中哪一个，而在于，他的思想活动，让所有这些问题的矛盾性、悖谬性困扰着我们，成为社会和大量的思想者必须直面的问题。作为一个思想者来讲，他的思想历险有此社会效应，意义就非常巨大。这像王国维的“可信”与

“可爱”的问题，一直困扰着20世纪以来的诚实的中国知识分子一样。李泽厚以他的敏感、他的理论洞见、他的坚韧，不断变换各种方式回到他所关心、所提出的问题，根据当下特殊的语境，不断重新面对这些问题。正是这样，他把我们这个时代面临的很多矛盾和困境不同程度地凸显了。从专业学院哲学的角度，“工具本体”和“情感本体”的问题，的确很难论证。当然很多地方可能不够明晰，并且他的努力，多多少少有点悲壮的地方——他致力于把各种不同的论域聚拢在一个体系里解决。

不论其悖论色彩有多浓，我个人认为，李泽厚一个很大的贡献，就是融合康德与马克思的尝试（这里的“康德”和“马克思”都不妨看成一种便于表述的象征符号），以及在中国当代语境中将马克思主义传统与中国的儒学传统进行创造性融合的努力。用李泽厚自己的话说：“要用中国传统来融化马克思、康德（把他的先验理性改成经验通过历史累积而成）……并用中国传统来丰富它，这非常重要。”①

具体从学理上说，康德哲学把人类的整个精神能力分成感性（Wahrnehmung/Sinnigkeit）、知性（Verstand）和理性（Vernunft）三个层面，又把纯粹理性与科学认知、实践理性与道德立法、判断力与审美能力相对应。在德国观念论的传统中，关于“人”的批判和探索，是从一个观念的理想角度出发的，这一部分在康德的体系中是静态的，也就是说，康德把人类的精神能力以一种理想化的、体系化的和结构化的方式展开。非常粗疏地说，李泽厚将马克思与康德融合的努力，在我看来，其“秘密”正在于：第一，通过马克思（以及为马克思提供了动态历史时间逻辑的黑格尔）将康德的那种具有典型观念论色彩（idealistisch）的理想的“人”历史地加以展开。所以他坚信，经验是可以变先验的，人性的先验结构终究是人类历史实践和工具制造历程的作品。故而有所谓的“历史本体论”或者“哲学人类学的历史本体论”。第二，将荣格宏观的“集体无意识”观念和“原型”理论与皮亚杰微观而动态的儿童心理建构历程的理论相融合，个体生命的心理进程与人类总体的文明历程是可以互相契印的，故而有了“积淀说”和近年来特别集中讨论的“情本体”问题。李泽厚用这种马克思/黑格尔式的方式，把萦绕康德终身的

① 李泽厚、刘绪源：《该中国哲学登场了?》，78页，上海，上海译文出版社，2011。

那个伟大的“人”的问题通过心理学给历史化了。他对历史的痴迷执着，几乎可以说是一种强悍的历史信仰。他对先验问题的距离和警惕，跟这种信念息息相关。

在用中国传统来“融合”“丰富”康德与马克思的重要论旨的这个方面，李泽厚的中国思想史研究，他的“思想史三论”“美学三书”，以及《己卯五说》也成为一种很独特的东西。李泽厚三卷的思想史论著，为什么不用“思想史”而用“思想史论”？为什么《美的历程》不是一部一般意义的“审美意识史”而是一部“审美理想史”？我们不妨先简略断言，在这个领域，李泽厚开辟了一种精神史的范式，尤其以《中国古代思想史论》和《美的历程》作为标志。与他的清醒的历史意识相应，中国文明的古老精神历程，一直是在动态的建构之中。但是，另外一个角度，李泽厚是一个普遍主义者，甚至还多少有点他自己所警惕的文化本质论的色彩（如果我们粗陋地对待《试论中国的智慧》这样的篇章的话）。

所有这些，注定了李泽厚的思想成果不能不充满悖论式的矛盾。正也是这种矛盾，使他常常成为我们的一个问题，他让我们跟他遭遇了很多很难逾越的沟壑，这是他最大的问题，也是他最大的幸运，这也是李泽厚今天之所以成为问题的意义的所在。如果我们从学理的角度，发现了李泽厚思想成果中的悖论色彩，那么这种学理上似乎悖谬的思想建构，恰恰泄露了我们这个时代社会生活中的有待克服的巨大的悖谬和荒诞！正如李泽厚所坚信的，所有这些都必须由当代中国人的精神活动和社会实践来回答。

世界伦理的精神意蕴

——《世界伦理手册》中译本序*

一

读者手中的这一本薄薄的《世界伦理手册》，是孔汉思（Hans Küng，或译汉斯·昆）教授关于世界伦理构想的最新著作。如作者在其中文版序言中所言，此书提供了一个新的视角，关乎“世界伦理构想的根由和履践”，是这一长期思想进程的“峰点”。换言之，此书也是孔汉思在其思想和著述生涯中自己珍视的著作之一。孔汉思教授著作“逾”身，五十多部专著中，大约四分之一是篇幅在千页上下的煌煌巨制。而在所有著作中，他本人所特别珍爱的，在三联书店已经出版了中文译本的，有《世界伦理构想》《世界宗教寻踪》以及现在呈现在读者面前的《世界伦理手册》。

1992 年春天，当我在德国图宾根大学开始我的博士学业的时候，参加的第一个讨论班，就是孔汉思教授所主持的关于《世界伦理构想》的高级讨论班。也正是这个参与人数有严格限制的小型讨论班，奠定了我与世界伦理构想的某种精神上的缘分。自此，我参加了孔教授荣休之前的所有讨论班以及成立于 1995 年的世界伦理基金会框架下的大量学术活动并一直保持着学术合作。2011 年秋天，我应孔汉思教授之邀、受北京大学高等人文研究院之托访问图宾根，商讨世界伦理基金会与北京大学高等人文研究院在世界伦理研究

* 原载［瑞士］孔汉思著，杨煦生中文版主编、主译：《世界伦理手册》，北京，三联书店，2012。

上的进一步合作时，他正在撰写着这部《世界伦理手册》，并在我辞行归国时把部分草稿交付我。至2012年3月，文稿杀青，我在Piper出版社出版之前得到所有文稿。

感谢邓建华博士、廖恒博士以及生活·读书·新知三联书店李学军女士、叶童先生的大量心血和辛劳，本书中文版得以与德文版几乎同时面世。因为时间因素，这个译本遗憾地未能从容磨剑，错讹之处，恐为数不菲。在此谨请学界高明批评。一切不如意之处，由身为翻译工作组织者和校对者的本人承担责任。

二

在此，有必要就世界伦理这一宏大主题的精神意蕴，从译校者的角度，从基本名相在跨文化理解上所碰到的一些基本困难，展开一点初步的阐释。

有关世界伦理这一主题，在中文世界中，一个显然的难题在于很多基本术语翻译上的困难。

Weltethos，这个由孔汉思在20世纪90年代的特殊时代语境中重新创造并赋予了无比生命力的、有一半希腊血脉的德语词，在英语世界中已经面临翻译困难——尽管在印欧语系的日耳曼分支之中，英语大概已经是德语最近的近邻。在英语翻译中，人们用Global Ethic这一术语差强人意地来支应。而在中文翻译中，Weltethos一词，大概已经有这样的四种译法——“普世伦理”“普遍伦理”“全球伦理”“世界伦理”。四者之中“普遍伦理”这一译法，可以明确断定，纯粹出于误解。Weltethos的观念并非追求某种普遍伦理，并且，类似于Universales Ethos这样的用法，孔汉思并未使用，这是孔汉思本人早就在不同场合反复强调的。在本书之中，这种专门的澄清占有特定的篇幅：

> 世界伦理绝非人造的“超级结构”，绝不是一种什么“人为抽象的世界一体化伦理（artifiziell abstraktes Welteinheitsethos）”。它尊重由宗教或哲学方式奠基的道德文化的多样性并且绝不压制那些善意的拥有不同见解的人们。它的根基是不同民族的古老智慧和基本的生活原则，这些智慧与原则自人类与动物世界揖别之日开始，就

> 塑造了最原始的人类，并且从诸种文化的不同宗教与伦理传统以及习惯法之中积淀而成。(《世界伦理手册》I. 2. [6])

其他三种不同译法中，然然否否，各有千秋。比较贴近德文原意的自然是“世界伦理”，从英文转译而来的则是“全球伦理”，转道以求达意的则还有“普世伦理”。这其中，“普世”云云，在今天的特定时代语境之中，人们总是容易对某种独断普遍性充满疑虑，而未暇先冷静而自信地想想本土精神资源的普世性问题，故此还是暂且搁置为宜。本书的翻译，经过多方斟酌，还是先以“世界伦理”为优。

细细论之，则 Weltethos 一词之中的“世界”和“伦理”都还大有需要分梳的空间。

先看“世界”。

我们知道，孔汉思教授是一位毕生从事普世神学研究的神学思想家和深切关注人类处境和命运的哲学家。就其思想在当代西方社会文化生活中罕有的穿透力度而言，杜维明教授在其 2009 年秋天与孔汉思的一场对话中，以“当代西方世界最具影响力的公共知识分子”称誉之。1996 年荣休之前，孔汉思一直担任图宾根大学普世神学研究所所长。作为梵蒂冈第二次大公会议(1962—1965)的神学顾问，无论他与教廷后来在某些重大神学问题上如何处于抗辩状态之中，他的工作都可以看作梵蒂冈第二次大公公议精神的严肃践履。在他的研究生涯中，Ökumenische Studien 走向了 Welt - Ökumenische Studien，即从基督宗教内部各大宗派的合一、从阿伯拉罕世系的三大先知宗教(犹太教、基督教、伊斯兰教)之间的和解，走向世界性的宗教文化对话，对生活世界(Lebenswelt)诸种危机的思考和对世界和平的建构。这里，Ökumene 这一有古老的希腊根源的观念，与另外一个同样构成基督教精神基点的希腊词 Katholikos 的确支撑着某种“普世”的宏愿(希腊人和古代中国先民有某种奇特的契合，当华夏先民把自己目之所及的生活世界命为“天下”的时候，古希腊人正使用着类似的观念，Ökumene——环地中海的文化世界。这种“文化天下”的观念，可以说就是后来“普世”观念的由来，基督教，尤其是被我们俗称为天主教的基督公教，在一定意义上当然也强化了这种普世诉求）。

然而，当孔汉思开始进入 Weltethos 的观念建构的时候，却并未使用 Ökumene 这个大家都多少习惯了的、与他的专业工作息息相关的名相，而非常简单地使用了 Welt 这一似乎司空见惯、老少咸宜的日常语词。

可以基本确定一些理由是：Weltethos 的观念，早已超越了纯粹在宗教意义上的伦理建构而更多地植根于生活世界的危境。在本书第二章中，孔汉思从现实生活、哲学、文化人类学、政治学、法学、生理—心理学和宗教学的不同路径和领域展开了论证。世界伦理的精神建构工作，早与我们生活世界息息相关。

从汉语思想的资源出发，"世界"一词，作为现代语词，曾有来自东瀛的舶来痕迹。而事实上，其古典根源却首先在于佛经传统。最早的文本依据，该是曾存争讼的《佛说四十二章经》（本文倾向于汤用彤先生所持观点，认为该经非"汉撰"而为"汉译"）："佛言：观天地，念非常。观世界，念非常。观灵觉，即菩提。如是知识，得道疾矣！"（《佛说四十二章经》第十九）。在唐代译出的《楞严经》中，关于"世界"的观念得到明晰化的表述：

> 云何名为众生世界？世为迁流，界为方位。汝今当知东、西、南、北。东南、西南、东北、西北、上、下为界；过去、未来、现在为世。（《楞严经》卷四）

世界不唯是我们栖息其中的那个天文学、地理学、国际政治意义上的空间，这一空间首先富有时间意义：东、西、南、北、上、下（这也就是我们古老观念中的四维、六合、寰宇等）为"界"，而过去、未来、现在则为"世"［颇类中国先秦典籍中"宇宙"的原意——"上下四方曰宇，往古来今曰宙"（《尸子》）；"往古来今谓之宙，四方上下谓之宇"（《文子》）］。没有时间维度的空间，在物理学和天体物理学上是否可以想象，此处不遑置喙。但没有时间维度的空间构想，对于人类生活当然是荒诞不经的。与"世界"一词的这种多维意义相比，在这里，global 一词所含有的那"全球"之义，就显得多少有些单薄和平面。

简而言之，在今天的精神语境中，"世界伦理"观念中之"世界"，是一个有历史时间、文化维度的世界。因为对历史时间维度的高度关切，这个“世界”绝非某种高缈的乌托邦灵境，而是一个沉甸甸的充满战争、危难、掠夺、诡诈、欺瞒、犬儒、忽悠、以强凌弱、以势暴寡、充满憧憬和幻灭、演绎颓败和新生的生活世界，一个我们在日常生存中早已熟知的现实不过的世界。海德格尔曾以独特的呢喃，赋予世界这个语词以动词意义——“……so weltet die Welt”（“……如此一来，世界便世界着”，见 *Ursprung der Kunstwerke*）。正因为在这种现实不过的生活世界之中，希望终不死灭，于是才有了关于 Ethos 的呼吁。

再看伦理。

其实，从 1990 年《世界伦理构想》一书问世以来，孔汉思使用的是希腊词 Ethos。这点古希腊遗产在现代德语中依然得以以原型保存，真乃是一件幸事。在现代德语中，Ethos 和 Ethik 并存，不能互相代替。而在英译和汉译的时候，困难便发生了。在这两种语言中，Ethos 差不多都被简单地翻译成了“伦理”/ethic/ethics。本书在 Ethos 一词单独出现的时候，译为“伦理精神”，虽依然有些差强人意，但只能先如此勉力为之。

> 就严格的定义而言，“伦理精神”（Ethos，希腊语，其本义为习俗、渊源、传统、规矩）并不意味着某种“伦理学”（Ethik）：不是指某种伦理体系，某种哲学的或神学的教义或规训（例如亚里士多德的伦理学，托马斯·阿奎那的伦理学，伊曼努尔·康德的伦理学），它们是有关合乎伦理的行为的学术反思，毫无疑义具有极其重大的意义。不如说，伦理精神意味着内在的道德信念与共同态度、一种人类对于将其联结在一起的价值的自我义务、不可动摇的准则以及个人的基本态度或德性。在此我们不再是处于法理的、外在的规则、法律和条款、警察、检察官、法院和监狱的层面上。我们谈论的毋宁是个人良知的这一层面——或如在其他文化传统中所那样表述的——“心”，也就是说，内在的道德指南的层面。（《世界伦理手册》I. 3. [1]）

借用荣格（C. G. Jung）深层心理学的基本术语“原型”观念（Archetyp 或 Archetypus），我们可以说，在任何一种古老传统，特别是诸轴心文明之中，都存在着一种可以称之为“精神史原型概念”的名相或观念。这种精神史原型概念，由于其高度的源始性、多义性，故而在跨文化翻译中，几乎都有顽强的不可翻译性，这是上帝在跨文化理解的巴别塔之前额外深挖的一道堑壕。中国先秦思想资源中的“道”与“仁”，印度传统中的“大梵”，古希腊传统中的 logos、mythos、ethos 等，大概都在此属。

如孔汉思教授所指出，Ethos 在希腊传统中有习俗、渊源、传统、规矩诸多意义，如果我们用传统汉语的方式加以理解，这里大略就是我们所谓的“古风”或者“古道”的东西——孔老夫子所谓的“君子之德风”的那种“风”，一种源于传统深处的、作为一个生活共同体的基本精神气质、基本精神导向、共同接受的生活准则和态度。无论如何，Ethos 都不是某种僵硬、固定、格式化的外在强制，而是一种内在的精神自觉和态度，是某种类似于《尚书》所谓的“道心”。的确如此，人心唯危，道心唯微。是故在今天的时代精神语境之中，方有世界伦理之构想、之吁请、之西西弗斯或堂吉诃德式的努力。

三

自 1990 年《世界伦理构想》问世迄今，关于这种构想和吁请的疑虑和误解从未止息。对此，在《世界伦理手册》中，孔汉思教授用了一定的篇幅，简略而严肃地加以回应与澄清。

无论如何，世界伦理作为构想，绝不是某种固定的形式体系，而始终是一种开放性的吁请。世界伦理也绝不是某种“顶线”（maximal）的伦理诉求、某种逼人扯着自己的头发白日飞升的“道德主义”，而更是一种审慎地直面人性的光明和阴暗的底线伦理。世界伦理更不是某一种文化沙文主义的努力，而只能也终究只能在诚实的跨文化对话中展开前行。

正因此，世界伦理获得了它在中国精神语境中的特殊意义。诚如孔汉思教授在与我本人的一次讨论中诚挚表达的一个洞见——如果说，关于人类权利的思想更多的是一种“西方贡献”的话，那么关于人类责任的思想，以及这种思想如何成为一种普遍自觉，则亟待于中国传统思想资源的重新理解和阐释。

这无疑是一个尚未真正发轫的精神历程。

世界伦理构想的时代语境和精神语境*

今天的讲座当然无法穷尽有关世界伦理观念的来龙去脉和这一构想的方方面面，我们的梳理和介绍主要先集中于如下方面：

（1）世界伦理构想诞生的基本背景；

（2）世界伦理构想的基本精神导向（Orientierung）；

（3）何物“世界”，缘何“伦理”。

一

“世界伦理”（Weltethos）这个概念是由德国著名的神学思想家孔汉思（Hans Küng，或译为汉斯·昆，1928—，）于1990年提出的。20世纪60年代，当孔汉思只是一位三十多岁的年轻神学家时，已经是梵蒂冈第二次公会的神学顾问，也参与了大会很多重要文件的起草。当时的顾问团里有两个人最年轻，除了孔汉思，另一位就是刚刚退位的教宗本笃十六世，那个时候本笃还是德国明斯特大学教授，使用着他的本名拉青格（Joseph Aloisius Ratzinger）。这两个人可谓是难兄难弟，拉青格比较温和、中庸、实干，忠实于教廷主流路线；孔汉思是性情中人，有棱有角，富有思想锋芒和批判精神，事关教会的现代前途、事关信念的时候毫不妥协。20世纪70年代，孔汉思因为挑战“教皇无错论”（Unfehlbarkeit）以及其他一些保守教义而受到教会的严厉惩处。我们知道，“教皇无错”是传统基督公教的重要信条。从信仰的角度，一旦教皇作为上帝在人间的代表，则其所有的思想、观念和决断都代表

* 讲座记录稿，2012年11月，广州。原载 *International Journal of Sino - Western Studies*（《国学与西学》国际学刊），芬兰，赫尔辛基，2016（6），No. 10。

着神的意志。孔汉思因为挑战这个信条而受到严厉处罚：他当时是图宾根大学天主教神学院的基础神学讲座教授，罗马教廷剥夺了他为准备成为神职人员的学生的授课资格，因此他不得不离开天主教神学院。孔汉思获罪于教廷之后，图宾根大学校方认为，不能因为教会内部的斗争而让真理和学术的自由受到伤害，于是专门为孔汉思成立一个直属校长领导的研究所，这就是后来世界闻名的图宾根大学普世神学研究所。自此，孔汉思得以持续他的学术生涯，从事基础神学、普世神学和世界宗教的研究。而这个研究所也就成为后来的世界伦理构想（1990 年提出）和世界伦理基金会（1995 年成立）的母体。

普世神学（Ökumenische Theologie）的普世性何在？“普世”这个词我们待会会讲到。普世神学的普世性意涵，必须从其研究对象领域来透视。普世神学的研究对象领域，粗略可以分为三个不断放大的圆环（从基督教神学的角度，这是同心圆，从其他宗教的角度，则未必如此）。

首先，普世神学面对的是基督教内部三大谱系——东方正教、罗马公教以及随着宗教改革自 15/16 世纪以来不断涌现的林林总总的新教教派之间的对话与和解问题。由此基础上出发外推的第二个层面，则是发源于近东地区（也就是今天的巴勒斯坦、以色列一带）的三大一神论先知宗教——犹太教、基督教和伊斯兰教之间的对话与和解问题。第三个层面，则是世界宗教的问题，即超出三大一神论先知宗教的其他宗教文化传统，特别是中国宗教、印度宗教等。一般的普世神学家的研究领地，主要集中于这三者的前二者之间，凭一己之大力，将研究工作推至世界宗教的领域的普世神学思想家，孔汉思可以说是首屈一指的，或者我们可以这样说，孔汉思是这样一位思想家，毕其一生勇猛精进之大力，将普世神学的研究，推向世界宗教的广阔畛域，使一种世界范围内的以宗教精神为核心的文化对话，日益成为可能。而世界伦理（Weltethos）这一构想的提出，恰正好在也只有在这样深厚坚实的基础上才得以可能。

我们知道，在基督教两千年的历史之中，发生过两次大的裂变：一次是发生于公元 10 世纪的东西教会的分裂，即东正教与大公教之间的裂变；一次是发生在公元 16 世纪的宗教改革引发的各种“抗罗教”（Protestanten，即不再遵从西方教会的统一意志的各种新教流派）的崛起及其与罗马教廷的分庭抗礼。基督教历史上的这两次裂变导致并遗留下了很多的沉重的历史课题和思想课题。因而，基督教内部三大板块的互相宽容、对话与和解，是普世神学的第一个焦点领域。由此向外，第二个更大的层面，则是三大一神论先知宗教——犹太教、基督教和伊斯兰教之间的问题。这三大宗教也可以统称为阿伯拉罕世系的宗教，他们归根结底不但有统一的人类学和历史学意义上的共同根源，更有统一的精神和灵性的根源，并且就其作为超越的先知型一神教，他们还拥有基本类似的范式。三教之中，犹太教最为古老、历史最为悠长，基督教次之，伊斯兰教相对最为年轻。这三大宗教之间的积累的问题，有历史性的，有宗教性的，有地缘政治的。犹太教与基督教之间、犹太人与穆斯林之间、基督教世界与伊斯兰世界之间，积累了大量的难题。比如今天的巴以冲突、阿以冲突就是国际政治秩序的一个巨大难题。比如在犹太教与基督教之间，基督徒追随的耶稣基督，从世俗族源上讲，是一个犹太人。从教外的、历史的而不是教内的、信仰的眼光来看，我们不妨说，耶稣首先是犹太教的改革者，虽然他的改革没有成功。换个角度我们甚至可以说，他是为了犹太教宗教精神的纯净而被虐杀的。关于耶稣的位格，或者关于他的先知地位等的抗辩，都是犹太教与基督教之间难以简单逾越的。

基督教有两千年历史（我们今天所谓“公元”，实际上就是基督教的纪元方式，即以耶稣诞生之年为纪元元年）。如前面提到，基督教两千年的历史中历经两次大裂变，形成了正教、公教、新教三大板块。第一次分裂，分成两大板块，一方是以今天的罗马为核心的“西方教会”即“大公教会”，其覆盖范围主要是今天的巴尔干半岛以西的整个欧洲，另一方则是以今天土耳其的伊斯坦布尔为核心的，也就是从拜占庭帝国的版图向东、向南、向北延伸至希腊、东欧、近东、北非地区，后来则到达广阔的俄罗斯地区。东西两个教会分别被俗称为天主教和东正教。东正教意为“东方正教”：从地理上拜占庭在罗马之东，东方教会自认为是最纯净的、最正宗的、最忠实于传统的。教廷于罗马的西方教会其实严格应该称为“大公教会”，“天主教”这个俗称是大公教会世界化历程中的中国产品。要了解中国俗称的来源，需要了解四百年来的基督教世界与中国的关系。大概四百年前，以利玛窦（Matteo Ricci，1552—1610）为代表的天主教传教士来到中国。在他们所主动发起的文化对话的历程中，碰到了神之名讳的翻译问题。最初耶稣会的传教士是想将其译为“上帝”的。上帝不是一个外来词，它在《诗经》《尚书》里面就已出现。而天主一词在中国公教会中还是获得压倒性的优势。实际上天主也好，上帝也好，神也好，主也好，天父也好，在基督教的义理中指谓的是同一个超越对象。天主教的俗称就是这么来的。关于神之译名的论争持续了几百年，今天似乎也没有完全终结。之所以把大公教、天主教这些译名的问题在这里略加讨论，是因为今天的普世问题和大公主义有重要的历史关联，与我们下面即将讨论到的世界伦理问题有重要的精神关联。Katholizismus 这个词有重要的希腊词源——“*katholikos*”，它是全人类、全世界的意思。所以，就其本义而言，基督公教开宗明义即是一种追求普世主义、追求普遍精神的宗教。在这里，回应并彰显了本自《新约圣经》及早期的保罗神学已见清晰端倪的普遍性追求。公元 15—16 世纪之交，发生了一系列世界史意义的大事件：环球航行和新大陆的发现、文艺复兴和宗教改革。宗教改革使罗马教廷失去了半壁天下，出现不再臣服于罗马权威的新教（我们今天汉语中俗称的“基督教”往往是指宗教改革以后崛起的基督新教）。宗教改革以后“基督新教”在 19 世纪大规模传入中国之后，汉语中有过各种各样的译法或指称，比如译为“抗罗教”，意即反抗罗马教廷权威的那些教派。基督新教有各种各样的派别，基督新教根本上说并不是一个统一的全球性教会组织。最著名的有路德宗、加尔文宗，英国国教和英国清教等，各种很多小的派别则是不胜枚举（单举一例，德国大学城图宾根，7 万多人口中的新教徒部分，竟然分别属于 130 多个不同的新教教派，由此可见一斑）。

孔汉思作为梵蒂冈第二次公会的亲身参与者，作为公认的当代宗教改革思想家，始终是教会改革的不懈陈言者和宗教对话的忠实践履者。在这一意义上，无论他与罗马教廷处于何种抗辩状态，他都是梵蒂冈第二次公会精神的忠实践履者。他面对现代、面对世界，呼吁基督教特别是罗马公教的自我反思，呼吁并身体力行展开对话。这是孔汉思这辈子所努力从事的事情，当然也是其他很多神学家所共同努力的事情。但是，孔汉思跟很多从事普世神学研究的神学家的不同之处在于：他不仅仅致力于基督教三大板块的和解，不仅仅致力于三大一神论先知宗教的对话，而且从这里出发，继续走向中国，走向印度，甚至走向非洲和澳洲的原住民族群。也就是说，从他熟知的三大一神论宗教的领地走向更为广阔的精神地平线，请进中国古老的神灵，请进印度古老的神灵，请进原住民古老的神灵（他关于先知宗教的三部煌煌巨制（《犹太教》《犹太宗教》《伊斯兰教》以及耗费了多年心血的《世界宗教寻踪》就是这种精神旅程的缩影）。这就是孔汉思式的普世神学研究，在这种研究的基础上，世界伦理理念的形成，就是水到渠成的事情了。

1990 年，孔汉思出版了《世界伦理构想》（*Projekt Weltethos*）一书。1989 年是一个重要的世界史年份：冷战结束，其后柏林墙垮塌，二战结束以来的整个世界格局随之发生了根本性的改变。自第二次世界大战结束的 1945—1989 年，这 44 年之间，整个世界生活在两大政治、军事及意识形态集团，即以北约为首的资本主义阵营跟以苏联为首的社会主义阵营之间的对峙中。柏林墙一倒，东欧剧变，苏联解体，世界几乎一夜之间出现了一极多体的新局面。这种剧变对世界的未来格局和人类的未来命运会有什么影响，所有这些，便成了思想家们必须直面的问题。在这种背景下，孔汉思用一种先知式的方式写出这本《世界伦理构想》。当时，媒体对这本薄薄的书给予极高的赞誉，《新苏黎世报》的一篇文章就说它带着某种“先知的气息”。

这里我们不妨把孔汉思和亨廷顿（Samuel P. Huntington，1927—2008）做一点粗略的比较，在这个语境中我们不得不提到他一下。孔汉思在 1990 年提出了“没有宗教之间的和平，就没有国家之间的和平，没有宗教之间的对话，就没有宗教之间的和平，没有一种共同的伦理价值标准，就没有宗教之间的对话”。在中国语境中，如果我们把宗教这两个字置换为“文化”或者“政治”，似乎容易理解一点。对于当代中国人，身份问题的首要落脚点在于国籍而非教籍，我们只是说我们是中国人，至于你是儒教徒、佛教徒还是道教徒都没有问题，也就是说，宗教作为一个人的自我定位、自我认同的标准在中国社会里体现得不明显。在中国历史上，基本不存在着宗教战争。在我们已知的文明史中，中国虽然有不同的思想流派，有不同的宗教，甚至还有很多的外来宗教——丝绸之路几乎自从其开通之日起就成为欧亚大陆所有大宗教的舞台，在这个舞台上，不但有“传道”，更有“取经”。鸠摩罗什自西东来，玄奘从东西去。佛教徒、摩尼教徒、景教之孑遗、犹太人之流裔、穆斯林的各种种群，在丝路上接踵往来。海上丝绸之路的情况也一样，禅宗的中土初祖菩提达摩就是从海上丝路来到广州的。广州今日尚存的光塔寺，就是海路而来的穆斯林留下的历史明证。但是中国历史上虽然有过小规模的与宗教相关的冲突，却从来没有以信仰为号召而发动的大规模战争。在这个意义上中国传统是非常伟大的传统，我们包容了那么多的思想流派、宗教，但这些观念上的差异、信仰方向的不同并没有导致实质性的战争。

1993年亨廷顿在美国的《外交》杂志上发表了著名的文章《文明的冲突》。这篇文章所提出的一些预见在过去的20年间已经得到一些印证。亨廷顿是一个政治学家，以研究国际政治关系问题为主业，某种意义上也可以说是美国政府的"策士"。实际上，亨廷顿在此提出来了一个问题：东欧剧变、苏联解体使二战以后，北约华约两大政治集团以意识形态和基本政治价值导向为号召的对抗和冲突将不复存在，今后主导冲突的将是文明间的差异。政治需要盟友，更需要敌人。在此，人们需要"盟友"以构建"我们"的声势，更需要"敌人"这个不可或缺的"他们"，来保持"我们"的自我认同、保持同仇敌忾的内部凝聚力。这是人类政治生活极为吊诡之处。划分敌友、明确阵营、煽动仇恨，是政治生活中屡试不爽的阳谋。而"我们"和"他们"的确认标准，则一般随着时代语境和文化语境而定。血统、性别、种族、文化、地域、语言、宗教信仰、意识形态模式、社会制度及政体、社会经济地位等，都可能成为"我们"的认同根基和"他们"的判定标准，成为阶级斗争、政治动员乃至于战争动员的标识。

亨廷顿整篇文章的宗旨，简单说来，就是号召北大西洋两岸（即欧洲和北美，也就是基督教世界）精诚团结，以应对儒家文明和伊斯兰文明的挑战，他认为未来世界最可怕的事情是儒家文明和伊斯兰文明联手对抗基督教文明，也就是所谓的黄色文明与绿色文明的联手。冲突的主要根源将是文化，各文明之间的分界线将成为未来的战线。这是他这篇论文最核心的内容，后来这篇论文在1996年又扩充成一部比较正式完整的著作《文明的冲突与世界秩序的重建》。

在此我想强调的是，面对同样的历史背景和历史事件，有两种人完全从不同的角度来分析世界的前景：一种是以孔汉思为代表，他们带有理想主义情怀和使命感，并且富于实践精神，希望通过文化或文明之间的对话（首先是宗教之间的对话）寻找不同文化之间的基本价值根基，然后在这个基础上形成有一定约束力的共识，让我们过一种精神上认真负责的生活，面对人性及生活的共同基础，超越文明鸿沟（这种鸿沟往往是可以被人为夸大甚至虚构的)，通过精神和解、通过富有责任感的人际关系以至国际关系的重建，达致世界和平。在孔汉思的理论中，我们不难倾听到德国启蒙传统中的世界主义（Kosmopolitismus）、世界公民观念（Weltbürgertum）以及康德式的、建立于人类的理性本质之上的“永久和平”的政治理想的当代回声。而另一派以亨廷顿为代表，他们站在基督教文化的立场，认为未来世界的冲突将是不同文明之间的冲突。1991 年的伊拉克战争到今天的世界各种冲突和抗衡，似乎多多少少都应了一点亨廷顿的文明冲突论的乌鸦嘴。纵观冷战结束以来的世界历史，有时候我不免生出一个也许有点奇怪的念头：是作为理论家的亨廷顿的洞见如此迅速地在当代的世界历史进程中便得到验证呢，还是作为策士的亨廷顿的锦囊妙计得到美国政府尤其是五角大楼的青睐，并且日益成为一种集体无意识，有意无意之间循着文明冲突的方向营构着他们理解的世界格局、创造着他们的历史？这二者之间究竟孰因孰果？或者，干脆就是交互因果？

孔汉思的“世界伦理构想”和亨廷顿的“文明冲突”理念，显然是这个时代的两种完全不同的思想范式。孔汉思及其世界伦理构想代表了这样的一种精神范式：古老的大公主义的理想与德国启蒙运动的世界公民理念，通过世界伦理构想，在当代的全球化高技术时代的人性荒原上再度轰响，激起悠远的回声。

二

我们回到世界伦理这个问题上来，简要地梳理一下 1993 年在美国芝加哥召开了一次“世界宗教议会”（这是历史上的第二次，第一次世界宗教议会举行于整整一个世纪以前的 1893 年，同样也是在芝加哥）。全球各地的数千位来自不同文化区域、具有不同信仰的人士参加了此届议会。在会议的筹备阶段，主办方邀请孔汉思以世界伦理为主题为起草了一份宣言——《世界伦理宣言》（或者译为《全球伦理宣言》），这显然是《世界伦理构想》一书效果史的第一个里程碑。这份宣言最后在七千人大会上通过，世界很多著名的宗教领袖和政要都在上面签了字。这一宣言，是过去的这四分之一个世纪间世界伦理构想成为一种普遍的精神努力，甚至成为一种精神运动的基本纲领。

《世界伦理宣言》是这样开始的：

世界正在受难。这苦难如此普遍、如此紧迫，我们必须一一历数其现象，才能知晓这苦难是何等深切。

和平不再……地球正在毁灭……彼此为邻却互相畏惧……两性之间不再信任亲厚……无数的孩子死去！

真是可悲可鄙！

我们谴责对地球生态系统的滥用。

我们谴责贫穷，它扼杀了生机；我们谴责饥饿，它使人类的身体羸弱；我们谴责贫富悬殊，它让无数家庭面临毁灭。

我们谴责各国社会的混乱动荡；我们谴责对正义的忽视，这会将人推向深渊；我们谴责在各个社区（Gemeinden Platz）蔓延的无序状态；我们谴责暴力，它让无数的孩子无辜丧生。我们特别谴责以宗教的名义挑起的侵略和仇恨。

这种苦难是可以避免的。

它可以避免，是因为一种伦理基础已然存在。这种伦理精神为一种更好的个人和全球秩序提供了可能，它指引人们摆脱绝望，指引社会摆脱混乱。

我们这些人，无论男女，对于自己在此世所遵循的宗教诫命与实践都一心不二，诚信笃行。

我们坚信，在各种宗教的教导之中有一套共同的核心价值，它们构成了一种世界伦理的基础。

我们坚信，这一事实已经众所周知，但是人们还需深切体会，并加以践行。

我们坚信，在一切生活领域，无论家庭、社会、种族、国家和各种宗教，存在着一种不可违逆、需无条件遵循的标准。人类的行为准则古已有之，人们可以从世界各大宗教的教义之中找到这些准则，它们为一种可以延续的世界秩序提供了条件。（《世界伦理手册》）

在此我们可以完全清楚地看到，世界伦理的构想，就是这样一种发端于生活世界的各种危境的构想，一种面对现实而有责任感的构想。《世界伦理宣言》的内容可以概括为两大原则和四项指令。

两大基本原则可以这样表述：

人性原则："每个人都应得到人性的对待，而不应受到非人道的待遇。"

推己及人的道德黄金律："己所不欲，勿施于人。"

实际上，《宣言》涉及超越宗教藩篱、文化分际的人性最低基准，因而也是最终极关切的问题。每一种文化传统、每一种宗教都有关于人的行为准则的思想体系，这些思想体系可能在很多表层的、具体的行为规则上互相冲突。比如在饮食问题上，佛教徒需要严格的素食，而犹太教徒和穆斯林虽可肉食却有严格的禁忌，佛教僧侣和基督公教的神职人员需要放弃家室、严格禁欲，而对其他生活领域的要求（如饮酒）则不同，如是等等，不一而足。在每一种文化内部，在每一个信仰共同体内部，这些具体的规则从教义到实践都是充分自洽的。可是一旦人们进入了跨文化和跨宗教的具体语境，情况当然就不同了。但是在这些有明确文化性格和历史印记的具体的诫命之外，当然更有最低基准和最终关切的价值存焉！这就是世界伦理构想所努力彰显的东西。

世界伦理构想所倡导、所张扬的，并不是某种超越各种宗教文化传统的某种人为设计的超级结构，并不是某种人为的普遍宗教，诚如孔汉思所言：

> 世界伦理绝非人造的"超级结构"，绝不是一种什么"人为抽象的世界一体化伦理（artifiziell abstraktes Welteinheitsethos）"。它尊重由宗教或哲学方式奠基的道德文化的多样性并且绝不压制那些善意的拥有不同见解的人们。它的根基是不同民族的古老智慧和基本的生活原则，这些智慧与原则自人类与动物世界揖别之日开始，就塑造了最原始的人类，并且从诸种文化的不同宗教与伦理传统以及习惯法之中积淀而成。(《世界伦理手册》I. 2. [6])

这是普世伦理构想的基本态度和基本洞见。在各种不同的宗教体系、文化传统中寻找共同而最基本的、从历史维度也从未来维度都可能得以认肯(Anerkennung) 和贯彻的最基本的伦理精神（Ethos）。这种最基本的伦理精神在中国的思想传统中找到其简朴而完整的表述形态：每个人都应该得到人性的对待，而不应该得到非人道的对待。人怎么定义自己？用孔子的话来说，“仁者人也”，人是用某一种人性品质来自我定义的。这个人性规则的正面表述方式是“己欲立而立人”，成己须成人，立己须立人，我要期盼的、所意欲的，必也是他人之所期盼、所意欲的。因此，拥有成熟、健康、自觉人性的人们，也应该帮助他人成其所愿、成其所是。同一个人性规则的消极表达方式则是“己所不欲，勿施于人”，我自己不愿意忍受的事情，我也不应加诸他人。后者，被称为人类的道德黄金律或者黄金原则。这些不过尔尔、极度简单的道理，要真正落实到人的生活实践中却是极其困难的。这两条基本规则主要是来源于中国的精神资源，当然它们也能在其他任何的宗教里头找到——从原住民的宗教到佛教、印度教、犹太教、基督教、伊斯兰教等，我们都能找到这两个规则的基本主张。孔汉思在《世界伦理构想》一书中，曾有一个道德黄金律在宗教思想中出现的次第的排列，而对这条黄金律的首次明晰表述，见诸孔子那些朴实无华的语录。

接下来是有关人性的四项指令或律令（Die vier Weisungen oder Imperative）。这四项基本律令，都可以有正面和负面的表达方式，或者说，有禁诫式和劝导式的表达差异：

致力于非暴力的、对一切生命心怀敬畏的文化。“不可杀人——也不可刑讯、折磨或伤害他人！”正面的说法则是：“对一切生命都心怀敬意！”非暴力意味着对所有生命都怀有一份敬畏。不管黑格尔式的历史哲学如何教导我们，恶归根结底是历史的动力。实践理性的最高律令则是不能杀戮，尤其不能滥杀无辜，不能用无辜者的鲜血来为某种劳什子历史必然性当药引子。

致力于团结的文化和公正的经济秩序。“不可偷窃——也不可剥削、贿赂或收买他人！”正面的说法则是：“行为要公平公正！”原始牧歌和原始野蛮的时代一旦过去，私有制文明的时代就揭开帷幕。私有制社会最基本的原则就是承认个人财产所有权的不可侵犯。这是私有制经济的基础。在未来的也许终将降临的大同之世成为历史社会事实之前，人们还是必须通过互惠性的合作，致力于双赢、多赢、共赢，任何人都不能倚强凌弱、以众暴寡、巧取豪夺。

致力于宽容的文化与诚信的生活。“不可说谎——也不可欺骗、伪造或操纵他人！”正面的说法则是：“说话行事要依循事实！”这就是一般所谓的诚信问题。实际上，这是一个极其困难的问题，这比不偷盗、不杀人事实上要困难得多。这不是逻辑学上的同一律，不是那个古来的所谓“思维与存在的同一”的命题能简单奏效的领域。伦理意义上的拒绝谎言，是一个在逻辑上自明而在实践上极其困难的问题。谎言实际上有非常多的层次，也有非常多的形态。这个问题对我们所有人来讲都是一个日常性的挑战。有些谎言是辩护性的、自卫性的，它可能不指向对其他行为主体的侵害而直接伤害谎言者自身的主体性。真正的谎言是侵害其他行为主体的欺诈，就是说你有一个实用目的，这种实用目的也许是缺乏任何正当性或者通过正当手段难以企及的，但是你通过观念或语言的诡计，制造假象坑蒙拐骗从而达到自己的目的，这就是欺诈，这是海量发生在我们的日常生活中的、人的欺人且自欺的窘境。我个人认为诚信问题是这四项指令中最重要的一个问题——这是我们面对真相、面对真实、面对真理的态度。康德深知不说谎很难，所以他告诫我们，当我们无法说出真理的时候，就应该尽量保持缄默。这条规则如果没有宗教性保障，它是很难达致的。因为我们经常要为自己辩护，要为自己找一条退路。我们需要将谎言与欺诈进行严格区分。有时候某些自卫性或者保护性的谎言应该并且可能得到谅解，尤其在不正常的社会环境和历史语境中，但是欺诈则绝对不应该被姑息宽纵。

致力于平等的文化与男女两性之间的伙伴关系。“不可性滥用！不可利用、侮辱或贬低自己的异性伙伴！”正面的说法则是：“彼此尊重，互敬互爱！”互主体的（Intersubjektiv）平等的人类伙伴关系，应该始于男女之间。亚当夏娃互让苹果、伏羲女娲开始举案齐眉的时候，人类的互主体性萌芽便破土了。在儒学传统中，从传统宗法制的品格出发，父子关系在人类各种社会相关性中占了鳌头。社会关系的扭曲，事实上都从男女的伙伴关系的失落开始，只是这个领域的异化形态林林总总难以尽述。

三

我们再次从基本名相的角度，回到“世界”和“伦理”这两个语词上来。

所有古老文化中，都有一系列描摹人类精神生活的基本名相，援引荣格（C. G. Jung）关于原型（Archetyp）的洞见，我把这些名相称为“原型概念”。诸如古希腊的 Logos、Mythos、Ethos、Pathos，古印度的 Atman、Brahman、Dharma，古代中国的阴阳、道、太极、仁等，都属于此列。这些原型概念，不仅在后代思想学术的基本版图上留下深深的印记，更重要的是在人类精神生活中始终弥漫氤氲。

比如，Logos 便是后来所有哲学，尤其是逻辑学和知识论哲学的一个“原型”概念。我们可以把它翻译成“道”，因为它与另外一个中国文化中原型概念“道”似乎最有可能叠合——同样具有理性、言说方式以及规则等含义，它是人假借其理性能力表述生活并因之进入生活世界的那种东西。依循伽达默尔的提示，Logos 在古希腊前苏格拉底时期，也许还不是一个那么神圣的概念。它首先是表述方式——一件事情可以用不同的方式来表达，当我们用理性的方式表达的时候，那么这就是 Logos 的方式，因而在那个时代，它还应该有一个动词形态：logein。如果我们用讲故事的方式来表达，并且把这个故事演绎于希腊的诸神世界，那么这个东西就叫 Mythos，它是用诗性、文学化的风格来表达某种观念或事件的方式。Logos 和 Mythos 是人类两种基本而不同的表达方式，我们通过它们来营建并沟通我们的精神世界。此外，希腊语中还有一个很重要的语词 Pathos，英文的 passion 即源于此，它用来表示人除了有理性之外的其他各种各样情绪性的东西。人是一种有激情的动物，经常受到激情的驱动。那么，还有一种东西叫 Ethos。生活世界中的每一个体、每一族群，他们之所以能够共同生活，必然有某种共同认可的东西主导着、调剂着、平衡着。

“世界伦理”中的“伦理”一词，孔汉思所使用的就是依今在当代德语中还保留着原型的希腊语词 Ethos。在一个社会共同体、文化共同体中，只要有共同的生活，人与人之间就自然形成群体或社群，这里就需要某一种大家都认可的精神规则。这些东西就是希腊人所谓的 Ethos。如果用中国古典的语言来翻译，我们可以译成“风俗”“风尚”“风气”“民风”，如是等等。Ethos 首先并不是一套完备的形式化规则，而是一种生活伦理，一种融化、弥漫于一个生活共同体中的精神。当然它具有一定的调节性，在我们犹豫、彷徨、茫然、需要做出选择的时候，它可能用某种我们也许无法描述甚至无法觉察的方式悄然地规范着、导引着我们。但是它无论如何不是僵死的形式化的规则体系。我个人倾向于将 Ethos 翻译成“伦理精神”。实际上，这种弥漫于我们生活之中的 Ethos 一直提醒着我们——我们是人，而人是有精神的，而精神是有一定规矩的，我们只有通过这样一种规矩才能跟别人结合成群体。只有依照这种规矩，我们才终于“成人”。每一种文化都有一些基本的原则，每一种文化共同体内部都有一些非常古老的精神导向。正是在这种基础上，自我理解和对他者的理解才得以进行。所以，Ethos 作为一种“风”，从来都是一种“古风”；作为一种“道”，从来都是一种“古道”。这是弥漫于生活中的精神原型。正是这些难以简单明快地用某一个现代概念置换的古老观念，这种作为“古风”“古道”的 Ethos，弥漫、浸润并养护着我们的生活。

最后，我们倒过来审视一下“世界”。

人们时时都在谈论世界，但世界究竟何物？从日常语言的角度，世界似乎称指我们生活其上的这个星球——地球，一张压平了的地图成了这个世界的二维码。可这个“世界”只有空间意义。我们知道地球不过是太阳系中的一颗小行星，而太阳系也不过是浩瀚星云的沧海一粟而已。中国古人所谓的宇宙，宇指古往今来的历史时间，而宙则指东西南北上下的空间方位。当我们谈论我们生活的空间时，时间的维度已经自明地蕴含其中。中国古代还有“天下”这个概念——“普天之下莫非王土，率土之滨莫非王臣。”我们生活在“天”所荫护的大地上，那么“天下”就是我们生活的这个“世界”。希腊语中的 Ökumene，这一今天翻译为“普世”的语词，在古希腊指谓的是环地中海地区。虽然当时的希腊先民已经了然，在“北风之外”还有广大的地理空间，就像中国先人大谈天下的时候实际上也相信昆仑以远、大荒之中乐土存焉一样。栖息于大地上的不同族群的交往史，比我们能够想象的要长很多。既然如此，中国人为何执拗地保有天下观，而且还自负地把自己的家园断定为天下之中？其实，从人类学的角度，任何人、任何族群，包括一个群落、一个村子，都可能把自家门口那一亩三分地当作自己生活的中心，而它自然而然也就成为“世界”的中心。任何人都可能把自己的国度当成“中国”，把自己当成世界的中心，这并不奇怪。关键在于人们必须通过反思性的省察了然于心：任何其他个体、族群也可能，并且合情合理地可以拥有同样的想象。

我们回到关于世界的观念。汉语中之“世界”，出典于《佛说四十二章经》中的“观世界，念非常。观灵觉，即菩提”——当我们观照我们的生活空间、观照外在于我们的世界时，我们要牢牢记得，这一切都没有恒存的“常性”。这就是“念非常”，我们关注它，但它并不永远如是。是的，“世界”不过是一个迁流不息的空间，而我们恰巧生活在其中。正因为我们生活在其中，我们才有痛苦和欢乐、幻灭与憧憬，才有星云那么广阔的情感疆域。世界伦理构想所强调的、我们生活于其中的世界，便是一个赤裸裸的世界，是一个充满战争、欺诈、苦难和血泪的世界，它是一个“生活世界”，这个世界不是一张放大了的没有血肉的二维码，也不像地球仪那么一派可爱的圆嘟嘟。我们不妨在不纯粹的哲学意义上借用德国著名现象学家胡塞尔（E. Husserl）的概念——“生活世界”（Lebenswelt）来表达世界伦理所主张的那个世界的样态。世界伦理作为一种精神性的表象，它所致力、所期盼的，是我们对这个世界的承负和担当。

我们试图用有点不是那么标准学术化的方式，展开“世界”“伦理”观念可能蕴含的基本意义。但也许我们要问，这样一个“世界”、那么一种“伦理”跟我们有什么关系？对我们中国人来讲，这里存在一个有点惨痛的悖论：一方面，毫无疑义，中国传统的精神资源让中国完全可以成为任何一种世界性思潮的资源大国。《尚书》所讲的“人心唯危，道心唯微”，不啻就是世界伦理构想的所有思想题旨的极度简明的古老表述。对“人心”之“危”、“道心”之“微”，我们的先人堪谓大有先知先觉，所以在那个古远的时代，他们就已经保有了这么伟大的忐忑。另一方面，数千年过去，这种伟大的忐忑，依然保有活生生的生命力。我们的生活充满危情，因为我们越来越习以为常地无视我们作为人的精神品质（我想在这个地方我无需有太多的举证）。在这个意义上，我们需要一种共识，需要一种自觉，这种自觉不是任何人所能强加于你的，这种共识就是——我们必须承认我们作为人所应当拥有的精神禀赋，并且对自己有所期待，善视自己，善待他人。缘于此，世界伦理构想就不会是高渺的乌托邦，而是一个与我们每个人的生命可能切实相关的精神事件和精神历程。

参考文献：

[1] Hans Küng. *Projekt Weltethos*. München：Piper，1990.

（中译本《世界伦理构想》，[瑞士] 汉斯·昆著，周艺译，北京，三联书店，2002）

[2] Hans Küng. *Spurensuche：Die Weltreligionen auf dem Weg*. München：Piper，1999.

(中译本《世界宗教寻踪》,[瑞士]汉斯·昆著,杨煦生、李雪涛等译,北京,三联书店,2007)

[3] Hans Küng. *Handbuch Weltethos*. München: Piper, 2012.

(中译本《世界伦理手册》,[瑞士]孔汉思著,杨煦生中文版主编,邓建华、廖恒译,杨煦生校,北京,三联书店,2012)

道家美学*

道家系中国古代思想流派和哲学流派。因此“道”作为宇宙的终级始因，把体道作为人的存在的最高价值境界，故名。道家学派之创始人为老子，其他代表人物有关尹、庄周、彭蒙、田骈、慎到，等等。

道家学派的著作，除《老子》《庄子》外，还有《管子》中的《心术》上、下，《白心》《内业》，《淮南子》《抱朴子》的一部分，《列子》，等等。1973年长沙马王堆出土的《经法》《道原》《称》《十六经》四种，亦属道家著作。广义地说，今传世的《阴符经》《关尹子》《亢仓子》《玄真子》《天隐子》《无能子》《至游子》《坐忘论》等著作，虽更多地与道教思想有关，在一定程度上也属道家思想的范围。

从先秦时代起，由于对“道”“无为”等主要观念理解上的差异，使道家学派分为老庄学与黄老学两个派别。约略而言，老庄学以庄子思想为代表，完成了道家思想中从宇宙论及策略学向存在论的转向，即在一定程度上保留了《老子》中对社会、历史、文明的批判而略去其策略学思想，而单从形而上学角度将自然本体论转向人的本体论，使道家思想成为一种关于人的现实存在的本质和可能性的终极关怀，这一思想传统开启了魏晋玄学，并与大乘佛学的般若学思想相融会而导致了禅宗思想的产生，开辟了中国思想史上一条极为可贵的以人的现实存在为核心的存在论传统。而黄老学则一方面坚持了老学的宇宙论传统（从《管子》至《淮南子》俱然），从道而气，企图为宇宙的发生和发展寻找根据；另一方面，“采儒墨之善，撮名法之要”（司马谈《论六家之要指》），坚持以无为思想为核心的策略学，兼收并蓄儒家之仁

---

* 原载杨煦生：《逃向世界》，北京，世界图书出版公司，2009。

义、墨家之兼爱、名家之刑名、法家之法治思想，将策略学扩大为一套政治伦理思想。

道家的美学思想主要来源于“老庄学”这一系统，尤以《庄子》为代表。

道家美学是哲学人类学意义上的美学。道家思想中的美学思想，主要且不见于那些使用频率并不高的“美”“丑”等字眼出现的地方，而潜藏于整个道家思想体系之中，故而，对道家美学的了解只能着眼于整个道家哲学体系，尤其是那些决定道家理论旨趣的有本体论意味的观念。

道是道家思想的基本观念，这一观念的出现，将先秦时代与原始宗教关系密切的具有人格化意味的“天”的观念，引向初具形而上色彩的抽象的理论层次，这是中国思想史上理论形态的形而上学的初步确立。“有物昆成，先天地生，萧呵寥呵！独立而不改，周行而不殆，可以为天地母。吾未知其名，字之曰道”（《老子·道篇》。本条目所引《老子》皆据许抗生帛书校勘本，以下只注篇名）。“道生一，一生二，二生三，三生万物”（《德篇》）。“天下万物生于有，有生于无”（《德篇》）。“视之而弗见，名之曰微。听之而弗闻，名之曰希。播之而弗得，名之曰夷。三者不可致诘，故混而为一。一者，其上不谬，其下不忽。寻寻呵不可名也，复归于无物。是谓无状之状，无物之象。是谓忽恍”（《道篇》）。道的意义在老子思想中就是多元的，或者忽而近于“一”，作为宇宙动力学的始因和发生学的始点，从而成为宇宙学概念；或者忽而近乎“无”，作为不可致诘的终极本体而成为本体论概念。于是道的属性学术界颇有争议，或以为是物质性的实体概念，或以为是观念性的诗意假设。事实上，道即一即无，道既有宇宙论意义，又有本体论意义，这在老子思想中是并存的。然而，只是庄子带来道家内部的理论转向之后，这个问题才明朗起来，并且才真正地转向美学。

《庄子》书中，虽有“泰初有无”（《天地》），“昭昭生于冥冥，有伦生于无形”（《知北游》）等一类有宇宙论色彩的语言，乃至于有道在蝼蚁、在瓦甓、在屎溺等似乎有泛神论倾向的语言，而事实上，“六合之外，圣人存而不论”（《齐物论》），庄子对于有关自然存在的宇宙论问题是持“悬搁”态度的。

老子之道的秘密在于其无为无不为的特性。庄子继承了这点。老子无为无不为之道在于为其社会政治理想寻找一个宇宙论根据和启迪，“至虚极也，守静笃也。万物并作，吾以观其复也。夫物芸芸，各复归于其根，归根曰静。静，是谓复命。复命，常也。知常，明也。不知常，妄。妄作凶。知常容，容乃公，公乃王，王乃天，天乃道，道乃久”（《道篇》）。从“守静笃”“观复”“归根”“复命”“知常”到“公乃王”，从自然指向社会。而庄子之谈天论道目的却在于为人的现实存在寻找一种有宇宙论色彩和本体论意味的绝对价值境界，因为，庄子哲学中引入了“天”“人”“吾”“我”四者的关系：“今者吾丧我”（《齐物论》）；“无为为之之谓天”（《天地》）；“牛马四足，是谓天；落马首，穿牛鼻，是谓人”（《秋水》）。天，在庄子哲学中丧失了“天帝”“天命”等人格化或宿命性的意义，作为与人（人为的、社会的、文明的诸种特性）相对的自然的本然状态和生命的本真状态；吾，则作为与我（被历史地定位的社会化、伦理化的主体现实命运）相对的理想的无待的纯粹主体性。于此，道在庄子哲学中的特性终于豁然：作为不期然而然的自然存在的运作方式和无所为而无不为的人的存在的绝对境界，成为一种本体化的无限可能性和绝对的价值境界；这种本体化的无限可能性和价值境界所起的范导作用使道家哲学真正地成为美学：（1）把道广被其中即无目的无意向无谋划的无限可能性磅礴其中的自然界和生命的本真状态设定为审美对象界；（2）把体悟、皈依和把持这种无限可能性的理想人格设定为审美人格（或以这种拟态化的方式来状摹契悟这一无限可能性时的亢扬的审美心境）。“天地有大美而不言，四时有明法而不议，万物有成理而不说。圣人者，原天地之美而达万物之理。是故圣人无为，大圣不作，观于天地之谓也”（《知北游》）。真正能观于天地而体道得道的理想人格，便是那与天地并生，与万物为一，与造化同流，与日月同辉，乘云气、御飞龙、游乎四海之外的真人至人神人。至此，道家思想中，包孕了：（1）审美境界；（2）审美人格（或审美心态的拟态化形态）。因此，道家思想于庄学阶段在哲学人类学意义上成为美学。

审美心境的确立使老子对文明的异化有某种朦胧的预感，由此，他采取了一种迥异于儒家积极的文化态度的非文化主义立场，“五色使人目盲，驰骋田猎使人心发狂。难得之货，使人之行妨，五味使人之口爽，五音使人之耳聋。是以圣人之治也，为腹不为目”（《道篇》）；“民多利器，而邦家滋昏。

人多智慧，而奇物滋起。法物滋章，而盗贼多有。是以圣人之言曰：‘我无为而民自化，我好静而民自正，我无事而民自富。我欲不欲而民自朴’”（《道篇》）。对于恶劣的感性放纵和文明必然的恶果，老子不无直觉，从而采取了两种立场：一种是策略学的解决方法：为无为，事无事，味无味，见素抱朴，被褐怀玉，少私寡欲，绝学无忧；一种则是近于人本学的解决：弃知绝圣，闭门塞兑，修除玄鉴（通行本为“涤除玄览”），复归于婴儿。这两种途径都通向庄子，而庄子采取了哲学人类学的立场。

“吾命有所制矣”，庄子从人的存在的受动性出发，对文明所带来的所有罪恶提出了卓绝的抗议：“及至圣人，蹩为乐，摘僻为礼，而天下始分矣。……夫残朴以为器，工匠之罪也；毁道德以为仁义，圣人之过也”（《马蹄》）；“千世之后，其必有人与人相食者也”（《庚桑楚》）。庄子对个体的感性存在（肌体之累、声色之乐以至死生大关）到社会存在的理性规定（仁义礼乐、聪明言辩即伦理道德等表层理性因素到语言逻辑等深层理性因素）及至物质工具（有机事必有机心，有机心则纯白不备）展开了全面的批判：圣人不死，大盗不止，仁义不泯，众生不宁，成心不去，生命便不本真。他从哲学人类学的立场要求恢复人的存在的本真性，而最为着力之处为：（1）超越伦理；（2）超越逻辑。而在庄子所处的文明发轫期，他所能采取的超越方式绝非总体的历史的实证的方式，而仅能是个体的心理的体验的方式，这就决定了审美心境的确立，因为只有审美心境能使人相对地领悟存在的本真性。这种确立审美心境的具体途径是：（1）体验化途径，即现实超越的心理化和体验化（这一途径始自于老子式的涤除玄览和复归于婴儿）。即以“心斋”“坐忘”而入“朝彻”“见独”“撄宁”之境，亦即通过心理层次上消解存在的外在规定性，使强意识化的伦理偏执（儒墨）走向无意识化，从而使被禁锢压抑在无意识层次上的本真生命力充分地显意识化。“吾犹告而守之，三日而后能外天下，已外天下矣，吾又守之，七日而后能外物；已外物矣，吾又守之，九日而后能外生；已外生矣，而后能朝彻；朝彻，而后能见独；见独，而后能无古今；无古今，而后能入于不死不生。杀生者不死，生生者不生。其为物，无不将也，无不迎也；无不毁也，无不成也。其名为撄宁”（《大宗师》）。“仲尼蹴然曰：何谓坐忘？颜回曰：堕肌体，黜聪明，离形去知，同于大通，是谓坐忘”（《大宗师》）；“虚无恬淡，乃合天德”（《缮性》）。在庄子哲学中，“大块载我以形，劳我以生，佚我以老，息我以死”（《大宗师》）。人的存在无往无非网罗拘羁且终不免于为大化所泯灭，因此超越便只能首先是个体的且是心理的，即只能通过体验与内省。以仁释礼的儒家文化通过外在规范的内在化形成强烈的伦理醒觉而缚人以礼，庄子的体验化途径正是以审美心境解除外在抑制，让生命在心理解放的阳光下得到舒扬——与物为春而莫知其极。（2）相对化途径，即实证问题的相对化和价值化。在庄学中，心斋坐忘等体验方式更适合于消解个体存在的感性规定性（肌体、声色）及社会存在的理性规定性的表层因素（仁义、礼乐等伦理因素），相对化途径则主要针对社会存在的理性规定性的深层因素——语言、逻辑层次的是非、名实、言意，等等，这里，庄学把超越的矛头指向文明自身维系社会存在的理性网络和个体存在的深层结构，“彼是莫得其偶，谓之道枢”（《齐物论》）。“以道观之，物无贵贱；以物观之，自贵而相贱；以俗观之，贵贱不在己；以差观之，因其所大而大之则万物莫不大，因其所小而小之则万物莫不小。……因其所然而然之则万物莫不然；因其所非而非之则万物莫不非”（《秋水》）。“物无非彼，物无非是……彼出于是，是亦因彼。……因是因非，因非因是。是以圣人不由，而照之于天”（《齐物论》）。“彼亦一是非，此亦一是非……是亦一无穷，非亦一无穷，故曰莫若以明”（《齐物论》）。“其一也一，其不一也一，其一也与天为徒，其不一也与人为徒”（《大宗师》）。对于庄子，在作为无限可能性的道面前，在作为无为无不为无目的而无不合目的的未被人类所扭曲和玷污的本真状态的自然之“天”面前，一切差异、分别、是非、然否、彼此之分、物我之辩，都没有绝对的意义和价值，为了使人类从各种泛滥的伪价值（仁义、礼乐、贵贱、得失、荣辱、穷通、毁誉、是非，等等）的迷梦中惊醒过来，庄子使用了惊世骇俗的相对化法则即把一切对待的相对性绝对化。老子也讲“得一”：“天得一以清，地得一以宁，神得一以灵”（《德篇》）。然而真正领会“一”之大义的是庄子。《庄子》逼着人们去明道，面一，迎大通，求无待，入于寥天一。用一种悠永弘深的宇宙意识（和之以天倪，照之于天，莫若以明）来君临这一纷扰的失去价值依据的世界，在指向大一的途中与道遭遇，从而与天地同流、与万物并化，从而返归生命之本根。

总之，道家美学或通过“复归于婴儿”“心斋”“坐忘”等心理途径令人去物欲、超功利，或通过“天地一指”“万物一马”“道通为一”的逻辑途径令人超对待、破拘执，其目的都在于一种审美心境中领悟存在的至高的统一性，从而获得本真的感觉和本真的存在。

道家美学只是在哲学人类学的意义上才成其美学。道家思想对于美学和艺术诸问题从未有过自觉明晰的表述，我们只能得之于对道家思想体系的整体探索。

天：自然、人生、艺术。“人法地，地法天，天法道，道法自然”（《老子·道篇》）与荀子式“制天而用”的儒家观念不同，道家哲学中之天作为自然、生命的本真状态揭示了无所欲成而无所不成的无限可能之道，从而成为人类存在所必须皈依趋赴的理想范本。自然也就因此失去其神秘意味和恐怖色彩，不成其为宗教对象和科学对象，不再作为人类生存斗争残酷的疆场，而成为“望之畅然”的“故国故都”——诗意的家园。正因为天地有大美而不言，所以人要超越现实存在必须“观于天地”“原天地之美”“身与物化”“与物为春”，于是，避世者躬耕于皋壤，厌世者回归于山林，愤世者逃遁于江海。自然成了人生的总归宿也成了艺术的总渊薮。中国艺术精神的很多方面都源于此：(1) 观于天地的观念开启了后代“含道应物”“澄怀味象”（宗炳《画山水序》）的山水画（及山水诗）传统；(2)“道”“一”“精”“气”的观念（与易学的某些观念相辅）奠定了中国画和中国书法的形式风貌。一方面，于《老子》是“天得一以清，地得一以宁，神得一以灵”；于《庄子》是“通于一而万事毕”；于《淮南子》，是“淳朴未散，旁薄为一，而万物大优”。道家美学对存在的统一性和时间性的领悟决定了中国艺术中线条至高无上的地位。石涛曰：“此一画收尽鸿蒙之外，即亿万万笔墨，未有不始于此而终于此”（《苦瓜和尚画语录》）。另一方面，于《老子》，道之物，唯恍唯忽，道有微、希、夷诸种特性；于《管子》，虚者乃万物之始；于《淮南子》则是道始生虚廓，虚廓生宇宙，宇宙生元气；关于“精”“气”“缊”观念，成为中国画尤其是南宗文人画的“墨气”风貌的理论底蕴。

大：审美理想与自然、与天相关的是“大”，这是道家美学在审美理想上的特征。于《老子》，道即大，“吾强为之名曰大，大曰逝，逝曰远，远曰反”；于《庄子》，“夫道，覆载万物者，洋洋乎大哉”。道即一即大，道磅礴万物，覆载天地亦即领有了时间的永恒和空间的无限，于是在审美问题上是

“大音希声，大象无形”“大成若缺”“大巧若拙”，唯无限、悠永、旷大、弘深为大美至美，庄子更直接用审美意象以拟化形态来表现体道的自由的审美心境和得道的自由的审美人格：那水击三千，海运万里，翼若垂天之云的鲲鹏，那树于无何有之乡的大树，那大泽焚而不能热，河汉冱而不能寒，疾雷破山、飘风振海而不能惊的真人至人神人。这种汪洋恣肆、天马行空的审美意象对中国艺术的风貌和中华民族的审美心理影响甚为深远。

谬：喜剧精神。由于前述的道家美学中人对自然的亲和感和皈依感，道家美学并未发展出西方意义上的崇高感和决绝的悲剧意志；相反，对存在的有限性和文明的悲剧的宿命式的强调却引出一种独特的喜剧精神：“以天下为沉浊，不可与庄语”（《天下》）。世界状若泥涂，生灵万劫不复，人的出路便仅在于：或成真人而乘云气翔于六合之外；或为神龟而“曳尾于涂中”。为抗击荒谬，庄子只能用“谬悠之说、荒唐之言、无端崖之辞”（《天下》）对这个世界进行价值审判。这就形成一种对民族性格影响极深的傲倪一切、排调万物、七分激绝三分佻黠的“喜剧精神”。这种精神以轻诋任诞、狂情怪胆的风貌，在不无一丝自我耍弄的境遇中无情地耍弄、亵渎世界（从“竹林七贤”到“扬州八怪”，从祢衡、李白、柳永到关汉卿、徐渭，都是这一传统的承继者。《列子》在一定意义上也隶属于这一传统）。

言与意语言问题在一开始便为道家思想家所重视。对于语言与存在之间有无同一性、理解的历史距离能否克服等大问题，他们都表露了态度：（1）“道可道也，非恒道也；名可名也，非恒名也”（《老子·道篇》）。“可以言论者，物之粗也；可以意致者，物之精也；言之不能论、意之不能致者，不期精粗焉”（《庄子·秋水》）。道家思想坚信有言之不能论、意之不能致的“不期精粗”之物存在着，这与他们关于道与体道的思想是内在的统一的。因为，“道”“一”“天”“吾”所指向的无限可能性是无法以语言（言论）穷尽，也无法以个体体验（意致）穷尽的，故而，通过审美心境的确立，一方面向内返光自照，一方面向外观于天地，正是为了假审美之途开辟遭遇无限可能性之路。（2）“夫六经，先王之陈迹也，岂其所以迹哉！……夫迹，履之所出，而迹岂履哉”（《庄子·天运》）。迹与履，迹与所以迹之辩，表示了道家思想中对理解的历史距离的不可克服性的判定，即历史意蕴（“所以迹”）不可能通过历史文献（“迹”）的解读而被完全破解。因此，理解活动必须审美化，通过直觉性的契悟超越历史距离直接切入意蕴，这就是所谓得鱼而忘荃、得兔而忘蹄、得意而忘言（《外物》）。道家（尤其是庄子）的语言观，揭示了历史意蕴和审美意象的不可穷尽性、理性的理解活动的有限性和审美体验的能动性，从而使审美体验的意义得到高度的凸现。这一传统为玄学、般若学、禅宗佛教等思想体系所继承和发展，极大地影响了中国艺术，并且导发了中国美学中的“妙悟”“意境”之说。

此外，道家美学中，“真”“丑”“技”等一系列问题也颇有理论价值。

道家美学的历史地位。道家美学是中国美学史上最重要和影响最为深远的一个思想体系。李泽厚指出，中国美学有儒、道、骚、禅四大主干。无疑，在这四大主干中，道家美学是意义最大的系统。

道家美学是一种哲学人类学意义上的美学。与注重社会总体性的理性和谐，强调化性起伪、以理节情，将人类感性生活置于强烈的伦理醒觉之下的儒家美学不同，道家美学（尤其是庄子美学）将人类存在尤其是个体的感性存在的现实的受动性及自由的可能性这一重大主题置于文明与自然的二律背反这一大背景之中，从而使道家美学隶属乃至直接成为一种关于人的存在的自由哲学——指向率性之真、尽物之性、达生命之情、任天才之美，将自然存在无为而无不为、无目的而无不合目的开放的可能性作为人类自由的理想范本，从而开辟了作为新道家的玄学，并与大乘佛教交汇，最终导致了禅宗的产生，形成了中国式的以终极关怀为底蕴的思想传统和美学传统。

在新的文明背景下的人类心理建构中，道家美学这种以个体的体验为核心的心理本体论倾向，将日益呈现其丰富的启迪意义。

中国佛学美学*

佛教是世界三大宗教之一。原始佛教于公元前6世纪起源于印度。其创始人为乔达摩·悉达多。两汉之际（公元1世纪），佛教传入中国。佛教思想在中国近两千年的传播过程中，与中国本土各种思想系统互融荡消长，从而形成了有独特风貌的中国佛学，成为与儒、道思想并称的另一思想传统，并对中国文化的各个主要方面，都发生了直接或间接的影响。从东汉至隋代以前，佛经传译中所导出的理论热点在于禅数学、般若学、涅槃学，隋唐阶段，天台、三论、唯识、华严、禅诸宗并起，各说纷纭。尤其是禅宗的出现，使佛学真正地中国化。

佛教思想是一种庞大复杂的致力于使人超越现实存在的有限性而进入某种本真的存在的宗教伦理实践体系。中国佛学思想同样具备这一特性。因此，中国佛学也只是在哲学人类学的意义上与美学发生联系。其最为关键的理论焦点为：在主体心理层次上，宗教体验向审美体验的转化；在客观对象层次上，现象世界不断地合目的化，从而被设定为广义的审美对象。

禅数学与般若学。中国佛学首先与美学发生联系的是禅数学与般若学。禅数学是由于《阴持入经》《安般守意经》等小乘经典与《般舟三昧经》等大乘经典的传译而形成的。始为东汉安世高（约公元2世纪）所传，后经严佛调、康僧会至道安，这一传统一直延续，后来，又被创造性地转化到天台宗和禅宗思想之中。禅是梵音“禅那”的略称，其本义为静虑、弃恶、思维修。禅法亦即是定心之法，在禅数学中，禅法亦即止观之法。“止，摄也，摄六情还意，不复受”（《阴持入经》注）。止在梵文中意思是止寂，即止息妄

* 原载杨煦生：《逃向世界》，北京，世界图书出版公司，2009。

念，换言之，通过建立一种特殊的注意机制，使之不再驰骛于外物而内照，这样人们就可以在独特的无意识状态中卸去存在的重负，从而在对感性世界的受动关系中解放出来。何谓观？“彼从一切法，寂然能解受，是谓观想，令止跓一切知”（《阴持入经》）。观即是在止的基础上激发出来的遍知一切的智慧。由止到观，就是由定发慧，从心理学意义上的解脱进入形而上学意义上的解脱（这一点在后来禅宗思想中大大发展了）。这里，禅数学这种通过仪形修习和心理消解令人达到解脱之境的心理主义的宗教法门，用现代语言说来，事实上是致力于确立某种审美心境，即通过特殊的注意机制的建立，强力地摒功利、超欲念，切断人对世界的受动关系，在澄明的内照状态中，使人达到高度的心理自由，并由此得窥生命的奥秘。“得斯寂者，举足而大千震，挥手而日月新……夫执寂以御有，崇本以息末，有何难也”（道安《安般注序》）。禅数学的传播研习中，道家思想是一个潜在的思想背景，老庄思想中通过无限的心理消解而获得无限的精神可能的观念，潜伏其中，从而使这种宗教审美心境获得了至高的人类学意义。

禅数学虽止观并重，然着力处主要在止与定，即仪形修习这一层次上。观即慧，这一方面则主要在般若学中得到发展。般若学是以大乘佛教的般若系经典和龙树所创的中观学派的思想为基点的佛教思想流派，远肇于东汉时期般若系经典的传译，而大盛于魏晋南北朝阶段。般若学与魏晋玄学互为表里，从而把中国佛学思想推向一个崭新的阶段，形成了“六家七宗”的繁荣纷纭的局面。般若梵文原意为“智慧”“明”等，其全称为“般若婆罗密多”，意即“智度”“明度”“无极”，等等。般若学的要旨就是通过至高的智慧使人从有限的现实存在中得到超度。般若学的内核为大乘佛学的空观理论，以缘起无自性为诸法实相，即认为宇宙万有都是在相依相待的无限条件下方得以存在，故而并无自性，即没有恒定的内在本质。洞明这一点是体悟存在的意义的第一基点。般若学的杰出代表僧肇（384—411，一说374—411）指出：“圣人乘千化而不变，履万惑而常通者，以其即万物之自虚，不假虚而虚物也。故经云：甚奇世若，不动真际，为诸法立处。非离真而立处，立处即真也！然则道远乎哉？触事而真。圣远乎哉？体之即神”（《肇论·不真空论》）。般若学理论中潜在地具有一种重大的理论课题：超越那旨在超越有限存在的宗教实践和观念本身。小乘佛教以破“我执”为第一要务，要求

“我空”，即对人的个体的感性的和社会的理性的诸种规定性加以消解；然而“我空”成执，便成“法执”，即一方面将万事万物的偶然存在的实在性绝对化，一方面将有限的宗教超越体系的意义绝对化。般若思想和中观思想正因此提出了法我两空、有无双遣，将空空（kòng）掉等一系列重要观念。僧肇的“立处即真”“触事即真”“体之即神”的思想，正是这种大乘空观的创造性发挥：对于生活和生命的有限状态的超越，不在于寻求某种理想的特殊的起点，而是直接从存在的现实规定出发。这样便把宗教性的超越实践充分地审美化了。这一思想与支道林的“即色游玄”（《即色游玄论》）的思想，竺道生的“一切众生莫不是佛，亦皆泥洹（即涅槃）”（《〈妙法莲华经〉疏》）的思想相互映照，埋下了佛学世间化、宗教修行审美化的理论契机，从而导发了天台宗的“无情有性”和禅宗“遍观大地，无不是药”的将生活、将世界合目的化、审美化的倾向。

天台宗。隋唐时代中国佛学最先成立的宗派，其教义主要依据《法华经》，故亦称法华宗。其承传谱系为龙树、慧思、慧文、智、灌顶、智威、慧威、玄朗、湛然。实际创宗人为智（538—597），湛然（711—782）则为中兴的功臣。智的主要著述有《法华玄义》《法华文句》《摩诃止观》等；湛然主要著作有《金刚》等。天台宗倡禅教并重，通过止观并举、定慧双修而指向实相（存在的最高实在）。这一思想传统，从慧文的“一心三观”到智的“一念三千”至湛然的“无情有性”一线发展。所谓“一念三千”，智说：“夫一心具十法界，一法界又具十法界。一界具三十种世间，百法界即具三千种世间。此三千在一念心。若无心而已，介尔有心，即具三千”（《摩诃止观》）。这里，三千并非确定的数目，智的意思是，世间的万事万物，都无非是一念偶萌所涌动出来的现象。因此，“若从一心生一切法者，此则是纵；若心一时含一切法者，此即是横；纵亦不可，横亦不可，只心是一切法，一切法是心。故非纵非横，非一非异，玄妙寂绝；非识所识，非言所言，所以称为不可思议境”（《摩诃止观》）。智的思想，将神秘的宗教心境，转化为澄明的审美心境：万物芸芸，无不尽罗于一念，尽出于一念；此心可生一切法，可含一切法。因此，只有非纵非横、非一非异，才能达到非识所识、非言所言的极境——不可思议境。这也就是将洞明存在的最终实在（实相）的宗教修行，转化成一个由特殊的澄明心境来执行的内在审美观照过程。把指向、归趋于实相的过程由仪形化的一味枯坐（止）转化为圆融无碍、不离感性的智慧（观）。

在此基础上，湛然提出了“无情有性”的观念。所谓“无情有性”，意谓不唯有情识的众生具有佛性，没有情识即无欲望无意识的草木瓦砾一类的事物也同样具有佛性。这一学说致力于在客观的一维中寻找智学说的本体论依据。湛然指出：“万法是真如，由不变故；真如是万法，由随缘故……万法之称宁隔于纤尘，真如之体何专于彼我？是则无有无波之水，未有不湿之波，在湿讵间于混澄，为波自分于清浊。虽有清有浊，而一性无殊”（《金刚錍》）。智的学说侧重于从主体心理出发，论证达到实相的主体心理方式，即通过类审美心态而进入无限可能的不可思议境；湛然则从自然本体论的角度，论证佛性、真如在宇宙万有间的遍在（虽清浊有别，而一性无殊），将世界合目的化，从而作为广义的审美对象界而确立起来。

三论宗。隋唐时代中国佛学宗派，因据印度中观学派的《中论》《十二门论》（龙树）、《百论》（提婆）立宗，故名；又因倡言“诸法性空”，又名空宗和法性宗。该宗承传谱系为鸠摩罗什、僧肇、僧朗、僧诠、法朗、吉藏。实际创宗者为吉藏（549—623）。三论宗思想是般若学思想的深化和延续。般若思想强调了宇宙万物的当体性空，着力于破除由于假名（概念）所执着的实在，而三论宗则更进而发挥了性空而无碍于缘起的中道精神，其理论基点主要有“两空”“八不”及实相湟涅槃，等等。龙树《中论》谓：“因缘所生法，我说即是空”；“未曾有一法，不从因缘生，是故一切法，无不是空者”。法，既指宇宙万物，又指佛教本身的超越体系。小乘佛教着力于“我空”——着眼于人体生命的虚幻不实而力求解脱；大乘佛教则更着力于“法空”——万物性空，空性本身也必须予以“一空”。在三论思想中，其具体法门便是“八不”：不生、不灭、不常、不断、不一、不异、不来、不出。吉藏认为：“八不者，盖是诸佛之中心，众圣之所处也”（《大乘玄论》）。“八不”之中，生、灭、常、断四者是人类在时间方面的计执，一、异、来、出四者是人类在空间方面的计执。这些偏执是一切戏论（谬见）的认识论根源，也是人类面对存在的真谛（中道实相）的魔障，所以只有将这一切规定的相对性绝对化，并通过一种神秘的直觉（现观）与现象界直接交通，使人“如哑受义”，才能体悟存在的真理。在此基础上，三论思想提出了“无住涅槃”的思想，把涅槃（最高与最终的解脱极境）世间化。涅槃不再是一种消极无为的寂灭，而是一种积极的对实相的洞彻。不再是宗教生涯的终点，而是一种更新了的生命过程（无住涅槃），而这正是中道智慧照亮了的审美化的人生。

唯识宗。唐代佛教宗派，由于创宗者玄奘（600—664）、窥基（632—682）长期居住于长安大慈恩寺，故又称慈恩宗。该宗依印度无著、世亲、陈那、护法、戒贤一系的瑜伽行学派的学说为宗，奉《解深密经》《瑜伽师地论》《成唯识论》为基本经典。《成唯识论》认为：“由假说我法，有种种相转，彼依识所变。”又云：“诸识生时，变似我法。此我、法相，虽在内识西由分别，似我境观。”“愚夫所计实我、实法，都无所有。但随妄情而施设故，说之为‘假’。”概而言之，唯识宗理论中关于“转依”的理论是从愚昧的成见（实我执、实法执即关于人类存在和宇宙的实在性的偏执）中解脱出来，从而获得新的意识结构和新的感性经验的理论。作为“转依”理论前提的“难识”理则认为，没有脱离人的经验（内识）而独立存在的自足的现象（外境），人的平时所执着的实我、实法都是没有本体论和认识论的依据的。由此出发，唯识宗提出了“偏、依、圆”三性说。即从执于妄情假有的“偏计所执性”和执于因缘的“依他起性”转向“圆成实性”——把握现象的真谛，直指真如。真如，意谓如其所是，即不是游离现象之后的抽象本体，而是直奉呈于现象之中的最高真实。这就导出了唯识宗美学思想的两个主要方面：（1）将般若、三论思想中的空观思想加以深化，而转向现象一元的真如观，这种真如观打破了现象本质的二元对待，从而使现象界具有绝对的价值，这一思想为僧肇“立处即真”的泛审美态度寻找了自然本体论的依据，也是禅宗思想中将世界、将生活合目的化的一个重要契机；（2）与真如观相应的无分别智慧的提出，与道家（庄子）思想中的相对化思想相映衬，将般若圆智具体化。这一思想事实上触及了超名言、非概念的审美心理的特性。

华严宗。唐代佛学流派，因奉《华严经》为基本典籍，故名，又名贤首宗、法界宗。其承传谱系为杜顺、智俨、法藏、澄观、宗密，实际创宗者为法藏（643—712）。华严宗思想的核心为“法界缘起说”。“法界者，总相也，包事包理及无障碍”；“缘起者，称体之大用也”（澄观《大华严经略策》）。在华严宗思想中，法界是包蕴万事万理及其相互交切纵横的关系的总体世界。

其中，理之义为共相，在一定程度上也为本体，事则指各别分陈的事象。华严宗美学思想就蕴涵于理与事、一与多的相互交切包蕴的关系上。法界共分四层：一为事法界，即个别分陈的事物所构成的现象界；二是理法界，即共相界；三是理事无碍界，个别现象与普遍共相互相包孕、相切、并存的境界；四是事事无碍法界，这是诸法界的总枢机和最高境界；宇宙万有、世间万事，周遍含容，圆融无尽，微尘含大千之极，一滴知百川之味。用法藏的话来说，就是“一即一切、一切即一”。存在的本体界和现象界都不过统摄于一种至高的大统一性之中，层层融通、重重无尽。存在的最高神秘正在于这种无限丰富性与绝对统一性的同一之中。这就是所谓“一月普现一切水，一切水月一月摄”的绝对澄明之境。华严宗美学思想正是通过把生活、把世界设定于绝对的统一性之中，从而使世界成为无限的审美境观的。共相个相、一与多的理论，正点明了有限的审美意象与无限的审美意蕴之间的关系。

在中国佛学各派中，最具有美学意义者是禅宗。

总之，中国佛学美学是一种哲学人类学意义上的美学。佛学美学对中国美学的影响，的确也表现在“妙悟”“意境”“境界”等一系列审美问题上，但是，佛学美学的根本性的影响，是一种文化意义上的影响——它作为一种广义的对人生、对世界的审美精神，影响了中国人尤其是中国知识分子人生态度、价值取向、生活情趣……这才是中国佛学美学的真正作用和真正意义之所在。

中国绘画与中国文化*

上篇　色

二万年前，山顶洞人在他们先人的墓穴中庄严地撒下赤铁矿粉，这就埋下了人类感性的严峻而谐趣的奥秘。是什么支配着人类对于色彩的态度？于是，色彩既是人类感性之谜的历史起点，也是艺术欣赏和艺术分析的经验起点。在艺术的诸形式质素中，色彩是从作为引发动物式的条件反射的信号（signs）向承载人类意义的符号（symbols）转化的一个枢纽所在。信号（signs）和符号（symbols）的区分，哲学家、语义学家、艺术理论家观点纷纭，本文不予讨论。本文将标示事实，标示物之为物者视为信号；将具有情感性者视为符号，这略近于苏珊·朗格的“表现性形式”这一概念（试想红色对牛的作用及达尔文对动物的色彩反应的描述。当然，绘画的其他形式质素如线条、块面，等等，也同样带有从信号到符号的双重功能，但其双重性远不及色彩明显）。因此色彩也成为本文的逻辑起点。

就物理属性而言，色彩是物体对某种特定的太阳光谱的折射在人的视网膜上作用的结果。自然界绝大多数的物质实体都能折射某些特定的太阳光谱。“惊风飘白日”，一个纷纭绚烂的世界于是旋转起来。这正是绘画作为视觉艺术的得天独厚之处。其一，就视觉表象的直接性和真实性而言，物体对于太

---

* 原载《文化：中国与世界》编委会：《文化：中国与世界》（第二辑），上海，三联书店，1987。

阳光的反射，自身便具备呈示“物之为物”的信号功能，这是艺术再现的初始条件（而线条则一开始便是人类赋予物体的）；其二，就色彩作为信号与符号的中介而言，则具备了与人类的情绪、情感相对应的表情功能（不管关于色彩的联想有无生理基础），这样便有了非再现性的象征功能。这些都是我们必须先行廓清的问题。

20 世纪初叶，法国帝雄艺术学院院长对一位中国留学生说：“我不很明白，像你们这样有悠久历史的、有一贯系统的，和有特殊本质的艺术国家，不自行研究、自谋发展；却跑来我们这个发展很晚，没有连续的系统的法国来学艺术，实是不可思议的……千万不要忘记你是净洁的中国人，不要被我们的色彩所迷惑……”① 对于淫浸于光怪陆离的物质文明之中的某些具备文化批判意识的西方人来说，中国绘画的简淡幽远、素净浑朴的色彩有难以企及的神秘价值。在此，我们不得不对中西绘画的色彩方面的基本风貌和相关的观念作一概貌性的宏观描述。我们认为，必须指出，这所有种种，一般未必严格地表现为艺术史时间历程上的先后承续，也未必严格地表现为自觉的流派和运动；并且，在西洋方面，自觉的理论先导较明显，故以“观念”表之，而中国方面，理论背景间接又模糊，故以“风貌”表之。

先看西方，我们认为西方美术史情况有四：

（一）固有色观念。这是以文艺复兴的近代经验主义的科学精神为依据而出现的色彩观，即将色彩作为自然物象自身的属性，作为诉诸人的感知的客观的视觉标志，它与物体的广延、硬度等都成了物体的固有性质（当然，哲学家与艺术家有一定的差距，洛克将色彩划归第二属性，就足见其犹疑了）。固有色观念成了古典的写实主义在色彩论上的基石，成了亦步亦趋的模仿再现观的前提（也难怪柏拉图早就将艺术视为影子的影子）。达·芬奇就不断地强调“真颜色”，“光线使色彩生气勃勃，使真色显露无遗，而阴影则使色彩死气沉沉，使真色蒙蔽难见”。“画家，记住使你画里受光的部分显示真颜色。”② 可怜的达·芬奇，一千遍地描摹一只鸡蛋——仅仅为了在阳光下显露它的“真颜色”！这种固有色观念，究其根源，在于古希腊和文艺复兴

① 谭旦冏：《中国艺术史论》，2 页，台北，光复书局，1980。

② ［意］达·芬奇著，刘祥英等编译：《达·芬奇讲绘画》，133 页，北京，九州出版社，2005。

的科学文化。希腊文化对于空间的结构特性的重视，对于世界的形而上的终极本体和形而下的基本单位的追寻，文艺复兴时代对于世界的感性面目的如饥似渴的重视……任何一种科学文化都必须以世界的实体性存在为前提，这就必然导致人在感觉上对世界的变动关系。对世界的了解欲、征服欲使科学家、艺术家们不自觉地在经验主义驱动下把外物呈现于感觉知觉的信号表征设定为外物的自身固有属性。物体在阳光下常常呈示了主体感官的“支配色”，被众多的经验主义者的记忆所强化，从而反之被设为物体的固有色。“世界是什么?”一个庞大的“What”，折磨过如此之多的先人!

（二）条件色观念。物理学的进步、宏观进化论的推动和19世纪末青年的敏锐直觉，揭开了印象派运动的帷幕。希腊哲人赫拉克利特昭示：人无法两次踏进同一条河流。也许他早就该补充道：人无法两次见到同样的波光。而印象派画家却发现：这个闪烁迷离的世界，也不过是阳光下的万花筒，它是什么又何关紧要，关键在于我看到了什么——一个硕大无朋的“How”！洛克的“第二属性”之说本已预示了色彩主观化的端倪，宏观进化论又带来了迁化不居的自然历史观，世纪末的理性失落的预感又使艺术家迫切地抓住感性偶然性的有限真实——“我看到了”，这就是一切。理性的失落，导致了对感性的病态的追求和信赖。一切都依具体的时空条件为转移（未来派所标榜的对现代节律、对运动的表现，心理实质与此并无二致）。莫奈不安地面对卢昂大教堂，在骚乱和安宁的两极中耗尽一条条的紫色和蓝色。人们于是也发现，伦敦的雾是红的！伟大的莫奈，他们叹道。与固有色观念相反，印象派画家并不作自然本体方面的追寻，世界是什么，无足轻重。重要的只是世界对于我是什么。色彩已不被看作是外物的客观必然属性，而是特定时空中的主体感受，色彩在前者是稳定不易的，与主体无关的，在后者则是变幻不定、因人而异的。前者以僵硬的外物为轴心，后者则以失落的自我为轴心。前者重人在感觉上对自然的恒定的隶属关系，后者则重人在感觉上对自然的不定把握。前者是绝对的、机械的、僵死的，后者是相对的、变动的、失落的。但是，二者恰又共同地注重了色彩的信号意义，共同表现了人在自然面前的受动关系，反映了人在感觉上的奴隶状态，反映了物对人的拘牵和羁累。主体意义尽管在后者已经出现，然而非常薄弱。印象派画家打破了亦步亦趋的模仿观，却又创造了疲于奔命的主体命运。这也正是他们的悲剧和贡献之共同所在。

（三）概括色观念。塞尚才真正引发了革命，他说出了美术史上某些历史性的话："绘画不是追随自然，而是和自然平行地工作着"，"我迄今设想色彩是伟大的本质的东西，是诸观念的肉身化，是理性里的各本质"，"色彩是那个场所，我们的头脑和宇宙在那里会晤"① ……然而真正的革命者是凡·高、高更、马蒂斯。色彩的概括性，主要表现为原色的运用、对纯度的强调、对补色原理的重视及大面积的平涂等。这一方面是对色彩的符号功能（象征性、表现性）的重视，另一方面是对色彩装饰功能的强调，即从前者继续生发出来的神秘的愉悦性及和谐性。凡·高代表前一种倾向，他宣告，不再忠于固有色，而要像日本人那样将一切的反射抽象掉，运用色彩的暗示力量，创造色彩音乐。"画里面的色彩就是生活里的热情。"② 他要给予热情以永恒性的表征，他将新印象派的原色的点化为动力性的高纯度高强度的笔触，以太阳般的激情赞颂太阳！高更、马蒂斯所代表的则是另一种倾向。在塔希提岛的静寂和芳香中，高更梦想着与大自然的结合，梦想着伟大的和谐。"色彩作为色彩自身在我们的感觉里所激起的是谜样的东西。""色彩，正像音乐同是颤动，是能够达到自然里所具有的最普遍的东西，因而也是最平凡的东西，这就是内在的力。"③ 马蒂斯也梦想着一种充满平衡、纯洁、静穆的艺术，他寻找手段的纯洁性，于是发现，色彩越简单，对于情感的影响就越强有力，他希望以此给予每个精神上的劳动者以慰藉……总之，他们都将新印象派分离出来的原色的杂碎的点扩而大之，用概括性的色彩表现情感、设定自然。前者（凡·高等）是以动荡不宁、激湍骚乱的线来喷发个人情愫，在啸叫中表现对命运的否决，后者（高更等）则是以平静净朗、大片平涂的面来默契某种总体性的人类情感，在沉吟中表现对人类古往今来的关注。前者近于狄奥尼索斯精神，后者近于阿波罗精神。

---

① ［德］瓦尔特·赫斯编著，宗白华译：《欧洲现代画派画论选》，21、23 页，桂林，广西师范大学出版社，2001。

② ［德］瓦尔特·赫斯编著，宗白华译：《欧洲现代画派画论选》，38 页，桂林，广西师范大学出版社，2001。

③ ［德］瓦尔特·赫斯编著，宗白华译：《欧洲现代画派画论选》，54 页，桂林，广西师范大学出版社，2001。

概括色倾向，既反（一）之追求视觉表象的真实感而追踪自然，也反（二）之追求主体感受的独特性而奢求变化，而是在高纯度的大片色块之中，唤醒色彩的象征意义，以概括的有限的原色来默契某种总体性的、类型化的人类情绪或情感，在视觉的和谐中传达一种高度的愉悦。这里既是艺术中强烈的感性倾向：凡·高对于色彩的表情功能的贡献，本质上即扩张了艺术中审美理想的感性批评功能；又是自觉的理性倾向，即自觉不自觉地意识到创造感性和谐的必要性：马蒂斯的安乐椅式的艺术观，正是最佳的表述。这又与艺术中审美理想的理性范导功能相连。人类在自然面前的主体意义已开始明了。诚如马蒂斯所言："奴隶式地再现自然，对于我是不可能的事，我是被迫来解释自然，并把它服从我的画面精神。"① 概括色即是这种主体意义的感性效果之一。

（四）抽象色观念。概括色是原色和间色即光谱色的天地，而抽象色，则是三非色（黑白灰）的天地。在概括色倾向中，色彩既非外物之所呈，也非主体之所感，而是主体设定并赋予外物的。然而，赤橙黄绿青蓝紫各光谱色尤其是红黄蓝三原色，毕竟是可以在自然物象上经常呈现的"支配色"。但是黑白灰三非色，则是难以找到直观的自然对应物的——除了昏眩的人，谁曾见过一轮黑色的太阳？可见，黑白两极色及它们互相渗透时无限品级的灰度在艺术中的运用，主要根源于艺术家在视觉表象上对色彩的抽象。这种倾向，在西方的油画中并不明显。虽也有画家将黑色称为"色彩皇后"，可是多数画家的调色板上是没有黑色的地位的，印象派画家尤其如此。蒙德里安试图默契宇宙和谐的方格的边缘线和间隔线，早期曾是黑色的，可后来也放弃了。作为传统的教育手段素描，大概是黑色的疆场了，然而这不过是手段，不过是在黑白灰的交织之中，再现客体的光影以达到质感与量感而已，自身并无独立意义。当然，我们可以从大量的铜版画、石版画、胶版画、木刻等画种，从丢勒、戈雅、蒙克、德国表现主义者以及比亚兹莱的文学插图这一线，即从版画和线描艺术来看西方抽象色的运用，然而这并不是西方绘画的主要面貌，我们面对的始终是一个斑驳的世界，那么我们只好转向幽淡

---

① ［德］瓦尔特·赫斯编著，宗白华译：《欧洲现代画派画论选》，86页，北京，人民美术出版社，1980。

的东方了。

我们认为，中国绘画有两种基本风貌：概括色和抽象色。即是说：一是以宗教壁画为主要代表、飞扬于唐宋以前（严格说，是南宗画出现以前）的装饰化的概括色风貌；二是以文人画为主要代表，弥漫于唐宋以后的情韵化的抽象色风貌。具体说来，前者是绚烂浓烈的装饰风，通过种类有限的原色（矿物性颜料如朱砂、白垩、石青、石绿，植物性颜料如胭脂、蓝靛等）的大面积铺张（或平涂或覆盖或层染）而成；后者是迷茫空濛的写意风，通过黑白两极色（水墨）的不同程度的幻化而得。两者自身都有贯串始终的线条可寻，但大致而言，唐宋以前，概括色胜，唐宋以后，抽象色胜。唐宋以前，概括色主要集中于宗教壁画，也附带地作为某些院体山水及花鸟的外加标志（如山水之青绿、金碧、浅绛，等等），唐宋以后，则慢慢地转化到一般的民间艺术之中（桃花坞、杨柳青到今天的金山农民画）。抽象色呢？唐宋以前，主要于勾勒法作画时界定画面外部轮廓及奠定内在结构时见用，唐宋以后，则随处弥漫于文人画家的山水、花鸟、释道人物之中。文徵明说：“余闻上古之画，全尚设色，墨法次之，故多用青绿，中古始变为浅绛，水墨杂出。故上古之画尽于神，中古之画入于逸……”① 文氏提供不出确切的时间坐标。

我们看来，色彩风貌与线面、形体、题材、意境到创作主体等诸方面相伴，由唐至宋完成了一个历史性的转折：从五色到水墨、从笔法到墨法、从勾斫到渲淡、从经变本生到山水渔樵、从不见经传的画师艺匠到声名显赫的文人雅士……（这当然只能在极为宏观的意义上讲）这一历史性转折是以传统所谓的“南宗画”的出现为标志的，南北宗问题，本极笼统，董其昌、陈继儒等人以来，众说亦多淆乱。本文只是约定俗成地使用分宗的概念，对具体问题不拟讨论。而其嚆矢者，当然是兼诗画禅于一身的王维了。单就色彩问题而言，这一历史过程应是始于王维而大略完成于“二米”（米芾、米友仁）之后。具体展开：

概括色风貌。《周礼·考工记》云：“画缋之事，杂五色。”五行观念以素朴的有限模式统摄万有，将宇宙万物的外在模态、内在结构、质料构成、运动形式等，即结构性和功能性的动态系统，一概以有限的数目“五”分而

① 俞剑华编著：《中国画论类编》（下卷），710页，北京，人民美术出版社，1986。

表之。色彩亦然。彩陶文化中的红陶、黑陶、灰陶等基本色彩面貌，本都取决于地理条件和生产情况，然而，一种特定的支配性概括性的色彩的大面积展延的面貌，从器皿生产到后来的缋事之作，却慢慢地定型下来，彩陶上的黑、白、灰、红诸色在绢素上滑落。今天可见的晚周《夔凤相争图》《人物驭龙图》都是设色的，然其具体色相已遗憾地被时间淡化而难以辨识了。汉代髹漆到六朝的壁画，则保留了这种概括式的绚烂。这种色彩面貌有两种基本情况：一是以民间匠人为创作主体的工艺制品及宗教壁画上的装饰化的大面积的纯色平涂，如莫高窟的大部分壁画；一是以宫廷画师为创作主体的先施勾勒、后傅颜色的青绿、金碧、浅绛诸种式样，如展子虔、李昭道之作。高更、马蒂斯辈之魂若得游莫高窟，不难想象将会如何的惊骇和顶礼！在西魏、北魏、北周壁画上，到处可见红色的大地、天空、飞鹿、奔牛、人体（257 窟鹿王本生、比丘赴会，249 窟窟顶等）；蓝色的山峦、树冠（249 窟射猎、45 窟商人遇盗）；青灰、黛绿和褐黑色的人体（428 窟涅槃变、445 窟嫁娶图）；白色的五官（428 窟）和绿色的眉毛（如唐代彩塑），更引人注目的是，249 窟的射猎等壁画上，飞舞着许多明确再现意义的色块，是状摹云气之飞动呢，还是影写心绪之亢扬？有限的概括色在这里呈现出酣畅淋漓、激扬蹈厉的铺张和喷溅。饶宗颐说："六朝佛窟中与白画相伴者，实为色而非墨。盖是时色即是墨也。其用色正如后人之用墨，墨分五彩，而色则绚烂缤纷不可纪极。必悟色即是墨之理则是色之运用可有高度的发展，是敦煌画所以予我人以极大之启发。"① 历史在此颠倒得有趣，人们多方求证，墨即是色，墨分五彩；而饶氏却反之惴惴然地论证色即是墨，以图说明色之绚烂不可纪极与墨同，为敦煌的繁艳壮彩争正宗。我们却可由此得知，之所以色即是墨，是因为墨画上诸般色相，并非西方意义上的在物的固有色，在我们的条件色。如上面所举的红色的天空，蓝色的树木，白色的五官，绿色的眉毛，等等，既非物在正常的日光下呈现于人类视觉知觉而被记忆固定下来的"支配色"，亦非闪幻不定、杂碎迷离的通过主体瞬间直觉把握到的条件色，而是创作主体设定并赋予客体的概括色，正因为它超越了自然常呈的支配色的有限面貌并以装饰化的平涂获得色相的高度稳定性，所以，这才归趋于墨的功

① 饶宗颐：《敦煌白画》，见饶宗颐：《敦煌艺术》，台北，里仁书局，1981。

能，然而，这真的就已经不可纪极？

其实未然。

抽象色风貌。真正具备“不可纪极”的无限可能性的色彩即抽象色，唯有墨。这是西方美术史所难以对应的现象。西方美术中的黑白两色，严格说来是从概括色到抽象色的过渡。黑白两极色和红黄蓝三原色是在感觉上无法简约的。[①] 但在使用之中，并未真正地达到自由境地。中国绘画之墨，则是具备了无限可能性的抽象色，因为它伴随着一个幻化一切的精灵——水（而油画之中的鸡蛋清到调色油的功能是迥异的）。“王维始用渲淡，一变勾斫之法”[②]；“笔之能事有六：皴、擦、勾、斫、丝、点，墨之能事有四：渲、染、烘、托”[③]。以王维为先驱的文人画家不自觉地开辟了一个抽象色的天地：墨为水化，而见渲染烘托，水为墨用，而有破墨泼墨。宣纸、绢素为艺术这一与造化并行的人类活动提供了洁净的白色天地。这白色的虚空，既是一种未经勘破的圆满状态，又是一种未经点化的虚无状态，水与墨会，黑白两极色在幻化中获得了无限灰度，无限可能的色阶及色值，此途一开，唐有张璪、王洽，宋有董源、“二米”，元有高克恭、方从义，明有徐渭、龚贤，到清，则有李方膺、高其佩……人们在一派混沌中发现了广阔的世界：黑团团中墨团团，墨团团中天地宽！

精神现象什么时候都是一个混沌的整体，条分缕析、分门别类的研究方法只是人类理性不得不经历的局限性。在对中国绘画的探索中，我们发现这样一种现象：作为艺术社会学的价值论与作为艺术本体论的形式论之间、艺术现象的思想史渊源和心理学意义之间存在着深刻的内在矛盾。比如说，抽象色的使用的思想史背景与人本心理学意义就是逆反的。

中国绘画这一或萧疏幽淡或蓊郁迷蒙的以黑为宗的色彩面貌，其思想史渊源为：（1）儒家以礼节乐、化性起伪的理性主义的文化态度和社会价值

---

① ［美］阿恩海姆著，滕守尧、朱疆源译：《艺术与视知觉》，454 页，北京，中国社会科学出版社，1984。

② （清）松年著，关和璋注评：《颐园论画》，30 页，呼和浩特，内蒙古人民出版社，1984。

③ （清）松年著，关和璋注评：《颐园论画》，29 页，呼和浩特，内蒙古人民出版社，1984。

观；（2）道家弃智绝圣、见素抱朴的非理性主义的文化态度和人生境界说。

先看儒家：

> 凡画缋之事，后素功。（《周礼·考工记》）

> 子夏问曰："巧笑倩兮，美目盼兮，素以为绚兮。何谓也？"子曰："绘事后素"。（《论语·八佾》）

"绘事后素"成了儒家造型艺术观的头号公案。后代注说纷纭，误解也颇甚，因此不得不略费笔墨。传统看法大略有二：郑玄云："凡绘画，先布众色。然后以素分布其间，以成其文，喻美女虽有倩兮美质，仍须以礼成之。"① 朱熹云："素，粉地，画之质也；绚，采色，画之饰也。言人有此倩盼之美质，而反之加以华采之饰，如有素地而加以采饰也。"② 今人伍蠡甫的理解略近郑玄，认为绘画先以五色涂面，继之素线分界。③ 另一种看法则略近于朱熹，认为"先有白底子，后有画"④。总的说来，都将绘事后素的字面意义作了艺术本体论的创作论来理解，即以为是孔子在作绘画过程的解说。于此，若以为先有众色后有素线，以分界面，这便为素功，这似与中国绘画史史实不符。若以为是先有素质而后布众色，则几乎等于没说。我们认为，这些理解，都是以艺术本体论范畴的创作论误解了孔子的艺术社会学的价值论。我们认为孔子之说，不论是儒家理性主义价值观的流露，针对子夏何以能绚，即平朴的何以又能是绚丽的疑问，孔子提出："后素"亦即是讲绚而后素，素高于绚，正如礼高于乐，这不是 ABC 的过程论，而是直截了当的境界论，这不过是儒家以礼节乐、化性起伪的社会伦理观并由此而来的理性的淡泊生活观"贤哉回也"的安贫乐道观的自然流露而已。这是以艺喻礼的一种方式而已，郑玄、朱熹都注意到了这，但是毕竟都拘泥了绘事后素一语的字面诠释，故无法抉发下去，请看：

---

① 转引自伍蠡甫：《中国画论研究》，30 页，北京，北京大学出版社，1983。

② （宋）朱熹：《四书章句集注》，15 页，北京，商务印书馆，1936。

③ 参见伍蠡甫：《中国画论研究》，30 页，北京，北京大学出版社，1983。

④ 葛路：《中国古代绘画理论发展史》，6 页，上海，上海人民美术出版社，1982。

子曰：君子不以绀緅饰，红紫不以为亵服。（《论语·乡党》）

子曰：恶紫之夺朱也，恶郑声之乱雅乐也。（《论语·阳货》）

诗曰："衣锦尚絅"，恶其文之著也。故君子之道，暗然而日章；小人之道，的然而日亡。君子之道，淡而不厌，简而文，温而理……（《中庸》第三十二章）

纵观儒家理论的内在结构，我们可以看到从"志于道，据于德，依于仁，游于艺"，"兴于诗，立于礼，成于乐"，到"思无邪"，再到"贤哉回也"，"吾与点也"，再到"绘事后素"。一条理性主义的价值观线索斐然。"游于艺"是以志道、据德、依仁、思无邪为前提的，从孔子的以礼节乐到荀子的化性起伪，艺术之功能都在于人的伦理心理的建构和调节，为了社会性的总体和谐，便必须将个体性的感性享受加以限制，所以乐闻韶而恶郑声，哀而不伤、乐而不淫也便来了，在绘画上也必推素净淡泊为高（张彦远就特忌意在五色和形貌彩章唯恐坠于巧密，王原祁也甚恶红绿火气）。所有种种，在理性主义价值观的基础上都有共同的"通约性"。

关于道家。

与儒家化性起伪的追求总体性的理性建构和社会和谐的积极的文化主义倾向相反，道家主要倾向是非文化主义的，这似乎争议不大。

见素抱朴，少私寡欲，绝学无忧。

五色使人目盲，驰骋田猎使人心发狂，难得之货，使人之行妨，五味使人之口爽，五音使人之耳聋。（《老子》）

老子睿智地看到了文明与罪恶现象某些必然联系，而举起决绝自然文化主义的旗帜，既指向圣人、仁义，即以礼仪为中心的国家功能与伦理体系，又指向以利器奇物，即以文字、技术为表现的文明成果，还指向以声色田猎，即以感性愉悦为目的的感官享受。如果说荀子求化性起伪，老子则求去伪见性，弃知绝圣，返璞归真。儒道两家的社会历史观、文化观出发点本是迥然而异的，可是它们对感性的态度却似又异曲同工。儒家以礼节乐。化性起伪的文化观不管其终极意义积极与否，但毕竟更切合于社会历史自身的必然进程，他们寻求的是总体性的社会稳定，而这是以对人的自然本性的拘羁、以个体在一定程度的自我丧失为前提的，即通过牺牲个体发展以求得类的总体平衡，鄙弃感性宣泄而保持理性的统驭，以礼仪为中心的社会规范要求每一个体设定并确认自身的感性有限性，每一个体必须将自身意义相对化、有限化以便使一个虚幻的总体存在得到绝对的尊严。道家的出发点恰恰相反，个体存在的有限性正是他们梦寐以求超越的无可奈何的第一规定。正是这一超越渴求，使他们把决绝的智慧的矛头指向非自然状态的一切文明文化成果，从国家诸侯、圣人仁义到声色田猎，从超越感性的有限性到否定有限的感性（这几乎是很多宗教教义的必然逻辑），但是道家的智慧的历程也并不终结于此，对外在的必然的超越的无望使他们转化为对内在必然的超越，他们在心理层次上解决了自然与文明的冲突，解决自由问题，于是，激切的非文化主义倾向便转而成为新的复归自然的人生价值观了，于是乎，“致虚极”“守静笃”“闭门塞兑”“见素抱朴”“心斋”“坐忘”，一切终将诉诸心理的解决（墨子也非乐，然其前提是急切率直的功利主义，故无法归于艺术境界，其非乐与老子的非文化主义异，故不具论）。

我们认为，如上儒道二家的价值观念，共同奠定了后来中国绘画抽象色的面貌（水墨为主的绘画，以宫廷画师与士人为主体，故其基本精神深植于中国先秦文化，而彩章为主的绘画，则以民间艺师为主，除了原始工艺之外又受了外来艺术的影响，以佛教壁画最典型，故与正宗中国文化的关系则较疏）。

如前所及，一种艺术现象的思想史背景、伦理学意义与其人本学、心理学意义并不尽同甚至逆反，那么就让我们正视中国绘画色彩面貌的始料未及的心理学意义吧。

然而，抽象色的心理学意义是与上面的一切大相径庭的。在此，人类理性与感性的矛盾，转化为艺术中有限与无限的矛盾，也是艺术欣赏中的感性的被动性和理性的主动性的矛盾。

其一，就客体世界而言，阳光下大千世界就是一道在时间的河床上闪烁漂逝的巨流。用黑白两极色以及两者不同程度的幻化和渗透呈出的无限灰度来表现世界，这本身便是在感觉上、表现上将世界淡化、净化、抽象化。庄子曰："吾生也有涯，而知也无涯，以有涯随无涯，殆已！"（当然庄子忘记了吾生有涯，而生生则无涯）我们不妨将这比拟于色彩问题：阳光下的世界色相万端，而人类可怜的调色板的功能总是有限的，怎么办？中国画家采取了一种出人意表的方法——与其用虚假的相对的"无限性"来模拟追踪绝对的无限性，倒不如反而先将有限性绝对化，勇敢地强化有限反而超越有限从而更直接地指归于无限。这与禅宗在超越存在的有限性上一样：人的感性个体是有限的，通过日功日课、禅修打坐来接近于佛性是可笑的，渐不可行，于是唯有顿之可通了。于是乎，呵主骂佛、撕经棒喝便上来了，因为，"青青翠竹，总是法身，郁郁黄花，无非般若"，一种被执着、被赋予了人类主体性的有限性，更容易接近无限。南宗水墨与禅通，正是在顿渐之别上。是故"画道之中，水墨最为上"①；"草木敷荣，不待丹碌之采，云雪飘飏，不待铅粉而白，山不待空青而翠，凤不待五色而綷，是故运墨而五色具"；"墨之倾泼，势若崩云，墨之沉凝，色同碎锦"②。万象森罗，众星拱照，彩章五色，呈之于物，水墨丹青，探之于人……以虚假的无限（众色）追绝对的无限（自然），殆矣！反之，以强化的有限（黑白）追绝对的无限（自然），则诚尚可。色的净化、淡化即反之获得了色相色阶的无限性，有限的设立转而为无限的假定。有限的定在转而为无限的可能……庄子曰："天之苍苍，其正色邪？"这个混沌而洁净的世界！

其二，就主体世界而言，这个艺术中的混沌世界，其人类意义何在呢？"对色彩反应的典型特征，是观察者的被动性与经验的直接性"，"凡是富于表现性的性质（色彩性质有时也包括形状性质），都能自发地产生被动接受的心理经验"。③ 色彩与接受者的情感体验相联系，色彩对于主体感受的限定性，比形状强烈得多。所以色彩的表现性越强，其所传递的信息便越稳定，对主体的感受性的限制就越明显，主体大脑的自组织能力也就相应没有得到

① （唐）王维：《画学秘诀》，见《王右丞集笺注·卷二十八》，文渊阁《四库全书》电子版，香港，迪志文化出版公司、香港中文大学出版社，1999。

② （唐）张彦远著，俞剑华注释：《历代名画记》，37 页，上海，上海人民美术出版社，1964。

③ ［美］阿恩海姆著，滕守尧、朱疆源译：《艺术与视知觉》，460 页，北京，中国社会科学出版社，1984。

较大的余地。对于表现性不强的色彩，这种被动接受的心理经验是否改观呢？阿恩海姆再也没说。我们看来，中国绘画抽象色的心理学意义，恰正在于此。色彩的表现性与主体的能动性在此似乎存在某种反比关系。色彩的表现性，传递信息的确定性、具体性强，产生了接受的被动性与经验的直接性、有限性；而反之，若色彩本身的表现性、传递信息的确定性与明确性、具体性弱，则有利于接受的主动性、体验的无限性。即是：在前者，主体总能按有限的信息接受一个规定了的世界；在后者，主体在感觉上的能动性得到高扬，在更有限的信息里，能动地建构设定第二世界。人开始摆脱感觉上追踪自然、疲于奔命的命运而在感觉上进行自我设立。一个枯淡的世界，召唤着自由的主体。郑子房赞明代遗民龚贤之画云："墨气如炼丹，墨气活，丹成矣！"此所谓：墨团团中天地宽！

下篇　形（线、面、体）

《易传》曰："古者包牺氏之王天下也，仰则观象于天，俯则观法于地，观鸟兽之文与地之宜。近取诸身，远取诸物，于是始作八卦，以通神明之德，以类万物之情。"①

如果说，造型艺术中的色彩、音乐中的节奏、诗歌中并无确切意义的咏叹咨嗟在艺术史上都较早地显示自身的意义，都较多地具备信号功能，都较多地与人类的感性相联系，那么，造型艺术中的线条、音乐中的旋律、诗歌中意义较确定的赋比兴手法，则较迟在艺术史上显示意义，较多地具有符号功能，较多地与人类的理性相联系。

从造型心理学上讲，大自然并不存在线条，线条是人类对世界的一种抽象。"在自然本身，原无轮廓与笔触。"②"严格说来，一切视觉表象都是由色彩与亮度产生的。那界定形状的轮廓线，是眼睛在区分几个在亮度色彩方面

① 《周易注·卷八》，文渊阁《四库全书》电子版，香港，迪志文化出版公司、香港中文大学出版社，1999。

② ［法］德拉克罗瓦著，李嘉熙译：《德拉克罗瓦日记》，240页，北京，人民美术出版社，1981。

都决然不同的区域时推导出来的。”① 印度最早的绘画理论著作《画经》云：“众人爱色彩”“大师爱线条”。如上等等都把线条置于色彩感觉之上并推崇其理性意味。事情还不止如此简单。

上引《易传》言包牺氏观象于天、观法于地而制八卦，其目的在于“通神明之德”“类万物之情”，凭几根参差错落的短线的排列组合，便用以默契幽冥、参赞万物，远古象数学自有其素朴而恢弘的心志！在此，线条的功能有二：（1）就其表象功能而言，作为信号的线条，是人类在外物的界面边缘、在不同亮域和色区交接时推导出来的用以界定外物轮廓形状的感觉手段，与康德将时间空间作为人类整理混乱的现象世界的感性构架相类，线条可以看作是人类整理纷纭的外在物象时的一种能动的视觉作用、大脑能动的自组织能力的结果。这里的线条作为界面的边缘，是静态的空间形式的对应物，以信号意义为主，传递物之为物的信息，以供主体对客体的区分、判别与认知。这种意义上的线条是艺术再现的必要条件，这正如色彩的信号功能一样。（2）就其象征功能而言，作为符号的线条，既可是宇宙发生动力过程中的某一特定的动态功能过程的直观摹象，也可以是人类生活中某一特定的情绪情感过程的外在印痕。中国书法、绘画（还有中国艺术中的其他相关因素）的独特意义，正在于这两方面的融合，即在线条中同时流贯宇宙之气与个人之情。宇宙生生之伟力，万象在时间之流中的沉浮生灭的过程，人类心理天宇上诡奥万端、神秘莫测的烟云风暴，如果用直观的方式加以描摹，其媒介首先只能是线条，任何时间历程的终极摹象和最后结构，其媒介首先只能是线条。线条在此呈露其时间意义，表现为无限的绵延之中的一个特定片段的影写与凝定。数的神秘意义也在这一过程之中与线相伴随，《易》在象数学意义上的通神明之德、类万物之情的线条组合，就是以直观方式对某种神秘的功能过程的渗透。而艺术中并无再现意义的线条（这恰是中国艺术值得自豪的一个层次），正是这一意义上的线条。艺术作为人类情感过程的外在印痕，正是以线条的这一功能为基础的。

中国绘画中，线之为用大矣！从彩陶、青铜时代的几何线形到楚文化的

---

① ［美］阿恩海姆著，滕守尧、朱疆源译：《艺术与视知觉》，500页，北京，中国社会科学出版社，1984。

自由线形，从金石器物到书法绘画，从装饰纹路到表情符号……单就绘画而言，描有十八，著者如游丝、铁线、柳叶、莼菜。皴有十六，据清人郑绩所计，单山水一项，皴法即有披麻、云头、芝麻、乱麻、折带、马牙、斧劈、雨点、弹涡、骷髅、矾头、荷叶、牛毛、解索、兔皮、乱柴种种；若依明人陈继儒，则更有什么泥里拔钉、拖泥带水云云，不一而足。关于线的面貌的描述，也颇多精绝之语：曹衣出水、吴带当风，春云浮空、流水行地，天衣飞扬、满壁风动……论笔法有勾斫丝点，论笔势有筋肉骨气，论笔意则有生死刚正……总括其历史面貌，则可分为两种倾向：

其一，理性的再现倾向。前文已提及，静态的线是界面的边缘，主要具备空间意义。传统的西洋画中，线并无独立意义，仅是构成面的基本要素。光影、明暗、深浅、黑白之过渡，只能先由线的疏密、重轻、粗细奠基，再由各种色彩表出。对对象的实体存在的强调在绘画中表现为对质感量感的强调，为了当好影子的影子，线在艺术中永远只是一个奴婢（这里仅就大倾向而言。在西方，思想家如柏拉图、亚里士多德，画家如菩提切利、安格尔到现代各派画家如马蒂斯、莫迪里埃尼等都注重线的意义尤其是线的轮廓意义，然与中国绘画不同）。可是对于中国画来说，客体的实体存在是无足轻重的。对自然的追踪蹑迹，只需略得其貌便足矣。于是，线之为用，首先是将对象从背景中分离出来、强调出来，即用轮廓线界定描写对象使其获得独立的客体意义（这主要表现于人物画）；或者，将对象的结构性状加以暴露（这主要表现于山水画）。于前者，有张萱、周昉、周文矩、顾闳中、陈老莲、焦秉贞等人的人物画作品；于后者，则有展子虔、李思训、李昭道到宋代界画中的山水和亭台楼阁，院体画鸟亦然。潘天寿《中国绘画史》说：中国绘画“南齐谢赫以前，都还属于勾硼手法——用线勾轮廓，次第加色彩，成为亚细亚大陆的共通的式样”。其实，这种先勾后填的方式，谢赫以后亦然绵亘未绝。不过在山水之中，勾勒一派到了南宗兴起、文人画行世之后开始被墨的滋蔓所打破，面的意义诞生了。

其二，感性的表现倾向。动态的线是点的运动轨迹，具备时间意义。西方现代派画家高度重视线条的表现功能，如被称为用火柴棍画画的凡·高即为著例。然而这种线的表现作用是与色彩相辅的。中国艺术中的线，其表现功能则是以墨为媒介，纯粹凭借自身的轻重缓急涩畅徐疾干湿燥润的内在变化形成张力作用而达到的。孙过庭说：王右军“写《乐毅》则情多怫郁，写《画赞》则意涉瑰奇，《黄庭经》则怡怿虚无，《太师箴》又纵横争折。暨乎兰亭兴集，思逸神超；私门诫誓，情拘志惨。所谓涉乐方笑，言哀已叹……岂知情动形言，取会风骚之意，阳舒阴惨，本乎天地之心”①。

一条颤动的墨线，历尽了宇宙和人类心灵的沧桑。“取会风骚之意”“本乎天地之心”，这种双重的功能在中国绘画中是以悠忽旋转、飘扬飞动的自由线条达到的。人物方面，传为吴道子的《八十七神仙图卷》、梁楷的《李白行吟图》、徐渭的《寒山拾得图》、闵贞的《婴戏图》、高其佩的《高岗独立图》；山水方面，石涛的盘郁、苍莽、势昂天外的峰峦；花鸟方面，明清文人的写意画，尤以八怪为著。

中国线条的真正意义正在于此，“取会风骚之意”“本乎天地之心”便是一线墨痕的两面价值；情感是一个绵延动荡的时间的历程，这一道颤动的墨线影写了它；宇宙更是一个时间历程，这一根墨线通过表现情感又意外地默契了它。“志道”的中国艺术所在之道，在此并非内圣外王的世间法之道，而是参赞天地化育，泯融神思意兴的形而上之道。人在表现自身存在的激情的同时，不自觉地完成了对宇宙的渗透！中国艺术的第一句真正崇高的话是由石涛道出的：

> 太古无法，太朴不散，太朴一散而法立矣！法于何立，立于一画。一画者，众有之本，万象之根……一画之法，乃自我立。立一画之法者，盖以无法生有法，以有法贯众法也。夫画者从于心者也！……此一画收尽鸿蒙之外，即亿万万笔墨，未有不始于此而终于此……一画之法立而万物著矣。我故曰，吾道一以贯之。②

石涛之言的思想史意义和人本学意义，此暂不论，我们先从艺术本体论上继续下去，“此一画收尽鸿蒙之外，即亿万万笔墨，未有不始于此而终于

① （唐）孙过庭著，冯亦吾编：《书谱·读书谱解说》，97～98 页，北京，国际文化出版公司，2002。

② （清）石涛著，俞剑华注译：《石涛画语录·一画章第一》，1 页，南京，江苏美术出版社，2007。

此”。这说明了中国绘画的一个基本事实：线条本身既有独立自足的表现意义，又以其各种形状的网状结构和块面展延来获得造型意义，线条在此又变成了艺术作品这一第二性状的自然的一个动力学起点和原始构造质素。“一画之法立而万物著”的豪语，令人想起康德早年的狂言：“给我物质，我就能用它造出一个宇宙来！”皴，便是线条的网状结构模态。上举清人所总结的十六种皴法，概而言之，无外乎二，即“披麻”“斧劈”，一以线的交错、纷迭而线的意义突出，一则以线的平行并列而略近面，前者较宜暴露山石的筋骨（内部结构因素），后者则较宜表呈山石之形貌（外部模态因素），故前者多舒徐浑融渲露山水之流韵而近于逸，这是南宗的意境（如董源、巨然）；后者多迅疾突兀征表山水之气骨而近于神，这是北宗的意境（如李成、马远），前者浑厚重深通于玄淡而近优美，后者凛冽清峻趋于豪肆而近于崇高……延亘错综，构造了造化的凛峻和丰饶……

线诚为中国艺术之精髓，然而，面是否就为西方所独擅呢？不然。我们认为面的问题是到目前为止所未被抉发的一个领域。我们愿于此作一透视，如果说，线本于一、任于道、通于神、依于笔的话，那么，面则统于多、原于气、长于韵、成于墨。

在造型学意义上，面是线的延展所成，而这恰恰不适宜于中国艺术。如前所谓线的延展错综，在中国艺术之中并未真正通向面，皴之为用，只是提供了面的假象，在艺术本体论上，线依于笔，而面则成于墨，在思想史背景上，线本于道，面则本于气。

面在中国绘画之中有两种面貌：（1）与我们上述概括色相对应，它一方面是宗教壁画上大面积原色涂抹（如莫高窟壁画，其中不少原色直接涂抹成形而未假于线的外轮廓界定作用，尤其以那些没有确切再现意义的云气等为著），宋以后的没骨法实乃由此化出，“画不用墨笔唯以彩色图者，谓之没骨画法，山水起于王晋卿、赵升……花卉起于徐熙……”①（郭若虚的《图画见闻志》也言始于徐熙，而据《宣和画谱》则应始于黄筌）。然而于本文无关大局，因莫高窟画已有征兆。另一方面勾填一法在线的轮廓界定之后，以色

① （清）方薰：《山静居画论》，见俞剑华编著：《中国画论类编》（上卷），229页，北京，人民美术出版社，1986。

涂面，这里，面的意义略小，潘天寿所说的“用线勾轮廓，次第加以色彩”的“勾硼手法”，遍及山水、花鸟、人物，谢赫之后实也未泯灭。（2）面的第二种面貌，是南宗画、文人画所带来的，唐有王维、张璪、王洽，宋有董源、“二米”、梁楷，元有高克恭、方从义，明有徐渭、龚贤……是这一线的主将，其尤以王维、米元章（米芾之画已不可见）、徐渭等为代表，北宗中，宋时许道宁、马远、夏圭的画山之法也略与此同。

总之，中国绘画之面，并非细碎的线并列群聚而成，它或由没骨、勾填、勾勒、勾染各法一次性或多次性地填充，或则是纯粹用水墨的渍染、晕化、烘托、渲淡而成。如果说，线与笔法相连，那面则与墨相关了。墨法是面的秘密之所在。破墨、积墨、泼墨、焦墨，干湿、浓淡、燥润、枯妍、一片苍茫，石涛曰：“笔与墨会，是为絪缊。”苍茫缊，万象成矣。从王维到“二米”，墨不断滋蔓、化育：王维始用破墨，水墨互破，浓淡互破；王洽用墨如泼，正如线条中之吴道子，挥洒自如；到米襄阳则泼破焦积并用，“米南宫其作墨戏，不专用笔，或以纸筋，或以蔗滓，或以莲房，皆可为画，纸不用胶矾不专写在绢上……”①米芾这种已近似于现代行动主义的作画方法，不专用笔，不写绢素，一方面是对笔的功能的怀疑和限定，一方面则是一种自由表现的探求。值得注意的是后者，不用绢素，不用胶矾，唯怕绢素、胶矾限制了墨的渗化延展，而丧失迷蒙缊之气。到此为止，面的扩张作用已达于极端。到了徐渭，这一运动的自我否定终于完成——青藤在它的墨水之中渗入了胶矾以防止无止境地渗化，从而使这个历程得到逻辑完结，生气的扩张到内敛，这不正是宇宙张力结构一个影写和投射么……与面相关的有点的问题。我们认为，中国画的点并非线的静止的始因，而是面的缩微。“簇点画始于韦偃”（方薰语），董源、范宽俱多雨点、芝麻；米氏则更有大阔点，集点而成簇，用以表现石斑苔迹、远树烟云；到了朱耷，还有用断线的点来写禽鸟的……然而，这些点自身即面，故不作为形的动态始点而在此附论一笔可矣。

二维的面永远只是几何学的对象，绘画的二维的面，总与形体相关，二维的第二自然总以三维的第一性状的自然在某种程度相对应。中国画并无绝

---

① 李日华语，转引自俞剑华编著：《中国画论类编》（上卷），130页，北京，人民美术出版社，1986。

对弃绝对物象的抽象性，这是艺术家之所谓的似与不似，理论家之所谓的抽象与具象，等等，康定斯基、蒙德里安等绝对抽象形状当然不可于中国传统见，即是米罗的并未弃绝物象的幻想形态的综合性的变形，即使于中国绘画也未之见。龚开等人画小鬼也不过是以人为本。即使是在其作为感情的表现符号时，中国绘画也未脱离以物象为载体，这样，二维的面怎样达到三维的体呢？墨的晕、渲、积、擂，色的平涂层染，两者共同的深浅、浓淡、明暗厚薄，都客观上与三维的体相关。

众所周知，对浮雕感——即对象的质感、量感与固有色相伴的视觉表象的真实性，一直是传统的西洋绘画所奉若神明的，对第一自然的严肃的铸形缩模的追踪和模仿，对所谓“造型能力”的强调，是每个西洋画家的家法。所以，二维的平面的绘画艺术，便承担着显示三维的主体的客观物理性状的自然的义务。为了这样追踪，明暗法、投影法、透视法等遂时时见用，人们只能借影子才能确证存在，只有借第二自然才能确证感知第一自然的人类感觉。正如人只有假偶像才能接近上帝，只有借上帝才能找到自己的影子一样——人在对对象的被动的追踪之中丧失了自我。“唯有绘画被观众视为奇迹，因为它使原来没有浮雕的物体呈现浮雕，使壁上的东西似乎凸出壁外”①，“阴影是物体及其形状的表白，如果没有阴影，物体就不能将色的品质传达给知觉”②。然而在中国绘画之中，情况并非如此：若说西方是以面显体——奢求通过明暗投影，透视诸法使二维画面显示三维空间的质感、量感（清代画家邹一桂说：“西洋人善勾股法故其画于阴阳远近不差锱黍。所画人物屋树皆有日影，画宫室于墙壁，令人几欲走进”③），则中国绘画便是压体成形，由面而体——将对象压缩成富于表现力和暗示意味的剪影，侧影式的平面。

在中国绘画之中，形体也可分两种基本面貌：

其一，理性化倾向。即以高度简括的线条再现对象轮廓、衣褶及动态，

① ［德］瓦尔特·赫斯编著，宗白华译：《欧洲现代画派画论选》，97 页，北京，人民美术出版社，1980。

② ［德］瓦尔特·赫斯编著，宗白华译：《欧洲现代画派画论选》，99 页，北京，人民美术出版社，1980。

③ （清）邹一桂撰：《小山画谱》（下卷），43 页，北京，中华书局，1985。

在纯净的结构格局中表现形体的倾向，帛画《夔凤相争图》、顾恺之的《女史箴图》、张萱、周昉、顾闳中、周文矩、贯休、梁楷、陈老莲、焦秉贞等都表现了这种共同倾向。

其二，感性化倾向。以高度约明的剪影来交代对象身姿、动态，并以暗示其情感情绪，在夸张的影像模态中表现对象的倾向，这即是汉代画像砖石、唐代石刻画及民间版画、剪纸和今天农民画的共同倾向。在表现空间深度，则或是大观小的三远法（山水），或是采用重叠法或上下平列法（画像砖）。

由此可见，在形体问题上，东西方差别判然。就上举西、中比较而言：前者主要诉诸欣赏者的知觉，后者则主要诉诸欣赏者的想象。所以欣赏前者，是被动地在知觉上接受一个已为作者所设定的“已然的”三维世界，审美心理机制主要在于知觉和理解；欣赏后者，则是主动地在想象上建立一个由作者提供了定向而未被设定的“未然的”三维世界，审美心理机制主要在于想象和情感。前者，不同欣赏者对于“已然”的三维世界接受的差异性甚微；而后者，不同欣赏者对“未然”的三维世界接受的差异性甚大。

从线面体之中，艺术内在的形式质素逐一展开，然这只是一个迫不得已的无机过程。艺术现象本身是不可肢解的有机整体，然也不能排除加以理想的逻辑分析的可能。正如艺术作品本身，难以诉诸理性的分析，但不能排除以分析的方法研究艺术现象。罗丹说过，一道规定的线贯穿了宇宙，从线到体，艺术质素在或分析或描述的语言中走完了自身的发生学过程。“诗无达诂”，艺术现象本身不能以理性语言喻尽；然而，我们相信，共同作为人类精神现象，艺术史和思想史都必有其直接间接的内在的对应。我们认为，中国绘画之中，从面到体的艺术发生学过程，可以参之思想史加以诠释，其思想史背景，我们特称：(1) 功能性的线性的宇宙发生论和动力学；(2) 非实体性的本体论。这两者俱为中国艺术精神的理论渊薮之一部。

线与道。

我们认为，线条在中国艺术的动力学意义，正略近于中国先秦哲学对于“道”的把握。线于此可类于道。道是老子哲学功能性的线性的宇宙发生学的起点，也是其动力学始因，而线条则是中国绘画的艺术发生学的起点，也是其动力学始因。线的能动作用，是人对宇宙现象的精神的抽象而发现的，从发生学上回溯和抽象而来的。包牺氏作卦，仓颉造字、观象于天、观法于地。渺哉寰宇！一切自然过程和人类在宇宙面前的错愕、惊诧、憧憬、企求、诅咒、祷祈……都被以最直观而最玄妙的方式简化为线条：这既是再现、描述，也是设定、企求，既是物理，也是心理。一切存在的盛衰化育，生灭兴亡，都莫不浮泛于时间的灰色线性的河流之上，一切愿望、梦幻、欢情、哀思，也莫不循随着这灰色的时间之流，从外在宇宙和内在宇宙的一切动态过程都莫不可以在其时间物质上简化为线性的结构。所以，于象数学，“易者象也，象也者像也”①，是“圣人立象以尽意，设卦以尽情伪……鼓之舞之以尽神”②；于艺术则是“画受墨，墨受笔，笔受腕，腕受心。如天之造生，地之造成，此其所以受也”③。所以尽管“太古无法，太朴不散”，尽管“缊不分，是为混沌”，然而“太古一散，而一画之法立矣！”“辟混沌者舍一画而谁邪”④。一根动荡的线条，洞穿了宇宙，透越了人生。这是发生学的抽象和回溯而获得的万物之功能性的起点，这也是宇宙和艺术的共同动力学始因，老子曰：“道生一，一生二，二生三，三生万物”。“生生之谓易”；“易有太极，是生两仪，两仪生四象，四象生八卦……”⑤ 石涛曰：“此一画收尽鸿蒙之外，即亿万万笔墨，未有不始于此而终于此。”“一画之法立而万物著矣！”⑥万有皆可由一而化育，万象皆可由一画而幻成。是故，老子曰：“天得一以清，地得一以宁，神得一以灵——吾道一以贯之。”⑦ 庄子曰：“通于一而万事毕。”⑧“一”这个数上的神秘规定，成了无人称的功能性的造物主，成了宇宙秩序的总机枢，也成了人生境界的最高峰巅。古往今来，乾旋坤转，以

---

① 李学勤主编：《十三经注疏·周易正义》，297 页，北京，北京大学出版社，1999。

② 李学勤主编：《十三经注疏·周易正义》，291 页，北京，北京大学出版社，1999。

③ （清）石涛著，俞剑华注译：《石涛画语录·尊受章第四》，3 页，南京，江苏美术出版社，2007。

④ （清）石涛著，俞剑华注译：《石涛画语录·絪章第七》，5 页，南京，江苏美术出版社，2007。

⑤ 李学勤主编：《十三经注疏·周易正义》，289 页，北京，北京大学出版社，1999。

⑥ （清）石涛著，俞剑华注译：《石涛画语录·一画章第一》，1 页，南京，江苏美术出版社，2007。

⑦ 许抗生：《帛书老子注译与研究》，7 页，杭州，浙江人民出版社，1982。

⑧ 陈鼓应：《庄子今注今译·天地》，298 页，北京，中华书局，2001。

一治万，以万治一，一以化万，万万归一……如果说现代医学可以通过心电图、脑电图、超声波等手段将人的生理节律化为直观的起伏跌宕的线条模式，那么现代艺术符号学则将富于表现功能的线条，视为人类心理节律的外化的直观结构，进而言之，中国艺术的线条，客观上还是对宇宙节律的追踪和把握，“画之理，笔之法，不过天地之质与饰也……以一画测之，即可参天地之化育也……山川与予神遇而迹化也！”①

墨气与虚空。

我们认为墨气和虚空在中国绘画的模态学意义，涉及中国哲学之“气”的把握，涉及我们所谓的非实体性的本体观。

一方面，自南宗始，破墨泼墨之为用，渲淡晕化之滋蔓，画家笔下便总是流动着苍茫拥塞、迷离缥缈之墨气，从王维、米元章、高克恭、方从义、龚贤、高其佩到今之林风眠、石鲁一派浩荡之气流贯宇宙；另一方面，无论是用墨如泼的王洽、徐渭，还是惜墨如金的倪赞，中国绘画作品中又总有未被涂染勾皴的一大片虚空——一种神异的缄默。我们认为，线条默契了宇宙的生生之道——功能性的发生学动力学过程和时间本质，那么，虚空、墨气则默契了一种更悠远的宇宙意识——非实体性的本体观。我们认为，之所以这些虚空和墨气，在中国画之中的造型意义甚微（虚空并不一定就是现实空间，墨气也常非烟雾雾瘴），而主要的是一种流贯宇宙的形而上的气，一种非实体性的造化生息的伟力和流行。

“泰初有无，无有无名”②，然而，这绝对的无终于为能动的宇宙生发学始点——“道”所打破，道即一。道虽流贯天地，化育万物，却是“徾”“希”“夷”难以显于清晰的表象。然而道之流贯怎样呢？“道之为物，唯恍唯惚，惚呵恍呵，中有象呵！恍呵惚呵，中有物呵！窈呵冥呵，中有精呵！其精甚真，其中有信！”③ 有人将中国哲学的本体观称为无定体观④，似觉含

① （清）石涛著，俞剑华注译：《石涛画语录·山川章第八》，6页，南京，江苏美术出版社，2007。

② 陈鼓应：《庄子今注今译·天地》，294页，北京，中华书局，2001。

③ 陈鼓应：《老子今注今译·第二十一章》，156页，北京，商务印书馆，2003。

④ 唐君毅著，黄克剑、钟小霖编：《唐君毅集》，110页，北京，群言出版社，1993。

混。西方古代哲学或将世界作形而下的无限肢解而假设原子等最基本的微粒，或作形而上的推演而获得理式等绝对范型。中国哲学有无本体观？若说有，则道生万物又道法自然，道并非绝对理式；若说无，则气贯寰宇而又非宇宙的实体质素，气并非基本微粒。我们认为中国哲学的本体论是功能性而非实体性的，所以，它无法作为科学的坚实的根底，却反之成了艺术的诗意的胞衣。“天地氤氲，万物化醇”①，“道始生虚廓，虚廓生宇宙，宇宙生元气”②，“虚者万物之始也”③ ……总之道唯恍唯惚，却有象有物；道唯窈唯冥，却其精有信，“太虚无形”，却又“气之本体”④。没有本体么？非也！本体实有。本体是实体性的么？非也！唯道集虚。所以，这便是中国哲学的非实体性的本体观，通过对宇宙发生学过程的回溯和抽象，设定了一个动力学始因——“道”“一”。然而这个通过诗意直觉，通过象征思维把握到的本体，却是无法用理性语言界定其本质的，因之只能用象征语言来描述其功能，于是乎：恍呵惚呵！渊啊湛啊！希啊夷啊！氤氲啊、野马啊……纷然而至，目不暇接，思致推理，意绪难析，语言陷阱遍立，笔墨官司顿起……

这个无法界定的宇宙发生学起点和动力学始因，便只能假借一种可资感触、广被万物的幕幛来遍施其化育生成之功了，于是，一个无所不在的精灵——“气”便出现了，道之为用，即气（这在先秦不明显，而在宋明理学中却昭然）。张载说：“太和所谓道，中涵浮沉、升降、动静、相感之性，是生组、相荡、胜负、屈伸之始”⑤；“太虚不能无气，气不能不聚而为万物，万物不能不散而为太虚”⑥；“知虚空即气，则有无、隐显、神化、性命通一

---

① 李学勤主编：《十三经注疏·周易正义》，296页，北京，北京大学出版社，1999。

② （西汉）刘安等编著：《淮南子》，98页，上海，上海古籍出版社，1989。

③ （唐）房玄龄注：《管子》，73页，上海，上海古籍出版社，1989。

④ （宋）张载撰，（清）王夫之注：《张子正蒙》，86页，上海，上海古籍出版社，2000。

⑤ （宋）张载撰，（清）王夫之注：《张子正蒙》，85页，上海，上海古籍出版社，2000。

⑥ （宋）张载撰，（清）王夫之注：《张子正蒙》，89页，上海，上海古籍出版社，2000。

无二”①。气成了道的载体、道的运行形态、道的行动手段，似有似无，若隐若现，如明如晦，载沉载浮，贯注万物而不滞于物，成就万物而不集于物，非实体性的本体论于是宣告形成（这种由道而气的非实体性的本体论，对于中国科学精神的发展起了极大的抑制作用）。

“国家不幸诗人幸”，同样，科学精神之弊，却意外地成全了艺术。这种整体性、象征性的通过诗意的直觉把握宇宙的方式，使艺术精神得到至高之境。这种超越倾向表现为：

其一，化宇宙为生命、融生命于宇宙的超越意识。“墨受于天”，满纸云气轻岚，不过宇宙之生息吐纳；“笔操于人”，化一画而成缊，天下之能事毕，人参造化。所以要在墨海里立定精神，混沌里放出光明。人的生命意识与宇宙意识契合时，生命便被纳入宇宙而超越了宇宙。

其二，重情韵价值、轻实体存在的超越方式。韩拙云：“霞不重以丹青，云不施以彩绘，恐失其岚光野色、自然之气也！”② 只要能冥合自然，畅我神思，自然的实体存在于艺术中是没有绝对意义的。天就是天，管它阴晴明晦、雨雪风霜；地就是地，管它平川断壑、南北西东；山就是山，管它阴阳向背、何脉何方；水就是水，管它高江急瀑、阔海平澜！仰观大造，俯览时物。小舟江海逝，长星入我怀！自然本身的意义，绝不在其自身的实体存在。由是，透视法不为用，李成仰画飞檐，即被沈括讥为“掀屋角”；明暗法也不为用，人的存在是不需要影子来确证的。压体成形，由形而体，抟虚成实便足吐纳万物，蹈光蹑影便可通天尽人，一个有限的剪影便唤起无限的心理完形，一片洁净的虚空便是一个亘古缄默的天地……

我们认为，社会方面的伦理价值观念决定了中国绘画的色的风貌，而自然方面的发展观与本体论则决定了中国绘画形（线、面、体）的风貌。如果说，社会价值观方面，重理性轻感性、重总体平衡轻个体发展的倾向在社会实践上是极为消极的，而概括色、抽象色的人本学心理学意义却倒是积极的，那么，同样，自然本体观方面的重功能轻实体、重直观描述轻实证分析的象征拟化态度，在科学上为弊，却又有利于艺术。

---

① （宋）张载撰，（清）王夫之注：《张子正蒙》，89页，上海，上海古籍出版社，2000。

② （宋）韩拙：《韩氏山水纯全集》，6页，北京，中华书局，1985。

就客体方面也即就第一次客体设立（创作过程）而言，线、面、体都是通过对第一自然的表征而设立的第二自然。这里是万万归一，一以治万。自然界并无线条存在，亦无绝对二维的面与体。线、面、体不管是作为对自然物象的再现、对造化迁移过程的冥合，还是主体意向、愿望、情感的传导、宣泄、喷发，都是一种符号性的东西，本质上都不能不带有一定的抽象性。不管是作为静态的空间轮廓来凸出、影写客体，还是作动态的时间轨迹来契印情感过程并冥合宇宙之创化；不管是以墨的深浅浓淡的过渡、形的上下左右的铺排来暗示现实的三维深度，还是以纯粹的虚空来表现某种充满自由意味的亘古如新的缄默，中国绘画中的线、面、体都是人净化、淡化、简化、整理外在自然、赋予其秩序，并不自觉地影写外在内在两个同样广阔的空间的能动的感觉知觉的组织手段。这里，无限有限化，时间空间化，三维二维化，感性理性化……总之，不是奴隶式地追踪殊多的“一”并失落于纷纭的“万”之中，而是能动地把握特定的“一”以统驭纷纭的“万”。此即石涛所谓“此一画收尽鸿蒙之外，即亿万万笔墨未有不始于此而终于此”。三维的体转化为剪影式的画（画像砖、剪纸），甚至于直接简化为线（人物、山水、花鸟，尤其以白描法为著），“为道日损”①，世界的外在的感性标志不断地剥落而凝定为有限的视觉表象。面对世界，创作主体的感觉知觉的能动性通过第二自然的第一次设立开始毕露，参之于西方绘画，这种能动性的意义昭然：薄伽丘在《十日谈》将画家吉托誉为“天才”，只因为，对自然界中的所有事物，他都能加以描绘，描绘出来的形象，不仅与原物相似，而且看上去就是原物！“简直就是真的！”这是怎样一句赞语，这种无条件地跟踪自然的亦步亦趋的艺术观，发展到极端，便是毛发可辨的照相现实主义和直接将抽水马桶搬上展览厅（这当然也需要勇气）的 Pop Art。在法国的田野上，一位农民问一位正在写生的画家：“橡树不是好好长在那儿，您画它干吗呀？”最质朴的睿智，大概正掌握在这位农民手里。

就主体方面即第二次客体设立（欣赏过程）而言，线、面、体都是通过物态化形式对第一自然加以表征而达到第二自然的初步设立，这一过程仅是一个一次性的表现过程，而欣赏活动则是以此为起点，对第二自然的多次设

① 陈鼓应：《老子今注今译·第四十八章》，250 页，北京，商务印书馆，2003。

立——第二自然在不同欣赏者的心理上得到不断的再生，这一意义上，艺术作品才得到完成。前者以一治万，这里是由一到万了。一个有限的起点，引起无限可能的心理完形。

中国绘画，论意境，触目皆为残山剩水、枯槎断藤；论功法，到处可见惜墨如金、点划不足；论形体，则是压体成面，化面为线……这个残缺、平面、枯淡的世界意义何在？古画论书论所谓“笔不周而意周”“点划不足而意势有余”“意在笔先”“不到处皆笔”，等等，其意义何在？老子说：“为道日损，损之又损，以至于无为。”在艺术创作上，高度的简化、精约、不断地将无限有限化的倾向的秘密究竟何在？这里层次有二：从感觉、知觉这一层次讲，“对形状知觉的最大特点，是积极的控制”。“一个式样的结构状态都能激起积极组织的心理活动。”① 我们认为，格式塔心理学的“闭合原则”不仅仅适宜于二维空间的整合（“不到处皆笔”正依乎此），而且适宜于三维空间的建构。汉代画像砖、民间剪纸及传统的人物画中压体成面、不求质感量感的处理方式，正暗合这种闭合作用。一个二维的剪影，被主体心理重新设立为坚实的三维的形体（“笔不周而意周”正依乎此）。这种纯粹的象征、假定而达到的心理建构，比起西方的毫厘不爽的透视、明暗诸法，差别判然。从情感、想象这一层次上讲，休谟认为，把对象的一部分隐藏不露，最能强烈地激发情感，对象蔽方不明、欠缺不周，就留下余地，让想象有事可做，而想象为了完足那个观念所作的努力，又能增添情感的力量。② 这里，情感与想象互相激荡、互相生化。对象的蔽方隐晦，使主体的心理完形的本能受到阻碍反而充分地得到激发。完形本能因阻碍而化为情感，情感激发想象，画面提供的有限的世界便因想象的力量而不断开疆拓土——由于理性的自我完足的冲动，人类无法接受一个残缺的世界，而更不需要一个具体的繁文缛节、分毫不爽的有限世界，在二维空间铸型缩模地影写客观自然，这无疑是善良的努力，然而，那位法国农民讲得好——橡树不是长在那儿吗？

---

① ［美］阿恩海姆著，滕守尧、朱疆源译：《艺术与视知觉》，538页，北京，中国社会科学出版社，1984。

② 转引自钱钟书：《中国诗与中国画》，见钱钟书：《七缀集》，11页，上海，上海古籍出版社，1985。

到此，中国绘画的虚空、平面等现象的心理学意义已无需赘言，前面论及，中国绘画在创作阶段线、面、体的处理是无限有限化、时间空间化、感性理性化……到此，所有这些都得倒置过来了。概而言之，是有限（画面）的无限化（在不同主体的心理层次上得到无限可能的完形和建构）。微尘大千，有限无限，多少说话都是多余的，唯有禅僧玄觉的直觉富于诗意：

“一月普现一切水，一切水月一月摄。”①

余　论

回到开头。

人类自由有三个层面：超越自然、超越社会、超越自我。中国文化中，并未见到第一第二两个向度的强烈表现：“制天而用”的思想并未导发缜密的科学精神，“大同”“小康”的理想也并非近代意识的民主意识。而相反，通过自我超越达到心理自由，却是中国文化在自由问题上的主要倾向。号称数千年从未中断的文化传统，洋洋乎大哉！然而我们却难以找到俄狄浦斯精神、浮士德精神的类似形象，即使堂吉诃德的外似突梯滑稽、实则包含悲剧内蕴的形象，也难以一见（当然，从屈原、嵇康、李贽、谭嗣同到王国维、鲁迅的人格内核是绝不缺少决绝的悲剧精神的）。我们有的是仁山智水，妙合自然，参赞天地，渗透生死……

文化史就是不乏这样的二律背反，短于决绝的悲剧性的行动意志的民族，却长于超越的艺术精神。当一种民族文化的伦理内核需要诉诸严峻的批判理性时，它的艺术形式却欣然地呈现于愉悦的感性，这就是文化内容和文化形式的内在矛盾吧。

本文所探索的不是中国绘画意蕴中的自由意识，而是形式上的自由意义。中国艺术精神的奥义，本之庄子，参以禅僧，这几乎是不可辩驳的事，② 这是探索中国艺术的内在意蕴的必由之途。本文只是在艺术本体论方面就中国

① 《永嘉证道歌》，见《大正新修大藏经·卷四十八》，396 页，东京，大藏出版株式社，1928。

② 参见李泽厚《中国古代思想史论》等。

绘画中一些大家开始意识但未及展开的某些问题进行描述和讨论，所以也仅是涉及色与形这两个基本形式质素的本体分析，由此再及思想史背景和人本心理学意义。人类文明与异化及其扬弃是人类历史平行的两轨。文明进程对感觉的盘剥已在席勒、青年马克思到法兰克福学派的著作中得到揭示，然而，人的现实解放与人的感觉自由又将是通向未来并行的双轨。中国绘画形式质素的哲学人类学意义正是中国文化中真正具有价值的一面。

古风漫处　山川浑然

——论民间收藏于乐教传统的意义，兼论碑学与近代中国绘画的精神史关联：以古风堂藏画为中心*

一

中国历史上，文化传承总是一个富于戏剧性的大题目。在各大文明之中，中国文明作为唯一的没有彻底中断过的文明，其所以能“瓜瓞绵绵”的秘诀所在，似乎就在于传承问题上的成功。而在过去两千年的历史风烟中，传承问题，事实上始终是一个充满纠结的主题。每当改朝换代、尘埃落定之时，或在异族统治结束、生民魂魄甫安之际，或在社会动荡风暴平息，一旦人们又开始焦灼并操劳于重构生活、光扬文化的关口，一个古老的声音就会重新响起：

“礼失求诸野”。

是的，礼失求诸野：烽火熄灭、硝烟散去之后，庙堂虽依然高耸，然已礼崩乐坏；宫苑虽依然深深，然已饱罹劫掠。位高而得入庙堂、进入体制的士大夫精英队伍，也往往在这种历史时刻，或者身殉前朝，或者惨遭屠戮，或者流离归隐于草莽之中。这是一种不断重复的传承失序的历史场景。当此时，天崩地裂、沧海桑田之后，广阔的民间社会，永远是一种传统、一个文

* 原载《书乡中国》，2015（春、夏号合集）。

化体系的真实信息的终极渊薮。正是民间社会这一片广阔的文化湿地，默默保护着制度性和非制度性文化的孑遗和生机，使一切坍塌、崩落、粉碎、流离的文化遗存，终有一个归藏之所。因此，每一轮的社会重建、文化重建来临之际，人们都在某一个时刻蓦然想起了民间，于是便有了“礼失求诸野”的喟叹和呼吁。从孔老夫子的时代直至今日，此理依然。

大略而言，中国文明是成熟于商周之际的礼乐文明。于周公时代，礼乐便完成了其体制化的历程。礼者，是中国文明贡献于世界的最具特质的文化体系。在外源的强制性的律法体系和内在的精神自觉的道德感之间，礼作为一个中间的调节体系，构成了传统宗法制度的核心。离开对礼的体系及其文化本质的深切洞见，所有关于传统中国的论说都必然苍白不堪。这一点，在今天的学术言说中，似乎慢慢正在成为共识。

而与“礼”一体两面的“乐”的情形，其实要复杂得多。“礼自外铄”——虽然与“法”相比，礼是一个软性的体系，但终究还是一个外在的规范体系，当代诠释学哲学所言的 Kultivierung（教化，这种教化首先是通过一定的礼仪达到个体的社会化的过程），恰恰可以在传统礼学的传统中找到其完备的早期形态和资源。而“乐”则由内作，乐教是成人之学的关键，是一个社会个体最后完成心灵世界自我建构的关键。这也是当代诠释学哲学的 Selbstkultivierung（自我教化）的精义所在。只有通过自我教化，个体的社会化终究才可能是人性的，并且是成功的。儒家的成人之学，如果仅仅定位于“礼”，其结果只能是遍地乡愿。唯有同时定位于“乐”，中国人的精神世界的建构才是容易理解的。这就是数十年来中国学人有关审美文化和“乐感文化”（李泽厚所用概念）的各种言说的因由。这里的“乐”，显然不仅仅是今天现代汉语中的类似于“音乐”的概念，也绝不仅仅是传统意义上的宫廷礼仪乐舞意义上的狭义的“乐”。用今天的语言来说，这是一个包含了审美教育、艺术活动和艺术遗存及其传承的所有领域的广义概念。

在那句耳熟能详的“礼失求诸野”之外，好像人们总还是忘记了一个更大的事实——乐之失：于古于今，乐教传统的断裂，其实比礼制之迷茫难证的影响不知道要严重几何！狭义意义上的乐教传统的断裂，是一个久远且复杂的问题。与礼教并立的西周时期的周公乐教，确实踪迹难觅。曾侯乙墓编钟的出土之所以引起广泛的震撼，正缘于乐教传统的淹没难。狭义音乐史上的很多具体的历史脉络，也确实迷茫。嵇康之后，《广陵散》成为绝响，这就是这个悲怆史实的最简明的象征。但是，广义的乐教，却通过笔翰之道得以保存并广为传布。书法和中国绘画中神秘的音乐性线条，就是这种广义、迷蒙、难以界定的乐教在中国文明史上持续不绝的明证。由于中国文字的特质，中国文明成为一个书写中心主义的而不是语音中心主义的文明。一个受过教育、有基本的传统教养的中国人天生就是一个潜在的书法家。一个个体是否意识到并珍视、呵护、展开这种潜能，当然有待于文化的和历史的机缘。

礼之失，关涉的当然是社会总体的纲常秩序，但是，乐之失，关涉的则是每一个个体的心理建构，以及建立于这一基础上的社会共同体的总体教养水平和心理秩序，而这一点，最后当然还是回归到一个社会的精神秩序和可居性的问题。这里当然也就引出一个更大更重要的问题：乐失，求诸何处？

“乐之失”，因各种社会政治原因所导致的传统艺术文化资源的破坏、散佚、隐匿和沉潜的问题，以及在此基础上的社会教化和个体自我教化的困境的解决途径，除了制度性层面的某些努力之外，依然也只有首先“求诸野”。是的，“乐失求诸野”，通过民间社会所保存资源的发掘、整理、重组来解决，通过民间社会的对自我教化的自觉来解决。这正是民间社会伟大的自主性和生机之所在。与黄宾虹共同主编了《美术丛书》的邓实，在辛亥年（1911）——这个在编年史意义上为传统古典时代彻底打上句号的年头，为丛书所写的序言之中，叙发的焦虑，正是近现代之交的士人在乐教问题上的最佳洞见：

> 自欧学东渐，吾国旧有之学，遂以不振。盖时会既变，趋向遂殊。六经成糟粕，义理属空言。而唯美术之学，则环球所推为独绝。……国当全盛，则其民优游暇豫，每多好古而博览。弱国之民，方哀死忧生之不暇，尚何心于玩好？吾以谓人生不幸，逢此百罹孤存于世。肉食者既不足与谋，间一接构，无非撄宁痛苦之极。遂觉有生为可厌，使无美术以解释而慰藉之，则一国之人，心死矣！国死可以复兴，心死无复活。然则此数十卷忘忧捐忿之书，聊拯一国将死未死之人心，而引之于高尚玄渺之境，以通于神明。望古而怀

旧，哀窈窕而思贤才，是亦乱世诗人所不得已之极思也！①

这种乐教的焦虑和洞见其实贯穿了20世纪的中国。从有高度自觉文化使命感的辛亥、“五四”一代士人，到民间乡野的各路“散人”，从章太炎的救文救种的国学理念，到黄宾虹、邓实的“聊拯一国将死未死之人心”美术信念，到王国维以美灭欲，通过审美致人类于大同的高渺乌托邦，到蔡元培的“以美育代宗教”的理念的广泛传布，此外还有李叔同、丰子恺师徒作为一个伟大的侧翼的各种努力……20世纪80年代博兴的美学热，又把近现代以来的种种乐教焦虑和洞见用现代学术的方式放大到难以想象的广度。

在这样的一个精神史背景下，我们可以大而化之地说，中国社会近20年来种种或轰烈或平淡的古典教育热、书院和读经热，特别是收藏热，先撇开经济原因，粗略地观察，似乎是这样的一场“反动”——一场对20世纪在各种光鲜堂皇的意识形态口号之下肆虐的文化虚无主义的自然而然的、民间式的“反动”。尽管这也是一个处于财富快速增长时期的社会的一种特殊文化表征，然笔者无意于把这一切简化为管子式的“仓廪实而知礼节，衣食足而知荣辱”（《管子・牧民》）的朴素历史唯物主义信条。人们往往忘记紧接着这两句甚是现代的唯物论信条的是——“四维不张，国乃灭亡”（《史记・管晏列传》），才是乐教的真意所在。但略加深究，上述的古典热和收藏热，根本上就是近现代中国关于乐教的焦虑和洞见的当代回声，只不过这是一种更为广泛的，尤其是更为民间的回声，或者说，这是民间社会自发解决“乐失”难题的一场广泛的社会行动，尽管这种行动的理论自觉程度本身可能不高。

在这种意义上，近年来私人艺术博物馆及私人堂轩的勃兴，分散深藏于民间的艺术遗存的出现和涌流，收藏人口的急剧攀升，成为今天中国艺术界的一道风景。诸如四川的私人博物馆群落的兴起，上海的龙博物馆一次次创造的新闻话题，“老舍胡絜青藏画展”近期引起的高度关注，拍卖业界不断推出的各种类型的私人珍藏晚间专场，都是这卷风景长卷的一些片段。

---

① 邓实：《美术丛书・原序》，见黄宾虹、邓实编：《美术丛书》初集第一辑第一卷，2～4页，杭州，浙江人民美术出版社，2013。

二

本专辑①隆重介绍的古风堂，正是海内外华人世界中众多自发形成的民间堂馆中的一个。像所有痴迷执着于前贤遗珍的发掘收藏的民间堂轩一样，古风堂在尊古、搜古、藏古方面，无法例外地有种种冷暖自知、不足与外人道的秘辛。关于这一点，似乎无需特别探究张扬。这正是民间在文化传承问题上的一个可圈可点的卓著贡献、令庙堂文化黯然苍白之处。这里初步呈现于世人眼前的古风堂所藏书画，可以说也正隶属于上文提及的当代文化不断延展的长卷。在此，古风堂的藏画，为我们提供了一个具体的个案、一个我们探索当代文化生活中“乐失求诸野”现象的生动个案。

此次古风堂辑录展示的藏品，从时间跨度而言，上自明代，下迄当代画家如王明明、何家英。从门类而言，绘画部分人物、山水、花鸟俱备；书法部分，因篇幅所限，则只精选了从吴昌硕到饶宗颐的少量精品。从通常的地域分类而言，除明清诸家的部分作品之外，在近现代部分中，京津派、海上派、长安派、新金陵派、岭南派，几乎都尽数覆盖。就一个私人藏家而言，这样一组如此“广谱”的收藏，其意义自不待言。并且笔者得知，这里呈现的，还只是古风堂藏品中一部分精粹。

本文既不奢望在操作层面上也不太可能方方面面地尽数点评此专辑中的所有书画藏品。本文的要旨在于，通过对古风堂藏品的覆盖领域的鸟瞰式的掠视，探寻我们上文所论的乐教传统在书画艺术这个传统领域，特别是近现代时段中的曼延，换言之，从精神史的特定角度，探寻近现代艺术精神发展的某些脉络。这其中，美术史上的一些争讼不休的著名难题，诸如南宗北宗问题、碑学帖学问题，以及近现代总体文化氛围中的有关古今、中西的种种焦虑，会穿插映现其间。

三

古风堂藏品中的明清部分，从数量看，显然还不是古风堂压倒性的收藏重点，但其中确不乏精要。

---

① 本文始应《书乡中国》杂志之约，为其“古风堂专辑”而作。

吴历（1632—1718）作于1695年的青绿山水《梅雨初晴》颇值一观。与人们相对熟悉的吴历早年、中年的水墨山水相比，这里吴历笔下的青绿山水显得面相有些独特。自唐代始，青绿山水往往是院体画家的专属领域，与习见的青绿山水的庙堂气和富贵气不同，吴历画作在其相对松树的构图中透出了更多的散淡和野逸，流云舒展，峰峦棋布其间，吴氏所擅长的“阳面皴”、与隐隐受西画浸润过的阴暗法，使山石更为静穆巍然。作为明代遗民，吴历终身不仕，早年出入儒佛，继而接触欧洲传教士，是明清之际接纳基督教价值观而成为天主教徒的极少中国士人之一。在这位中国耶稣会士的精神堂奥深处，发生过何等激烈的精神冲突和对话？他的信仰取向多大程度上影响了他的审美心态？这种影响又多大程度上影响了他的艺术实践？这些问题都极有意义，令人入迷，然而又是他人特别是今人所难以简单揣测论断的。而此幅画作作于吴历从澳门回归江浙之后，正是这种冲突在其艺术实践中得到调和之后的作品。这里呈现的独特的“非典型”青绿山水的面相，笔者窃以为正是这种成功升华了的内在精神戏剧的曲折映射。近现代艺术中的中西纠结，是直至林风眠、徐悲鸿两大现代美术教育体系的艺术活动中才全面展开的，此先不赘。

“扬州八怪”作品，此中收录3幅，李鱓（1686—1756）、黄慎（1687—?）郑燮（1693—1765）各一。“扬州八怪”人人性格鲜明、独立特行，人人皆有传奇故事，无需赘言。李鱓、郑燮都曾操文人之正步入仕为官，然李鱓“以忤大吏罢归”“两革科名一贬官”，郑燮则也“以岁饥为民请赈，忤大吏，遂乞病归”。两人都同样曾经“忤大吏”或罢官或自辞，自贬于市，成为忠实且张扬自身性灵的自由艺术家。另一位八怪大佬黄慎，则自始就自外于朝、自处于野，一直为独立艺术家。这三者的共同特性，还在于都是诗书画俱佳。李鱓的《清赏图》一砂壶、一折枝梅、一蒲扇，用笔寥寥，然笔笔皆充满书韵，辅以长跋，欲令人“眼目口舌俱游清虚世界”，这确实“非烟火人可梦见”。板桥的《梅花博古图》，显然不是传世甚多、在世人心目中已经定格的翩然而桀骜的那种兰竹主题，而是传世甚少的古淡的博古主题。板桥的兰竹之法，在此转化用于没骨梅花之枝干，水到渠成，梅枝之婉转虬翻，与墨色之浓淡变化，都极为融洽自然。黄慎的《仙道人物图》，正是瘿道人的最为人知晓的题材领地。在八怪之中，瘿道人草书该算首屈一指，先出入“二王”、章草，后颇得怀素笔意（一般论者很少提及黄慎书法与张旭之关联，笔者则以为，其笔势应该颇得之于张旭）。“八怪”之中，如果说金冬心之“漆书”与郑板桥之“六分半书”都略过于着意于“奇”，个性鲜活，让观者过目不忘。而黄慎（以及李鱓）则基本是剑走中锋之“正”，并且到达这一时代的前沿。在黄慎这里，书法线条的锤锻和舒张，直接转化为绘画语言（如图中所状的闲仙野鹤的动态，人物衣纹、树木枝叶等），笔意跳荡跌宕，豪肆张狂，大开大合，达到书画造型语言的相当交融，前人谓其“以狂草入画”，的确并非虚言。

“八怪”之外，一位通过对海上画派影响而走向现代的画坛豪杰也不得不专门提及。这就是海上画派前驱虚谷和尚（1823—1896），这是一位穿过官服、儒服、戎装后又遁入空门，在袈裟飘然间“不茹素，不礼佛”，甚至“从不卓锡僧寺”，却又饮誉画坛的怪杰——曾被与任颐、蒲华、吴昌硕并列称为“晚清海派四杰”。虚谷和尚无疑是清初四僧、扬州八怪在晚清有独立个性的传人之一。

其时碑学书风正盛，丹青行内无不警醒力求中锋的时节，虚谷却自如地侧锋入画。侧锋、浅墨、淡雅的设色、大胆的几何形体、冷峭的氛围，以及一如巨石碾压过的瞬间永恒的平面感，一切自然聚合……到了20世纪，除了海派谱绪的一些线索，我们最容易在另一位怪杰陈子庄的画作中找到虚谷的一些现代回声。

四

近现代部分是古风堂的重点所在。其实，在中国美术史领域，近现代之交的诸多画坛豪杰的时代归属如何划定，是一个颇有难度的问题。编年史的生卒年原则，在这里有时候会面临捉襟见肘的尴尬境地。本文的取向依据主要是，以精神史范式为标的，即以一个画家在艺术精神上为他的时代所提供的独特资源来厘定。比如，赵之谦虽是清末之人，但是其作品却有如此清晰的“现代性”；比如，一些被公认的现代巨子，如吴昌硕、黄宾虹，都在晚清有过功名并且已在艺坛上获得声名。但是他们的艺术活动以及贡献，特别是他们自觉探寻的导向和力度，恰恰奠定了中国艺术的某种“现代性”或这种现代性的某个至关重要的侧翼。

我们不妨先从吴昌硕（1844—1927）说起。尽管古风堂此次展示的仅是缶翁的一件石鼓文扇面，但却是吴昌硕最当行本色的典型风格之作，这是缶翁戊午年（公元1918年）晚年的极精的小品，因而不妨当为窥视其独特贡献的一个意味深长的精神窗口。吴昌硕的意义，不唯在于他的海上画派中的大宗师地位——其实，京派巨子陈师曾（1876—1923）、齐白石（1863—1957）都曾深得缶翁的提点，并感念膺服。并且更有意味的是，使白石氏终于得以横空出世的衰年变法，恰又与陈师曾等人的影响大有关联，严格地说，白石的衰年变法，恰是由吴昌硕、陈师曾在他们的艺术实践中所传达出来的某种与中国绘画相关的大道统的气息所促成。白石老人有诗云："青藤雪个远凡胎，老缶衰年别有才。我欲九泉为走狗，三家门下转轮来。"这便是明证。骨子里满满地尽充溢着湘人的犟傲之气的齐白石，竟想成为奔走于徐渭、八大山人、吴昌硕三人门下轮流当走狗！因此吴昌硕之为近现代之交的大宗师，影响所及，根本不仅仅在海上画派的门墙之内，也不仅仅在通过陈师曾和齐白石间接影响了京派的诸多耆宿，更不限于他与浙派和皖派几乎天然的关系。吴昌硕在艺术精神的近现代转折上，起了一种无可代替的作用。这怕是他本人有生之年都始料未及的，一如他年轻时候向任伯年求教时，得到的任氏本人的评价竟是，他（吴）的造诣已然在当时名声如日中天的任氏之上。吴昌硕的艺术史意义的密码，恐怕就在于他与碑学运动的关系上，或者更为具体地说，在于他把碑学运动的成果不自觉引入绘画领域的特殊功勋。

碑学是与帖学相对相生的名相。所谓帖学，顾名思义，是以传世"法帖"为审美规范的书法传统，一般指谓"二王"（羲之、献之父子）所代表的书法传统。北宋淳化三年（公元992年），宋太宗下令勒刻皇廷所藏历代墨迹，于是有了《淳化阁帖》。后代帖学之滥觞，即自此而始。"尚韵"的晋人于"尚意"的宋人，在此获得了一个交汇的精神支点。帖学是中国古代社会文人士大夫文化的艺术精神形态的表征。有宋一代，正是中国古典文化成熟无以复加的时代，帖学诞生于此时，正是合乎情理的事情。所谓碑学，则指以石刻文字以及金属铭刻文字（碑版、摩崖及彝器铭文）为核心的书法审美规范。狭义的碑学本来只局限于秦汉篆隶石刻及魏晋六朝楷书石刻，广义的碑学，则或上溯而囊括上古三代的金石铭文，或下扩至典范形态的唐代楷书。碑学和帖学作为一种审美理想上的对待而提出，其实是清代乾隆嘉庆年间的事情了。阮元（1764—1849）之《南北书派论》《北碑南帖论》，包世臣（1775—1855）之《艺舟双楫》等，将这种对待基本明晰化，而至康有为（1858—1927）的《广艺舟双楫》出，“尊碑”遂为一时之“时代强音”矣！碑学与帖学，本是回应和呵护传统的两种方式，是中国书法的两种基本的审美理想形态（其历史线索请恕此处从略）。正如审美领域有壮美与优美、崇高与秀美、传统儒家美学观念中有最基本的“文”与“质”的分野一样，审美理想的基本形态本身无优劣之分。帖系（书札、诗文、奏章、写经等）所承载的书法，往往出之文人高士之手，其作者的教化程度自不待言，其风格追求常常倾向于雅致、中和、超脱、清越之韵味；碑系（彝器、碑版、摩崖）所承载的书法，则大半出于无可稽考的匠人之手，其风格往往天机自发、质实无华、奇崛豪放。从艺术精神史的总体面貌而言，碑学与帖学本来在一定程度上互补互映、相辅相成。

但是一个时代审美理想的主导形态的倡导、发生、形成及其对该时代精神生活的影响，却是精神史必须关注的大问题。有清一代，碑学成为一个问题，本身正是一个精神史和乐教传统的大问题。多种动因完全不同的要素，不期然共同发生合力成就了碑学的滥觞：鉴于宋明儒心性之学易堕无根空谈之弊，晚明清初儒者开始倡论“朴学”，以今天的语言表述，就是致力于让道统重新接上地气；与此平行的便是经学中的“汉学”“宋学”之分野的醒觉不断强化，“汉学”的重兴与之无法分割的文字、训诂、彝器金石之学必然重新占据视野；已臻登峰造极的馆阁体、应试体也已经耗尽帖学传统的灵气；在“扬州十日”“嘉定三屠”和各种文字狱的血腥记忆慢慢褪色之后，清朝统治者和归顺清廷的汉族士人之间的磨合工程也早已尘埃落定，大举塑造审美性的帝王术，这是清朝统治者远胜元朝统治者的地方——康熙之心仪董其昌，乾隆之力推赵孟頫，这位以十全老人自居的皇帝，一生做诗数万，最张扬的是他的审美化人生……所有这些，都为新的审美意趣和风尚的诞生提供了土壤和气候。

在《广艺舟双楫》中，南海先生开宗明义便赋予了书学“著圣道”“发王制”“洞人理”“穷物变”的大使命（一如曹丕的《典论·论文》，劈头便是“文章者，经国之大业，不朽之盛事”，乐教载道传统决然为第一义），且认为：“古今之中，唯南碑与魏为可宗。可宗为何？曰：有十美：一曰魄力雄强，二曰气象浑穆，三曰笔法跳越，四曰点画峻厚，五曰意态奇逸，六曰精神飞动，七曰兴趣酣足，八曰骨法洞达，九曰结构天成，十曰血肉丰美。是十美者，唯魏碑、南碑有之。"[①] 康氏对于碑学的大声疾呼，根柢正在于此——魄力雄强、气象浑穆、精神飞动、血肉丰美者云云，不就是康氏高足梁启超所心仪的"少年中国"和"新民"所必备的精神前提？不正是后来"五四"一代从陈独秀的"兽性主义"到鲁迅的"摩罗诗力"的改造国民性的宏大批判工程的精神内核？用本文的语言来说，康有为正是赋予了书学，特别是北碑传统在乐教复兴中的无比崇高的地位。就其本质而言，碑学运动是一场广义的精神运动中的一个重要侧翼。无论今人用什么眼光看待这位自负至极的"南海圣人"，他作为传统殿军和中国现代性的第一个系统的思想家，大概是不成问题的，这一点，似乎有可能慢慢变成共识。

在书学内部，清代碑学从金冬心（1687—1763）、邓石如（1743—1805）、伊秉绶（1754—1815）、何绍基（1799—1873）、赵之谦（1829—1884）延伸至近现代之交的吴昌硕、康有为……在包世臣等人处，问题开始提出，在康有为处，问题意识开始成熟。然这种成熟的问题意识，在康氏本身的书法创作上，却还未能得大硕果：康氏曾有自陈心迹之言，"眼中有神"而"笔下有鬼"——这确实是一位有高度洞见的理论家和心手不逮的实践者的莫大悲剧。康有为在书法创作上的首要贡献，在于北碑之草化——在恣肆放逸、开拓舒展方面，康氏远超他的碑学同道前驱们。而其最终未能达到自身设定的鹄的缘由，即"笔下有鬼"的内在矛盾的根源，恐怕在于他碑学概念的狭窄——钟鼎文字中锋线条内敛、凝滞、高度的内聚力和爆发力，似乎未在他的核心视野之中。

民国时代，书学内部，碑学线索一直强劲延伸，李叔同（1880—1942）、丰子恺（1898—1975）一系，出于魏碑而涵融帖学，与弘一法师弘扬律法、重振宗风的宏大誓愿相称，弘一书法（尤其是晚年书法）在枯淡、萧索、沉涩、凝重中透露的却是大悲悯和大担当。有时候，这不是"刺血写经"意义上的血书，而是尼采意义上血书——用超越的生命之"血"书写的文字。笔者每过上海静安寺，都会在对过的马路上驻足片刻，寺院外墙上弘一法师所书的斗大的板书"南无阿弥陀佛"，是如此令人震颤！丰子恺追随弘一终身，其书体融北魏墓志、六朝写经及章草笔意而独具面貌。作为儒者型居士、作为"漫画"的现代始祖，他的《护生图集》和漫画，展示了佛学中对"一切有情"的最深沉

---

① 康有为：《广艺舟双楫·十六宗第十六》。

和最自然的温情！同样把碑学作为精神复兴运动看待、为之终身奔走的同时有于右任（1879—1964）。“朝临石门铭，暮写二十品，辛苦集为联，夜夜泪湿枕。”这首七绝几乎家喻户晓，于髯公成功融篆、隶、魏碑入草，于草书中又熔章草、今草、狂草于一炉，而成独步书坛的当代草圣。至1949年之后，林散之（1898—1989）、沙孟海（1900—1992）、李可染（1907—1989），依然延续着碑学的法脉，而此时的碑学真传别绪，却在隐逸于东南一隅的香港饶宗颐氏得到深化、升华和张扬……

五

碑学运动的真义，如果仅仅呈示于书学这个领地，那么碑学的精神史意义就大大受到局限，碑学运动也就不足以成为我们透视中国近现代艺术精神演进的一个特定视角。碑学运动的真义，恰正在于广义碑学中的线条的现代建构，具有超出书学门墙、作为一种普遍的艺术精神的精魄所在的可能，这也是碑学的乐教意义所在。并且，自近现代以来，碑学成果最为丰硕的地方，似乎恰在书学的门墙之外。我们不妨大胆申论，碑学精神促成了画学中两大领域的革命性发展——假道吴昌硕一系进入花鸟画领域，假道黄宾虹一系进入了山水画领域。

缘于此，我们先重新回到绘画领域，回到吴昌硕的时代。

在晚清艺坛，虚谷、赵之谦、任伯年等人都是通向吴昌硕之路。但是，真正意义独特的可能是赵之谦。赵之谦作为碑学巨子，可以说是清末画坛最重要的殿军人物，同时也为海上画派的精神教父。此次古风堂专辑中有赵氏的《山石牡丹图》，是他当行本色的题材领地，我们不妨借此略窥赵氏风格一斑。山石与花卉相依相映、勾勒与没骨互补相生、大披麻皴气势雄强。潘天寿在《中国绘画史》中曾谓：“会稽撝叔赵之谦，以金石书画之趣作花卉，宏肆古丽，开前海派之先河。”宏肆古丽一语，颇是神来之笔。赵氏遍临过众多明清巨匠的作品，其中，近者，所受沾溉主要得自李鱓，平行的影响因素则还来自恽寿平；而精神上，无疑远宗于徐文长。碑学元素于花鸟画中的氤氲蔓延，大略可以追溯到徐文长。除了坚持呵护宋代院体工笔重彩花鸟一系的画家，近现代作大写意花鸟者，精神上，大概都可以说是远宗青藤道人、八大山人，而近出于赵之谦、吴昌硕。徐青藤、陈白阳、八大山人、石涛等人实为这一法脉的共祖。

而本文之所以把赵之谦作为传统殿军教头而同时将吴昌硕视为现代开山师祖，则是因为到了吴昌硕，石鼓文笔道的圆劲，参以《石门颂》的遒劲、《祀三公山碑》很草根色彩的质实无华的力道（齐白石书法及篆刻更其得益于此碑），才得以如此自由飞动（邓石如已经关注石鼓文字，吴大澂更将金文也引入碑学的领地，但是他们的主导面相，还是文人士大夫的雍容雅致）。包世臣论及张旭、怀素笔意的底蕴时，曾极度精当地以“草隶”与“草篆”作为二人成就之分野。只有到了吴昌硕，这种飞动的篆笔，不但是书学意义上的一大飞跃得以完成——碑学因吴氏“草篆”的成功，全面影响各种书体；更为重要的则是，这种“草篆”自此成为现代画学的一大法系的精魂所在。缶翁自评，平生“得力之处在于能以作书之法作画”。并且事实上在画学中的成就，高于在书学本身。缶翁风气既开，流惠所及，遍及清末、民国画坛。受惠于缶翁影响的人物，除了上文标举的齐白石、陈师曾之外，王震（1867—1938）、赵云壑（1874—1955）、陈半丁（1877—1970）、朱屺瞻（1892—1996）、刘海粟（1896—1994）、钱瘦铁（1897—1967）、王个簃（1897—1988）、潘天寿（1898—1971）、来楚生（1904—1975）、作为再传弟子的陈大羽（1912—2001）等一干20世纪中国画坛柱石级别的大佬，无不深受吴昌硕所开法脉的启示、影响之恩泽。广义地说，黄宾虹、张大千、陆俨少都是这一法脉的创造性的继承人和延续者，他们在自己各自的领地，都有不同的非同凡响的创获。

我们在此从古风堂的藏品出发，略加管窥。在写意花鸟一系，半丁老人深得乃师真传。古风堂的扇面藏品中的陈半丁作品如花卉《岁寒三友》等颇为精粹。吴昌硕对陈半丁的爱徒故事，齐白石与陈半丁的惺惺相惜，都早是文坛佳话。为使世人俗眼早开、使爱徒得到社会认肯，古稀之年的缶翁曾不辞车马劳顿，从沪赴京为陈半丁站台；为表对老友的高度推重，齐白石遣子拜师，也出于一辙。辑中所收李苦禅（1899—1983）的《雄鹰图》奇崛高峻，吴作人（1908—1997）的《金鱼图》灵动飘逸，崔子范（1915—2011）的《江上秋色图》拙重朴讷，赵少昂的《葵花图》寓老辣于明艳之中……均展示了这一法系的丰富面相。

陈师曾、陈半丁、赵云壑、王个簃、来楚生等，是吴门碑学精神融入大写意花鸟并使之蔚为风气的最基本阵容。出于这些人门下的再传弟子，大概拥有了中国画坛的半壁江山。其中最值得称道的之一，就是兼有吴门和齐门双重身份的陈大羽。陈大羽早年于上海美专，曾师从姚世影、马公愚、诸闻韵、诸乐三、王个簃，不折不扣的吴门再传。后深获白石老人青睐而入室，白石为其题画时，嘉誉无以复加——“赵（之谦）吴（昌硕）以后，独见陈君”，“下笔之超雅，陈生过我”。白石名之以“翱”、字之以“大羽”，人们不难可以想见老人对陈氏寄望之殷殷。陈氏作品，承碑学正脉、得吴门齐门两家心法，神完气足，矫矫然豪情四射，在古风堂所藏作品中，我们可略见一斑。

潘天寿更是缶翁一系法脉中有大斩获的巨擘。严格地说，潘氏出于弘一门下，而与吴门众入室弟子有诸多交集（如 20 世纪 30 年代与诸闻韵、吴茀之、张振铎、张书旂等组织“白社”国画研究会），与宾虹先生也多交集（如 20 世纪 30 年代的“百川画会”），更与林风眠有大交集（国立杭州艺专是中国现代艺术精神的一个意义尚待充分抉发的大渊薮）。他之为得碑学神髓而又能独撑一片天地的宗师级人物，是毫无疑义的。在潘天寿这里，碑学精神于画学之融入，更别有一番面貌。荒山乱石、猛禽玄鸟、幽草闲花，在其慧心妙手之中尽成极品。明快的构图中，潘氏每每以至简略而豪肆奇崛的线条营构山石以构造坚实的空间，这种空间，既可容纳清新的生命，如鲜荷数支、翠鸟一只，又足以地老天荒……

本辑所呈现的是潘氏的一幅指墨花鸟。指墨是潘氏情有独钟的领域。对于某些强悍的画家，指墨的意义，犹如《诗·大序》中之所谓：“言之不足，故嗟叹之。嗟叹之不足，故咏歌之。咏歌之不足，不知手之舞之足之蹈之也。”在画学的领地，我们不妨仿此句式如是说——柔韧长锋润墨之不足，故秃豪枯笔焦墨之；秃豪枯笔焦墨之不足，故不知解衣磅礴指墨之……

若论及“解衣磅礴”之创造境界，在花鸟一门，其尚有出石鲁（1919—1982）之右者？这位因崇拜石涛与鲁迅而改名，被人以“野、怪、乱、黑”调谑的天才，曾以打油诗方式夫子自道：“人骂我野我更野，搜尽平凡创奇迹；人责我怪我何怪，不屑为奴偏自裁；人为我乱不为乱，无法之法法更严；人笑我黑不太黑，黑到惊心动魂魄……”古风堂所藏的石鲁荷花图数帧，不啻是一探石鲁笔墨真容的好药引。

石鲁花卉的巨大张力和生命力，在此超越一切语言。

六

我们应该在此转入碑学的山水面相了。

山水画是一个典型的中国式的审美领域。这里的所谓“中国式”，当然首先基于中国传统山水画的视觉特质及背后独特的时空观（诸如散点透视和长卷形式——画面呈现的往往不是“一个”由艺术家强力截取的特定的“时空切面”，而是“一段”可以再生、可以静观甚至可以卧游的“时空绵延之流”）。这里的“中国式”更是指谓，人们对这个艺术门类自始便赋予的精神使命——用今天的学术术语简言之，山水画自始就不唯是一个美学的领地，而更同时是一个自然哲学和伦理学的领地。鉴于狭义的乐教的湮没难征，山水画在传统的广义乐教中的意义，对于传统士大夫阶层心性结构和精神生活塑造的意义，是如何高估都不为过的。缘于此，我们可以说，中国传统山水画是一个精神史无法回避而又常常忽略的艺术维度。

先秦以来，于儒者思想谱绪，有所谓的“知（智）者乐水、仁者乐山”（《论语·雍也》）之论，山水成为人类伦理精神的外在映射。审美向度与人的精神品操、禀赋紧密相关，山水成为人的灵性福乐（此乐，是纯粹而又有高度伦理学向度的精神性之乐，是康德伦理学意义上的 Glückseelichkeit）的源泉。于道家思想谱绪，山水则成为“澄怀味象”（宗炳《画山水序》）的绝佳途径，于是骚人墨客的笔翰之业，展示了“以形媚道”之功，这里既是形而上的精神契悟，且将与自然的共生关系转化为精神性的甚至是道家式的泛神论的互赏关系——“相看两不厌，唯有敬亭山”（李白诗句）。在山水画肇始的时代，《世说新语》中，有所谓“神情不关山水”者，这是一个具有高度杀伤力的臧否判断。一个人若当此语，其灵性生命也就基本已经沦于“验明正身——斩讫”的危殆地步矣！

代代以往，艺术家们“肇自然之性，成造化之功”（王维《山水诀》），在缣素纸帛之上吐纳烟云、安排山川、催生草木、结庐人境、安顿生灵，为人生营构家园。自唐代而降，山水一路，一直隐隐存在着双轨并驰的现象。在唐，青绿山水（李思训、李昭道父子）与水墨山水（王维、张璪）的分野已经出现。至宋，院体（大才子皇帝宋徽宗和他的艺术家臣子们）与文人画（苏轼、文同及米氏家族）的审美旨趣已经判然不同。之后的近千年时光之中，与禅宗的南北之辨相仿，画坛的南北宗问题也成为一个不绝如缕，并且还是时时导发争讼烽烟的话题。可是艺术史的实相有时候却又远远逾越理论家和史家的所梳理的范式范围，比如，元四家在南北问题上就甚难随意定位。明代至清初，隐然的双轨并行之势虽然也还是依稀可见，但这更是群雄并立的时代：浙派与吴门的才子们各个都有自己的施展空间，期间还有徐渭、八大山人、石涛（或扩大一下：清初四僧）等天才人物天马行空，率性挥洒。直至“四王”的院体风格成为主流趣味而广受青睐。但是即便如此，也并不妨碍诸如扬州八怪一类的英才各显神通、纵情尽性……

也就是到了“四王”时代，在某种意义上可以说，传统中国山水画进入了完全成熟的时代——如果套用一下尼采“人性的，太人性的”那么一种句式，那么山水画到了这个时分，便是“成熟的，太成熟的”，正如帖学一系的馆阁体书法在这一时代假刘墉之手那么“圆熟”一样。“四王”所代表的画风，可以说是绘画中的巴洛克音乐［略类于音乐中之巴洛克，特别是海顿（Franz Joseph Haydn 1732—1809）式的巴洛克，而不是建筑中或者其他方向的巴洛克］。这个成熟的时代依然还会继续延展，会有忠实的守护者和勤谨的研习者，只是这种延展是在完全不同语境中发生——清代的金石学家、文字学家和书画家中，属于这种类型而卓有成就的大有人在，比如吴湖帆的祖父吴大澂，而吴湖帆的成就也奠基于此。而这同时也就意味着，一个大综合的时代，一个酝酿变局、期待并激发新创造的时代，即将开启。既然中国已然早是“世界之中国”（梁启超语），同时恰又处于“三千年未有之大变局”（陈寅恪语），士人的心志和社会的审美氛围都发生了如此重大的变化，艺术当然无法独外于这样的大局。

大略在吴昌硕所代表的一系法脉在“草篆”和“草隶”——将篆笔的圆劲凝敛、隶笔之舒徐张扬、魏碑之刚折顿挫，引入书法并延伸至大写意花鸟的成功之后的若干年，碑学精神在山水画领域的探索和成就才得以充分显现。而这必须从黄宾虹（1865—1955）说起。

宾虹先生名质，字朴存，又字朴人，晚年喜用闲章“黄山山中人”等。有时候，一个人自起名字与一个人的精神气质，甚或命运的某种冥冥中的对应关系，大概可以在黄公处得到些微印证。宾公一生质实浑朴，每当“文”“质”之间发生断裂的时候，他必然宁可在寂寥孤独中先归其质、守其朴，哪怕举世皆不以为然。宾虹先生自知天命，晚年自谓，身后起码 50 年，才能有人读懂他。一方面看，事情还真的一语成谶——直至先生辞世半个世纪之后，2005 年杭州的一场纪念展，才把他重新带进公共视野。另一方面看，其实，宾虹先生终其一生都未被忽略：作为革命者、作为艺术教育家、作为鉴藏家、作为学者和出版人、作为拓荒者，最后当然作为大画家，先生并未不为人所知。晚清民国的各路革命大佬、学界大佬及画界翘楚如于右任、何香凝、蔡元培、王国维、罗振玉、徐悲鸿、齐白石、刘海粟……尽是先生好友。最值得一提的是，宾虹先生还幸运地拥有傅雷（后来还有赖少其）这样一位真正意义上的学贯中西、慧眼如炬的真儒者作为知音。黄公从未被“忽略”而恰恰同时又被“遗忘”，确实是一件意味深长的事情。这里我们所谓的“遗忘”，指的更多的是他的山水画的探索，从他的有生之年特别是去世之后的半个世纪，除了在傅雷这样的本身气质相近有独具慧眼的朋友这里，一直基本得不到应有的尊崇和理解。这与其说是黄宾虹自身的悲哀，毋宁说更是我们这个时代审美心态和精神水准的悲哀。世人天眼不开，宾虹先生何憾？与黄宾虹相比，林风眠（1900—1991）的命运不更有甚之？

理解黄宾虹，人们忽略的往往是一个最根本的出发点：这曾经是一位准备献身于社会革命的志士。1909 年南社成立，黄宾虹即为 17 个会员之一；也正是在这一年，黄宾虹出任《国粹学报》编辑和主笔；也是这一年，在神州国光社与蔡守等同道切磋探讨，开始了合南、北宗绘画以沟通中、西画学的变法尝试；也是在 1909 这一年，黄宾虹与邓实开始了《美术全书》的编辑。当 1911 年辛亥之役鸣金之时，也是《美术全书》杀青之日。这不仅仅是偶然的巧合。黄宾虹为《美术丛书》的序言写得含蓄隐藉，而邓实的序言则直陈这项工程的精神指向——“然则此数十卷忘忧捐忿之书，聊拯一国将死未死之人心，而引之于高尚玄渺之境，以通于神明。”无法理解作为革命者的黄宾虹，当然就不可能理解作为传统守护者和创新者的黄宾虹。无法理解其社会和人生关怀，也就当然无法理解其殉道式的艺术探索以及这种探索事实上已经发生和必将发生的影响力。从开始于晚清至民国成熟、成长起来的数代人中，不乏这一类型的人物，除了宾虹叟和上文提到的以翻译名世的傅雷，早逝的苏曼殊，成为一代名僧的李叔同，成为哲学家的熊十力，独力迻译印度传统并力图打通中、西、印的徐梵澄……都是闪烁于同一天幕上的、气性类似、路向不同却又遥相照耀呼应的寒星。当然这里就更不必说那个青年时期就“寄意寒星荃不察”的鲁迅了。

古风堂藏品中，此次呈献的是黄宾虹的一个山水扇面和数幅山水立轴。傅雷曾在书札中对黄宾虹作品有极为精当的评论：“笔墨幅幅不同，境界因而各异，郁郁苍苍，似古风者有之；蕴藉婉委，似绝句小令者亦有之。妙在巨帙不尽繁复，小帧未必简略。苍老中有华滋，浓厚处仍有灵气浮动，线条驰纵飞舞，二三笔直抵千万言。此其令人百观不厌也。”这里“小令”般的扇面和长歌大调的立轴，正是窥视黄宾虹山水笔墨的华滋、郁茂且又灵气飞动的绝妙窗口。

时下人们一提黄宾虹，往往言必称“五笔”“七墨”“白宾虹”与“黑宾虹”。然也？非也？这是需要用大笔墨另加讨论的问题。黄宾虹对现代中国画的贡献的基点，确实就在笔与墨。石涛的《苦瓜和尚画语录》之后，似乎没有人能把笔墨的意义张扬到这种地步，并且在石涛、龚贤之后，也还没有人在墨法上实践到这般程度。所谓“笔”者，归根结底就是中国艺术的精魂表征——线以及线之运行营构的问题、线条本身的精神张力和表现张力的问题。至宾虹叟、吴昌硕一脉在画学中的成就，才真正开始落实到山水画领域中来。“赵孟頫谓‘石如飞白木如籀’，颇有道理。精通书法者，常以书法用于画法上。昌硕先生深悟此理。我画树枝，常以小篆之法为之”（王伯敏编《黄宾虹画语录》，1948 年语）。碑学一路的艰难跋涉，在此使有关“笔”的问题关注和试验被提升到一个崭新的历史层面。所谓“墨”者，则是如何以传统中国方式“立像”、如何解决对外在世界的摹状表征的问题。20 世纪上半叶，西方艺术作为一个或显露或潜在的参照体系，一直也刺激着中国艺术家的探索。墨气、墨韵云云，最终传达的不正是被我们习惯称为“古风”的那种东西么？

七

黄宾虹正是碑学运动融入山水画领域探索的扛鼎人、笔墨的现代探索的最为卓著的先行者。在黄宾虹之后，曾为宾公门生的李可染对这一系的探索，特别在积墨法上的推进，大概今日最为人所知所重。宾公的门生林散之以草法入画，虽浑厚处未及，但墨法清润，确有乃师之风。另一位宾公门人王伯敏，近年来也日渐被画界所重。在宾公的门墙之外，各方翘楚，也各各以自己的方式建构着以笔墨“立像”的山水天地。宾公晚年的另一位大知音赖少其（1915—2000）就是其中特别值得注重者。赖氏早年为鲁迅倡导的新木刻运动猛将，深得鲁迅推重，书法上深得“二爨”、冬心法旨，“方笔如削”之后又融入邓石如、伊秉绶笔意以中和之；画学上则得倪云林、程邃及黄宾虹神髓，山水大成于晚年，古风堂有幸藏有少其先生山水数帧……

在碑学精神的融入而促成的山水画的现代涅槃、浴火重生的意义上，本文愿意还将参与这轮笔墨探索而卓有贡献的一些骁勇之士的重要斩获，都聚拢于黄宾虹的大纛周围加以考察。尽管这场精神进军的各路骁将，未必都完全知晓或充分认可这场精神进军的祭司。

傅抱石（1904—1965）及新金陵派。与很多现代巨子略为不同的是，抱石先生早年基本是在自学成才情形下进入艺坛的。这种一空依傍、无门可守的情状，反而成就了他终生在美术史上的上下求索：对顾恺之到荆浩的史论梳理，对石涛的无上追慕，早年的摹刻经验和对赵之谦的心仪，这些都成为他的基本底蕴，构成他与古人神韵尤其是碑学精神的关联。皴法、描法两者，都是抱石先生对于现代山水笔墨探索有大贡献的地方。抱石树法线条，不但飞动而圆劲，甚至将“草篆”几乎逼为“飞篆”。总体而言，与黄宾虹富有周秦篆味、凝重徐缓、焦润得当的线条相比，往往醉后并且往往散锋、大有酒神精神的“抱石皴”，则颇有“迅疾骇人”的唐草之风，常让人想起张旭醉后，呼呼疾走、以头抵壁而成书的场景。以“抱石皴”作画，其境大概必如庄子笔下的“匠石运斤”。天风浩荡之际，山川倏然展开。山川之中，必有以浑融晋、唐古描法勾勒出来的粗头乱服、爽然若失而又神完气足的古代人物隐逸其中。高瀑悬空、雾气遍野、林莽之中、隐然高士……这就是典型的傅氏场景。

而在20世纪50年代之后，对新生活、新时代的信仰和激情，使傅氏山水又开辟了新的路径，这就是引人注目的毛泽东诗意画系列和他及新金陵派诸君备受关注的“写生长征”，这种“笔墨随时代”的实践，影响而成新金陵派“宗风”，而派中诸贤又都同时保留了自身的特殊艺术气质：不同于抱石翁的“峨峨兮若泰山”的“乐山”，亚明（1924—2002）的古诗意画，常常是空茫寥廓的江天大背景中的“洋洋兮若江河”的“乐水”。不同于抱石翁的动荡奔放，钱松嵒（1899—1985）笔下的山川，则更为沉着、稳健、安详，山峻而不险、云舒而不飚，金石味道的线条，处处传达着中和的力量。在用清新笔墨讴歌新时代方面，宋文治（1919—1999）的作品最为自然，这可能先可归之于他转益于朱屺瞻、陆俨少、张石圆、吴湖帆诸师门下，野逸之气与文人之风兼修的经历。由于他的“四王”一脉的底子，使他在笔墨与新时代现实的对接中，少了些许内在冲突。

陆俨少（1909—1993）。在山水领域能独开一种风气者，俨少先生也克当此誉。陆氏早年曾先后师从冯超然、吴湖帆，然从陆氏成熟期的风格中，已经颇难寻觅乃师踪迹。俨少先生一生坎坷，人生的磨难和跌宕以及假笔墨之途的自我超越升华，可能正是他艺术风貌成因之所在。据陆氏《年谱》所载，1946年，陆氏“全家搭乘木筏自重庆出发经历三峡，冲冒险水，出入盗匪窟穴，历时一月余。于木筏上终日看山观水，并记在心，日后闻名于世的《峡江险水》皆出于此”。木筏、三峡、险水、匪穴，终日看山观水……这些关键词，已堪为陆氏品性及其山水气质的最佳注脚。悠然见南山之人的笔下，何来陆氏笔下这种群山攒涌如万马惊，云水急湍如天河决的景象？

石鲁及长安画派。就山水画领域而言，长安画派的几巨子的取向和风格，并不像新金陵或者岭南那样相对趋于一致基本面貌。与傅抱石和陆俨少相比，石鲁的《嘉陵春秋》以其鬼斧神工、奇险超绝创造了另外一种震撼。赵望云（1906—1977）之于长安画派，颇似钱松喦之于新金陵。与石鲁的天机四射、不可方物相比，赵氏笔墨，更趋稳健沉雄。方济众（1923—1987）的红色山水（令人又联想到有“红太湖”之誉的宋文治）则为20世纪中国画坛提供了一种独特的瑰丽和雄浑的交响。

在笔墨和山川的这场既“中国”又“现代”的对话中，董寿平（1904—1997）、梁树年（1911—2005）、黄秋园（1914—1979），还有身处岭南的关山月（1912—2000）、黎雄才（1910—2001）等，都是杰出的对话者。这些大匠们，往往学兼碑、帖，宗涉南、北，取向略有不同，笔下各有千秋。然而他们都用自己的性灵融入笔墨，用中国式的造型语言，为现代中国构建着尚可栖息的审美家园。

八

上文用颇大的篇幅，极粗疏地状写了为中国画的复兴和未来而摩顶放踵、冲锋陷阵的英豪。正是他们接过大涤子苦瓜和尚石涛眼中的那道开鸿蒙、穿宇宙、洞人生的墨线，延展至20世纪的山川与废墟之上，悲壮地舞动，就像一群舞之蹈之的招魂的祭司……是的，的确如此。他们确实是一群为一个古老文明的乐教传统招魂的祭司，不管他们自己是否自觉。

其实，除了舞之蹈之、激扬蹈厉的招魂方式之外，还有别样的方式，比如温和的追摹，有时候也是一种积极的与传统对话的方式。温故而不期然便知新、出新，这是有清一代汉学、碑学传统中已经屡屡发生的事情，也当然可以发生在对帖学、对“四王”、对“四王”以上宋元明画学传统的追摹上。是的，在我们的生活世界无可挽回地卷入了工业文明的巨大齿轮之后，古典生活世界的那份纯粹的空灵明净，是否无可挽回地只能成为绝响呢？所以我们便不难理解，在20年来的收藏热中，这一面相的艺术何以备受青睐。这里还隐伏着一个社会审美心理的后现代性的问题——疏离破碎、孤苦无依的现代心灵，有时候急需是某种不假思索、当下便是的安宁和愉悦，无论是“眼睛吃冰淇淋”，还是“灵魂坐安乐椅”。

此次展示的古风堂藏画的山水部分，部分晚清至现代画作，就是建立于这种追摹之上的：张大千大风堂法系的各位才俊、爱新觉罗家族的各位旧王孙（溥儒1896—1963、溥伒1893—1966、溥佐1908—2001到启功1912—2005），士大夫世家的遗贤如吴湖帆（1894—1968）、京津画派的陈少梅（1909—1954）、以于非闇（1888—1959）为代表的忠实追随宋代以来院体工笔重彩的花鸟画家群落等，无疑都是这个成熟的传统的呵护者和传承者。推而广之，本辑中所收的黄山寿、金城、郑午昌、萧谦中、萧俊贤、贺天健等，都可以广义地属于这一脉络。

九

先从大千说起。“五百年来一大千”——这样的话出自于当年画坛领袖人物徐悲鸿之口，可见其分量之特殊。徐氏颇有慧眼识才并且惜才的伯乐之名，齐白石之发现、诸多后辈画家之成材、北平艺专的传统在1949年之后的中国画坛长期定于一尊的大局面，都首先归功于徐氏。张大千何以早年便获得徐悲鸿如此推许，大风堂门下在现代艺术史上的功绩如何论定？

粗略而言，张大千（1899—1983）作为百变金刚式的现代全能大师，对现代中国绘画的最为突出的贡献大概可叙两端：

一方面是对唐季以降的艺术传统的综合性的追摹——院体、文人、民间、洞窟及寺庙壁画无所不及，不唯遍仿历代大家、不唯敦煌面壁数载，其眼光所及，尚更有藏传佛教甚至印度艺术。张大千还是现代画家中，足迹遍布全球各大洲的唯一一人，也是最早得到世界性声誉的人。大千早年摹写石涛几可乱真，并导发了一系列的传奇故事，早也家喻户晓。从大千追摹生涯的自然生发出来的创造性的贡献，其实应该说更在于其传统人物方面，如果说，在人物一门，傅抱石特有贡献在于“晋风”的复活，那么大千的贡献则在于经由敦煌洞窟幻化过的“唐风”。

古风堂所藏的张大千《高士图》中的那几笔飘然的柳叶和那点微茫的山水，就足见张大千在元画上造诣和神韵传达的功夫；至于寥寥数笔勾出的那位飘飘然的高士，大有仙风道骨（笔者一直窃以为，大千尽管与佛教艺术有深缘，但身为蜀人，其血脉中似乎天然地更得道气，从其生活起居的风格、美髯翩然的气度、从艺术角度，他的“道味”要比他的“佛缘”更高一层）。在大千的感召下，在大风堂同道（如谢稚柳 1910—1997）和弟子（如何海霞 1908—1998）中，这一贡献持续得到放大张扬。

一方面则是晚年的大泼彩山水的创造。大千一生，水墨、青绿、浅绛、金碧山水无所不能，这与他多彩斑斓的人生正相表里。但是，对其晚年的大泼彩山水，某些论者还依然使用“泼墨山水”的名相来表述，这多多少少有点不精确——这种泼彩风格的迸发期，早已不是张氏追摹王洽、米癫、青藤、八大山人、石涛的时代了。这种风格真正大成于大千的巴西时期，巴西热带大地上天堂般的丰美郁茂，似乎该也是最后催熟这坛醇酿的酵母吧？

古风堂的部分藏画，足以让我们可以对中国现代艺术中的这场色彩变革透视一番。这也是一场“绚烂之极”的视觉盛宴。这里有张大千的老友、同道谢稚柳。谢稚柳的画风中，传统青绿的因素就一直存在，而至于暮年，能在扇面这样的有限空间里制作泼彩烟云，很是令人叹绝。这里更有张大千大风堂的忠实门人何海霞在青绿山水的现代转化到泼彩的探索上，他是最为自觉的一人。师徒同气相求、隔空发力、时有共振。如果我们把程十发的色彩探索广义上也归于这一广泛的阵线，应该也不算是离奇事。在此我们不难看到，始于或者大成于张大千的这种绚烂，在当代艺苑，有何等广泛的效果史。

在对宋元山水的追摹，并且一定程度上复活被士人文化有意无意忽略的北宗笔墨，是另外一个重要的面相。这一方向，不妨从陈少梅说起。天纵云彰先生之才而又不假之以年，致使一些在他身上已经显露的端倪昙花一现之后重新息迹。即便这样，陈少梅在他短暂的生涯之中所做的探索，已经足以为现代中国画提供一种新面相。对北宗山水艺术语言的重新发现，而后又遍取各方，以郭熙、李唐、刘松年、马远、夏圭的基本语言“垫底”，而后融入戴进、仇英、唐寅，配以他一笔严谨的张黑女小楷，终于成就了他清凛、奇峭且又透着生命情韵和温馨的高妙风格。古风堂所藏的尺幅颇大的陈氏1946（丙戌）年所作仿宋人笔意山水中堂，正是陈氏综合完成之后的成熟期的精心之作：小斧劈皴营构的山石，正面拔地而起，坚实峭拔，略有范华原构图之势且还多了一层清越之气，令人高山仰止。松柏虬翻于山上，商旅往来、文人栖游于山间……作于同一年份，拟宋人的人物扇面则更多地展示了陈氏从吴派和浙派大师们汲取的养分：惺惺相惜的文人雅集的优游气氛，平平淡淡地弥散着……传统、传统，一种文化的精神血脉不就是在这样的一种氛围中自自然然地弥散，久而“传”而成“统”么？惜乎天既未假陈少梅以天年，故而其后，迄今还未见能有将宋代的艺术心法在现代语境中继续弘扬的“大力者”。否则现代中国绘画史的山脉，可能又多出一些峻峭的峰峦。因此，陈少梅传世的这些大大小小的法本，更其成为一份弥足珍贵的艺术遗产。

十

礼失求诸野，乐失当然也求诸野，并且首先只能求诸野。20世纪的中国文化生活中，充满了亵渎和尊崇、失落与追寻、弃若敝屣和奉为圭臬、碎骨扬灰和金身重塑、砸烂狗头和永远健康、扫进历史垃圾堆和千秋万代放光芒的种种极不寻常的乖张之物的此起彼伏、交织轮替。20世纪前半叶的战乱和近五十年前那场破“四旧”的大火，使本来已经极度脆弱的文化生态、艺术生态几乎濒于崩溃。正是民间社会这片广袤的文化湿地，使无数的艺术遗珍得以保存，也使今日的人们得以一窥往昔各路艺坛英豪的精神堂奥。像古风堂这样的私人堂轩，既非公卿巨室，亦非名流世族，却能顺时而作，藏山于山，藏天下于天下——这正是古风堂和无数其他类似的民间堂轩的贡献所在。

古风迷蒙。

不管此风，是天穹深处浩浩荡荡而来的罡风，还是大地上微微吹拂而过的熏风。风在。

风在，山河在，家园在。

古风漫处，山川浑然。

此一画收尽鸿蒙之外

——三石老人谢宗安书道历史地位散议*

东至谢宗安先生自号三石老人。多年前，其弟子李维（明融）入室之初，曾专意致问："三石何谓何解？"先生答曰："三石者，《石鼓文》《石门颂》《石门铭》也。"诚哉是答！此一答之内容于今日书界中已是人所周知。老人以"三石"为宗，以出入"三石"后所创之"分隶合体书"名世，于今日书界已不烦鸹絮。然当年，谢翁以此夫子自道之答，真确地道出其书法生涯（起码说是进入古稀之年的从心所欲之境后）的指归。而这一点，恰是理解其书法艺术，尤其是理解谢先生在20世纪中国书坛的独特地位和意义的至为关键之入处。在三石老人鹤驾仙归数年之后的今日，对这一点的省思，尤有意味。

或谓，宗此三"石"，以此石或彼石为业者，代不乏人，独于三石老人处，便甚有奇特处？

唯唯，否否。治石为业，治石而期于勒石者，乃书道中人的正常生计。而明于上述三石之意义而时时研琢流连者，也代有遗贤。清季以降，尤其如此。然于谢翁，这与其说是某种趣味上的随缘凑泊，毋宁说是某种生命意识上的自觉选择，特别是在20世纪即将垂幕之际的无奇不有的这种年头。据谢翁自述，七十岁后，将《石鼓文》之线条、《石门颂》之放纵与《石门铭》之错落熔铸而为行草，八十岁后，更出入《鄐阁颂》《校官》《张迁》《衡方》《云峰山》诸石及《龙门》诸品及《二爨》等汉魏碑刻（值得一提的还应有《泰山经石峪金刚经》及《郑文公碑》等）。至此，分隶合体书（或称汉魏合体书）以其

* 原载《福乐雅集·谢宗安书法纪念专辑》，台北，中华书道学会，2002。

特有面貌呈世。至此，碑学衰微至极的中国书坛，重现微光（《古诗四首》《杜诗十二屏〈秋兴八律〉》《张迁碑集联〈文章故渊雅〉》《四言联〈使字钱〉》《自制十三言联〈最爱街东〉》等作，堪称谢翁合体书的代表作）。

谢翁书法之意义，唯有置于清季以来，碑学帖学消长的背景及20世纪这个蓦然轰轰烈烈地现代起来的世界中予以透视，方才不至于过分脱格。在此，些许粗略的历史线索的回顾便甚有必要。

苏东坡曾叹："诗至杜子美，文至韩退之，书至颜鲁公，画至吴道子，尽天下之变，天下之事毕矣！"从大的文化史的眼光，如果将迄今为止的中国史（比如从周公制礼作乐和"日日新"的大易时代以及眼下"日日后"的所谓"后现代"）当一日之十二时辰论，那么，"午时一阴生"——某些论者的说法也许不见得何等荒唐（当然在时贤的眼中，这类议论自还不免是冬烘之至、老朽之极的）。唐前，自仓颉之世以降，此不烦言。而盛中唐之际，大概就是这个午时时分：一切革命性、原创性、不期然而然的要素基本完成。单就书学而言，张旭、颜真卿和怀素一代过后，人们可以称道的大家自然还代有所出，杨凝式、苏东坡、徐文长、祝枝山、石涛、金冬心、伊秉绶、吴昌硕、康南海等，虽也尽为天纵之才，但就气象而言，则已自大大不同，不可同日而语矣！书论家每每爱说些不出错的囫囵话，如晋人尚韵、唐人尚法、宋人尚意、元明人尚态云云。这类过于精要的品论，若细论之，可商兑处当然不少，但元明后"尚态"，就一般层面，则去事实未远。这一"事实"或许还要略大些且略久远些。比如说，自智永辈始，或保守些许说，自宋代始。不争的事实更在于，宋、元、明时总还会碰上一段对多才多艺的宋徽宗"瘦金体"一赞三叹的文字——据闻这位赵仁兄的某个卷子刚刚创下个拍卖纪录；同样费解的还有，正当三石老人阳明山下出入汉魏，重归艰难的坦途之际，北京城里却正处处高悬"末代皇叔"爱新觉罗·溥杰氏娇媚无比、姿态可人的匾额。

自入清季，一言难尽。入关之初的清政权吸取了元朝教训，再不"马上治天下"，而是文治武功一道来，制度文章尽师法汉人。举步之初，未免邯郸憨态多多，故尔风雅劲头特炽。于书学，康熙独重董其昌，乾隆推崇赵孟頫，且有《三希堂法帖》之滥觞。馆阁体本已伺候在侧，由是帖学更趋末流，便也是势所必然了（试想今日传世之古帖碑拓，有多少能逃脱这位乾隆仁兄狗尾续貂的恶作剧）。颓风所及，实至今日！作为对帖学和馆阁体的反动而有碑学之兴：

从郭宗昌之《金石史》经阮元之《北碑南帖论》《南北书派论》及包世臣之《艺舟双楫》至康有为之《广艺舟双楫》，从金冬心、邓石如、伊秉绶一直到康氏本人，思古幽情为表，招魂立魄为里。康有为氏实乃清末民初罕有俦匹的独具卓绝眼识的悲剧性人物，以承担道统自期且终生身体力行、奔走不息。然孔教运动因各方夹击而破产，碑学之提倡虽未遭诅垢，可也自告式微。究其因由，一来国难迭至——笔墨终究不过奢侈“余事”，此思想史家所谓“救亡压倒启蒙”者。二来时势所然，西潮浩荡，世人趋新若狂，谁人且信，这根凛然战栗的墨线还关乎天地世道人心？三来诚如张祖翼跋《石门颂》拓本时所言：“……三百年来，习汉碑者石知凡几，竟无人学《石门颂》者，盖其雄厚奔放之气，胆怯者不敢学，气弱者不能学也！”于右任等名宿迁台，三石翁时年逾不惑，也是迁台人士之一。海峡西岸，正进入“新人新天地”的时分。碑学不必多提，帖学倒奇特地辉煌了一时。馆阁体瓜瓞绵绵、花样日新：虽备筋骨却浮滑不真的“新台阁体”、四平八稳而甜腻俗媚的“乡愿体”、中规中矩而病弱枯索的“秀才体”、獐头鼠目而沾沾自得的“犬儒体”，浮荡书坛，不一而足……

将三石翁的书法艺术和书法教育生涯置于这种背景下，便不难想象，老人毕生尤其晚岁所从事者，实是一项甚为艰苦卓绝的功业。在此不妨不尽恰切地参较发祥于20世纪二三十年代而50年代后崛起于台港的当代新儒家（儒门驳杂，当下尤甚。本文所指仅限于迁台、迁港的那几位）。如果将当代新儒家和碑学作为重塑文化血脉、重建道统的精神运动之两翼的话，那么新儒家诸家所采的是相对清醒自觉的理论形态，而碑学所凭的则是不尽自觉的艺术直觉。而这两者一定意义上恰是康有为壮志未酬的事业的特定形态的回声和延续。在此意义上，我们谓三石老人谢宗安乃康氏之后碑学运动的重镇和毕生践履的实践家，并不为过。

书之为道无他，一根墨线而已。“太朴一散而法立”，关于书道的最崇高的语言是由苦瓜和尚石涛道出的：“法于何立？立于一画。一画者，众有之本，万象之根。见用于神，藏用于人。”此一画收尽鸿蒙之外，亿万笔墨，未有不始于此而终于此者！粗疏至极、大而化之地讲，此乃书道之公开秘密，亦为中国精神之公开秘密。故此，伏羲仓颉，并非两途。文武周孔，道实一贯。三石老人的毕生事业，应能予吾辈以启迪。碑学、帖学本也唯有一源，然见用在人，人心猖狂之日，便是“一画”溃散消弭于鸿蒙之时。回到前文“午时一阴生”处，那么时下这鸿蒙漫漫、迷迷荡荡的光景，该已届临亥时时分矣！

鸿蒙漫漫，漏尽亥时。亥时漏尽，恰也就是“一阳来复”的时分。吾辈惶恐，正该闻鸡起舞，循着三石老人的足迹、循着康南海的足迹、循着石大涤子的足迹，漫漫鸿蒙中，寻伏羲仓颉去！

时光、雾霭与澄明

——从车建全作品出发的若干断想*

一

在绘画艺术中，尤其在油画中，光与影无疑是第一位的问题。与此相关的是雾霭和澄明，这一本与光与影紧密相关的问题，则还是一个值得寻思、远有待于专题化的话题，尤其当人们在今天的中国语境中谈论油画的时候。

二

在闪米特根源的犹太—基督教传统中，光影问题的相关话语，首先发端于犹太教和基督教传统的共享文本《圣经·旧约》之中：当年，“地是空虚混沌。渊面黑暗。神的灵运行在水面上。神说，要有光，就有了光。神看光是好的，就把光暗分开了”①。

神说要有光，于是乎便有了光。神说这是好的，于是乎我们就在这光中慢慢拥有了这个好世界。

神比老黑格尔当然早懂得辩证法，深谙绝对之光明无异于绝对之黑暗，于是乎分开了光与暗。所以有光就有影，有明就有暗，世界既不全然混沌，也不全然耀眼。人类于是乎也幸免于雪盲症的威胁。

毫无疑义，对于人类，从《旧约》传统以降，光之无穷无尽的意义首先是

---

* 原载车建全：《时间胶片》，合肥，安徽美术出版社，2012。

① 《圣经·旧约·创世纪》和合本。

宗教性的。上帝之启示为 Offenbarung（上帝的自我揭示），人类俗世之启蒙为 Aufklaerung（人类理性的自我廓清）。兼有东西方色彩的顿悟为 Erleuchtung（在某一无法用理性程序追踪的奇特片刻被某种东西照亮）。而在佛教传统中，人类精神生活上持续的"一念不觉"的悲剧状态，是为无明（Avija）。

光的生存论定性已经明确。"神看光是好的"，在《创世纪》的言说中，光与暗的价值色彩，已经基本被定性了。与空虚和混沌相比，光明显然总是被赋以更高的价值品级。光的所有宇宙论和生存论的意义，在此基础上衍生。光与希腊传统中"看"的联盟的达成，成就了形而上学、物理学和艺术。以至于晚年伽达默尔（H. – G. Gadamer）在 1997 年图宾根讲演《论倾听》（Ueber das Hören）① 中严正疾呼，指摘"看"（Sehen）的问题在世界史上的优先性。

在中国古典传统中，事情显然不直截了当便如此。在《易传》传统中，尽管"天尊地卑"，乾坤始定——政治学意义上的权力诉求，似乎可以借此获得某种合法性论证。然而，"天地氤氲，万物化醇"，万有化成于天地之氤氲之中，是故，"一阴一阳之谓道"——既然道不必只寓于阳，而是寓于阴阳交互之变，因而幽明之别，也就并不具备僵死的价值格局。在此，阴阳、幽明、光影、昼夜等动态流变和延展，才展开为广阔的生活世界。

三

而时间，这一最为直接的生命之维，正展开于所有这一切的变幻之中。时间作为生命的物理量度，一般只能诉诸个人的内在经验，而无法直接显现为视觉表象。作为人类总体时间经验的历史，不过是被构造出来的或真或假的共同经验。时间及其表象之间，永远横亘着巨大的壕堑，等永远是人类建构和表达其生存经验时所面临的一个巨大难题。正因此，代代教宗、哲人、诗人和艺术家，才获得了如此广大的意义空间。

今人未见古时月，古月依然照今人。在汉语思想中，因为有《易》学一脉的伟大洞见，时间经验的表达，经常显得雍容和平实。最典型的大概可推"时光""光阴"一类的言语，这些与光相关的观念，至为深切地揭示了原初的时间经验。生命之历程，世界之本相，都是在一明一暗的交替和交织中向我们展

① H. – G. Gadamer, *Hermeneutische Entwürfe*, Mohr Siebeck, Tübingen, 2000, S. 48 – 55.

开的。因此，世界之我属性的建构，围绕着幽明、光影，得以可能。对内在时间经验的视觉表像，从卦象、汉字、水墨向一切今天我们所谓的文化艺术领域不断晕化开来。

四

闲话休长叙。回到一个今日的个案——车建全。

从 1989 年春天的那个“不许掉头”为标志物的前卫展至今，中国艺术界经历了种种轰轰烈烈。在那些或真诚或晃眼或严肃试验或过把瘾就死的前卫、复古、后殖民、政治波普、拼贴和解构之中，发自肺腑的呼唤、跌跌撞撞的探索之外，自然还有很多得意着诡秘偷笑着挂给蓝眼睛看的大红灯笼……这些轰轰烈烈当然尚未有穷期，并且看来当然有充分的合法性和现实性继续下去。

然而，轰烈之中，真实的和真诚的问题意识也正在萌生。“在我的理解中，当代艺术家对古典阵营和传统政体的反叛已经结束了，作为西方解读中国当代精神符号的中国面孔也在成为过去，时间在清理这些过去时的时候仍然留恋地把它认为是当下，事实上那是过去二十年的艺术家集体创造的一个神话。这个神话在成为过去。我们对当代艺术的固有理解正在成为过去。在当代艺术通过反抗和破坏竞相走向极端的过程中，倒退也是一种当下的姿态。它有助于我们从所有短期的巨变当中疏离出来，从坐过山车的心跳和幻灭感中疏离出来，不只关注眼前，或者刚刚过去的二三十年，而是去感受一个更宽泛的时间概念，个体生命的感受就会更符合常态。”这是车建全本人的自述文字《时间的重述》中的一段，一种值得珍视和尊重的问题意识。

从作品及其自我表述，我们大概可以断定，车建全所萦怀的首要关键词乃是：时间、记忆。或者，换一种语言，更确切地并且展开地说，假道于被遗忘忽略的传统资源，通过时间经验的重构，抵抗失忆，在此数千年未有的转型剧变和心灵阵痛之中，开启新的与我们时代的生存状态相应的审美维度。

五

通过油画这种视觉艺术重构时间经验？这本身听起来就多少有点令人恍惚。由于时间经验的内在性和个体性品格，对时间经验的重构，一般说来，音乐最得先机。如果我们探究西方现代时间经验重构的历史，大概最方便的方式便是到巴赫（J. S. Bach）—贝多芬（L. v. Beethoven）—勃拉姆斯（J. Brahms）—布鲁克纳（A. Bruckner）—勋伯格（A. Schoenberg）—肖斯塔科维奇（D. D. Shostakovich）的音乐作品中寻踪，这恐怕要比从笛卡尔（R. Descartes）—康德（I. Kant）—马克思（K. Marx）—尼采（F. Nietzsche）—胡塞尔（E. Husserl）—海德格（M. Heidegger）这样的思想家们的文本中寻踪要容易得多直观得多。在造型艺术中，这个问题看来要复杂得多。波提切利（S. Botticelli）的《春》《维纳斯的诞生》以及威尼斯画派的诸多作品，大概可以断为时间经验问题上的现代始点——人们蓦然重新发现了地中海的阳光！但是，诚如伽达默尔所指摘的那样，在一个“看”的传统霸权之下，由造型艺术完成时间经验的重构，的确不易。我们当然可以找出诸如戈雅（F. J. d. Goya）、莫奈（C. Monet）等一批巨匠的名字，但是我还是更愿意在中国传统精神提供的某些独特元素中来思考这一难题。

六

在这一问题上，恰是车建全的探索给我们提供了切入点。

“……就像人们直接从作品中看到的——雾，几乎大部分作品都重现了雾的场景。为什么？我没法回答。”①

这是车建全非常坦诚的一段话。雾霭处处笼蒙着车建全的作品，而雾霭何来？雾霭何为？

现代技术赠与生活世界的一份恶毒的礼物，就是今天都市里时时可见处处弥漫的毒雾，这甚至都改塑了汉语的某些习惯——人们已经不常说“起雾了”而开始毋宁说“下雾了”。

雾者，本乃天地间氤氲之气，本是上苍对人类过分透明化的生活的一种温馨补偿。“《释天》曰：地气发、天不应曰雾。……《释名》曰：雾、冒也。气蒙冒覆地之物也。”② 从《说文段注》所引文献，雾确是发之大地而蒙覆大地之气，地气发而天不应，因而非雨、非霾、非云。“在天为蒙，在人为雾。日月不见为蒙，前后人不相见为雾。”③

---

① 车建全：《影像时代绘画何为?》，由画家本人提供的文本，具体出处不详。

② 徐中舒：《说文解字段注・第十一篇下》，608 页，成都，成都古籍书店，1990。

③ 徐中舒：《说文解字段注・第十一篇下》，608 页，成都，成都古籍书店，1990。

唐代，禅始分南北，宋代继之画也分南北。自南宗立，云气一直弥漫水墨之中——从米家山水、董源、龚贤，我愿意把林风眠也置入这一传统之中。也许我们还得考虑与画之南北相关的一大因素，张载以来，自宋至清季的“气学”，一直张扬着传统“易学”常常被人忽略的题中应有之义。正是这一脉，使我们今天谈论中国式的时间经验的视觉建构成为可能（我们设想一下，如果雾气成为显现和把握流变的途径，那么在中国的南宗传统中的成像方式，无论如何跟在柯罗和巴比松画派，与莫奈和印象派中的那些方式，有何等的不同）。

“在人为雾”，雾气弥漫大地，使人前后不相见，生活世界因此迷离，因迷离而有期盼，因期盼而有澄明。车建全的近作《雾中风景 1》《雾中风景 2》《亭》等，显示的正是这样的意象。这里，风景成为场所。“一个可能发生某些事件、经历时间流逝的空间场所，发生在场所中的任何可能性都涉及对出现与消失、显现与遮蔽、真实与假象等问题的追问。”“我的方式是把一个过程，事实上是某个时间段，切割成为一个个连续的切片，每个切片呈现出某个完整的过程的片段，比如：一小时、十分钟、一分钟发生在特定场景中的变化，揭示变化的细节和时间流动的微妙进程。它们也许是浓雾散去或袭来的过程、一个浪花生成凝聚破碎的过程、一座古桥从雾中浮现然后消失的过程，这些过程以连续切片的形式让我们重新凝视，看见过程中的变化，并通过对时间的视觉阅读改变我们早已习惯的观看方式。”① 这种发生于雾中的事件，旨同海德格尔所谓的 Ereignis——在此，呈示与遁逸、隐匿与显现交织一体，充满了时间，而又恰好是在时间历程中展开的。在这种意象语言中，我们刚好可以契悟 Ereignis 这种名相背后那被平面化而丢失的动态意义：Es ereignet sich.——一切都在因缘际会之中展开，一切都是永无止境的完成。

七

车建全的两个《雾中风景》让我深为感动。

谁懂得在浓雾中守候，谁就可能际遇澄明。

在守候澄明的过程中，我们懂得了“时光”的中国含义。

---

① 车建全：《时间阅读》，摘自车建全：《影像时代绘画何为?》，由画家本人提供的文本，具体出处不详。

界与象

——由马莉的绘画艺术引发的一点断想*

基于篇幅的考虑，在此，仅将由马莉的绘画行动和作品所触发的一些不时会萦绕于怀的老思绪，用关键词的方式略略展开。

界

老同学马莉，从“诗人马莉”倏然而成“画家马莉”，并且还首先是“抽象画家马莉”，这其中似乎该有点异乎寻常什么的。然于我，这并没有引发多少错愕和讶异——艺术家的宿命从来多元，事情本该如此，本来如此。人的感受方式和表达方式本来无穷多元，尤其在艺术家这个多少有点特别的、以象征（Symbol）语言与世界打交道的群体中，在什么生命阶段、由什么因由导发、使用何种范式和方式观照（anschauen）世界，又以何种媒介和方式呈现自己的观照，这本都是自然不过的事情。

这便是一个艺术家的所谓跨界性的问题——这个原本的伪问题，在今日却不唯成了真问题，并且还别具意味。在教化（Bildung）传统发达的中国古典社会，跨界性在原本意义上确是一个伪问题，因为“艺术”不过是古代士人的生活实践之“余事”。巫教之浑融、六艺之传统的浸润，使士人阶层的精神世界始终保持一定程度的完满性，而从未被驱入某一道狭仄的职业化、专业化的羊肠小径。我们不妨设想一下宋代的苏（轼）、黄（庭坚）、米（芾）、蔡（襄）。姑以苏东坡为例——为政，一个“一肚子不合时宜”的尊

---

* 原载朱子庆编著：《马莉中国诗人肖像画》，广州，花城出版社，2016。

儒为本、三教兼修的笨拙的政治家；为文，“唐宋八大家”之一大翘楚；为词，豪放派之“匪酋”；为画，文人画之开山者……此外，偶尔还有“左牵黄、右擎苍”的豪逸，偶尔甚至“堕落”到不远庖厨，做出一道香喷喷的大肥肉，至今依然流布于全球中餐馆菜谱之上而铁证如山。幸矣哉，古典时代的士人！除了承担人类必有的烦忧苦痛之外，他们起码享有某种没有疆域的性灵丰满性和一定程度的精神自由，而不需要为自己的任何“跨界”行为作出任何论证和解释。

明于此，所谓的跨界性缘何于今天意义独特，也就不待赘言了。现代性对人类精神生活的种种侵害之一端，就是专业化的铁律。除了某些自认为承领了自己的天命，找到自己的天职志业，从此心无旁骛唯务一业的志士，凡欲在社会生活和职业生涯上得到承认的芸芸众生，无不必须自愿、自觉地剪除性灵枝蔓，收敛感觉触须，服服帖帖地蛰伏于某一种代表社会规训的专业目录的某一栏目之中。成为常人（颇类于 M. Heidegger 的 das Man)、成为单一向度的人（H. Marcuse 的 der eindimensionale Mensch）于是乎不过是现代人的宿命。这一单一向度，还最好能刀片般薄、锋刃般利，以便从社会肢体的坚韧的鳄鱼皮上，割出些微足资营生的血滴。

于是，跨界性才成为一个意义独特的真问题——一个事关人的精神生活的本真性（Authentizität）和丰满性的问题。就艺术家这个多少有点特别的群体而言，跨界问题，便更直接地落实在观照方式和象征语言的自主性、随机性及自由度等问题之上。

正因为任何个体在其生命历程中都自觉不自觉地“观”世界（Welt－anschauen)，因此也自觉不自觉地都拥有那么一点点世界“观”（Weltanschauung)。艺术家的世界观是用来“观世界”，并且邀请他人用另一只眼来观世界的。因此，他们承担着，尤其在现代世界，刷新、激活人们被世界磨平、钝化了的感觉能力的重任。

马莉的 2008 年的第一个大展《触》及其同名画集，不期然中正暗合了此意。“触”——能被现象界触动乃至于触痛者，才可以望艺术之门墙。然单单被生活触动或者触痛者，还不一定足以言艺术。唯有被世界触动且触痛，并且能以象征语言的方式把这种被“触”的生命体验以特定方式定格呈示，并足以“触人”者，才真正成为艺术中人。换言之，正因为在“与物相靡相刃”（庄子语）生命历程中，无穷众生的无穷新锐感觉，终究被钝化、被平均化而最终成为另外一种意义上的 common sence——均一化的感觉能力和感觉模式，故此，能在现象界的洪流之中“被触”且最终能以高度个体化的象征语言“触人”者，方是艺术中人。进而言之，艺术之为艺术，正诞生于此“被触”和“触人”的张力场中。如果我们不惮于使用一点吊诡的语言方式，还不妨说，艺术的使命，正隐匿于这场假“陌生化”（Verfremdung）之途的异化（Entfremdung）消解之中。

象

在人类的精神性的创造活动中，艺术之为艺术且经久弥新，确实该庆幸它经受住了老柏拉图（Platon）式的毒噱——如果世界不过是理式（Idee）投射于人世间的苍白影子，那么艺术就更只不过是作为影子的世界的更为飘忽的影子而已。就对现象（Phänomen）的不信任而言，老柏拉图无论如何都没有佛学来得彻底。万法如幻、如影、如光，万法皆无自性……而人，恰恰就在也只能在这个幻象纷披的人世间忙碌生息。艺术正是在时间的绵延之流中，一勺饮海，切下了纷繁的现象界的一些断面并使之定格，吭吭哧哧地以 Verfremdung（陌生化）的方式更新感觉且致力于对 Entfremdung（异化）的消解，因之获得了它自明的合法性。

造型艺术以“立像”为本，即以“象”（特定图式）的语言与世界打交道。于是“具象”“抽象”一类的争讼话头，不绝如缕。事实上，举凡人所营构之“象”，究其终极，皆为抽象，或者客气点说，皆有一定程度的抽象——有谁曾在空中目睹过一根飘忽的墨线？

正是在艺术家的立像过程中，山川、原野、林莽、鸟兽、花草、亭台屋宇，慢慢地以各种面相涌向艺术家的笔端。而立像之难题，终究落在人自身的艺术呈示方式上，这也即是人作为精神承负者在象征世界中的自我确立的问题。这个难题的展开，恰又是假道于神的人间映像，且历经若干世纪才慢慢达成的。我们无妨回想一下希腊—斯拉夫东正教的圣象（Ikone）传统和广布于丝绸之路上的佛教造像传统。当人傻愣愣地涌向艺术家的豪端，或者换言之，当艺术家傻愣愣地把人纳入自己的造像工程的时刻，对艺术家的大考才真正揭橥。“犬马最难，画鬼最易”（语出韩非子），古代精明的实用主义者早已道破其中秘笈。真正的难题，当然是在明白“犬马之难”道理之后为人立像的课题。为人立像，兹事体大。这可不是为现象界施行一个富有意蕴的切片手术而已，而是一种与先人、与今人的艰难的神遇和对话，这当然是艺术诠释学的一个广大的问题领域。

八年前，马莉灵光一现而发愿，开始了为百年现代诗史的百位诗人造像的艰辛历程。于今，始劫已渡，心果初证。呈现于我们眼前的，是这场持续八年的神遇和对话工程的成果，静默而嘹亮。从鲁迅、胡适、闻一多、梁宗岱、林徽因……到舒婷、北岛、江河、多多、顾城、张枣……以及另外一些于我多少还是有点生分的各路精灵，穿透时光向我们走来，带着这奇特之至的百年的沧桑、苦痛、彷徨和希望，或冷峻或迷惘或焦灼或释然或沉郁或阳光或少年老成或老顽童般的灿烂……

中国现代美术史之自发端至今日的人物画、肖像画，一般而言，与中国固有的造像传统实乃风马牛不相及，而大体上是18—19世纪的欧洲古典主义及现实主义传统，以及经过“苏化”的19世纪俄国巡回画廊派传统的一种奇特的糅合基础上的新形态。马莉并非这个现代主流传统的科班中人，所幸者，恰也正在此。马莉是作为诗人，拓展着她的“通感”能力而进入这个领地的。在严格的专业圈中，她是“生人”，也是“生手”，一切毫无疑义。

而马莉的有福之处，也显然生发于这个“生”字上。艺术的很多奥秘，就在于生熟之间。诸多严肃真诚的艺术家在不同的生命阶段都有过这样的苦楚——眼“熟”了，手“熟”了，也就是说，感觉钝化了，陌生化的创造能力衰微了，作品套路化、格式化、匠化了，心手不相逮了。简单地说，因“熟”而导发的本真性的创造力的危机。很多有艺术才华的人，艺术生命往往就终结于这么一种境地，如果他没有能力重新“返生”的话。马莉之“生”，在于将诗人对语言的陌生化重构的能力，转化为别具只眼、单刀直入的观照、构建和呈现。这种“生”，恰正成为她的福缘，恰正成全了她的陌生化的视角，激发了她生新的创造能力。

在此意义上，我们期待并祝福马莉。

后　记

萃辑于此的这些文字，被冠以“精神的维度”之名。于本人而言，关于“精神史”的意识，萌生于20世纪90年代初。本人草成于20世纪90年代、最后于2004年付梓的精神史著作*Immanente Transzendenz*，因依然尚保留在德文形态，故此次未选入本书。其他的篇什，算是再次“立此存照”。

“精神”这个虽然已经很日常化、报章化的语词，在今天的中国社会语境中，却事实上呈现了极端两极化的面相：

或显得极度奢侈。在AI行将君临世界，人类（Homo Sapien）成了需要重新定义的可疑的弱势群体的时代，有关精神的任何言说，是否终将成为一种人类最后的心理奢靡行为?

或显得极度可乐。在物质主义早就荡涤人心、人类自觉销蚀心灵禀赋以适应漫天红尘的时代，有关精神的事体和言说，用《老子》的句式，大概都将面临一种“闻之，大笑之，不笑不足为……”的情状。

总之，一个确定的事实是：在技术的白昼和物质主义的暗夜之间，精神，正在成为徘徊于阴阳之间的灰色幽灵。Der Geist正日渐沦为die Geister，朗朗乾坤，暗影曈曈。恰正缘于此，有关精神的课题和话题，才刚刚发轫。一如贝多芬（L. v. Beethoven）那个著名的音乐动机（Motiv）：

“Muss es sein?”

“Es muss sein!”

“非如此不可吗?”

“别无他途!”

借此机会，谨向四川大学徐新建教授、民族出版社石朝慧编辑的大力支持表示深深的谢忱!

此外，也谨向提供过不同支持的各位友人吴淑雄、Uli Horst、邓建华、柳博赟、邱硕、傅瑊瑊、邓毅表示诚挚的谢意！

杨煦生
2018 年 12 月于北京

图书在版编目(CIP)数据

精神的维度/杨煦生著．—北京：民族出版社，2019.8
(中国多民族文化研究文库/徐新建主编．学术前沿丛书)
ISBN 978-7-105-15842-3

Ⅰ.①精… Ⅱ.①杨… Ⅲ.①中华民族—民族精神—研究
Ⅳ.①C955.2

中国版本图书馆 CIP 数据核字(2019)第 206568 号

精神的维度

策划编辑：石朝慧
责任编辑：石朝慧
出版发行：民族出版社
地　　址：北京市和平里北街 14 号
邮　　编：100013
网　　址：http://www.mzpub.com
印　　刷：北京艺辉印刷有限公司
经　　销：各地新华书店
版　　次：2019 年 10 月第 1 版　2019 年 10 月北京第 1 次印刷
开　　本：787 毫米×1092 毫米　1/16
字　　数：350 千字
印　　张：21.625
定　　价：86.00 元
ISBN 978-7-105-15842-3/C·412(汉 327)

该书如有印装质量问题，请与本社发行部联系退换
编辑室电话：010-64228001；发行部电话：010-64224782